TODOS OS MEUS PASSOS NO CAMINHO DE SANTIAGO

Marcio Almeida

TODOS OS MEUS PASSOS NO CAMINHO DE SANTIAGO

Annabel Lee

@ Marcio Almeida 2022

Preparação
Rey Vinas & Beatriz Vinas

Revisão
Livraria Supensa Produções Culturais

Capa
W. Padmé

Diagramação
Moreno (da Annabel Lee)

A447t   ALMEIDA, Marcio.
                 Todos os meus passos no Caminho de Santiago / Marcio Almeida. Annabel Lee : Brasília, 2022.

              ISBN 9798832241579
              460p.

              1. Narrativa de viagem. 2. Santiago de Compostela. 3. Caminho de Santiago. I. Título.

                       CDD 248.4
                       CDU 248.2 (082)

Retomar este projeto tantos anos depois e realizar a fantástica aventura que foi escrever este livro só se tornou possível por causa da presença serena e estimulante de minha esposa, Samara, que me nutriu o ânimo e me incentivou a levar adiante esta ideia. Por isso, dedico este livro a ela, que, com sua meiguice espontânea e seu carinho franco e compreensivo, proporcionou-me os preciosos momentos de dedicação para redigir esta história.

Encantamentos

O tempo dedicado a escrever este livro ficará marcado para sempre em minha vida, não só pelas emoções de reviver essa fábula, repassando antigas narrativas, mas sobretudo por esse momento haver coincidido com a gestação, o nascimento e os primeiros meses de existência da minha filha Laura. Talvez por causa dela, do estado emocional provocado pela chegada dela, a minha aventura reprisada tenha se tornado tão mais sublime e deslumbrante. Além de registrar aqui o encantamento por receber essa nova vida tão esperada, fiz questão de dedicar também a Laura a minha aventura escrita e as minhas emoções.

Não posso deixar de agradecer às minhas filhas Camila e Cíntia por terem sido os principais fatores de sustentação de minha condição psicológica à época da realização do Caminho. Ainda adolescentes, de longe davam-me força e coragem e me motivavam, cuidando da casa e administrando tantos outros problemas, poupando-me de tudo o que pudesse me chatear durante aqueles dias tão penosos.

Aos meus filhos Tiago e Giovana, que chegaram bem à época em que eu me readaptava ao mundo real, poucos anos depois de ter retornado do Caminho, deixo minha gratidão, por fazerem parte dessa aventura magnífica que é a vida, proporcionando a mim tantas alegrias. Registre-se que a escolha do nome do Tiago foi uma espécie de compromisso feito durante o Caminho, quando eu disse que se viesse a ter um filho, nele colocaria esse nome, em homenagem a meu amigo apóstolo Tiago, o Santo Tiago de Compostela.

Sumário

De Saint-Jean-Pied-de-Port a Roncesvalles, 11

De Roncesvalles a Pamplona, 23

De Pamplona a Puente la Reina, 41

De Puente la Reina a Estella, 53

De Estella a Vianna, 69

De Vianna a Navarrete, 85

De Navarrete a Santo Domingo de la Calzada, 105

De Santo Domingo de la Calzada a Villafranca Montes de Oca, 131

De Villafranca Montes de Oca a Burgos, 157

De Burgos a Hornillos de Camino, 179

De Hornillos del Camino a San Nicolás, 199

De San Nicolás a Carrión de los Condes, 229

De Carrión de los Condes a Sahagún, 239

De Sahagún a Mansilla de las Mulas, 255

De Mansilla de las Mulas a León, 271

De León a Hospital de Órbigo, 287

De Hospital de Órbigo a Rabanal del Camino, 307

De Rabanal del Camino a Ponferrada, 323

De Ponferrada a Vega de Valcarce, 337

De Vega de Valcarce a Triacastela, 349

De Triacastela a Portomarín, 373

De Portomarín a Ribadiso, 393

De Ribadiso a Santiago de Compostela, 427

Entrando em Santiago, 449

O Autor, 459

Portal da cidade de Saint-Jean-Pied-de-Port (França)

Alto da Cordilheira dos Pirineus (França)

De Saint-Jean-Pied-de-Port a Roncesvalles

Hoje são 4 de agosto de 2001, 6h35 da manhã. Estou saindo da cidade de Saint-Jean-Pied-Port, na França, para começar a minha peregrinação rumo a Santiago de Compostela. Serão cerca de 830km pela frente, numa jornada que pretendo vencer a pé.

À minha frente, o primeiro desafio: a famosa Cordilheira dos Pirineus, que faz fronteira entre França e Espanha, uma cadeia de montanhas colossal, que parece não ter fim, nem em distância nem em altitude. Atrás de mim, a minúscula cidade francesa de Saint-Jean, linda, limpa e bem preservada, apesar de seus mais de novecentos anos.

Ontem à noite, quando cheguei em Saint-Jean, todos os albergues e refúgios de apoio a peregrinos já estavam fechados. Procurei também pelo escritório dos Associados do Caminho de Santiago para carimbar o meu passaporte de peregrino, mas como eram mais de 11 horas da noite, o local estava fechado também.

Fiquei a andar pelas ruas para ver se encontrava alguém que pudesse me dar alguma informação, e também para arranjar algo para comer, mas principalmente um lugar pra dormir... A única coisa aberta que encontrei, no entanto, foi um trailer de lanches onde uns rapazes bebiam e conversavam. Tentei pedir informação, mas nenhum deles falava espanhol nem inglês, muito menos português. Então desisti e saí aborrecido, sem dar satisfação. Dizem que os franceses são assim: saem sem sequer abanar o rabo. Então devo ter saído à francesa.

Eu já estava preocupado, cansado da maratona de mais de vinte horas de viagem do Brasil a Madrid, e depois da loucura para conseguir chegar a Pamplona, além da dificuldade para arranjar um táxi que me trouxesse até aqui.

Subi a rua principal até o fim, e quando voltava, já meio desesperado, vi uma senhora bem velhinha na janela de um casarão. Tentei conversar com ela e pedir informações, mas apesar de não haver entendido nada do que falei, pelo menos ela entendeu o que eu precisava. Desceu do primeiro andar, abriu a porta e com apenas um gesto me chamou para dentro, mostrou um quartinho onde havia duas camas de campanha dobráveis, apontou para uma delas e assim deu a entender que me daria pouso ali.

Era um casarão de não menos que uns 300 anos de construção, com cheiro de mofo, apesar de estar aparentemente limpo. A fraca iluminação mal dava para ver os degraus. A estrutura interna da casa era toda em madeira, inclusive o assoalho, que rangia ao peso de nossos passos.

Tentei conversar, perguntar se conseguiria algum lanche, e quis saber se ali era alguma espécie de albergue ou pensionato, mas nenhum de nós entendia nada do que o outro dizia. Ela também não falava inglês ou espanhol.

Ela se dirigiu então a uma cristaleira antiga, pegou um pedaço de papel e uma caneta, escreveu algo e me mostrou. Olhei o papel e entendi que ela havia rabiscado o número 50. Deduzi que estava me apresentando a conta, para pagamento do pernoite adiantado. Fui à mochila e comecei a vasculhar pelo dinheiro, pensando se ela aceitaria pesetas ou dólares, pois eu não tinha em espécie moeda francesa. Peguei algumas notas e as coloquei sobre a mesa, para que ela me ajudasse a separar o valor devido.

A senhora começou a rir e desconfiei que devia estar cometendo alguma gafe. Com muita dificuldade, entendi que o que ela havia escrito não era o número 50, mas o nome dela: JÔ. A letra jota escrita no papelzinho se confundia com o número 5. Mas já que eu estava com o dinheiro em mãos e cansado de tentar falar um idioma que desconhecia, pedi a ela para aproveitar e deixar tudo pago. Ao ver que eu possuía pesetas espanholas, ela fez uma continha e me mostrou que o valor seriam mil duzentas e poucas pesetas, algo em torno de quinze reais.

*

A estrada de Pamplona até Saint-Jean atravessa a Cordilheira dos Pirineus, que divide a Espanha da França. É muita serra e muito ziguezague pela estrada... Ontem, quando passei por esse trecho, estava uma linda Lua Cheia, que ora aparecia de um lado, ora do outro; ora pela frente, ora por trás, tantas eram as curvas que o táxi fazia. E hoje, depois de tanto transtorno no aeroporto de Madri e da noite pouco confortável, decidi que merecia um bom café da manhã, antes de pegar a estrada. Reparei que na saída de Saint-Jean, logo depois da ponte, havia uma espécie de mercearia ou lanchonete, a umas duas quadras dali, onde comi um sanduiche tostado com uma fatia de presunto, acompanhado de leite com chocolate; e comprei ainda uns queijinhos e salaminhos pra levar na mochila, pois não sabia o que me esperava pela frente. O melhor de tudo foi haver comprado também um cajado, um item importante para servir de apoio ao longo do Caminho, além de umas conchas Santiago para pendurar na mochila.

*

São 10h30 da manhã e já andei cerca de quinhentos metros a partir do portão medieval e da muralha que marca o limite urbano da cidade de Saint-Jean. Aqui começo a enfrentar a subida sobre a qual havia lido, mas não imaginei que fosse tão íngreme. A estrada, muito antiga, é de piso de terra.

Este começo está mais complicado do que pensei. Já andei cerca de uma hora e subi bastante. Neste trecho, há uma estradinha de uns três metros de largura, pavimentada por um asfalto precário, com muitas curvas, mas até agora nenhuma seta amarela surgiu para indicar se estou no caminho certo. As tradicionais setas amarelas são sinalizações colocadas no Caminho para orientar os peregrinos e indicar a trilha a seguir, desde tempos ancestrais.

Ao lado da estradinha, avistei uma espécie de serraria ou marcenaria. Entrei pra pedir informações, mas não havia ninguém. As ferramentas todas em cima das mesas e nem vivalma. Chamei, gritei, mas ninguém apareceu.

Há alguns minutos, eu tinha avistado uma pessoa usando cajado que parecia subir na mesma direção. Então o melhor a fazer era continuar caminhando.

Três ou quatro quilômetros adiante, depois de uma curva, enxerguei dois peregrinos com mochila nas costas e cajado na mão. Isso indicava que o caminho era mesmo por ali. Fiquei assim mais aliviado e despreocupado para apreciar os detalhes da viagem.

Ao passar ao lado de uma fazendinha de gado, reparei a grande diferença das características geográficas entre esta região e a região de Madrid. Lá é extremamente seco e plano. Aqui, apesar de montanhoso, a pastagem é verde e bonita. Havia cerca de doze vacas, aparentemente da raça caracu, com pelagem avermelhada, algumas com pintas brancas, bonitas e gordas, pastando com gosto.

A casinha era pequena, antiga, mas dava a impressão de ser um sítio muito bem cuidado. Ao lado, numa pequena horta, o fazendeiro aparentemente colhia batatas. Era um sujeito tipicamente europeu, de olhos intensamente azuis, magro e de rosto fino. Arrisquei um "bonjour", a que ele respondeu sem entusiasmo. Aproximei-me um pouco mais e, mostrando o cantil, pronunciei "água" em francês, quando um senhor mais velho, saindo da casa, me fez um sinal. Eu o segui. Solícito, ele me mostrou um tanque com uma torneira aberta.

Tomei um bom gole na palma da mão; enquanto enchia o cantil, comentei em espanhol que vinha do Brasil. Mostrei nossa bandeira na minha sacola tipo embornal, mas ele não entendeu nada. Tentei pronunciar "Brasil" imitando sotaque francês, mas ele começou a rir, fazendo gestos que indicavam estarmos muito longe, e balançou a cabeça como que dizendo "no hablo español". Deve pensar que no Brasil se fala espanhol. Agradeci com um toque no ombro e segui em frente.

Há cerca de duas horas venho subindo serras e o tempo continua nublado desde que saí de Saint-Jean. A estradinha estreita de asfalto vem fazendo ziguezague pela encosta, para amenizar a inclinação. Logo adiante, a trilha penetra no meio de um bosque e é sombreada pela copa das árvores, que se fecham totalmente por cima.

As pessoas que eu havia visto à minha frente desapareceram; ou são muito velozes ou saíram da estrada em alguma capoeira lá atrás (o que é mais provável, pois estou andando rapidamente e deveria tê-las alcançado). Só não me sinto inseguro novamente porque avistei bem atrás, numa curva a uns três quilômetros, um casal que vem subindo na mesma trilha que eu. Isso indica que eu estou no caminho certo e não estou sozinho nesse mundão.

A trilha continua cada vez mais íngreme; nem sei quanto já subi. Daqui de cima, pode-se avistar todo o vale onde está localizada a cidade de Saint-Jean. Acima, e pelas laterais, vislumbra-se o perfil da majestosa Cordilheira dos Pirineus, a perder de vista, tanto para os lados quanto para adiante, onde a altitude impressionante faz confundir a neblina com as nuvens.

O vale visto daqui é maravilhoso. Acabei de tirar fotos para guardar essa imagem como lembrança. Contudo, olhar pra frente está me causando certa apreensão, pois as subidas parecem não ter fim. Quanto mais se sobe, mais se descortinam novos picos adiante.

Logo atrás, passei por três espanhóis: um senhor e duas mulheres. Caminhei com eles um pouco e parei pra bater novas fotos, deixando que subissem na frente. Um pouco mais adiante, encontrei uma fonte onde abasteci o cantil e molhei a cabeça. Apesar da temperatura bastante baixa, eu estava encharcado de suor da cabeça aos pés.

O meu relógio marca uma hora da tarde. São oito da manhã no Brasil. Sigo margeando um pico pela lateral e acaba de se descortinar à frente outro conjunto de montanhas, aparentemente ainda mais íngremes, constituído de pedras gigantes, ao contrário do que se viu nos trechos que passei abaixo, onde havia pastagens nas encostas. Aqui é deserto, com pedras e restingas de mata nas partes baixas. Acredito que a fronteira com a Espanha pode estar perto, mas não dá pra enxergar nada, por causa da neblina. O tempo está fechado, especialmente no topo das montanhas, o que indica risco de chuva.

Alguns minutos atrás, ultrapassei um grupo de franceses. Fiquei observando: além da forma de falar, muito educada, eles andam como se estivessem numa passarela; em vez do cajado tradicional, usam uma espécie de bengalinha de esquiador, que se dobra embutindo, feito antena de carro. Achei "moderno demais".

São 13h45. Continuo a subir serras; passo ao lado de um pequeno campo de pastagens com uma manada de carneiros — centenas deles, todos brancos com cara preta, berrando muito. Um barulho assustador ecoa pela encosta, parece uma algazarra combinada. Enquanto uns pastam, outros berram, e assim se vão alternando. Saindo pela direita, há uma estradinha de fazenda.

Olhando atrás, já não tenho mais a visão do vale de Saint-Jean; adiante, a visibilidade é curta. A grama está molhada por causa da névoa, assim como o terreno pedregoso. Faz bastante frio agora. A temperatura já vinha caindo paulatinamente, mas aqui a situação está se complicando, por dois motivos principalmente: o vento e a roupa encharcada pelo suor e pela neblina.

Há uma umidade intensa no ar. Parece que estou exalando uma chaminé de vapor a cada vez que solto a respiração. Não sei se consigo continuar sem ter de parar e tirar algum agasalho mais grosso da mochila.

Cada vez que acredito estar chegando ao topo e que a subida vai acabar, mais se descortinam serras à minha frente. Um pico de montanha que há algumas horas imaginei não fosse ter de subir — no máximo contorná-lo, pois me parecia muito íngreme e alto –, agora o enxergo atrás, a pelo menos uns 300 metros abaixo de mim. Eu havia subido bem mais do que os picos mais altos que eu avistara lá de baixo.

A visibilidade melhorou e me permitiu enxergar um longo trecho de estrada e várias curvas adiante. Daqui tenho vistas panorâmicas muito bonitas da Cordilheira dos Pireneus, à esquerda e à direita; e à frente, uma espécie de refúgio à beira da estrada, onde há vários carros parados (talvez mais que dez) e muitas pessoas aparentemente fazendo piquenique ou simplesmente apreciando a vista e aproveitando o sábado.

Mais de perto, pude ver que realmente faziam piquenique. Comem, riem. E a criançada corre e se diverte. Passo meio ao largo dessa turma, já que meu programa é outro. Logo adiante, há uma grande pedra com uma pequena imagem de Nossa Senhora, que eu fotografei – e segui em frente.

São duas e meia da tarde e até agora nem sinal da fronteira espanhola. Não sei por quê, mas estou ansioso pra andar logo em terras espanholas. Pelo menos será mais fácil pedir informações e ser entendido.

Logo depois do ponto de piquenique dos franceses, tive dúvidas sobre se havia tomado o caminho certo. Voltei atrás e tentei pedir informações a algumas pessoas, sem sucesso. Além de não entenderem (ou não quererem falar) nada em espanhol ou inglês, demonstraram uma má vontade danada. Resultado: tive de retornar uns cem metros pra conferir as setas indicativas e assim saber o rumo certo a tomar.

Depois de cada curva, o que se avista é mais subida. A temperatura continua caindo, mas mantenho o ritmo da caminhada acelerado e o corpo bem aquecido, por isso não sinto frio; pelo contrário, algumas garoas ou neblinas mais intensas têm sido muito bem-vindas, para me refrescar. E há muita neblina aqui. Sinto-me como se estivesse andando nas nuvens. A temperatura é agradável, e apesar do frio e do vento – a sensação térmica é talvez abaixo de zero grau –, ainda não foi necessário parar para vestir o casaco. O único inconveniente é que nestes descampados, com a estradinha muito rudimentar e tudo meio deserto, quase sempre bate uma incerteza: será que estou no rumo certo?

Este trecho de montanha, no inverno, fica coberto por vários metros de neve. Por isso, na região deve haver estações de esqui, que obviamente devem estar desativadas agora, já que estamos em pleno verão europeu.

São 14h40. Agora a neblina fechou definitivamente. A visibilidade não vai além de uns dois ou três metros à frente. A poucos minutos, vem um grupo de peregrinos atrás de mim, mas não enxergo ninguém por causa da neblina. Apenas ouço a fala – muita falação – e as risadas – muitas gargalhadas. Andei assim por um bom tempo, sem identificar o idioma que falavam, até que eles me alcançaram. Eram uns cinco ou seis. Alguns se dirigiram a mim em inglês; outros em espanhol, e continuei sem lhes identificar o país de origem. Pediram-me para bater uma foto do grupo e seguiram. Agora estão caminhando uns 40 metros à minha frente, sempre barulhentos, mas quase não os enxergo. Às vezes só enxergo silhuetas na neblina.

A fome começou a me incomodar. Pensei em parar pra comer alguma coisa, mas o frio aumentou. Se parar agora, com essa roupa úmida, com certeza terei problemas. Melhor deixar para mais tarde. O chão, a grama, tudo está encharcado; sopra uma brisa gelada continuamente. À frente não se enxerga nada, tampouco atrás. Tenho a impressão de que do lado esquerdo da trilha há um precipício. É melhor manter o passo sempre pelo meio da trilha e evitar escorregar nas margens de cascalho, pra não cair e desaparecer lá embaixo, no buraco.

Às vezes a neblina fica menos intensa e consigo enxergar os peregrinos à frente. Também dá pra notar que a trilha é melhor e mais plana – aquela faixa de asfalto precário de uns três metros de largura. Algumas vezes passam veículos. Sempre muito educados, chegam a parar o carro quando cruzam com algum peregrino.

Acabei de passar por um piquete com dados geográficos indicando a altitude de 1.430 metros. Saint-Jean-Pied-de-Port está a cerca de 130m. Isso quer dizer que eu subi 1.300 metros. É muita coisa – quase duas vezes a altura do Corcovado. Pelo que li, estou quase no topo da Cordilheira dos Pirineus. Por isso essa temperatura, tanto vento e tanta neblina. Mas parece que ainda há subida adiante. Acho que vou chegar ao céu.

Depois de subir mais um pouco, alcanço um descampado onde há um monte de pedras ao lado de uma cruz de cimento com cerca de um metro e meio de altura. Ao lado, sentado na grama, estão os peregrinos barulhentos que eu vinha seguindo. Perguntei de onde eram e me disseram ser italianos, de Veneza! Em espanhol, brinquei: "Ah, sim, são italianos! Por isso vieram todos falando ao mesmo tempo". Eles riram muito e consertei, em tom de brincadeira: "Todos falam juntos, mas todos compreendem tudo, pois são todos muito inteligentes".

É um grupo alegre. Fiquei com eles a conversar um pouco e batemos umas fotos. Logo seguiram viagem e fiquei sozinho, comendo os queijinhos e as frutas que havia comprado em Saint-Jean, já amassadas dentro da sacolinha, mas os comi assim mesmo. Para não congelar, tratei de andar logo. Os italianos sumiram e o silêncio é quase absoluto, a não ser pela brisa e pelo barulho dos cincerros (um sino rudimentar atado ao pescoço) dos carneiros que pastam nas quebradas dos morros.

São 15h30 e a neblina continua. Agora não é mais uma estrada, mas uma trilha que, além de ser ainda mais íngreme, é de terra batida de cascalho, alternada com trechos de grama. A única indicação de que estamos na rota certa são pequenas marcas nas pedras, às margens da trilha, feitas com tinta branca e vermelha. À direita, há precipícios com mata parecida com araucária. Apesar de ainda ouvir, de vez em quando, o som de algum cincerro a distância, a sensação de isolamento é muito grande.

Depois de mais uma hora caminhando, o tempo dá sinais de que vai clarear e pode até se abrir um solzinho para aquecer o ambiente. Alcancei novamente o grupo de italianos e subi com eles um trecho de alguns quilômetros de estrada de terra coberta por um cascalho muito grosso e desconfortável para caminhar. Enquanto três ou quatro italianos falavam alto ao mesmo tempo, parecendo briga, eu conversava com um deles, que falava melhor o espanhol. Outras vezes os acompanhava calado, apenas ouvindo aquele fuzuê animado, pois não entendo nada de italiano. A certa altura, eles pararam pra tomar fôlego e continuei caminhando.

Poucos quilômetros adiante, percebi que havia chegado ao alto da Cordilheira, no limite das subidas. Esse deveria ser o ponto de maior altitude da trilha, embora o tempo limpo, o sol claro e a visibilidade revelando a imensidão do horizonte na direção do território espanhol dessem a impressão de que não era tanta a altitude. A partir dali, começava a descida, ainda pela mesma estrada de terra e cascalho grosso. Abaixo, as setas indicavam um desvio que já não era mais uma estrada, mas uma trilha de gado, ainda de pedra e cascalho, com uma descida íngreme que provocava instabilidade a cada passo.

Não se passaram mais de quinze minutos nesse trecho para eu começar a sentir os joelhos e o tornozelo. Descer é mais complicado e exige mais das articulações do que subir ou andar em trecho plano. Contudo, os vários escorregões nas pedras soltas acabaram por me lesionar as articulações. Reduzi então o ritmo ao máximo e continuei a observar o ambiente.

A trilha, muito estreita, suficiente para apenas um caminhante de cada vez, é por debaixo de uma floresta; um lugar muito bonito, embora a vegetação seja constituída de uma única espécie de árvore, que eu não soube identificar, pois não me recordava árvore conhecida. Algumas eram gigantescas, com troncos grossos e retos. Viam-se ainda áreas muito limpas lá em baixo, sem vegetação: só folhas secas a formar uma espécie de tapete.

O caminho é apenas uma picada estreita, como aquelas trilhas de terra formadas pela passagem do gado nas pastagens das fazendas, que aqui vai ziguezagueando pelo meio da mata, passando sobre raízes e descendo barrancos. Estou literalmente andando no meio da mata.

Depois de algum tempo descendo sozinho, começo a perceber melhor o ambiente. Alguns poucos passarinhos se espantam do chão e dos galhos, ou piam de longe; a trilha em alguns pontos é bem funda, a indicar a passagem de milhares de pessoas durante vários anos. O lado esquerdo é outra pirambeira no meio da mata. Por ser bem limpo, dá pra vislumbrar o relevo. É bonito demais. Estou impressionado com a beleza do lugar, apesar de experimentar alguns momentos de insegurança, especialmente quando passo por longos trechos sem a marcação das setas amarelas que indicam o caminho.

Os italianos ficaram bem para trás. Desde que iniciei a descida, não ouvi mais o falatório. Ainda bem que a noite cai bem mais tarde aqui, pois a esta hora, no Brasil, eu já estaria com medo de anoitecer no meio da mata. Nesta região da Europa, no verão, a noite costuma chegar por volta das nove horas; portanto, ainda tenho tempo de chegar ao albergue de Roncesvalles.

Faltam dez minutos para as seis da tarde e continuo a descer a trilha no meio da mata fechada. Minutos atrás, passei por um casal que vinha no sentido contrário. Naquele momento, eu já estava preocupado, pois não via sinais indicativos há algum tempo. Geralmente as setas são marcadas nos troncos das árvores, em pedras ou raízes, mas sob a mata estava ficando cada vez mais sombrio e escuro. Creio que isso me dificultava ver as marcações. O casal, porém, me tranquilizou, informando que Roncesvalles não estava longe.

Depois disso, já mais calmo, tirei da sacola uma bisnaguinha do queijo suíço e outra do presunto defumado espanhol comprados em Saint-Jean e continuei a andar e comer. Logo saí numa clareira de onde se avistava um vale e um riacho que descia mais adiante. Deduzi que estava chegando a Roncesvalles.

Um pouco à frente, pude vislumbrar, olhando para trás, os picos cobertos de neblina que eu havia atravessado horas antes. Com certeza, a brisa fresca da planície era bem mais agradável do que o frio que devia estar fazendo lá no alto.

Depois de atravessar uma pinguela sobre o riacho, avistei uma grande construção que parecia uma igreja, um castelo ou algo semelhante. Imaginei tratar-se do povoado de Roncesvalles.

Uns quinhentos metros depois, identifiquei a construção que havia avistado antes. Constatei, aliviado, que se tratava do albergue de peregrinos de Roncesvalles. Devia ser algo em torno de sete horas da noite; então fui direto ao escritório para que carimbassem o meu passaporte de peregrino – e para verificar se havia vagas no albergue.

Naquele horário, porém, não havia mais vagas! Todas as camas estavam ocupadas. Para meu consolo, o atendente disse que estavam procurando uma solução, pois havia camas desmontadas num porão (sei lá onde) e seria possível me acomodar. Ele me apontou um cômodo onde havia outros quatro ou cinco peregrinos esperando sentados num banco de madeira, na mesma situação que eu. Não demorou muito, um rapaz apareceu nos chamando a subir, para nos acomodar.

Depois de vencer os degraus de uma escadaria de madeira adaptada àquele antigo edifício de pedra, indicaram-me uma cama improvisada, estreita, que não passava de uma tira de espuma envolvida em cobertores (para ficar mais macia), instalada no meio de um enorme salão com pelo menos outras quinze ou vinte camas tipo beliche, além de outras iguais à minha. Coloquei a mochila sobre aquele colchão mal-arranjado apenas para garantir o meu lugar, peguei a "necessaire" e a toalha e fui tomar banho.

Até aqui foram mais de oito horas de caminhada. Apesar de tudo, sinto-me bem, sem dores fortes, as pernas inclusive sem a dor que eu havia sentido no meio da tarde, ao descer a trilha da floresta. Acho que vai dar para prosseguir amanhã.

Dentre as várias histórias contadas pelo senhor Jose Antônio, o motorista de táxi que me levou do aeroporto de Pamplona a Saint-Jean, numa delas ele falava sobre Roncesvalles. Na verdade, são apenas quatro casas, além de um convento, a residência do clero, o albergue de peregrinos e a catedral, estes últimos mantidos pela congregação católica local. Apesar de ser um povoado com bastante fama turística e reconhecimento histórico, é ocupado por somente quatro famílias. Li que a fama do lugar decorre de uma batalha ocorrida no século VI, na qual o povo basco derrotou o exército do imperador Carlos Magno, conhecida como "Batalha de Roncesvalles".

Durante o trajeto com o taxista José Antônio, ao perceber que ele era um conhecedor da história da Espanha, perguntei se já ouvira falar no sobrenome Caetano ou Almeida. Ele me afirmou que ambos são registrados em personagens da história espanhola, mas possivelmente têm origem em Portugal, o que confirma as pesquisas que venho fazendo há anos sobre a origem da minha família.

Povoado de Espiñal (Navarra/Espanha)

De Roncesvalles a Pamplona

São 5 de agosto, 7h40 da manhã; estou começando a caminhar pelo segundo dia, saindo de Roncesvalles, a primeira estação do Caminho francês em território espanhol. Foi minha primeira pousada na Espanha. Ontem, depois de um bom banho, senti-me cansado, mas ainda tive disposição para assistia à missa dos Peregrinos na Catedral, uma cerimônia bonita e musical, celebrada por oito padres cantores. Um deles tocava um órgão com sonoridade espetacular. E todos cantavam, em duetos fantásticos. Tudo emocionante, maravilhoso.

Ao final, teve a benção especial aos peregrinos. Poucos conseguem conter as lágrimas quando o celebrante vai até as pessoas e faz orações pedindo proteção à Virgem Maria para os peregrinos durante a jornada e que o Divino Espirito Santo ilumine as trilhas e a todos nós ao longo do Caminho. Pede também a proteção de Deus e do Apóstolo Tiago aos familiares de cada um, para que permaneçam em segurança e em paz em suas casas nos seus países de origem, enquanto estivermos fora

Descida da Cordilheira dos Pirineus (País Basco/Espanha)

— e que depois da caminhada tenhamos a graça de voltar e encontrar nossas famílias em segurança.

Depois da missa, eu estava tão cansado que nem recordo em que momento subi de novo para o albergue. Ficou-me a vaga lembrança de quando coloquei o isolante térmico sobre os cobertores da cama improvisada e me enfiei no saco de dormir. Era a primeira vez que usaria um saco de dormir, mas achei confortável e peguei no sono imediatamente. Quando acordei, eram quase sete horas da manhã e constatei que o albergue estava quase vazio. Praticamente todo mundo já tinha saído.

A manhã estava fria. Cheguei a cogitar vestir um casaco mais pesado, mas desisti, pois a caminhada aqueceria o corpo e logo eu teria de parar para tirá-lo. A saída é pela mesma rodovia que vai a Pamplona, num trecho bonito, com margens cheias de pinheiros. Em algumas partes, a copa das árvores se fecha por cima, formando um túnel.

Não estou sentindo cansaço; não tenho sensibilidade ou desconforto nas pernas ou articulações. É como se eu estivesse começando a caminhar no primeiro dia – talvez até de modo mais confortável, pois tenho mais familiaridade com a mochila, que não me incomoda e nem parece pesar.

Como fui um dos retardatários a sair do albergue, acabei iniciando esse trecho sozinho. Depois da primeira curva da estrada, descortina-se uma reta longa com mata de ambos os lados. A partir daqui, olhando para trás, não se enxergam mais as edificações de Roncesvalles. Nenhum trânsito na rodovia, que permanece assim por um longo tempo, totalmente silenciosa, à exceção dos passarinhos que cantam nas árvores do bosque. Com isso, atingiu-me uma sensação de isolamento. Logo adiante, entrei numa trilha estreita – com cerca de um metro de largura –, de terra batida e cascalho, também no meio da mata fechada, e a sensação de isolamento ficou ainda mais intensa. Por isso, achei melhor retirar a fita de gravação e, pela primeira vez, colocar uma música brasileira, para matar a saudade.

Logo que saí de Roncesvalles, parei num trailer pra comprar água e tomar leite com chocolate, pois havia dispensado o café da manhã do albergue. Enquanto lanchava, conversava com dois rapazes que organizavam suas tralhas ali na grama, preparando-se para iniciar o Caminho a partir dali.

As comunidades católicas e instituições espanholas que administram e divulgam o Caminho de Santiago consideram que o início oficial do trajeto é Roncesvalles. É questão de prestigiar a parte que está no território espanhol. Mas a tradição secular sempre se refere ao chamado "Caminho Completo" como tendo início em Saint-Jean-Pied-de-Port, na França.

Depois de lanchar e conversar um pouco no trailer, despedi-me e peguei a estrada. Mais de um quilômetro depois, quando me aproximava de outros três peregrinos que seguiam devagar pelo acostamento, reparei nos cajados deles e me dei conta de que havia deixado o meu no trailer. Passei então apressadamente por entre os arbustos da margem, deixei a mochila escondida detrás de umas moitas e voltei correndo. O cajado havia sido guardado pelo rapaz da lanchonete, que se desculpou por não ter como levá-lo até mim.

Cerca de uma hora depois, cheguei ao interessante povoado de Espiñal, onde as casas são construídas em estilo antigo. Nas portas sempre aparece a data da construção: 1800, 1824, etc.

Mesmo sendo quase nove horas da manhã, a impressão era de que ninguém estivesse acordado. Ninguém na rua! Bati algumas fotos das casas sem ter visto vivalma. Contradizendo o nome do local, que faz referência a espinhos, tudo ali era enfeitado com lindos vasos de flores: as sacadas das casas, os degraus das escadas de entrada, as janelas... Tudo.

Avistei ainda uma bela catedral, mas como estava um pouco mais atrás, preferi não voltar para conhecê-la. Na frente da igreja havia uma fonte, também decorada com vasos de flores, onde enchi o cantil d'água e segui em frente, pegando novamente a trilha de terra batida e subindo por uns campos de fazendas, com pastagens atraentes.

Na saída do povoado, alcancei um casal de jovens estudantes provenientes da Alemanha. Embora a moça fosse chinesa, ambos estudavam em Zurique, de onde era originário o rapaz.

Seguimos conversando por um certo tempo e achei interessante esse contato, pois tive facilidade de dialogar em inglês, com fluência, talvez por causa do sotaque deles, que me facilitava a compreensão, uma vez que meu principal problema é entender a língua. O fato de não serem muito fluentes levava-os a falar de modo mais pausado, de um jeito que eu compreendia totalmente. Contaram-me detalhes sobre os cursos que faziam na Alemanha e me perguntaram sobre o Brasil.

Falei então do Brasil e do que eu fazia; contei que tinha duas filhas e destaquei que percorria o Caminho sozinho. A chinesa estava com bolhas nos pés e eles mal conseguiam andar num ritmo razoável. Dificilmente chegariam a Santiago, pois ela tinha visível sobrepeso e demonstrava não ter condicionamento físico. Para piorar, ao invés de um cajado leve, eles levavam, cada um, um pedaço de pau grosso e pesado.

O rapaz aparentava estar indo bem. Disse-me que aquela era a quarta vez que fazia o Caminho e estava disposto. Brinquei que ele era muito forte e poderia levá-la nas costas. Rimos e segui adiante, deixando-os para trás.

Desde o último povoado, embora a maioria do trecho da estrada seja em meio a árvores, em cada clareira observavam-se muitas fazendas de pastagens. Tenho a impressão, porém, de que há uma rodovia com movimentação de veículos a uns duzentos ou trezentos metros após o bosque.

Recordei que nas três vezes em que fiz longas peregrinações a Romaria, em Minhas Gerais, no Brasil, o segundo dia era sempre o mais pesado. Costumava ser o dia mais difícil, pois logo cedo eu saía com a musculatura das pernas dolorida. Agora está sendo diferente. Mesmo tendo o peso da mochila nas costas, hoje é meu segundo dia e não estou sentindo desconforto. A disposição que sinto, mesmo tendo dez ou onze quilos nas costas, é bem maior do que nas vezes em que saí de mãos vazias no meu segundo dia a Romaria.

Num certo ponto, acaba o Caminho. Estou descendo agora por uma ribanceira no meio de uma capoeira fechada. Praticamente não existe trilha, só uma picada no mato. Pelo menos, está com as setas indicativas no chão, mostrando que de fato é um trecho do Caminho de Santiago. Mas é estanho: há lugares em que é necessário passar agachado debaixo de troncos e segurar-se em raízes para não escorregar morro abaixo; passar por cima de moitas e macegas de arbustos...

Pelo menos, para me tranquilizar um pouco mais, comecei a avistar um casal de peregrinos que ia descendo uns duzentos metros à minha frente. Como eles seguem seguros de si, creio que sabem o que fazem. Volta e meia, somem no mato, mas depois os avisto novamente. Vou acelerar um pouco e tentar alcançá-los. Espero também que haja água no final, algum rego, um córrego, pois estou com o cantil seco e começo a sentir sede.

Depois de descer por um bom tempo nessa picada íngreme no meio do mato, a trilha chega a uma estrada de asfalto. Mas água que é bom, nada! E durou pouco o meu alívio, pois a cerca de uns cem metros, o Caminho sai pela capoeira outra vez, subindo pelo outro lado da estrada, e logo em seguida se chega a uma estrada construída com um calçamento de pedra, algo muito antigo, ainda no mato. Apesar de irregular, a estrada é muito bem acabada. É provavelmente romana. Em alguns pontos, ela praticamente se confunde com a vegetação de arbustos e espinheiros das margens e obriga o peregrino a às vezes passar pelo mato para fugir dos espinhos; noutras vezes, a subir sobre restos de troncos caídos.

Depois de andar com dificuldade por uns quinhentos metros por essa estrada de pedras, comecei a sentir um certo desespero, sobretudo por causa da sede, que estava ficando insuportável – e nem imaginava onde poderia achar água. Como estou subindo, é provável que encontre algum planalto seco cascalhento. A um certo ponto, já não penso em mais nada; não quero andar, muito menos subir morros; só quero encontrar água.

Um pouco mais adiante, quando a mata começa a ficar menos densa, já ganhando o alto de uma colina, ouvi vozes atrás de mim, na trilha romana. Não demorou muito para me alcançarem. Eram dois espanhóis de Madrid com os quais eu havia encontrado na saída do albergue de Roncesvalles. Vinham falando e cantando alto, ao mesmo tempo, numa tagarelice eufórica. Pareciam estar indo a alguma festa.

Cumprimentei-os tentando disfarçar o meu mau humor e comentei que havia ficado sem água desde a manhã. Prontamente um deles sacou da mochila uma garrafa pet de um litro e meio, ainda pela metade, e me ofereceu água. No ritmo em que chegaram, seguiram em frente, fazendo a mesma algazarra, depois de mandarem abraços "a todas as moças bonitas do Brasil".

Cerca de uma hora depois, os alcancei sentados à sombra de uma árvore, contando casos e dando risadas, na mesma animação. Eu estava novamente com sede, mas por decoro fiz apenas alguns comentários e gracejos com eles e segui em frente, sem dar oportunidade sequer de me oferecerem mais de sua pouca água.

Já eram quase onze horas da manhã, o sol se tornaria mais intenso a partir desse horário. Se eu não encontrasse um boteco, um riacho ou um chafariz na beira da estada nas próximas horas, estaria frito. Então lembrei-me de uma última maçã verde num bolso da mochila, que eu havia apanhado na beira da estrada pela manhã, e comecei a comê-la. Pelo menos havia alguma água na fruta.

Passei enfim por um riacho com água muito limpa, de onde bebi bastante e pude encher o cantil. Logo adiante, entrei num pequeno povoado com algumas poucas dezenas de casas, com o estranho nome de Lintzoain. Assim como em todos os outros lugarejos, na praça central havia uma pequena igreja.

Dessa vez, resolvi entrar para fazer uma oração rápida e tirar fotos, antes de seguir. Não pude deixar de reparar que, tal como nos lugarejos de qualquer lugar do mundo, ali havia pardais, muitos pardais barulhentos... Mas de repente o barulho dos pardais foi abafado pelos sinos da igreja. Por aqui sempre se ouvem sinos de igrejas. É a primeira vez, porém, que começam a tocar justamente quando estou caminhando até lá. Parecia que estavam me chamando, batendo cada vez mais agitados à medida que eu me aproximava. Que festival de badaladas! E praticamente não havia gente nas ruas, à exceção de um casal de velhinhos e um senhor de bicicleta que acabara de passar.

Ao chegar à porta da igreja, descobri porque as ruas estavam vazias: estava quase todo mundo lá. Deduzi então que era hora da missa e que os sinos não tocavam para mim (que decepção!), mas para avisar que a missa estava para começar.

Entrei encabulado e me dirigi à última fileira de bancos, o mais perto possível da porta, tentando evitar chamar a atenção, mas também por uma razão estratégica: quando quisesse dar o fora, ninguém iria notar. Aproximei-me do banco até meio agachado, pra ninguém me ver. Quando fui descer a mochila e ajeitar as coisas para me ajoelhar, porém, o cajado bateu no banco e fez um barulhão. Quis acudir, mas o danado bateu de novo – e não teve jeito. Algumas pessoas que estavam mais perto me olharam e fiz um gesto de desculpa.

Quando pensei que finalmente iria me ajeitar e passar despercebido, o padre, que já estava falando no altar, começou a chamar:

– Peregrino, senhor peregrino!

Olhei envergonhado, pensando: "Deve ser comigo e vou levar bronca". De fato, ele olhava para mim, fazendo sinal a que me aproximasse.

– Venha para a primeira fila, peregrino!

Eu quis agradecer e dizer que ali mesmo estava bom, mas ele insistiu, dizendo que seria uma honra para todos os presentes ter um peregrino que passava a Caminho de Santiago de Compostela. Juntei a tralha meio improvisadamente e, à medida que caminhava pelo corredor central da igreja, todos me olhavam. O padre continuava a falar: "Desde épocas muito antigas, este povoado acolhe os peregrinos que passam por aqui... Será um prazer ter você nesta celebração... Venha aqui à frente".

Apesar da vergonha que senti na hora, não posso negar que fiquei emocionado. Pela primeira vez, senti uma honra enorme em ter sido chamado de "peregrino". Ter sido tratado assim naquele momento tão inusitado me orgulhou muito, como se estivesse sendo chamado por um título da maior nobreza.

No fim da missa, mais descontraído, dirigi-me ao padre para agradecer suas palavras e ele me pediu para acompanhá-lo até a sacristia. Enquanto trocava os paramentos, elogiou-me mais uma vez pela peregrinação. Pedi-lhe que abençoasse uns pingentes de ouro – imagens em miniatura da pombinha do Divino Espírito Santo, que eu levava na mochila. Bem-humorado, ele caçoou: "Você, carregando as suas imagens até Santiago, vai consagrá-las muito mais do que qualquer bênção minha!". Desejou-me um bom Caminho e pediu-me que ao chegar a Santiago rezasse por ele e sua comunidade.

Saindo do povoado, embrenhei-me outra vez mata adentro. Pelo menos ali a trilha era uma estradinha limpa, livre de arbustos e principalmente de espinheiros. Dá pra perceber que a estrada principal asfaltada segue ao lado, a alguns metros; dá pra ver carros e caminhões passando.

A região da Cordilheira dos Pirineus, que faz fronteira entre a França e a Espanha, fica no centro de um território ocupado por uma etnia muito antiga e tradicional chamada de "povo basco", aliás bem conhecida por causa dos movimentos separatistas que costuma promover. Essa região, que tem parte na França e parte na Espanha, é inclusive conhecida como "País Basco". Os povos dessa etnia até hoje têm muito orgulho de sua cultura, origem e história, tanto que se apresentam não como "espanhóis", mas como "bascos".

Eles têm idioma próprio, apesar de que todos falam também o espanhol. Ontem mesmo conheci uma família – a mãe, a tia e um casal de adolescentes – que apesar de terem nascido e viverem todos na França disseram serem bascos. Assim, a despeito da fronteira entre França e Espanha, que já há vários séculos divide o território, eles continuam preservando a sua identidade nacional.

São 12h15. Continuo andando pela trilha no meio da mata, porém numa região cuja vegetação lembra mais o cerrado brasileiro: árvores baixas com macegas de arbustos e espinheiros embaixo. A trilha, bastante estreita, às vezes chega a apenas meio metro de largura. Volta e meia galhos de árvores atravessados atrapalham a passagem. Com isso, às vezes é preciso se agachar para passar – e isso com a mochila nas costas não é nada confortável.

Estranhamente eu não encontro quase ninguém no Caminho. Considerando-se a quantidade de gente que havia no albergue pela manhã, acho que todo mundo tomou a frente e fiquei para trás, talvez por causa do horário em que me levantei e também porque parei para assistir à missa.

Logo adiante, há uma subida forte e longa, como sempre, com a trilha coberta por um cascalho grosso, com pedras de até dez centímetro (que nem sei se pode ser considerado cascalho). De longe, avistei três ciclistas empurrando bicicletas na subida. No meio do trecho, eles pararam, largaram as bicicletas no chão e se sentaram no barranco. Eu os alcancei ainda ali e parei um pouco, para restabelecer a respiração da subida e conversar. Eram espanhóis de Andaluzia. Pedi para tirarem uma foto minha e segui em frente.

São duas horas da tarde. De Lintzoain até aqui já andei umas três horas continuamente, quase sem parada, somando cerca de quinze quilômetros de trilha dentro da mata – ora mais parecida com cerrado, ora mata fechada –; apenas cruzei por duas vezes a estrada asfaltada, que agora parece estar muito longe. Não ouço mais o ruído de carros. Nada. Silêncio total, a não ser passarinho e grilo a cantar no mato.

Além dos ciclistas, passei por mais um grupo de peregrinos que caminhava dividido em dois subgrupos, embora fossem da mesma família, e não vi mais vivalma. Comentaram que havia um albergue adiante, a mais ou menos meia hora de caminhada. Como ainda é cedo, não creio que ficarei para pernoitar aqui.

Devo andar um pouco mais.

Acabo de avistar um povoado abaixo, ao fim de uma colina longa. Deve ser onde fica o albergue. Até lá, será descida forte, numa trilhazinha complicada, que mais parece trilha de gado cavada na terra seca, cheia de barrancos e pedra soltas, tão estreita que às vezes não dá pra mudar o passo sem quicar um pé no outro. Para piorar, as pedras são roliças e lisas. Se se pisar nelas com todo o peso do corpo, o tornozelo pode se machucar. Mas vou enfrentando o desafio devagarinho, segurando-me nos ramos e nos barrancos pra não escorregar. Às vezes, quando é possível, é melhor andar pelos pastos, mas também eles estão repletos de espinheiros que nos arranham e desfiam a calça da gente. Tá difícil!

Na baixada próximo ao povoado, a pastagem é mais limpa; ao invés das pedras originais da descida, vê-se que colocaram brita na trilha – muita brita, toda irregular, com pedras de todo tamanho. Não sei pra quê isso. Deve ser para impor mais dificuldade aos peregrinos. Só pode ser pra piorar a vida da gente.

Ouvi dizer que alguns peregrinos fazem a caminhada de chinelos. Queria ver passarem por aqui. É impossível. Chinelos? Nem aqui nestas britas, nem na serra lá em cima, ou nas trilhas do meio da mata lá atrás... Não há a menor condição! Peregrino de chinelo aqui? Desiste!

Com a articulação superior do fêmur direito dolorida de tanto levar tranco na descida do morro, entrei no povoado. É bem maior do que imaginei. Maior, em termos: ao invés de oito ou dez casas, devem ser doze, todas construções antigas, em estilo europeu, com telhado alto inclinado.

Parece que no povoado está acontecendo uma festa. Um som alto toca uma musiquinha típica do folclore espanhol; às vezes um locutor fala algo... *É domingo, ora, deixa o povo fazer a farra dele.* Não sei se paro aqui, ainda mais com barulho de festa. Tenho ainda muito chão pela frente.

Antes de chegar à rua asfaltada, quando ainda vinha pela pastagem lá atrás, reparei uns caras gritando e acenando para mim. Imaginei que fosse algum festeiro da cidade, entusiasmado pelo vinho, mas logo reconheci quatro dos italianos com os quais caminhei ontem. Um gritava: "Brasiliano, brasiliano!", e o outro: "Cruzeiro, de Belo Horizonte!" (eu estava com uma camisa desse time de futebol).

Na entrada, vi a placa com o nome do povoado: Zubiri, além da seta indicando o Caminho de Santiago e outras inscrições ilegíveis. Sei lá que língua era aquela! Não dava para ler. Esse povo é basco ou navarro, pensei. Um pouco mais adiante, outra placa indicava o albergue.

Vou cumprimentar os outros italianos e talvez seguir adiante.

A praça central é pequena, rodeada de casarões clássicos antigos, com janelas e varandas enfeitadas de flores. No centro, um equipamento de som toca uma música animada, em estilo norte-americano.

Os italianos vieram me receber à entrada da praça e foram de imediato me mostrar o resto da turma. Eram mais de vinte, trinta, sei lá... Pelo falatório, dava pra pensar que fossem uns oitenta. Estacionadas na praça, umas duas ou três vans faziam a logística de apoio a eles.

Ofereceram-me vinho e um tipo de biscoito; eu aceitei um tico, só por educação, despedi-me e segui em frente.

Eu até poderia ficar, tomar um copo de vinho e comer alguma coisa, mas não estava com disposição, o humor meio comprometido. Saindo de Zuburi, entrei numa mercearia que parecia ter bastante coisa interessante e comprei umas frutas, uns chocolates, um sanduíche de pão com queijo e presunto (que eles chamam por aqui de bocadilho) e mais uma embalagem de um litro de iogurte, que resolvi tomar toda na hora, não por gulodice ou somente pela fome, mas porque era conveniente desocupar as mãos, já que não dava para colocar a embalagem na mochila sem o risco de derramar.

Assim que saí do povoado, depois de uma pequena ponte de pedras, encontrei parte do grupo que eu havia deixado para trás mais cedo, sentados, lanchando numa sombra à beira do rio. Sentei-me um pouco ali com eles, para acabar o meu litro de iogurte, enquanto conversava. De repente, no fim da rua apareceu o rapaz da mercearia, balançando um cajado no ar e gritando: "Hei, Brasil! Hei, Brasil!". Então percebi que era o meu cajado, que eu havia esquecido, pela segunda vez, somente hoje. Fui ao encontro dele e agradeci. Sou o único brasileiro por aqui, ainda não cruzei com nenhum conterrâneo nem ouvi falar de brasileiros no Caminho. Se há algum, deve estar bem atrás ou bem à frente.

São três horas da tarde. Ainda está cedo pra pensar em parar. Como a noite só chega lá pelas nove horas, ainda posso andar muito. Disseram-me que a uns oito quilômetros daqui há um outro povoado que também tem albergue. Caso eu não encontre vaga lá, há também um pensionato onde posso me hospedar. Os espanhóis com quem lanchei na saída de Zubiri me disseram que também vão até lá. Achei melhor seguir na frente.

Depois da ponte, o Caminho segue por uma trilha de cascalho com muita pedra, bastante estreita, pelo meio do mato (como sempre), que vai margeando a estrada de carros. Vejo a estrada há uns 500 metros.

Na saída de Zubiri, antes da mercearia, encontrei um grupo de jovens alemães, moças e rapazes entre dezoito e vinte e poucos anos, alguns muito estropiados da caminhada. Haviam saído também de Saint-Jean seis dias atrás, só que decidiram por aventura fazer uma trilha chamada "Trilha dos Pirineus", que as pessoas da região usam por esporte, inclusive no inverno, quando ela fica totalmente coberta pela neve e sob risco de avalanches. Por isso só é enfrentada por montanhistas profissionais. Já havia lido a respeito. Há rotas com graus de dificuldade variada, algumas das quais se leva dezoito ou vinte dias para completar.

São 15h30. O trecho de cascalho chega a uma estrada asfaltada, com subida acentuada. No alto, pega-se uma via lateral de areia grossa branca que vai se distanciando da via principal, numa chapada plana. O sol está a ponto de queimar os braços, o rosto e até a cabeça por baixo do boné. A temperatura seguramente não está abaixo de trinta graus. É muito calor! Para aplacar o calorão, liguei o microgravador numa música dos Bee Gees. Com tanto isolamento e abatido pelo cansaço, comecei a mergulhar num clima solitário.

Não há sinal de gente por essas bandas; não passa ninguém, a não ser um ou outro carro que trafega pela estrada principal, agora bastante longe, a pelo menos uns três quilômetros daqui. No mais, assemelha-se a um deserto. Parece que nenhum peregrino se arriscou a fazer este trecho à tarde, possivelmente por causa do calor. Se para mim está insuportável, imagine para os europeus. Nem sobreviveriam.

Em casa, no Brasil, são dez e meia da manhã. O que será que minhas filhas estarão fazendo agora, neste domingo? Enquanto isso, eu aqui nesta distância, a oito ou dez mil quilômetros, no fim da tarde, andando neste solzão. Deu-me a sensação de astral meio baixo, um isolamento um tanto sinistro, mas não posso me entristecer. Vamos andar, que caminhar, movimentar o corpo, espanta a tristeza.

Depois de um longo tempo sem ver as setas indicativas do Caminho, aparece uma apontando para uma escada de pedra que desce no rumo de uma mineração, aparentemente uma extração de areia para construção. Tudo indica que devo passar ao lado dela, pois além, a uns três ou quatro quilômetros, depois de um vale estreito com serras dos dois lados, avista-se um povoado, um vale estreito e comprido! Tomara que seja onde me disseram que daria para eu me hospedar, pois acho que não vai dar mais para ir muito longe, pois já são quatro e meia da tarde e o sol está uma brasa. Um mormaço feito vapor superaquecido sobe da terra.

Agora, o Caminho segue margeando aquele vale estreito que mencionei. Trilha estreita, ora de areia branca, ora de brita fina, alguns trechos de pastagens, às vezes atravessando capoeiras de matas, outras vezes passando ao lado de cercas ou antigos muros de pedra que dividem fazendas. As construções, tais como esses muros, são antigas e estão cobertas de musgo, a indicar que estão aqui há séculos.

Estou passando pela margem sul do vale. O sol ainda muito quente está à minha direita; ao que parece, a cidadezinha não está tão perto quanto imaginei. Já andei mais de uma hora e meia e apenas passei por duas senhoras francesas, ambas aparentando mais de cinquenta ou sessenta anos, que desciam no meio da pastagem, desequilibradas, dando a impressão de que estavam morrendo de medo de escorregar e cair, sem nenhum traquejo para caminhar no meio dos pastos. Coitadas!

Acompanhei-as por algum tempo; por sorte, elas falavam inglês e foi possível conversar um pouco. Elas perguntaram coisas sobre o Brasil, curiosas, e disseram ter iniciado o Caminho em Roncesvalles, saindo às cinco da madrugada, parando em todos os povoados para descansar. Um pouco mais abaixo, chegamos a uma estrada pavimentada. Sentei à margem para tirar uma pedra da bota; elas tomaram a frente e seguiram adiante.

São quase cinco horas da tarde. O sol está forte, agora incidindo diretamente no meu rosto. Lá em casa, é meio-dia. Que diferença! Passei pelas francesas, sentadas na grama na beira da estrada, comendo alguma coisa. Apenas desejei um "buen Camino", brinquei que estava indo para muito longe e segui adiante. Agora elas já sumiram de vista na curva lá atrás.

Sinto um relativo cansaço não nas costas, como eu pensava que fosse ocorrer, por causa da mochila, mas nos pés. Isso me fez lembrar de minhas viagens a Romaria, em Minas Gerais. Naquelas caminhadas, havia dias em que os pés doíam muito. A dor agora está intensa. Se não fosse o cajado para aliviar um pouco a pressão a cada passada, talvez eu não pudesse suportar. Nas subidas, não incomoda tanto, mas nas descidas fica muito dolorido.

A comparação que faço agora é que seria mais fácil fazer uma hora de corrida do que dar dois ou três passos neste momento. É a sensação que tenho. O pé dói demais e, para piorar, a sensação de calor que vem do chão parece cozinhar a sola dos pés. Não posso parar, pois esfriar os músculos poderia agravar a situação e impossibilitar que eu pudesse andar logo em seguida. Estou forçando ao máximo para manter o ritmo o mais acelerado possível. As costas e parte dos quadris estão encharcados de suor, tanto que ele me escorre pelas costas e pelo rosto, provocando um ardor intenso nos olhos, trazendo sabor de sal à boca. Está muito pesado agora. É um trecho muito duro.

Felizmente cheguei a uma parte na qual a estrada passa por entre um pinheiral que praticamente cobre tudo por cima, formando um túnel em alguns trechos. À sombra, o calor menos intenso aliviou bastante o meu estresse físico. Pelo que percebo, o vale ficou ainda mais estreito. As montanhas do outro lado estão bem mais próximas e já ouço o ruído dos carros, o que indica que a estrada principal está logo abaixo. Que alívio! Civilização à vista ou (pelo menos) aos ouvidos. A temperatura mais amena sob a copa das árvores me faz sentir um pouco melhor, mas a cada passo sinto como se os músculos do peito do pé e a panturrilha estivessem sendo dilacerados. O calcanhar também dói bastante, a cada vez que toca o chão. Imagino que amanhã isso vai se transformar numa contusão brava, mas tenho de continuar andando – e vou chegar!

Descendo pelo meio da mata de pinheiros, cheguei à beira de um riacho de uns dez metros de largura, com correnteza de água limpa, bem rasinho. O ambiente é fresco, úmido e confortável. Dá vontade de parar e relaxar um pouco, mas se eu fizer isso não vou conseguir sequer levantar depois para caminhar. Só cheguei à margem para dar uma olhadinha. Vamos seguir em frente!

Por um bom tempo, a trilha segue margeando o riacho, de onde dá pra ver o leito da correnteza depois da estreita faixa de capoeira. Mais adiante, nota-se que a profundidade do riacho é maior e a água é praticamente parada. Pode ser que haja algum represamento adiante.

Logo à frente, há três rapazes no riacho, aparentemente pescando com uma rede. Na outra margem, há um grupo maior de pessoas e umas barracas. Deve então haver um *camping*, pois várias crianças estão brincando adiante. Um pouco mais à minha frente, posso ouvir o ruído dos carros que passam.

São quase seis horas da tarde. Acabei de pegar um trecho de estrada asfaltada. Pelo visto, ele não é curto; portanto devo ter muito chão pela frente até chegar à civilização. Já me afastei bastante do rio; por suspeitar da qualidade da água, não bebi nem enchi o cantil. Para piorar tudo, um morador da região me disse que o lugar onde pode haver um albergue está a mais de cinco quilômetros.

Estou passando por detrás de umas casinhas que parecem pequenas chácaras. Todas fechadas. Percebi que uma delas estava com a porta entreaberta e resolvi entrar para ver o que havia dentro: apenas algumas ferramentas, sacas de alguma coisa no chão, mas ninguém. Nenhuma viva alma. Melhor continuar subindo. Teria de haver alguém mais adiante ou pelo menos uma torneira para eu encher o cantil.

Seis e quinze da tarde. O sol forte me atinge no rosto. Pelo menos consegui água numa pequena mercearia. Descubro que a pousada onde eu pretendia pernoitar ficou para trás, bem atrás. Passei sem avistá-la ou talvez tenha me perdido naqueles morros de pastagens onde encontrei as francesas.

O próximo albergue está a cinco quilômetros. Agora não me resta alternativa: tenho de seguir em frente. Seria uma hora e pouco de caminhada até chegar lá; enquanto isso, é rezar para ter vaga. As pessoas chegam nos albergues ao meio-dia, ocupam as vagas e ficam fazendo turismo no lugar. Mas espero ter sorte.

Outro sujeito por quem passei me disse que o albergue fica em Pamplona, na entrada da cidade. Sendo assim, logo que eu estiver quase entrando em Pamplona, é melhor seguir até lá e procurar um hotelzinho para descansar. Talvez eu tenha me entusiasmado muito, pois os outros peregrinos costumam fazer esse trajeto em duas etapas, de Roncesvalles a Pamplona. Eu estou fazendo em apenas uma. Nesse calor todo, talvez tenha sido uma estupidez.

Acabo de pegar o asfalto, o que indica que estou entrando na área urbana, depois de haver subido uns morros de terra seca e dura, de um tipo que a gente conhece no Brasil como "toá", sob um calor insuportável. Sinto como se os meus pés estivessem sendo assados em brasa. Depois de um tempo de trégua, aquela mesma dor na sola dos pés e na panturrilha voltou com mais intensidade, e ainda sinto uma dor intensa nas costas, diferente da anterior. O calor está escaldante.

Não sei se por ter cometido outro erro de rota, a minha chegada à entrada da cidade foi pelo meio de umas pastagens, pelas tais trilhas de "toá", subindo ladeiras íngremes ao lado de um despenhadeiro enorme, que vai dar num pequeno córrego uns 150 metros abaixo. Se alguém escorregar e cair ali, não se salva.

No trecho final, pelo menos em algumas partes mais perigosas, havia um corrimão rústico de madeira que proporcionava alguma segurança, mas aquilo deve ter sido um extravio, não pode ser parte do Caminho.

Na verdade, o que parecia ser a entrada da cidade não o era. E a casa que imaginei ser o albergue eram apenas casarões abandonados num povoado onde não havia ninguém. De repente, eu já estava de novo na estrada, e as casas que avistei ficaram pra trás. Estou andando a mais de meia hora. Cheguei a me iludir com outras casas que avistei, mas também não eram o albergue.

Um pouco atrás, encontrei duas italianas, mãe e filha, meio perdidas também, em busca de solução para pernoitar. A mãe, estressada; a filha, reclamando. Enquanto caminhávamos por uma restinga de alecrim seco, com subidas íngremes e trilha acidentada, fui conversando com elas.

Por um momento, tive a impressão de ter avistado prédios depois de uma colina, o que acalmou um pouco a italiana, mas quando reparei que se tratava de um provável galpão industrial, ela mudou de humor outra vez e voltamos a falar de outras coisas, até que, de repente, estávamos na cidade. Como vim a saber depois, não era Pamplona, mas uma cidade que pertence à mesma região metropolitana, dentro da mesma área urbana.

O único albergue ficava logo na primeira quadra, mas estava lotado. O atendente, não muito simpático, não nos deu espaço para tentar negociar uma alternativa. A italiana mãe então se estressou de vez. Sugeri que ela pegasse um ônibus ou táxi para um hotel e retornasse a este mesmo ponto no dia seguinte, para retomar o Caminho. Ela acatou a sugestão na hora; então as ajudei a parar um ônibus e elas se foram. Em seguida, resolvi tomar um táxi e fazer o mesmo.

O taxista me deixou num pensionato no centro de Pamplona, a menos de quatro quilômetros. Só de pensar que não iria precisar desfazer a mochila para pegar o saco de dormir, foi um grande alívio. A cama macia e os lençóis brancos cheirando a limpeza me fizeram sentir um rei.

Pensar que na manhã seguinte teria de começar tudo de novo me fez crer que eu não devia estar muito bem das ideias. A dor nos pés estava muito forte, insuportável. A consciência procurava me convencer de que eu não seria capaz de caminhar de novo nunca mais. Ainda bem que o organismo tem uma capacidade inacreditável de se restaurar. Sei que vou me recuperar e amanhã estarei pronto mais uma vez para pegar a estrada.

Chegando a Puente la Reina (Navarra/Espanha)

De Pamplona a Puente la Reina

São quatro e vinte da manhã. Acordei bem antes das três horas, fiz uma horinha na cama, dei uma organizada na mochila e já estou na estrada de novo. Outro táxi me deixou no mesmo ponto em que parei ontem. Antes, pedi para ele me ajudar a procurar onde havia uma seta indicativa da direção do Caminho, pra eu não descer e ter de sair andando sem rumo. Atravessei algumas esquinas pela cidade deserta, mas não vi outra seta para confirmar a direção.

Eu já estava me sentindo perdido quando encontrei um sujeito cabeludo e barbudo, tipo *hippie*, de aparência simpática. Ao ver minha bandeira do Brasil na bolsa, ele foi logo me dizendo que era fã do Sepultura, uma banda de *heavy metal* brasileira dos anos 80, que faz mais sucesso na Europa do que no Brasil. Disse-me que não costumava reparar nas setas, mas se dispôs a me ajudar a encontrá-las. Se não achássemos nenhuma, ele me ensinaria como prosseguir, desenhando-me um mapa.

Ele andou comigo por mais ou menos umas três ou quatro quadras, e quando encontramos a primeira seta, disse que iria comigo até mais adiante, para mostrar a direção de uma ponte romana, antiga e emblemática, que eu não poderia deixar de conhecer.

Quando chegamos a uma rua um pouco mais larga, ele me mostrou onde estava a ponte, despediu-se e voltou. Pelas placas, vejo que o lugar onde parei ontem é o povoado de Villava, um pequeno município autônomo praticamente dentro da área urbana de Pamplona. Aparentemente o Caminho está bem sinalizado daqui pra frente, com placas e setas indicativas. Adiante há um trecho com grandes casas residenciais de alto nível, espalhadas numa área bastante arborizada.

São cinco da manhã e o sol já começa a irradiar alguma claridade no horizonte. Logo deve amanhecer. Depois da área residencial, tem-se a impressão de que a rua atravessa um bosque com pouca iluminação. Há ruínas antigas de pedra pelas margens. É impressionante como estou caminhando bem hoje. Ontem à noite, eu seria incapaz de imaginar isso. Mas está tudo bem. O organismo possui uma capacidade milagrosa e misteriosa de se recuperar, e o sono é uma coisa sagrada. Recicla e restaura todo o corpo. Eu tive no máximo cinco horas de sono, um sono pesado e contínuo, e agora estou aqui, andando novamente.

Acabei de ver a Lua Cheia entre os galhos das árvores. Maravilhosa. Tive a impressão de que o céu dava sinais de que estaria amanhecendo, mas acho que não. A luz da lua está intensa, brilhante, embora às vezes o astro fique oculto pela copa das árvores. Às vezes ele aparece muito claro.

A cidade de Pamplona pertence à região da Navarra; por isso as pessoas aqui têm um sotaque diferente, interessante. Eles arrastam o "r" na garganta de maneira bem distinta dos espanhóis de outras etnias, às vezes fazendo lembrar o sotaque alemão. As placas de nomes de rua sempre trazem duas inscrições: uma em espanhol e outra, embaixo, no idioma navarro.

Depois de me despedir do *hippie*, não vi mais ninguém na cidade e não passou nenhum carro nas ruas. É madrugada, mas a única insegurança que sinto é estar ou não estar na rota certa, sobretudo porque já estou andando por quase dois quilômetros sem ver a sinalização do Caminho.

Até que enfim, vi passar um carro, aparentemente uma van de padaria; vi também uma placa na esquina com o símbolo do Caminho. Isso me tranquilizou. Adiante, vejo a tal ponte romana. É uma construção de pedras montada no estilo das pontes romanas típicas, sustentada por arcos. Pena que aqui há pouca iluminação e não dá pra bater foto. O império romano construía muitas estradas ligando a capital a praticamente todas as províncias dominadas, e obviamente construíam pontes. Esta aqui deve ser de alguma estrada que ligava Roma à Galícia, onde fica hoje a cidade de Santiago de Compostela.

Depois de andar um bom tempo e achar que estava perdido, encontrei outra seta amarela apontando na direção de um paredão de pedra que pensei ser uma muralha muito alta. Vi depois que se tratava de um castelo enorme... A rota do Caminho passa por dentro desse castelo, atravessando a ponte levadiça e seguindo por um trecho interno que é atualmente uma ruazinha estreita. Tudo deserto! A ruazinha mal daria para passar dois carros, mas há veículos estacionados de um lado só, encostados no muro. A cidade ainda dorme, à exceção de um senhor que abre a porta de um automóvel estacionado lá atrás, que me dá "buenos días" quando passo. Observo que existem casas aparentemente residenciais de ambos os lados da rua, centenárias, diferentes daquelas da outra área por onde passei lá atrás.

Todas as casas têm tem três ou quatro andares e são coladas umas às outras, rentes à rua, separadas da pista dos carros apenas por um meio-fio estreito, com cerca de meio metro de largura; e no meio de uma pracinha bem pequena há um chafariz, também em estilo romano, antigo tal como as casas. Vou aproveitar para beber água e encher o cantil. A impressão é a de que há muita umidade em toda a área – no chão, na rua, na calçada. Isto deve ter sido construído sobre um pântano.

Até que enfim, algum movimento na madrugada: apareceram alguns funcionários da limpeza pública. Logo adiante, vi a placa com a seta e o símbolo do Caminho de Santiago.

São 5h40 e em vez de o dia acabar de amanhecer, parece que o tempo está se fechando. De repente, o céu ficou nublado e a Lua desapareceu. Torcendo pra não chover, atravesso uma área bastante moderna da cidade, em nada semelhante àquela pela qual passei há pouco: edifícios com muitas vidraças, agências bancárias, uma belíssima arquitetura contemporânea. Vou contornando a praça ajardinada, com gramados muito verdes irrigados por aspersores, onde se cruzam duas avenidas largas. Chamou-me a atenção o funcionamento dos aspersores, que evitam desperdício de água: os bicos giratórios são fixados na margem dos canteiros e enquanto giram esguicham água apenas sobre a área gramada, interrompendo automaticamente o jato que cairia no passeio de cimento; assim não molham o meio-fio, somente o gramado.

São 6h20h. Pelo que vejo aqui, creio que já esteja saindo da área urbana da cidade de Pamplona, passando pelo campus da universidade. Atravessei a cidade toda durante a madrugada sem dificuldade, apenas me orientando pelas plaquinhas indicativas nos cruzamentos. A cidade se divide em duas partes distintas: a área histórica, com construções e ruínas milenares, e a parte moderna, com uma bela arquitetura atual. Não é uma cidade muito grande, talvez seja do porte de Uberlândia ou um pouco maior, mas interessante.

Assim que saí da área urbana, avistei um casal de peregrinos caminhando uns cem metros à minha frente. Vou segui-los para ter mais segurança quanto à rota, pois ainda não amanheceu (é noite escura ainda e esta área praticamente não tem iluminação). Tão cedo assim e meus pés já começaram a doer. Talvez eu devesse ter tentado dormir mais. Acho que calculei mal, e pode ser que esta madrugada tenha sido uma imprudência, mas vou ver até onde der para ir.

São vinte para as setes da manhã e até agora não amanheceu. Desde que saí do campus da universidade, venho subindo um trecho longo. Daqui avisto a cidade iluminada, bem atrás e abaixo. Ao lado direito da estrada, há duas construções antigas que, pelo estilo arquitetônico, devem ser conventos ou igrejas. À esquerda, há um belíssimo castelo medieval, enorme. Daqui avisto as luzes pisca-pisca do aeroporto, o que me permite ter alguma orientação quanto à minha posição. Estou saindo do lado oposto ao aeroporto.

São 7h15. Finalmente o dia está clareando. Pamplona ficou para trás. Quase não se avistam mais sinais de área urbana, à exceção de algumas partes mais altas da cidade. Daqui se percebe que ela é toda circundada por montanhas: do lado oposto àquele por onde cheguei ontem, no Leste e no Oeste, e também à minha frente. Adiante, por um longo trecho de estrada de terra estreita, com algumas curvas no início da subida, posso ver uns dois ou três grupos de peregrinos. Tomara que daqui pra frente haja bares ou lanchonetes. Acordei muito cedo e não encontrei lugar aberto em Pamplona onde pudesse tomar café e comprar lanches. Se a coisa apertar, o que vai me salvar são as barras de chocolate que trouxe de Zubiri, o que restou de ontem.

São 7h40. Uns dois quilômetros atrás, alcancei um grupo de peregrinos que começou o Caminho em Pamplona, todos dispostos e andando rápido. Como não comecei hoje nem saí de Pamplona – saí de Villava, do outro lado da cidade –, achei melhor parar um pouco para tomar fôlego, ao invés de me empolgar com o ritmo deles. Vou dar uma descansada, desfrutar do meu chocolatezinho e apreciar a paisagem, enquanto alivio a dor nos pés. De ambos os lados da estrada, há áreas de plantação de feno, a maior parte já colhido e empacotado em fardos. Mais adiante, no alto da serra, avisto a fileira de moinhos de vento – os mesmos que vi de dentro do avião, há três dias, quando chegava de Madrid a Pamplona. Daqui me parecem maiores. Não sei se vou passar perto deles.

Acabo de constatar que não foi uma boa ideia ter parado. Retomar a caminhada foi difícil: levei muito tempo para reaquecer e voltar ao ritmo normal. Para piorar, comecei a sentir um ardor desconfortável na parte superior dos dedos dos pés, especialmente no dedão. Pode ser bolha. E se for, é algo preocupante: a depender do tamanho da bolha, se estourar e soltar a pele, pode ficar grave, pois a dor se torna insuportável, provocando alteração na pisada, o que causa outras bolhas.

Observei que no meio da plantação de feno havia restingas de floresta nativa. Deve ser algo planejado para preservar a flora e a fauna local. De fato, aqui se ouve muito passarinho cantando, diferentemente das outras florestas pelas quais passei. Há inclusive passarinhos da mesma espécie dos que encontramos no Brasil. Já vi tizius, andorinhas... até canarinhos chapinha (ou algo parecido).

São vinte para as nove e me encontro no meio da subida da serra que vai dar no pé dos moinhos de vento. Mesmo sendo uma trilha que segue pela diagonal da serra, ainda assim é bastante íngreme, especialmente na parte mais alta. Pra variar, é também pedregoso. Ao me aproximar dos moinhos, reparei como eram grandes. Gigantescos e muito bonitos. Quanto mais se sobe, mais se vislumbram novas fileiras de moinhos no topo da serra, dezenas deles. A partir de uma certa altitude, volto a enxergar Pamplona no horizonte, distante e semiencoberta pela neblina. Como havia notado, a área urbana fica no centro de um vale cercado de montanhas por quase todos os lados.

Quanto mais me aproximo dos moinhos de vento, mais me impressiona o tamanho dessas máquinas. De onde estou, já posso ouvir o ruído das pás giradas pelo vento. É impressionante. Eu nunca os tinha visto de perto. Mais próximo do topo, a trilha se torna perigosa. O lado direito mostra uma ribanceira alta e sem proteção. Todo cuidado é pouco.

Finalmente atingi o topo da serra, onde fiz uma parada para tirar fotos e apreciar a vista panorâmica, por sinal maravilhosa. A trilha ganha o topo bem ao pé de um dos moinhos de vento, onde está instalada uma obra de arte feita em chapas de aço representando vários peregrinos, alguns dos quais a cavalo, em tamanho original.

O topo da serra é estreito, o suficiente apenas para comportar as fileiras de moinho e uma estrada que segue a serpentear ao longe. O Caminho simplesmente atravessa essa pista asfaltada e inicia uma descida do outro lado, de onde se avistam novos horizontes, com geografia e topografia peculiares. Como não poderia deixar de ser – parece que será sempre assim –, o piso é de cascalho. Pedras e mais pedras. Só que agora a descida é mais penosa do que tudo o que experimentei lá trás. Além de muito íngreme, com pedras lisas e roliças, há também muita terra solta. Preciso manter o passo o mais lento possível, para evitar torções no pé.

São 10h15. Finalmente venci a descida brava sem nenhum acidente grave. Acho que foi graças ao cajado. Nessas situações de descida, sobretudo com pedras, percebe-se que ele é uma peça indispensável.

Além de proporcionar mais firmeza às passadas e aliviar a carga nos membros inferiores, funciona como um anteparo a cada vez que a gente pisa num plano mais baixo, evitando trancos e escorregões. Mesmo assim, ainda me restou alguma sensibilidade dolorosa nos joelhos e tornozelos.

Aqui na planície, a pista é plana e de terra macia. Muito agradável pra se caminhar. O dia continua nublado desde a manhã. Isto é bom, a não ser que São Pedro invente de mandar chuva. Mas tudo indica que ele vai colaborar.

Passei por um pequeno povoado de quatro ou cinco casas. A partir daqui, é só uma extensa planície, como eu havia imaginado desde que avistei o vale, lá de cima da serra. Ainda assim, depois de algumas horas a caminhar, a dor bateu forte; é aquela mesma dor nos pés que me perturbou ontem, na chegada de Villava. É melhor parar um pouco, tirar a bota e dar uma trégua.

Deitei-me na grama e coloquei os pés descalços sobre a mochila. De fato, há uma bolha que começa a se formar na parte de cima do dedão do pé direto. A sola dos pés dói tanto que a bolha se torna irrelevante.

Daqui, mesmo deitado, dá para apreciar a paisagem. É uma planície extensa, praticamente toda ela com plantação de feno. Até onde posso enxergar, dá pra notar que há pelo menos quatro povoados na rota, cada um deles com sua igreja, cuja torre se destaca acima das casas.

Acabei dormindo deitado na grama. Não sei por quanto tempo, mas creio que foi pelo menos por uns quinze ou vinte minutos. Acordei com a fala de três peregrinos que vinham descendo. Eles pararam de falar ao passar por mim, talvez para evitar me acordar, mas era tarde: eu já havia acordado. O sono foi bom, restaurador, o suficiente para um restabelecimento geral. Levantei-me e comecei a andar sentindo-me bem melhor. Pelo menos estou conseguindo andar de novo, pois já estava sob ameaça de entrar em processo de exaustão.

Eu ia me levantar e sair sem pegar o cajado, mas como ele estava amarrado na mochila, quando comecei a andar, ouvi o barulho dele a se arrastar atrás de mim. É a segunda vez que isso acontece. Não fosse isso, com certeza já o teria perdido. Depois que o deixei em Zubiri, naquela ocasião em que o rapaz precisou correr até a estrada para devolvê-lo a mim, amarrei-o na mochila com uma cinta de *nylon*.

Parece que depois de Pamplona o número de peregrinos aumenta significativamente. A cada vez que fiz uma paradinha, pessoas passaram por mim; da mesma forma, volta e meia eu também passo por outros peregrinos que estão sentados, lanchando ou tomando fôlego à beira do caminho.

Aqui é onde se situa o belo povoado de Murizábal, de que fala o escritor paraense Guy Veloso, autor de um dos melhores livros que li sobre o Caminho de Santiago. Veloso relata que Murizábal abriga uma das mais lindas igrejas de todo o Caminho. Resolvo visitá-la, para conferir.

De fato, a igreja é uma bela catedral cujo altar parece folheado a ouro, com belas obras de arte. O mais interessante é que em plena segunda-feira a igreja estava praticamente lotada, pois se celebrava missa. Poderia até ser feriado local. Assisti ao fim da celebração, tirei umas fotos e segui viagem.

Depois de mais alguns quilômetros, tendo passado por outros dois ou três povoados desertos: ninguém na rua, nenhuma casa aberta, muito menos comércio, a fome já estava me incomodando. Eram quase duas horas da tarde. Dado que acordei pouco depois das três da madrugada, já havia cumprido um turno de quase doze horas sem comer, a não ser uma barra de chocolate.

Fiquei esperançoso com uma placa que indicava um outro povoado: Obanos. Se não houvesse um ponto comercial aberto, estava disposto a bater na porta de alguém para pedir alguma coisa.

Cheguei à rua, mas não vi estabelecimento comercial. Para minha alegria, no entanto, uma kombi vendia frutas na esquina. Fiquei eufórico feito criança prestes a ganhar sorvete. Tinha nectarina e pêssego (a que o vendedor chamava de "melocotón") e algumas verduras. Quando senti o cheiro das frutas, fiquei com a boca cheia d'água. Comprei várias delas e ainda alguns tomates, enchi uma sacolinha e segui adiante, a morder a primeira nectarina.

Do outro lado da rua, sentados num banco de madeira encostado na parede de uma antiga casa de pedras, havia três peregrinos. Começamos a conversar e sentei-me no chão, ao lado deles; peguei meu canivete e continuei a comer minhas frutas, descansando. Eram dois irmãos espanhóis, Álvaro e Ignacio, da cidade de Múrcia, além da esposa de um deles, de origem suíça, cujo nome eu não consegui entender.

Enquanto conversávamos, o dono da casa, muito falante, simpático e divertido, chegou à porta, bem ao nosso lado, falando rapidamente algo que eu não entendi, talvez pelo sotaque, e por isso eu era o único que não ria dos casos que ele contava. Ficava "boiando", por fora da conversa.

Tentei participar e pedi um pouco de sal. Ele prontamente foi para dentro da casa e trouxe uma espécie de cumbuca rústica com sal, com o qual comecei a comer os tomates, cortando fatias com o canivete. Depois voltei às nectarinas, também as cortando com canivete e passando sal nas fatias, o que despertou a curiosidade de todos, pois acharam estranho aquilo de comer fruta com sal. Os espanhóis, porém, fizeram questão de provar a novidade e aprovaram a ideia, além de acharem engraçado.

O animado dono da casa fez questão de contar sua história: disse que se chamava Emílio e vivia ali desde que nascera.

— Eu sempre plantei oliveiras e aqui mesmo fabriquei azeite para o consumo da família, assim como meus pais e meus avós — disse orgulhoso.

Com seu jeito brincalhão, disparou a dar risadas quando o Álvaro e o Ignácio disseram seus sobrenomes. O velhinho colocava as mãos entre os joelhos e dava gargalhadas (lembrei-me do Divininho, que foi vaqueiro durante muitos anos na fazenda onde fui criado; ele dava esse tipo de risada). Então começou a fazer chacota com os outros dois, ironizando o sobrenome deles, dizendo que tinham sobrenome basco, enquanto ele era navarro. Então, apesar do clima de brincadeira e das risadas, percebi que havia certa rivalidade entre bascos e navarros. Mas os rapazes se divertiram com isso. Ele se gabava:

— Eu sou navarro, vocês são bascos! — e todos riam muito.

Depois disso, pedi para lavar as mãos e o canivete e ele me chamou para dentro da casa, onde em seguida me apresentou a esposa, senhora

Elvira, e começou a me mostrar os seus equipamentos de fabricação de azeite. Num cômodo, que seria a própria sala, havia vários equipamentos para processar azeitonas: prensas e um cocho de fermentação, tudo em madeira rústica, além de fornalhas com tachos de metal e tonéis, também de madeira, onde eram armazenados os produtos. Tudo desgastado pelo tempo, mas muito limpo e organizado.

Demonstrei curiosidade e ele gostou. Contou-me que toda a sua família vivia há muitos anos naquela mesma casa, assim como acontecia com a maioria das famílias de navarros da região. Sentindo-me alimentado e satisfeito, peguei a estrada, deixando os espanhóis sentados no banco da rua com o senhor Emílio.

Antes de sair, ele me deu um vidrinho do azeite produzido por eles. Eu o provei e achei amargo.

São vinte para as duas da tarde. Estou atravessando a área urbana da emblemática cidade de Puente la Reina. Até que enfim avisto o albergue. O sol está insuportável, mas vou caminhar até lá e ver se há vaga. A dor nesse momento é terrível, mais forte do que tudo o que senti ontem, com o agravante de que se espalhou para outras partes do corpo. Agora doem a panturrilha, os músculos da frente da coxa, os músculos detrás da coxa, o peito do pé e a sola do pé, sem contar a canela, que parece estar em brasa. Essa dor é nova. Não há nada que possa ter mais valor para mim agora do que tirar a bota, deitar e pôr o pé pra cima.

Para minha decepção, a casa que eu pensei ser o albergue não era esse estabelecimento. Numa placa nela afixada está escrito em letras miúdas, abaixo do nome do albergue: "a 550 metros". Fica do outro lado da ponte. Mas se for a casa que avisto lá de cima, a distância é muito maior: uma subida (como sempre) por uma estradinha de pedra! Chega a irritar às vezes, tal como ontem: na hora de chegar a Villava, andei a tarde toda pensando "é ali, ali, ali, ali..."

Depois de muita penitência, cheguei ao albergue de Puente la Reina. Agora me sinto bem.

A casa é uma construção aparentemente nova, um pouco fora da área urbana, do outro lado do rio, no alto de uma colina. É um albergue privado onde cobram mil pesetas para o pernoite – muito barato –, algo em torno de 13 reais. Soube que há outro albergue antes deste, do outro lado da ponte, no centro da cidade, público e gratuito, mas deve estar lotado. Além disso, não me arriscaria a voltar a pé para poupar treze reais, nunca! Este aqui está ótimo. Tudo novo, uma ducha gostosa de água quente. Deu até para lavar roupa na água quente do chuveiro. Eu não tinha sabão, mas a mulher da cozinha me emprestou meio copinho de detergente de pia, o que deu para lavar a calça, a camisa, três pares de meia e duas cuecas. Estou com a tralha renovada.

Por ter saído de madrugada, acabei chegando cedo, por isso consegui um bom quarto, com apenas quatro beliches, localizado nos fundos, mais afastado do movimento da copa. Depois do banho, fui até lá e conversei com algumas pessoas que faziam parte de uma turma de Pamplona (várias pessoas que, ao que parece, ocupam a maior parte do albergue). Depois dei uma cochilada na cama limpa e confortável. Acordei às 18h10 e fiquei pensando se valeria a pena ir à cidade tirar umas fotos da ponte e das ruas, ou se ficava quieto à espera do jantar, que começa a ser servido às sete. Vi que o cardápio apresenta como opções macarrão ou arroz e duas alternativas de carne.

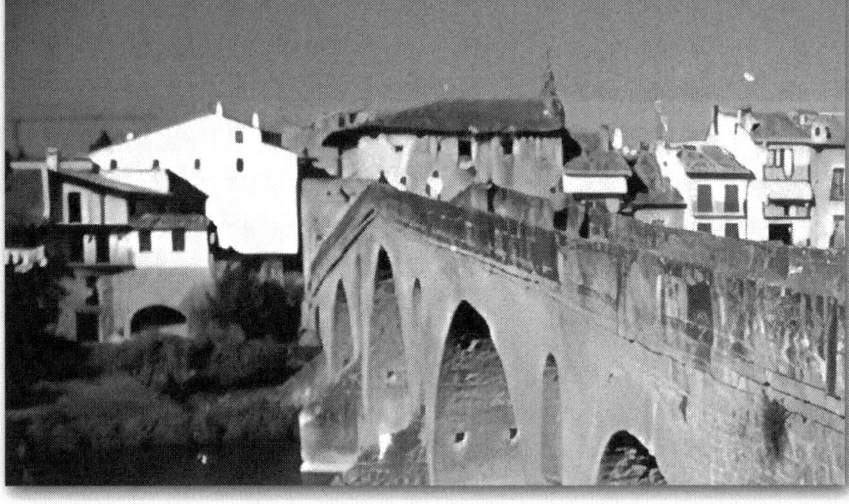

Povoado de Puente La Reina (Navarra/Espanha)

De Puente la Reina a Estella

Hoje é 7 de agosto, terça-feira, dia do aniversário de minha filha Cíntia. Estou saindo para o meu quarto dia de caminhada. Ontem, depois de passar no centro da cidade a fim de conhecê-lo, voltei ao albergue para jantar, com direito a um copo duplo de vinho. Confesso que mal me lembro de quando fui para a cama, tamanho era o sono. Quando acordei, eram por volta de quatro horas da manhã. Foi um sono pesado e restaurador. Dormi bem e por isso estou me sentindo ótimo. Hoje o céu está limpo, repleto de estrelas brilhantes. Pela primeira vez, observo o quanto o céu daqui é diferente do céu do Brasil. As estrelas são outras e o posicionamento delas é bem diferente. A Lua é um espetáculo à parte, muito grande e muito clara. Com esse tempo limpo, creio que hoje deve amanhecer mais cedo do que ontem.

Logo na saída do albergue, passei por seis ou sete italianos – do mesmo grupo que encontrei no povoado de Zubiri. Estavam parados na beira da estrada, formando um círculo, de mãos dadas, rezando. Passei direto, sem cumprimentar, para não interromper a oração. Assim que acabaram, começaram a andar e a falar alto ao mesmo tempo. Agora vêm vindo alguns metros atrás de mim; vejo apenas as lanterninhas acesas e as silhuetas deles à luz da lua e ouço o falatório.

Acordei cedo e quis aproveitar para ligar pra Cíntia, pelo aniversário dela. O telefone do albergue, porém, ficava na parte interna da lanchonete, que estava fechada. Por isso, tive de esperar o zelador da cantina acordar para abrir a porta, o que só aconteceu quase às seis da manhã (por volta de uma hora da madrugada no Brasil). Quando liguei, ela já estava dormindo, mas mesmo assim a acordei e falei com as duas, a Camila e a Cíntia. Está tudo bem por lá.

Ontem, quando me aproximava da cidade de Puente la Reina, por uma trilha que atravessa hortas de tomates, avistei uma mulher com dificuldades para andar. Ela mancava e troteava mais que a chinesa que vi com o rapaz alemão dois dias atrás. Eu a acompanhei por algum tempo mantendo a distância de uns cem metros, e quanto mais a observava, mais sentia pena. Ela mancava tanto que eu pensei: "Essa não chega a Santiago nunca".

Depois de um tempo, resolvi alcançá-la e puxar conversa. Quando viu a minha bandeira na sacola, cumprimentou-me em português: "Até que enfim, pela primeira vez encontro alguém que fala a minha língua". Disse-me que é portuguesa, de uma cidade chamada Miranda, ao norte de Portugal, e se chama Jeni – "Jeni com "J", diferentemente da Geni da música do Chico Buarque", comentou. Vendo que ela carregava com dificuldade uma máquina fotográfica enorme, ofereci-me para levar o equipamento para ela.

Descemos juntos até o albergue de Puente la Reina. Nesse curto trecho, ela repetiu pelo menos umas dez vezes, muitas das quais chorando, em voz alta: – Ai, meu Deus, eu queria conseguir andar pelo menos uma semana, só que eu não aguento mais!

De fato, ela estava estropiada. Quando chegamos, ajudei-a a tirar as botas e me assustei com o estado de seus pés, repletos de bolhas, calos e feridas.

Ela me disse que havia visto apenas dois brasileiros, nos dois dias em que andara até ali: um se chamava Eduardo e o outro era um amigo dele. Mais tarde, no albergue, conheci o Eduardo – o primeiro brasileiro depois de três dias de Caminho! Ele é de São Paulo e me disse que o outro, um primo dele, havia ficado para trás, devido a um acidente no pé, quando fazia a descida de Zubiri – no mesmo lugar em que eu também quase tive uma distensão, por causa das pedras redondas soltas. Eles haviam combinado de se encontrar novamente em Puente la Reina. Como Eduardo chegou tarde, não havia vaga. Então ele apenas jantou, tomou banho e esperou o primo; depois devem ter ido dormir em outro lugar.

Como cheguei mais cedo ao Albergue, tive tempo suficiente para dormir um pouco e me recuperei consideravelmente, o bastante para voltar à área urbana da cidade e ver as catedrais históricas, a arquitetura secular e as belas casas antigas. Aproveitei também para tirar algumas fotos, inclusive da emblemática ponte que dá nome à cidade, sobre a qual há muitas histórias místicas em quase todos os livros que li sobre o Caminho.

A ponte data do início da Idade Média e é uma construção interessante. Vale registrar que a Catedral de Santiago, em Puente la Reina, é também uma linda obra de arte secular, cuja lateral interna é toda folheada a ouro. Tentei tirar algumas fotos, mas já estava escuro e não ficaram boas. A Catedral, fechada, era muito escura por dentro. Ainda assim entrei, mas era difícil me locomover entre os bancos.

Ao sair da igreja, andei pelas ruas e comprei frutas, que levei numa sacola. Também passei numa farmácia para telefonar. Falei somente com a Neuza, que cuida da casa, e ela me disse que estava tudo bem e que as meninas haviam saído. Voltei ao albergue e, depois de um bom prato de comida e um copo de vinho, apaguei na cama.

Dizem que à medida que o tempo passa e se caminha por dias sucessivos, o corpo vai se acostumando às dores. Não é que as dores acabem, mas a gente vai aprendendo a conviver com elas, a não dar mais importância. Então espero não sentir (ou pelo menos aprender a conviver com) aquela dor nos pés. Se fosse o contrário, seria impossível. Imagine a dor aumentando a cada dia! Se fosse assim, hoje seria o dia da minha morte. Não há como explicar – só mesmo sentindo. Em condições normais, metade da dor que senti ontem seria suficiente para acionar uma ambulância e pedir para me internarem, levado em maca.

*

Como imaginei, amanheceu mais cedo do que ontem em Pamplona. São seis e meia e a barra da manhã já iluminou o céu, embora a Lua ainda apareça linda à minha frente. Estou passando ao lado de uma restinga de mato. Há passarinhos cantando e bichos gritando ao fundo. Acabei de ultrapassar as italianas que havia encontrado perdidas na chegada de Villava, ontem. Depois que as deixei no ônibus, ficara sem notícias delas.

São sete da manhã e o dia está claro. Não há sol ainda, mas dá pra enxergar bem. A lua, porém, quase cheia, no início da fase minguante, continua bela e clara à minha frente. São duas horas da madrugada no Brasil. Essa mesma lua deve estar no céu do país, ainda mais linda. Para os brasileiros acordados a esta hora, deve estar um espetáculo.

Estou alcançando o topo de uma alta colina. Olhando para trás, avista-se o vale distante, inclusive se enxerga a serra onde estão os moinhos de vento. Não dá para enxergá-los, obviamente, pois estão longe demais, mas é possível reconhecer a serra.

Minha intenção original, quando pensei em gravar as narrativas dessa minha peregrinação, era de apenas registrar a sequência dos fatos, para poder ouvir e recordá-los posteriormente. É que minhas experiências anteriores, como nas peregrinações que fiz à cidade de Romaria, em Minas Gerais, demonstram que embora os detalhes da viagem não sejam esquecidos, esquece-se a sequência em que as coisas aconteceram. Não sei se devido ao desgaste físico por que se passa, não é possível fixar na memória a cronologia dos fatos. A gravação me ajudaria a recapitular tudo, em qualquer tempo, no futuro. Esta, no entanto, acabou se tornando a origem deste livro.

Passei pelo povoado Mañeru. Assim como as demais áreas urbanizadas da região, as casas do lugar são construídas em pedra. É interessante notar que apesar da construção em estilo milenar, sempre se nota a modernidade. Nas portas envelhecidas, de madeira rústica, há campainhas modernas; as moradias têm gás canalizado e antenas. E há caçambas de coleta de lixo reciclável até nos menores povoados e nas casas da área rural. Tem-se uma caçamba azul para papel, uma amarela para vidro e outra marrom para lixo orgânico.

São quase oito da manhã, o Sol está acima do topo das montanhas, mas a Lua ainda continua bem clara à minha frente. São três horas da madrugada no Brasil. Fico aqui imaginando como essa mesma Lua deve estar bonita lá no meu país.

Às dez da manhã, passo ao lado de uma plantação de uvas. Uma máquina enorme espalha fungicida sobre as plantas, fazendo um barulho terrível. O cheiro é forte. Melhor colocar a camisa sobre o nariz e tentar filtrar um pouco o ar que respiro. Do lado oposto às parreiras, há uma espécie de moranguinho (ou amora silvestre). Tem-se a impressão de que são plantadas como se fossem cercas vivas. As ramas se alastram. Elas têm um espinho terrível que parece saltar e colar na calça da gente. É um incômodo. Eu o chamei de "espinho do capeta".

A frutinha se assemelha a uma miniatura de morango; não é ruim, apesar de pouco doce e meio seca, com sementinhas minúsculas na superfície, tais como as do morango, só que maiores e duras. Mas o espinho é capeta puro!

Ontem, quando descia na chegada de Puente la Reina, morrendo de fome, inventei de provar essa frutinha, mas me dei mal por causa dos espinhos. Tentei entrar na moita para apanhar algumas delas, mas seus ramos espinhentos pareciam pular e grudar nas minhas roupas. Além de desfiar vários pontos da minha calça nova, ainda me arranharam mãos, braços e pernas. E o ardor? Terrível! Muitas pessoas que escrevem suas experiências no Caminho de Santiago falam que encontram certos demônios por aqui. Eu já encontrei o meu: essa praga espinhenta. Eu achava que minha calça nova era o suprassumo da tecnologia de ponta, mas os espinhos das amoras desfiaram-na toda. Se essa amora é o diabo, então isso quer dizer que com o diabo ninguém pode, nem a própria tecnologia.

Ainda é de manhã, mas avalio que a minha condição física para caminhar está ótima, pelo menos por enquanto; não senti dor nos pés ou nas pernas, nada! Porém, acho que ontem cheguei ao limite da exaustão. Se fosse aferir o meu estado geral numa escala de 0 a 100, para medir a quantidade de dor e cansaço, em que 100 fosse o limite da morte, eu diria que cheguei a uns 90 pontos. Hoje eu diria que estou em cinco. Muito bem, portanto.

Estou me aproximando de um outro povoado, que também tem a sua igrejinha de pedra antiga na parte mais alta, só que este é bastante interessante, pois as casas são muito próximas umas das outras, aglomeradas no topo da colina. Ao redor, num giro de 360 graus, veem-se as planícies homogêneas cobertas de plantações de feno ou parreirais.

O nome é Cirauqui. Tem arquitetura e localização impressionantes, exatamente como eu imaginei que seria uma cidade da Idade Média: situada no alto e protegida por uma grande muralha, como se construída para se defender de ataques inimigos. As casas são de pedra e as ruas estreitas, verdadeiros becos que não permitem a passagem de um único carro. Os carros ficam por isso estacionados numa praça na entrada da cidade, logo após um portão construído com arcos de pedra gigantescos: é um grande e belo pórtico medieval. Como a cidade está localizada no topo da colina, todas as ruas são ladeiras.

Outra coisa interessante é que a estrada do Caminho passa por dentro de um dos casarões da cidade. No portão de entrada, há uma banca de frutas apetitosas. A parte interna dos casarões por onde a gente passa é cheia de labirintos, tudo muito sombrio, escuro e confuso. Os becos são estreitos, com curvas, bifurcações e cruzamentos. Daria para se perder aqui, se não fosse bem sinalizado com as setas indicativas do Caminho, mostrando por onde seguir. Mas depois de minha experiência de ontem, atravessando Pamplona inteira no meio da madrugada sem ter-me perdido, não será aqui que isso vai acontecer.

Lembrei-me de um detalhe interessante: em Pamplona, a sinalização é diferente. Em vez da seta convencional, tem-se a estrela cadente, que simboliza a Catedral de Santiago de Compostela, apontando a direção. O Caminho também atravessa um grande parque, aparentemente no centro da cidade, seguindo por um passeio de cerca de um metro de largura, que contorna árvores, monumentos e lagos artificiais. Ao longo desse passeio, as estrelas cadentes incrustadas no cimento do piso indicam o trajeto; em alguns pontos, a sinalização aponta para os gramados ou para alguns pequenos bosques, induzindo o peregrino a transitar por ali.

Quando percebi esse aspecto, fiquei em dúvida sobre se o sinal não teria sido colocado incorretamente pelo pedreiro que fez o meio-fio. Ao observar melhor, porém, vi que a grama apresentava sinais de ter sido "pisoteada" e resolvi seguir. Logo adiante, volta-se para a trilha cimentada. Achei a solução criativa, pois induz o peregrino a atravessar áreas mais pitorescas e os bosques do parque.

São nove e meia da manhã. Acabei de chegar ao povoado de Lorca, onde passei por todas as ruazinhas em busca de pilhas para minha máquina fotográfica. Em vão. Não achei comércio aberto: nem bar, nem padaria... nada. Disseram-me que havia um bar no próximo povoado, mas adiantaram que ele também devia estar fechado, pois as pessoas estavam em férias.

Em Puente la Reina não foi diferente. Uma placa em frente ao Correio anunciava: "Fechado até 27 de agosto". Então os serviços estariam suspensos por pelo menos vinte dias. Simples assim: fechavam os estabelecimentos e saíam de férias... e tudo bem.

A alternativa foi continuar andando até encontrar pilhas.

Eu comprei bastantes pilhas e as vinha carregando na mochila, somando peso, mas pela manhã, quando fui colocá-las na máquina fotográfica, descobri que havia comprado o tamanho errado.

Em Lorca, resolvi sentar um pouco na grama à beira do Caminho para beber água e comer o melocotón que restava na mochila. Quando olhei para a estrada, avistei a portuguesa Jeni mancando e se arrastando com a dificuldade de sempre. Esperei que ela se aproximasse um pouco mais e perguntei:

– Então, Jeni, está melhor hoje? – e ela, quase chorando:

– Não, não estou bem. Eu queria conseguir andar pelo menos uma semana, só que não aguento mais!

Eu pensei comigo: "Ai, meu Deus, até hoje ela está repetindo isso..."

Ela se sentou ao meu lado e ficamos conversando. Disse que ia prosseguir por no máximo mais um dia ou dois e depois pegaria um ônibus para Portugal. Enquanto eu procurava pilhas para comprar, pelas ruas internas do povoado, ela ficava sentada no meio-fio esperando, ou seguia adiante, devagarinho. Logo eu a alcançava e ela recomeçava a reclamar. Dizia que há gente demais nos albergues e que não era uma época boa para se fazer a caminhada. Em seguida, reclamava do sol e do calor durante o dia; depois do frio e da escuridão da madrugada. Entre uma reclamação e outra, ela repetia, quase chorando:

– Eu queria conseguir andar pelo menos uma semana, só que não aguento mais!

Às dez e quinze da manhã, o sol começa a esquentar e os pés estão doendo. Considerando a escala de zero a cem, que inventei para medir a intensidade da dor, devo estar passando de cinquenta. Por um momento, pensei ter avistado casas, mas foi engano. Não passavam de barrancos. Tenho de continuar andando.

Há algum tempo, venho seguindo a trilha que margeia a rodovia entre Pamplona e Logroño, as principais cidades do País Basco e de Navarra, respectivamente. É uma bela autopista dupla, com asfalto de ótima qualidade, muito bem sinalizada e tráfego intenso neste horário. Em alguns pontos, a trilha se distancia da rodovia; outras vezes, segue ao lado do acostamento; num certo ponto, atravessa para o outro lado da estrada, por um túnel que passa por debaixo da pista.

Adiante, entro num povoado cuja arquitetura tem aspecto bem mais moderno, com várias casas de dois ou três pavimentos. Na parte mais alta, está a igreja, uma bonita catedral de pedra, de arquitetura medieval. Logo em seguida, saímos novamente da área urbana, passando ao lado de uma plantação de maçãs, com pés carregados de frutos grandes e bonitos, mas ainda verdes.

O Caminho de Santiago é um universo com características próprias e com sua própria ética, muito peculiar. Mesmo tendo vindo em grupos, as pessoas parecem não ter o compromisso de ficarem juntas o tempo todo, nem de caminhar juntas, nem de pernoitar no mesmo albergue. Um exemplo disso é o grupo de italianos com os quais venho me encontrando sempre, desde o primeiro dia. Às vezes, passo por alguns deles e depois, bem mais adiante, passo por outros. Eles estão espalhados, cada um no seu próprio ritmo, sem compromisso entre si.

Também por isso foi que na maior naturalidade o paulista Eduardo deixou o seu primo para trás, para que ele se recuperasse e tentasse alcançá-lo depois. Enfim, cada um faz o seu Caminho. Assim, dia após dia, a gente segue encontrando pessoas que nunca mais iremos ver ou as reencontramos logo após a próxima curva.

Cada vez que se reencontra alguém com quem se caminhou um pouco ou com quem se trocou algumas palavras à sombra de uma árvore ou num albergue, a sensação é de reencontrar um amigo de longa data. O Caminho não só nos faz iguais, mas também nos faz amigos; segundo a tradição, no fim nos torna irmãos de fé.

Eram mais de onze horas da manhã quando cheguei à Igreja de Nossa Senhora de la Assunción, no povoado de Villatuerta, onde conheci Rufino, um senhor simpático e sorridente que aparenta ter algo em torno de 90 anos, tão gentil que no primeiro momento achei que fosse um velho pároco da igreja, mas soube depois que era apenas o zelador, há várias décadas.

O povoado é pequeno, com poucas casas de pedras centenárias e outras mais simples espalhadas aqui e acolá. Mas a igreja em estilo gótico é suntuosa. Soube mais tarde que a estrutura original do templo foi obra do Império Romano.

Eu havia feito apenas uma pequena parada na frente da igreja, para conferir por onde seria a trilha de saída do povoado, e também para bater uma foto, mas chegou um grupo de oito ou dez espanhóis e o zelador os convidou a entrar, prontamente pegando os passaportes peregrinos de cada um e carimbando-os. Eu me aproximei e pedi licença para tirar fotos da parte interna da igreja; o velhinho disse que eu podia tirar quantas quisesse. Em seguida, depois que ele carimbou meu passaporte, fiz menção de sair com os outros peregrinos, mas ele me chamou de volta:

— Brasileiro, você poderia esperar, por favor...

Ele falou tão baixo que não entendi muito bem, mas fui alertado por um peregrino espanhol:

- Ele pediu pra você esperar.

Enquanto os outros saíam, ele agarrou a alça da minha mochila, como se quisesse me segurar ali, e disse:

– Os brasileiros nesta igreja são tratados com carinho especial, venha ver.

Abrindo um velho armário com livros enormes, de capa dura marrom, tirou um volume bem surrado, de capa encardida, e outro novinho em folha, e me confidenciou:

– O último livro de visitas, de 400 páginas, foi aberto com a assinatura e a mensagem de um brasileiro, e recentemente foi fechado também por um brasileiro. Agora eu vou abrir o próximo livro e quero que este também seja dedicado aos brasileiros. Então, por favor, deixe sua mensagem na abertura.

Ele havia omitido o livro dos outros peregrinos que entraram antes de mim e, sabe-se lá quantas outras pessoas mais antes disso, apenas para que a primeira assinatura fosse a de um brasileiro. Essa deferência me deixou emocionado. Abri o livro e escrevi:

"Não sei o que vim procurar no Caminho de Santiago de Compostela, mas tenho certeza de que vou encontrar. E seja lá o que for, levarei de volta comigo para honrar e dignificar todas as pessoas que estimo, com as quais convivo e pretendo conviver pelo resto de minha vida, para que isso seja transmitido adiante, pelas próximas gerações.

Em nome de todos os peregrinos brasileiros, agradeço a acolhida simpática do senhor Rufino".

Logo abaixo, em outro pequeno parágrafo, registrei também:

"Parabéns à minha filha Cintia, que hoje, lá no Brasil, está comemorando seus dezoito anos! Que ela seja muito feliz sempre! Parabéns, minha filha! Te amo!"

E assinei: *"Villatuerta, Navarra, Espanha, 7/8/2001".*

Li a mensagem completa para o senhor Rufino, que a achou ótima. Riu muito e comemorou, desejando felicidades à minha filha, agradecendo-me por ter deixado uma mensagem tão completa. Depois, pediu para deixar uma mensagem de voz gravada no meu gravador de bolso:

– "Adios brasileños, vos soys una nación grande e racista! Si, si, gracias, señor!".

Dito isto, com jeito encabulado, soltou uma ruidosa gargalhada!

Curioso, perguntei por que "racista", e ele sorridente explicou que era por ser um país onde convivem muitas raças em harmonia.

A saída de Villatuerta é pelo alto de um morro de pedras, de onde se vê a igreja do senhor Rufino. Parei no topo para apreciar a vista e fazer uma foto do templo. As ruas estavam desertas e ninguém mais circulava pela igreja. De repente, os sinos começaram a badalar freneticamente. Seria o senhor Rufino me fazendo uma saudação? Acenei, como se ele estivesse me vendo de dentro das torres, e segui o meu caminho.

Poucos quilômetros adiante, saí um pouco fora da rota para conhecer a Ermida San Miguel. Segundo indica a placa, trata-se de um monastério construído no Século X, transformado numa ermida no fim do Século XVII. É uma construção pequena, mas o aspecto das paredes indica que se trata de uma obra ancestral. Está localizada no alto de uma serra, de onde se avista, ao longe, o povoado de Villatuerta, no meio de uma paisagem muito bonita, que some de vista. Aparentemente não há ninguém aqui, nenhum zelador... De todo modo, vou tentar entrar, não só para conhecer o interior da capela, mas também para ver se há alguma torneira ou água corrente em que possa lavar as mãos. É que comi algumas frutas amassadas e minhas mãos ficaram em estado lamentável. Estavam tão amassadas que minhas mãos, o canivete e o cajado ficaram lambuzados. Para não pegar no cajado grudento, deixei-o vir arrastado atrás de mim, preso a uma cordinha.

Para minha surpresa, a ermida estava fechada, cercada por uma grade, com um portão de aço enferrujado na frente, trancado com cadeados. Olhando pelas janelas laterais, percebe-se que houve alguma reforma na parte interior. Pelo tipo de argamassa, deve ser uma reforma antiga. A área em volta é uma plantação de azeitonas – centenas de oliveiras, com frutos ainda pequenos.

Depois de muito andar segurando o canivete grudento e arrastando o cajado pela estrada, cheguei a uma pontezinha erguida sobre uma pequena barragem, de onde saía um regato. Uma placa informava que a água não era potável, mas pelo menos pude lavar minhas mãos, o canivete e o cajado.

Fiz uma pequena pausa ao lado do canal, tirei as botas por alguns minutos, para aliviar os pés, mas logo retomei a estrada, seguindo a placa com a indicação de Estella, a próxima cidade. Adiante, passei ao lado de um depósito de esterco. O cheiro era insuportável! Tive de correr para não continuar respirando aquela podridão, senão vomitava. Além disso, era tanto mosquito tentando pousar no meu rosto e nos braços que cheguei a sentir um certo desespero. Que coisa horrorosa!

Uma fonte de água para os peregrinos, uma espécie de chafariz cercado de obras de arte e esculturas foi a boa surpresa. Eu estava precisando, maltratado pela sede já há algum tempo. Lamentavelmente, havia algumas pichações de protesto de um grupo separatista basco denominado ETA. Desde a fronteira da França, venho reparando que volta e meia a gente observa esse tipo de pichação em monumentos e muros. Embora aqui seja região de Navarra, ainda assim eles protestam, mesmo fora do território dominado por eles.

Logo após o meio-dia, com a dor passando além dos oitenta, com muito sol e calor, entro numa cidadezinha que espero seja Estella; espero muito que seja, pois a situação está ficando insuportável.

Agora são quase seis horas da tarde. Cheguei na cidade de Estella depois do meio-dia. Logo à entrada há um albergue público. Embora estivesse fechado para receber novos peregrinos, uma fila enorme de pessoas e mochilas esperava para garantir vaga. Coloquei minha mochila marcando um lugar na fila e contei quantas pessoas havia à minha frente. Fui verificar também quantas vagas havia no albergue: eram 140; eu era o 60º. Então, daria para mim. Vou ficar. Chega de andar por hoje.

Depois de tomar um bom banho, relaxei uns poucos minutos. Após essas caminhadas, basta encostar na cama que o sono vem. Só que esses sonos esporádicos duram uns cinco, dez ou quinze minutos, mas acordo "zerado", pronto para outra. Acho que descobri que o melhor remédio para a dor nos pés é um banho e um cochilo.

Saí pela cidade para comer alguma coisa e mais uma vez tentar comprar pilhas para a câmera, mas o comércio também está fechado. É dia de festa e quase todo mundo na rua está vestido de branco: os homens com um lenço vermelho no pescoço e as mulheres com um destaque de tecido, também vermelho, envolvendo a cintura, alguns mais estreitos, outros mais largos, cobrindo parte do vestido longo branco.

Não sei ainda o nome da festa, mas as praças estão lotadas, com gente nas mesas de bar comendo e bebendo e outras andando nas ruas e calçadas. Em vários locais, há músicos tocando o repertório típico do lugar, umas músicas esquisitas, mas interessantes. Entrei num barzinho para comer alguma coisa e só havia uma estufa de salgados com petiscos de peixe sardinha, talvez. Pedi uma que aparentava ser frita, servida num espetinho de madeira com acompanhamento de pedaços de pão e azeitonas; depois comi uma posta de filé de atum frito no azeite, servido também com pão (parece que tudo vem com pão). Esse eu achei gostoso.

Antes de voltar pro albergue, dei um giro pelo centro da cidade. Passei por uma praça bem maior, onde desmontavam um palco, indicando que teria havido ali um grande show, com jeito de ter sido animado. Depois tomei um sorvete de café com *chantilly*. Dos sabores expostos na vitrine, este era o único que eu conhecia, mas estava horrível. O *chantilly* tinha gosto de nada e o café, um sabor que lembrava o de coadores de pano antigos, depois de amanhecidos. Como ainda estava com fome, encarei um pote bem grande, que fui tomando pela rua. Fazia um calor infernal e o sorvete se derreteu antes que eu conseguisse tomá-lo todo. Uma boa parte dele eu tive de beber.

Ao lado do albergue, há um asilo que, segundo me informou o hospitaleiro, os brasileiros costumam visitar para deixar doações. O acesso é feito por escadarias enormes, mas vamos lá. Antes, aproveitei para visitar a igreja que fica ao lado. Não se pode ignorar o fato de que a maioria das atrações e curiosidades ao longo do Caminho, pelo menos até aqui, tem sido construções religiosas. São muitas igrejas, templos, monastérios, abadias, além de castelos e outros que datam dos tempos do domínio romano e da Idade Média.

No lar dos velhinhos, a recepcionista estava fora, em horário de lanche, mas fui recebido por um "residente", um senhor falante que aparentava ter mais de oitenta anos. Quando disse que era do Brasil, ele começou a cantarolar "Aquarela do Brasil", balançando os braços como se estivesse dançando: "Brasil, Brasil, pá-rá-pá -rááá...". Quando eu comecei a rir e imitá-lo, ele se entusiasmou ainda mais e aumento o volume da cantoria.

Ele me contou que a cidade estava em festa, mas que as festas de hoje em dia não eram como as de antigamente:

— Hoje em dia os jovens só fazem barulho, cantando alto na madrugada. Nem tem mais touradas nas festas. Antigamente havia grandes touradas. O melhor toureiro do mundo é nascido aqui em Estella. Foi o grande matador Marquito. Conheço a família dele toda. A família dele ainda mora na cidade.

Segundo ele, esse famoso toureiro teria ganho todos os prêmios de tourada de sua época, não só na Espanha, mas também no México.

— Os pobres mexicanos dizem que o melhor toureiro do mundo é de lá. Mas, não. Nenhum toureiro mexicano chega aos pés do Marquito. Ele foi ao México muitas vezes e ganhou muitos prêmios lá. Ele é o melhor – continuou.

Eu fui dando "corda" ao entusiasmo dele com o ídolo Marquito:

— Então o Marquito é o melhor do mundo mesmo.

E ele:

— Muita gente conhece ele no Brasil?

— Sim. Eu via ele na televisão. Ele já ganhou muitos prêmios no Brasil também.

Eu disse por brincadeira, logicamente, pois nunca ouvira falar do toureiro Marquito, mas ele bateu palmas com essa informação.

São quase oito da noite, mas o sol ainda está claro e quente. Faz muito calor. Soube que havia um supermercado aberto próximo ao albergue e fui comprar água. Para minha surpresa, não tinha água, só refrigerante caro. Resolvi comprá-lo numa dessas máquinas automáticas, para evitar a fila do caixa, mas a máquina engasgou e não soltou o meu refrigerante.

Chamei o funcionário da loja e reclamei. No início, ele me atendeu sem empenho, dando prioridade a clientes que não tinham problemas,

mas eu estava cansado e estropiado e comecei a falar mais alto, de modo incisivo, dizendo que queria meu dinheiro de volta, pois tinha pressa. Diante do meu estresse, ele ficou mais esperto e atencioso. Tentou por todos os meios tirar minhas moedas e não conseguiu. Chamou então outro rapaz, que também não conseguiu. Daí ele foi ao depósito e me trouxe refrigerantes em quantidade correspondente ao valor das moedas que ficaram presas na máquina.

Voltei às prateleiras e comprei uma latinha de atum. Descobri que atum era superbarato (e eu gosto muito). Se morasse em Estella, faria a festa. Tem pra todos os gostos: atum ao azeite, rosado, branco... de todo jeito. Além disso, há azeitonas de todo tipo e sabor, tudo uma pechincha. Quando cheguei de volta ao albergue, estavam na porta o brasileiro Eduardo e seu primo, que eu ainda não havia conhecido. Disseram-me que estava pra chegar ali um outro brasileiro, de Ribeirão Preto, que teria saído direto de Pamplona para Estella, perfazendo 45km por dia. Segundo eles, era um rapaz de estatura baixa, mas forte, com porte atlético, cheio de disposição. Com uma mochila leve e pequena, caminhava rápido e sem parar, num ritmo impossível de se acompanhar.

Enquanto andei pela cidade a conversar com as pessoas, perguntei o motivo das festas e o que estava sendo celebrado. Falaram-me simplesmente que naquele período a cidade parava por cinco dias: as pessoas se vestiam com roupas típicas e passavam o dia todo a desfilar nas ruas, assistindo a shows e touradas, comendo, bebendo e dançando nas praças. Parece que o ápice das festividades ocorre numa praça maior, onde não estive e a animação que vi pela cidade é coisa pequena diante do que acontece na praça central.

Trecho do Caminho na região de Estella (Navarra/Espanha)

Igreja do Santo Sepulcro em Estella (Navarra/Espanha)

De Estella a Vianna

Hoje são 8 de agosto, quarta-feira. Faltam quinze minutos para as seis da manhã e acabo de deixar o albergue municipal de Estella. Dormi mal, no máximo umas quatro horas, e saio com a convicção de que talvez este vá ser um dia pesado. Tenho a impressão de já estar cansado, sentindo certa sensibilidade na parte inferior das pernas, na panturrilha, nos pés e no tornozelo.

Tomando a rua que vai na direção da saída de Estella, passa-se por uns portões de pedra que aparentemente eram o limite da cidade em tempos passados. As ruas estão desertas, apenas avisto à frente, sob a iluminação fraca da rua, duas peregrinas espanholas que conheci no albergue ontem e que vão uns cem metros adiante.

A cama do albergue até que não era desconfortável. Dormi na parte superior de um beliche no qual, embaixo, uma espanhola ficou a passar gelol no corpo a noite inteira. Quando ela esfregava o gelol, além de o beliche balançar e eu me acordar, subia um cheiro forte que incomodava e contribuiu para comprometer o meu sono. Desde o primeiro dia, eu tenho dormido no máximo seis horas por noite. É um contrassenso dormir pouco depois de tamanho cansaço físico, mas está acontecendo todos os dias e eu ainda não sei bem o porquê. Acho que cada dia tem uma causa diferente. Em casa, antes de sair para esta viagem, eu estava com o sono afinado, dormindo bem. Agora parece que entrei numa fase de sono curto, problemático, justamente quando eu precisava ter um sono mais regular.

Na verdade, o portão pelo qual passei não fica na saída da cidade – apenas delimita a parte antiga. Acabo de constatar que depois de uma curva da rua entra-se em uma outra área, moderna, com arquitetura bem diferente. Há algum movimento de carros, apesar de ainda estar escuro. Atrás, cruzei com dois grupos de rapazes vestidos com aquela típica indumentária branca com lenço vermelho no pescoço, alguns com o lenço também na cintura, bastante animados, cantando e falando alto, aparentemente voltando das festas.

Ontem soube que esses trajes fazem parte da tradição não só da cidade de Estella, mas também é um costume navarro em toda a região. Em Pamplona, na época do festival de São Firmino, quando se soltam aqueles touros bravos nas ruas e todo mundo sai correndo à frente, todos se vestem assim. Observei uma vitrine de loja que expunha apenas esse tipo de roupa.

Depois de uma área de edifícios de arquitetura moderna, logo após uma pequena praça, é o fim da área urbana. Entra-se então numa estradinha que passa no meio de plantações delimitadas por cercas-vivas. Por um momento, fiquei preocupado, pois acabei ultrapassando as espanholas que caminhavam à frente e não sei mais se estou no rumo certo. A área é escura e não vejo as setas indicativas do Caminho.

Felizmente, em pouco tempo apareceu um outro grupo vindo atrás. Se estão me seguindo, é provável que eu esteja no caminho certo. Todavia, se estiver errado, não estarei só. Vou continuar caminhando devagar, para dar tempo de me alcançarem. A escuridão, contudo, os faz sumir de vez em quando, lá atrás.

Pouco mais adiante, no alto, após a saída da cidade, reunimos um grupo de oito pessoas, todos perdidos e sem referência. Há algum tempo não se veem marcas indicativas; ninguém sabe ao certo para onde se deve ir. Sugeri que seguíssemos a estradinha que aparentava ser a mais bem demarcada, com sinais de que era a mais usada. Acendi a lanterna e segui à frente. Andei um pouco mais rápido e me distanciei do grupo, mas sempre ouvindo as vozes lá atrás.

Mais adiante, iluminei um poste à beira da estrada e vi a seta amarela. Gritei para os outros que estávamos na rota certa, que havia marcas ali, e aumentei o ritmo dos meus passos, deixando-os cada vez mais longe na estrada escura; logo já não os enxergava mais, nem às luzes de suas lanternas. Pelo menos havia outras setas amarelas e o céu limpo indicava que não iria chover.

São quase seis e meia da manhã e ainda está escuro. Depois das trilhas duvidosas, saí num planalto onde havia um bairro residencial com pequenos edifícios, após o qual uma placa indica duas rotas possíveis. Parei então para consultar o meu guia do Caminho. Enquanto isso, os outros peregrinos chegaram e trocamos ideias sobre as alternativas que se apresentavam.

Embora a indicação do guia sugerisse que prosseguir pela esquerda era mais interessante, pois se passava por vinícolas históricas, a maioria optou por ir pela direita. Um dos peregrinos era veterano e sugeriu essa rota, que seria um pouco mais curta.

Achei melhor optar pelo outro lado e segui adiante. Logo depois de uma descida, percebi que vinha atrás de mim um casal que eu havia encontrado no albergue. Eu imaginava que eram alemães, mas são ingleses, apesar de falarem espanhol muito bem. Diminuí o passo para deixar que me alcançassem. Conversamos um pouco sobre a escolha da rota, a despeito de ser mais longa, e logo que saímos do asfalto por uma estradinha estreita de cascalho, deixei que tomassem a dianteira.

A Lua Minguante vem diminuindo a cada madrugada e hoje está pela metade, mas ainda linda e brilhante. Espero ter a sorte de caminhar com segurança e tranquilidade por estes caminhos até quando ela sumir, como Lua Nova, e depois disso também, nas madrugadas mais escuras e sem lua; depois é só acompanhá-la dia após dia – ou madrugada após madrugada – até que ela cresça pouco a pouco e volte a iluminar os meus passos no Caminho de Santiago, como tem iluminado até hoje.

A nação espanhola como existe hoje é constituída por pelo menos quatro povos de etnias distintas, culturas distintas e histórias distintas, que se constituíam em quatro reinos que nunca se misturaram e preservam rivalidades ancestrais. A história registra muitas guerras entre eles, mas aparentemente a hostilidade mais evidente se dá entre bascos e navarros. Ontem à tarde, quando conversava com um grupo de espanhóis no pátio do albergue, comentei sobre as pichações do grupo ETA (Euskadi Ta Askatasuna, que significa "Pátria Basca e Liberdade") em monumentos e muros. Perguntei se os separatistas não eram muito rebeldes, de comportamento "xiita". Uma senhora, assumindo ares de preocupação, olhando para um lado e para o outro, me fez sinal de silêncio, colocando o dedo indicador sobre os lábios. Disse pois, em voz baixa, que de fato o grupo promovia uma campanha "não muito limpa".

– Há que se tomar um certo cuidado, porque eles são muito radicais e passionais. Eles picham inclusive regiões que estão fora de sua área de domínio. E se os moradores reagirem, podem sofrer retaliações.

Dentre as etnias originais, pelo que me consta, os povos que habitam a região noroeste, na província da Galícia, onde está localizada a cidade de Santiago de Compostela, são os mais pacíficos e dóceis. Os galegos são descendentes dos celtas, que na Antiguidade habitavam essa região mais ao norte da Europa, desde a Península Ibérica até os Países Baixos. Esses mesmos povos teriam sido a etnia predominante na constituição da população portuguesa, razão pela qual o idioma deles é praticamente o mesmo português de Portugal. A pronúncia é quase a mesma, apesar de a grafia ser bastante diferente.

Quase todos os autores que li sobre o Caminho de Santiago comentam que ao chegar à Galícia se sentem mais perto do Brasil, por causa do idioma. Embora o espanhol seja o idioma oficial de todo o país, as outras etnias preservam a língua original, que é falada em casa, na família e em eventos culturais. Um exemplo disso são as placas de sinalização e nomes de ruas em Pamplona, que são impressas em duas línguas: espanhol e eusquera, o idioma basco.

São seis e quarenta da manhã, ainda não amanheceu e acabei de passar pela famosa fonte Irache, à margem do Caminho, onde sai água potável gelada de uma torneira e vinho de graça de uma outra. A fachada é trabalhada em aço inoxidável, nas muralhas de uma construção antiga, em estilo clássico, que deve ser a vinícola que "patrocina" esse brinde aos peregrinos. Abaixo de uma grande placa onde se lê "Bodegas de Irache – Desde 1891" é que estão as duas belas torneiras (a de água e a de vinho), também em aço inox.

O vinho tinto é delicioso. O aroma, mesmo àquela hora da madrugada, provocou-me o desejo de prová-lo. Depois de bebê-lo na palma da mão, joguei fora a água do meu cantil e o enchi de vinho.

O vinho é para eles algo quase sagrado. Nos bares ou restaurantes, antes de anotar o pedido, o garçom traz uma cesta com pedaços de pão e um copo de vinho. É cultural, pelo menos nas regiões por onde andei até aqui. Nas primeiras vezes, eu recusei – afinal, quem se senta para comer um sanduíche ou uma comida rápida não pensa em tomar vinho –, mas depois de observar a naturalidade com que os espanhóis tomam o vinho sempre, independentemente da refeição, acabei aderindo ao hábito. Parece-me que esse costume não está restrito aos restaurantes e bares. Em casa também é sempre servido vinho em todas as refeições. As razões disso têm origem na tradição secular. A Espanha, sobretudo nessa região, é grande produtora de vinho há milênios, e as famílias de agricultores fabricam vinho para o próprio consumo. Com isso, ao longo do tempo, eles aprimoraram a qualidade dos vinhos.

Aqui, por onde se anda e em qualquer estabelecimento comercial encontram-se vinhos de ótima qualidade a preços inacreditáveis, se comparados aos preços do Brasil, seja nos supermercados, nas lojas especializadas ou em vendas de beira de estrada. Creio que muito poucas vezes na vida devo ter bebido vinhos tão bons. Assim como em todos os países com tradição de maior consumo de vinhos, encontra-se muito aqui o vinho em caixinha tipo Tetra Pack, muito mais baratos e – segundo dizem – sem comprometer em nada a qualidade.

Ontem, no supermercado em Estella, comprei uma caixinha Tetra Pack de um litro. Com a intenção de tomar um copo ou dois enquanto fazia um lanche e jogar o resto fora, escolhi um dos mais baratos. Fiquei temeroso, porém, pensando que seria algo intragável, pois o litro do vinho havia me custado cerca de dois reais (um preço impensável no Brasil). No entanto, ao experimentá-lo, tive uma surpresa: o aroma, a cor vermelha intensa e o paladar se equiparam a vinhos de primeira qualidade no Brasil. No fim, acabei tomando quase todo o vinho enquanto comia os salgados que havia comprado na rua. Pelo menos peguei no sono mais rápido. Foi um sono intenso, apesar de curto. Agora, depois de ter passado na fonte de Irache, tenho aqui outro vinho que me parece melhor do que o de ontem. E de graça!

Na fonte de vinho, alcancei o casal inglês que vim acompanhando a distância. Eles me perguntaram sobre curiosidades do Brasil. Estavam lá também o Ignácio, da cidade de Múrcia, que eu havia conhecido há dois dias, enquanto comprava frutas em Obanos, juntamente com sua esposa suíça e o seu irmão, Álvaro. Hoje estava apenas o casal. O Álvaro havia caminhado somente três dias e voltado para Múrcia, pois precisava trabalhar. Sempre que eu tentava tirar uma foto da fonte de Irache, a esposa do Ignácio ficava plantada ao lado. Esperei, apontei a câmera várias vezes pra ver se ela se tocava, mas ela não saía da frente. Eu queria uma imagem exclusiva em que ninguém aparecesse, mas acabei batendo a foto assim mesmo, com ela aparecendo.

São quase sete da manhã. Está quase amanhecendo. Finalmente estou saindo da área urbana de Estella e avisto as luzes da cidade lá embaixo. Reparei que a cidade está localizada num vale profundo, com serras e picos tanto do lado oposto, quanto à minha esquerda. Percebo também que a cidade é bem maior do que eu imaginava até então.

Observando o horizonte, vejo que há pelo menos duas cidades bem maiores que Estella, do porte de Pamplona, talvez. A primeira é Logroño. Depois, mais adiante, deve ser León. Acabei de virar uma curva da estrada de onde se descortina uma grande cordilheira à minha esquerda. Embora o sol aqui onde estou ainda não tenha saído, lá está bem claro e a luz destaca os paredões brancos da serra, nitidamente.

A hospitaleira do albergue de Estella me dizia ontem que os brasileiros costumam se destacar quando passam por aqui a caminho de

Santiago, especialmente por dois motivos: primeiro porque é o país de fora da Europa de onde vêm mais pessoas, e também porque os espanhóis, de certa forma, têm muita afinidade com o Brasil. De fato, eu já havia percebido isso. Por onde se passa, sempre algum espanhol, em especial as pessoas mais velhas, puxam assunto e demonstram curiosidade sobre quase tudo, perguntam e elogiam coisas do Brasil. Quase sempre fazem questão de contar sobre algo que lhes atrai, alguma curiosidade que admiram ou aprenderam com o Brasil ou com brasileiros.

O velhinho do asilo onde estive ontem foi um exemplo disso. Ele me contou que quando criança aprendeu que no Brasil havia muita pobreza, muita miséria; mas agora, sempre que procura ver notícias de lá, fica feliz por saber que as coisas melhoraram muito.

Outro aspecto que também chama a atenção dos espanhóis é a publicação do livro de Paulo Coelho sobre o Caminho de Santiago, *O diário de um mago*, que foi um sucesso de vendas estrondoso. Depois desse livro, o número de peregrinos a fazer o Caminho se multiplicou, não só de brasileiros, mas de gente do mundo inteiro, pois o livro foi vendido em dezenas de países, apesar de polêmicas que surgiram a respeito. Pessoas mais tradicionais dizem que Paulo Coelho profanou o Caminho; que ele poderia ter vindo com quaisquer intenções, menos com os rituais pagãos que ele narra no livro. Dizem que ele só pensou em vender o livro, em vez de divulgar as coisas próprias daqui.

É natural que alguma crítica apareça, assim como acontece em relação a tudo que faz sucesso. Dizem que no ano passado aconteceu um congresso em Santiago de Compostela em que muitas pessoas, especialmente religiosos ligados a congregações do Caminho, criticaram muito o livro. De outro lado, também se reconhece que ao *best-seller* se deve não só a fama, mas também o aumento exponencial da frequência de peregrinos.

São 7h10. Até que enfim o dia está totalmente claro. Acabei de encontrar as italianas de Veneza, mãe e filha, que conheci há três dias na chegada de Villava. Estão caminhando juntamente com um casal, também italiano. É o mesmo casal que subiu à minha frente naquela madrugada, quando eu saía de Pamplona pelo campus da Universidade. A esposa e a moça jovem falam inglês e conversamos por um tempo, rindo do que aconteceu dias atrás. A mãe disse estar envergonhada das atitudes daquele dia, quando as encontrei perdidas na chegada de Villava, pois estava estressada. Eu disse que ela realmente parecia brava e fiquei com medo. Todos riram.

Elas contaram que naquele dia, em Villava, tomaram um ônibus para Pamplona e foram para um hotel. No dia seguinte, saíram de lá mesmo e seguiram adiante. Em tom de brincadeira, disse que elas teriam de ter retomado a peregrinação exatamente do ponto onde pararam, para não "burlar" a tradição; que deveriam seguir em rota contínua, e que o trecho de ônibus não valeu. Inventei que havia uma tradição milenar segundo a qual o rastro deixado pelos pés do peregrino ao longo do Caminho teria de ser contínuo, sem interrupções. Caso contrário, se houvesse interrupção, isso causaria sete anos de azar. Os adultos riram da brincadeira, mas riram mais ainda quando a garota, superpreocupada, questionou à mãe:

– E agora... teremos de voltar para caminhar aquele trecho?

São 7h15. Reduzi um pouco o passo, deixando os italianos irem adiante. Estou atravessando uma capoeira, com vegetação parecida com a do cerrado brasileiro. Lá atrás, passei pelas espanholas, que saíram da cidade na minha frente, em Estella. Estavam sentadas numa pedra, juntamente com um rapaz chamado Tony, que também era meu conhecido de vista. Pelo menos nos dois últimos albergues, eu o havia visto, sempre falando alto e puxando conversa com todo mudo, indistintamente. Ao contrário do que pensei à primeira vista, percebo que é um rapaz inteligente e bem-humorado. Tem o cabelo raspado e uma cicatriz na lateral da cabeça. Desde que me avistou chegando na estrada, chamou-me pelo nome.

Fiquei curioso pelo fato de ele saber meu nome; rindo, perguntei se memorizava o nome de todos os peregrinos, e ele contou o que o fez guardar meu nome:

– Ontem, no pátio do albergue de Estella, quando aquela senhora perguntou se alguém tinha um abridor de latas e você o emprestou, ela não conseguiu pronunciar seu nome quando foi lhe agradecer, então você o repetiu várias vezes, tentando ajudá-la a pronunciar.

Em seguida, contou-me que está fazendo o Caminho de Santiago pela décima quarta vez. Dez vezes, de bicicleta. Agora está fazendo pela quarta vez a pé. Este deve ser o cara mais especializado no Caminho de Santiago dentre todos que estão aqui. Além de conhecer todo mundo nos albergues e todos os outros peregrinos veteranos, todo mundo o conhece. Isso explica porque ele é todo falante, com tanta liberdade, conversando com todo mundo. É como se fosse de casa. O volume da voz dele no albergue, porém, quando as pessoas estão tentando dormir, não deixa de ser inconveniente.

Ontem, quando eu estava pagando minhas compras no caixa do supermercado de Estella, olhei para o fundo da loja e vi a portuguesa Jeni, a reclamante mais reclamadora que encontrei na vida, pegando coisas na prateleira de biscoitos. Cheguei a pensar que ela tivesse voltado de ônibus para Portugal, como cogitava, mas não. Ainda estava firme no Caminho. Creio que ela não me viu. Ainda bem, àquela altura eu já estava cansado e não queria ouvir mais lamentações. Ela me faz lembrar um desenho animado que eu via na minha adolescência, cujo personagem reclamava de tudo o tempo todo, dizendo:

– Oh, vida; oh, céus; oh, azar! Isso não vai dar certo!

Era uma hiena desanimada; se não me engano, o nome dela era Hardy. Pois a Jeni é a encarnação da Hardy.

Caminhei um tempo ao lado de um senhor chamado Pedro Canton, que ia a pé, sozinho, tendo saído de Barcelona. Até Santiago de Compostela, disse-me ele, terá caminhado 1.280km. Quando passamos ao lado de uma construção estranha, de concreto antigo, com uma escadaria que desce por um buraco profundo e escuro até a água, lá embaixo, ele me explicou que se tratava de uma fonte romana, construída para armazenar água, de modo que, quando os exércitos romanos estivessem de passagem ou em campanha pela região, pudessem acampar nas proximidades e encher seus reservatórios portáteis. A engenharia da construção é inteligente, pois independentemente do nível de água no reservatório, é possível ter acesso a ela usando os degraus.

À minha frente, ao lado de um monastério antigo, há um albergue de peregrinos. Vou passar lá apenas para conhecê-lo e seguir viagem. São ainda 8h10, está muito cedo e é fora de cogitação parar agora. Quero andar hoje se possível mais do que ontem, se a dor não se intensificar muito. Pretendo ganhar terreno para compensar o trecho curto de ontem.

O monastério fica no povoado de Villamayor de Monjardín, no topo de uma colina. Daqui se enxerga, à minha direita, uma sucessão de colinas muito bonitas, a perder de vista; a leste, na direção pela qual cheguei, ficam as serras, depois da cidade de Estella.

São 10h20. Venho caminhando há pelo menos uma hora por uma plantação de feno. Em alguns trechos, há parreiras, algumas muito grandes, mas o feno é o que predomina na região, uma planície circundada por colinas de topografia suave. Desde que nos encontramos, venho andando e conversando com o Pedro Cantón, de Barcelona, explorando os conhecimentos dele, especialmente sobre a história da Espanha, da qual ele é grande conhecedor. Ele me falou sobre o período em que o país era dominado pelos árabes.

O entendimento dele é que os árabes não invadiram a Espanha. No começo, eram civis mercadores, donos de muitas posses e muito dinheiro nos seus países de origem, que começaram a se transferir para a Península Ibérica e a adquirir terras. Para manter seus domínios e suas propriedades, começaram a constituir exércitos próprios, como era comum em toda a Europa na época do Feudalismo. Esses exércitos, cada vez mais poderosos, estabeleceram-se inicialmente na região de Castilla, onde atualmente está localizada Madrid. Mais tarde, outros feudos se formaram na região da Cataluña, cuja capital é Barcelona. Esses feudos, assim como outros que se constituíram, fortificaram-se e se tornaram hostis entre si, sobretudo Castilha e Cataluña.

Enquanto o Pedro contava essa história, uma senhora havia se juntado a nós e acompanhou a conversa, sem se manifestar. Mais adiante, ela me confidenciou que a posição dele demonstrava a intriga e rivalidade que ainda existe até os dias de hoje entre Cataluña e Castilha. Que essas duas etnias não se ajustam nunca – seja no futebol, seja nas manifestações culturais, mas especialmente na política. Sempre que podem, alfinetam-se uns aos outros, assim como fazem também os bascos e os navarros.

O tempo está encoberto; sopra um vento frio. Se estivesse parado, com certeza teria de me agasalhar. Aparentemente pode haver chuva adiante. Vejo as montanhas à minha frente sendo cobertas gradativamente por nuvens. E isso não é nada bom.

Depois que outro grupo de espanhóis nos alcançou, deixei-os para trás, juntamente com o Pedro Cantón. A conversa começou a ficar filosófica demais para o meu gosto; além disso, uma dor na perna direita se iniciou e está aumentando muito. Na minha escala, já devia estar acima dos 70. Então achei melhor silenciar e não participar da conversa. Aumentei o ritmo para aquecer o sangue e os músculos e deixei todo mundo para trás, bem atrás agora. Se a dor não diminuir em alguns minutos, vou procurar a sombra de uma árvore para repousar, tirar as botas e aliviar um pouco os pés.

São dez para as duas da tarde. Estou num pequeno restaurante na cidade de Los Arcos. É um estabelecimento familiar, com poucas mesas dentro do bar e várias outras numa cobertura sobre o passeio. Finalmente, pela primeira vez desde que comecei a caminhada, consegui comer alguma coisa que se pode chamar de boa comida. Estavam servindo *paella*, uma das comidas típicas espanholas mais conhecidas no mundo. Não sei se o tamanho da fome contribuiu, mas o aroma estava irresistível.

Comi a *paella* e ainda um galeto assado. Tudo muito delicioso. Depois entrei no albergue ao lado do restaurante, mas embora houvesse vagas, achei por bem andar um pouco mais, até o próximo povoado, Torres del Río, a cerca de dez ou doze quilômetros, já que ainda era cedo e, bem alimentado, eu me sentia bem para caminhar. Disseram-me que nesse povoado não havia albergues públicos, mas existiam alguns pensionatos. Seriam cerca de três horas de caminhada até lá.

Vou tentar. Vou arriscar.

Caso não consiga vaga nos pensionatos, a coisa pode se complicar, pois até o povoado seguinte, Viana, seriam outros dez ou onze quilômetros. Se eu chegasse a Torres del Río às cinco e meia da tarde e não encontrasse onde dormir, só alcançaria Viana às nove da noite, aproximadamente. Apesar do risco, era ter fé e pegar a estrada.

Na ruazinha de saída do povoado, avistei uma peregrina que deixava um caixa eletrônico bancário mancando muito, caminhando com dificuldade. Torci para que não fosse quem eu temia, mas eis que ao me aproximar ela olha para trás e me cumprimenta, com seu inconfundível sotaque português:

– Olá, Marcio, como vais? Eu já estava a pensar que tu estavas longe a esta altura.

– Eu é que estou surpreso. Como você está andando bem! – E ela:

– Não, eu estou muito mal. Eu queria conseguir andar pelo menos uma semana, só que não aguento mais.

Comentei com ela sobre os meus planos de ir até Torres del Río.

– Eu já não aguento mais, estou quase a morrer, mas quero logo chegar a Logroño e pegar um autocarro para casa (autocarro é como eles chamam os ônibus). Portanto, vou tentar fazer este trampo contigo. Se eu não conseguir, vou para a autoestrada e apanho um táxi para Logroño.

Agora são 18h10 e o sol ainda está forte. Pegamos a estrada com passo acelerado. Por sorte, saímos de Los Arcos abastecidos e satisfeitos: eu com um almoço de verdade, aquela delícia de *paella*; Jeni também disse que tinha almoçado bem.

Chegamos em Torres del Río e o único pensionato que me indicaram estava lotado. Procuramos por informações na rua, mas não havia outro meio de se hospedar. Sugeriram como alternativa uma igreja antiga na saída do povoado e rumamos para lá. Quando chegamos, havia dois ou três peregrinos se ajeitando para dormir debaixo de uma cobertura ao lado da igreja, próximo a algumas mochilas abertas no chão. Do outro lado, havia uma mangueira com a qual três pessoas de uma mesma família tomavam banho – aparentemente eram o pai, a mãe e a filha, ele de cueca e elas com a roupa de baixo. Eu pensei: "Que coragem a dessa gente!", pois fazia frio e soprava um vento gelado que me tiraria a coragem até para arriscar um banho quente.

Entrei na igreja para ver como ela era e descobri por mim mesmo porque ninguém cogitava dormir dentro da nave: ela era escura e abafada, apenas uma ou duas portas ficavam semiabertas, e um cheiro de mofo fazia arder o nariz. "Esse mofo é por causa de coisa que vem apodrecendo há quinhentos anos", pensei. Logicamente onde há mofo há também todo tipo de fungo e insetos de toda espécie. O piso era de tábuas apodrecidas, cheio de frestas, e rangia quando a gente caminhava.

Do lado de fora, o cheiro também não era bom: a igreja ficava no meio de uma plantação de uvas que havia sido adubada recentemente com esterco de porcos e exalava um cheiro horrível, que atraía milhares de moscas, dessa espécie doméstica preta, miúda, que fica insistindo em pousar nos braços, no rosto e na boca da gente.

Fiquei desesperado, mas não havia muito o que fazer. Fomos para debaixo da cobertura tentar nos acomodar ao lado dos outros peregrinos, mas os mosquitos eram um enxame louco e faminto, atacando a gente. Eram tantos e tão afoitos que às vezes quase nos entravam pela boca e pelo nariz. Com resíduos de sal e suor no corpo, éramos um verdadeiro banquete para eles.

Resolvi criar coragem e enfrentar a mangueira de água fria, para tentar aliviar o assédio dos mosquitos. Tirei a camisa e as botas, peguei a *necessaire* com meus apetrechos de banho e fui pra lá. Só de sentir a umidade da névoa de água gelada que o vento trazia da bica d'água, eu já tremia. Enquanto estava ali parado, arrependido de ter inventado aquilo, o espanhol que tomara banho me alertou:

— Prenda a respiração e enrijeça os músculos, senão você pode cair com o choque térmico.

Tirei a calça tectel e, de cuecas, enfiei-me debaixo daquela guilhotina de gelo líquido. Quando recebi o primeiro esguicho, que me desceu pelas costas, pensei: "Se eu gritar, vão dizer que brasileiro é molenga. Tenho de aguentar!" Cerrei os dentes e comecei a saltitar. Seria feio sair dali sem me ensaboar, mas talvez eu não fosse sobreviver se inventasse de fazer isso naquela hora. Derramei meio frasco de sabonete líquido numa bucha e espalhei rapidamente pelo corpo, enxaguei novamente em ritmo de samba e fechei a torneira com uma das mãos, enquanto pegava a toalha seca com a outra. Sobrevivi! Assim que consegui parar de tremer, fiz cara de sério. Quando eu vinha voltando, a Jeni perguntou:

– A água está muito fria?

Eu disse:

– Está fresquinha. Foi um banho bom. Estou me sentindo bem melhor.

Enquanto eu falava, ela ia retirando seus apetrechos e se dirigiu para a mangueira. Foi o tempo de chegar e ouvi o grito desesperado dela:

– Aiiii! Está a queimar, de tão gelada!

Enquanto a gente conversava ali e avaliava onde se acomodar, surgiu um outro drama: o sino da igreja começou a badalar acima de nossa cabeça. Levei um susto com a altura do som daquelas pancadas. O espanhol, ao lado, rindo, comentou que se tratava dos sinos do relógio anunciando que eram sete horas e que de hora em hora eles voltariam a tocar, durante a noite toda. Com mais essa, decidi que não ficaria ali de jeito nenhum.

Eu havia pensado em voltar ao centro de Torres del Río, procurar uma praça e dormir na rua. Amanhã, pegaria um táxi até ali para continuar. Trocamos ideias entre nós e com outros peregrinos que pareciam não se importar com tudo aquilo. Jeni propôs seguirmos adiante, pois queria ir para Logroño. Eu topei, enfiamos as coisas de volta na mochila rapidamente e pegamos a estrada para mais umas três horas de caminhada. Pelo menos Viana era um povoado onde seria bem mais provável conseguir um albergue, uma pensão ou um hotel.

Andamos cerca de três quilômetros desde a igreja de Torres del Río e ainda fazia sol. Se acelerássemos o passo, poderia acontecer de chegarmos bem perto de Viana antes do anoitecer. Embora fosse uma cidade maior, havia o risco de não encontrar vagas nos albergues ou de estar tudo fechado. Mas eu pretendia procurar uma pensão ou um hotel para dormir.

Estamos caminhando acelerado, na tentativa de adiantar o horário de chegada. Com essa etapa aumentada de hoje, amanhã estarei a apenas oito quilômetros de Logroño, que é uma grande cidade onde eu poderia ter tempo para descansar ou quem sabe passar o dia e fazer alguma coisa diferente. Vou ver se consigo comprar um cartão postal e colocar no Correio para minhas filhas.

No restaurante de Los Arcos, a moça do caixa comenta que soube de um grande grupo de peregrinos italianos que vinha um pouco atrás de mim. Eram muitas pessoas e ocupavam muitas vagas nos albergues, mas também davam alegria aos donos de restaurantes. Imediatamente associei essa história aos italianos que conheci na caminhada, com os quais sempre encontro. São muitos, mas nem tanto. Pensei em aproveitar para atiçar o boato. Disse que em Estella eles haviam lotado a cidade, pois eram uns seiscentos. Ela ficou impressionada e chamou o marido para comentar:

– Sabe o grupo de italianos?! Pois, então... são seiscentos!

Enquanto eu pagava a conta, comentei:

– É por isso que quero distância deles. Onde chegam, não sobra vaga para nenhum outro peregrino nos albergues. Os batedores de frente deles devem aparecer por aqui a qualquer momento, para encomendar as refeições do grupo.

Quando saí, uns rapazes que estavam almoçando comentavam sobre a quantidade de italianos.

São quase oito horas da noite, mas o sol ainda brilha relativamente forte. A propósito, a dor na sola dos pés se intensifica cada vez mais. Além disso, uma dor fina na parte da frente da canela também fica cada vez mais forte. A sensação é a de que alguma coisa química está queimando embaixo da pele ou sobre o osso. É forte, mas não posso parar, ainda que a dor na minha escala de medição esteja chegando a 90. Acabei de tomar Paracetamol para ver se alivia um pouco. Pela primeira vez, tive de recorrer a analgésicos para suportar a dor.

Não posso deixar que anoiteça antes de, pelo menos, chegar à estrada de asfalto. Pelo que vi no guia, os últimos quilômetros antes de Viana são asfaltados. Isso torna as coisas mais fáceis, no caso de caminhar à noite. Em alguns momentos, pode-se ver a estrada ao longe. Caso não haja muitas curvas e voltas, poderemos alcançar o asfalto ainda com a luz dia. Temos de chegar a Viana de qualquer jeito.

Centro de Logroño (Navarra/Espanha)

O inglês Matt, nas proximidades de Navarrete (Navarra/Espanha)

De Vianna a Navarrete

Hoje é 9 de agosto, quinta-feira, seis e trinta e cinco da manhã. Ainda está escuro, como se fosse noite. Estou saindo da cidade de Viana para minha sexta jornada rumo à Santiago de Compostela. Apesar de haver dormido no chão, debaixo de uma mesa, acho que pela primeira vez tive um sono com duração satisfatória. Embora não tenha sido um sono longo, foi contínuo e pesado. Não acordei hora nenhuma durante a noite.

Viana é uma cidade antiga, restrita ao topo de uma colina, com arquitetura parecida à do povoado-fortaleza de Cirauqui, onde passei há dois dias. No ponto mais alto da colina, no centro geométrico do povoado, está a belíssima Catedral, talvez a mais bonita dentre todas as que vi até agora. Lamentavelmente, só pude entrar rapidamente para conhecer algumas partes do templo, sem fotografar, pois eram mais de 22 horas e a luz, insuficiente.

Quando chegamos ontem à noite, não havia mais espaço no albergue. Então, deixei a mochila na porta com a Jeni, do lado de fora, enquanto fui fazer um giro nas redondezas para tentar encontrar vaga em alguns pensionatos que a hospitaleira me indicou. Em vão. Os dois únicos que encontrei estavam lotados.

Quando voltei, já havia passado o horário de fecharem o albergue, mas Jeni tinha negociado uma alternativa que nos salvou de dormir na rua: esperaríamos o pessoal que estava lanchando desocupar a sala de refeições e nos acomodaríamos ali.

O espaço em todo o albergue era apertado. A sala de refeições, muito pequena, mal dava para acomodar a mesa com os dois bancos longos de madeira nos lados, sem espaço nas laterais. Ficamos sentados no chão, numa pequena antessala, até que todo mundo acabasse de lanchar e desocupasse o refeitório; depois afastamos os bancos para os lados, encostando-os na parede, e ajeitamos os sacos de dormir debaixo da mesa.

Havia outros quatro peregrinos na mesma situação, inclusive o Ignácio, de Múrcia, com sua esposa suíça. Uns ficaram no corredor e na cozinha; nós ficamos debaixo da mesa.

Apesar de tudo, consegui dormir bem, pois estava num estado de cansaço inexplicável. Ontem foi uma etapa dura e contínua desde Estella. Além de eu ter sentido muita dor na perna, ainda tive momentos de baixo astral e aborrecimentos. Isso intensifica o cansaço.

Passei por diversos povoados onde poderia ter ficado, mas não deu certo. Continuo preocupado com a dor na perna, que não parece ser normal. No fim da caminhada de ontem, fiquei em situação indescritível, tamanha era a dor. Para piorar, começou a doer de novo, logo cedo, pouco tempo depois que saí. Estou preocupado com o risco de haver alguma lesão mais grave, pois não é uma dor comum, conhecida, dessas que a gente sente pelo simples cansaço ou por esforço em caminhadas ou corridas. É diferente de tudo o que já senti antes. E o fato de estar doendo justamente agora, no começo do dia, pode ser indicativo de alguma distensão ou coisa do tipo.

Ainda bem que Logroño está relativamente perto – são cerca de dez quilômetros. Quando chegar, vou procurar uma farmácia ou quem sabe um médico, para ver o que pode estar acontecendo, pois tenho ainda muito chão pela frente. É uma cidade grande. Com certeza, haverá recursos para isso. Quero também enviar os postais pelo Correio e principalmente telefonar para casa.

A minha caminhada no fim da tarde de ontem, além de ter-me submetido a um esforço físico além do razoável, deixou-me para baixo. A preocupação e o medo de que pudesse escurecer, de nos perdermos sem conseguir chegar a um lugar seguro para passar a noite, causou-me muito estresse. Tive ainda de me conter, pois se transmitisse algum pânico ou insegurança, a Jeni iria provavelmente surtar. Além disso, as trilhas eram irregulares, de trilheiros de gado, pelo meio dos pastos, com longos trechos sem setas indicativas. A noite chegando me impôs momentos bastante tensos.

Estou passando ao lado de uma estrada asfaltada (que eles chamam aqui de carretera) observando que a Lua Minguante está praticamente na metade. A cada dia que passa, as madrugadas trazem uma Lua menor.

A caminhada de ontem talvez tenha sido a maior: andei 38 quilômetros. Creio que até agora eu deva ter vencido uns 160km. Se estivesse fazendo a peregrinação a Romaria, em Minas Gerais, hoje eu estaria chegando. Aqui, no entanto, estou apenas no começo. Há muita estrada pela frente.

Como estamos justamente na época das peregrinações a Romaria, imagino que a esta hora deva haver muitos amigos ou familiares meus naquela estrada, neste exato momento. Lá são cerca de duas horas da madrugada, mas com certeza o meu irmão César já deve ter acordado e agitado o resto da turma para começarem a andar. Ele sai muito cedo. Na maioria das vezes em que fiz aquela peregrinação, foi com ele. Sempre era assim: às vezes se levantava às duas horas da madrugada para começar a andar.

Agora estou avistando a cidade de Logroño, ali embaixo, com as luzes acessas, pois ainda não amanheceu o dia. São quinze para as oito da manhã e vamos margeando a estrada, seguindo uma trilha que passa embaixo de um bosque de pinheiros. Logo adiante, há uma área industrial, já na região metropolitana de Logroño.

A Jeni está calada e apreensiva, pois vai retornar a Portugal depois de uma longa temporada na Espanha. Ela viveu na Espanha por vários anos e depois de haver encerrado um relacionamento de maneira dramática, resolveu voltar para sua terra. Antes, decidiu fazer pelo menos uma semana de caminhada pelo Caminho de Santiago, com o propósito de espairecer, restabelecer-se psicologicamente e poder voltar para casa mais tranquila.

Alguns quilômetros atrás, eu caminhava com uma senhora espanhola e seu filho de uns 20 anos. Quando chegamos numa encruzilhada, avistamos um grupo de quatro pessoas que haviam tomado a direção errada e seguiam longe, por outra trilha. Por suposto, não notaram a seta indicativa que tinha sido colocada ao lado de um monte de feno. Chamei-os, mas eles não ouviram. Subi numa pedra e gritei ainda mais alto. Foi então que perceberam, entenderam os gestos que fiz e começaram a retornar. Logo nos alcançaram e seguimos conversando. Era um senhor e três senhoras de Pamplona que começaram o Caminho em Saint-Jean, dois dias antes de mim. Vinham fazendo a peregrinação lentamente. Pessoas muito tranquilas, bem dispostas e bem-humoradas.

Quando comentei sobre a dor intensa que sentia, acharam que seria fundamental que eu procurasse um médico em Logroño. Duas delas são veteranas do Caminho (já o haviam feito outras quatro vezes) e afirmaram que existiam tratamentos eficientes para todo tipo de moléstia dessa natureza; que todos os médicos têm muito conhecimento sobre como tratar esses problemas. Falaram também de algo conhecido como "venda" – uma espécie de meia de compressão (lembrei-me de que vi isso em algum peregrino antes), além de massagens com cremes especiais para melhorar a circulação.

Neste momento, não tenho dúvidas de que sofri alguma lesão desconhecida que merece atenção. Os sintomas na parte inferior da perna, a intensidade da dor, como se queimasse, não são algo que eu já tivesse sentido. Pode ser alguma lesão no músculo ou algum dano ósseo, não sei... Algo está errado. É uma pena, porque no resto estou muito bem, dormi bem, não sinto aquela outra dor na sola dos pés, o peso da mochila já nem me incomoda. De qualquer forma, vou seguir o conselho das senhoras, pois se teimar e forçar, o risco de ter de parar será grande. E eu não quero parar.

Ao atravessar uma espécie de viaduto, fotografei um poema escrito na parede lateral de sustentação do arrimo:

Tres cosas hay em la vida
Que precisa el peregrino:
Buenos pernas, gran comida...
Y si hablamos de bebida
Poca agua y mucho viño.

Na avenida de entrada de Logroño, acelerei o passo acompanhando a Jeni, que pretendia pegar o próximo ônibus, e deixamos os outros para trás. Numa praça no meio da cidade, ela se despediu. Fez menção de dar apenas um "tchau" e atravessar a rua, mas eu me adiantei para apertar-lhe a mão e, quando ela se virou, vi que tinha lágrimas nos olhos! Meio chorosa, disse que gostaria muito de continuar, que havia se apegado afetivamente ao Caminho, mas que não estava bem e achava melhor ir para casa, voltar para seu país e para seus familiares. Desejei-lhe boa-sorte e ela me desejou um bom caminho, agradeceu-me pela companhia e por ouvir suas lamúrias, também por tê-la feito rir em alguns momentos, e se foi, de cabeça baixa. Eu senti pesar vendo-a partir tão triste. Embora eu a tenha achado meio chata no começo, vi depois que era boa pessoa e fora muito boa companhia, especialmente no trecho final de ontem.

São 9h16. Estou na catedral de Logroño. Fiz algumas fotos da decoração maravilhosa: um altar dourado com vários desenhos, como se fosse uma espécie de edifício que tivesse em cada janela uma obra de arte. Fotografei também a lateral externa, que traz como monumento um cavaleiro templário de expressão estranhíssima.

A minha perna continua a doer muito, mas como está cedo para parar, acho que vou apenas tentar achar uma farmácia, para ver se consigo remédios para aliviar a dor, até chegar ao próximo povoado, que me parece estar a 12km daqui.

Passei na frente de um albergue de peregrinos que ainda está fechado para limpeza. Na cidade toda, ainda há pouca coisa aberta. Eu teria de ficar fazendo hora até sabe-se lá quando... Acho que não faz sentido e não tenho paciência para ficar parado, vendo os outros passarem. Fiquei sentado algum tempo numa lanchonete vendo os peregrinos seguirem na direção da estrada, e isso me deixou ansioso, com vontade de seguir também.

Logroño é uma cidade bonita e interessante. Estou atravessando a área central, em que há modernos edifícios residenciais com cerca de oito ou dez andares, de belas fachadas, além de estabelecimentos comerciais e lojas de alto nível.

Passei numa farmácia e quando fui mostrar a lesão para o farmacêutico, foi a primeira vez que levantei a calça e vi como estava a minha perna. Levei um baita susto com o que vi. Na parte dianteira da canela, havia um inchaço assustador, como se fosse uma bola. A perna está vermelho-arroxeada, também com um inchaço localizado, e a parte que estava por debaixo da meia, com a pressão, ficou mais fina, criando um degrau esquisito.

O diâmetro de onde está mais inchado, fora da meia, é o dobro daquele da parte inferior. Fiquei assustado, mas o farmacêutico disse-me que aquilo era normal, que eu estava com uma inflamação no tendão. Deu-me uma pomada e uns comprimidos anti-inflamatórios e falou que eu deveria parar pelo menos por um dia e massagear com a pomada, friccionando bastante, pelo menos umas três vezes ao dia, ou quando doesse muito.

Apesar de ele me haver dito que era normal, não me convenci e fiquei com medo. Perguntei onde poderia conseguir um médico e ele me indicou um consultório próximo. Subi um lance de escada e encontrei uma jovem na recepção. Expliquei-lhe a situação e minutos depois o médico me pediu para entrar. Apenas olhou e reiterou que se tratava de uma tendinite aguda, causada pelo movimento repetitivo da caminhada. Mostrei a medicação sugerida pelo farmacêutico e ele a confirmou, fez a receita com os mesmos medicamentos, indicando-me que tomasse uma cápsula do anti-inflamatório três vezes ao dia, e me recomendou ficar dois dias parado em Logroño – e que retornasse ao consultório antes de seguir viagem.

Sentei numa praça adiante, pensando no que fazer, e vez em quando via um peregrino passar pela avenida. É de manhã. Não vai ser legal ficar parado sem fazer nada. O guia me indicou um albergue na saída da cidade, a quatro quilômetros. Acho melhor ir andando devagar. Se precisar, aumento a dose dos medicamentos; se piorar, pego um táxi para voltar até aqui. Eu, que já havia tomado um comprimido, tomei outro e comecei a andar devagar.

Estou saindo de Logroño por uma rua larga, com muitos carros estacionados. Ainda é cedo e praticamente não há trânsito, porque a maior parte do comercio está fechada. Vou seguir em frente e verificar se há algum sinal de melhora até chegar no albergue. Eu queria fazer pelo menos mais doze quilômetros até Navarrete. A partir de lá, há muitos povoados com distância curta entre um e outro – oito ou dez quilômetros, em média. Por isso, acho que é um trecho tranquilo para ir aos poucos, testando o resultado dessa pomada e desse tratamento.

São dez e vinte da manhã, creio que esteja saindo da área urbana de Logroño, passando por um setor com várias agências de automóvel e lojas de materiais de construção. É uma grande cidade. Deve ter porte e população equiparados aos de Uberlândia, talvez um pouco maior.

Vou seguindo devagar, observando as sensações na perna afetada. Ao que tudo indica, os anti-inflamatórios e as pomadas estão fazendo efeito. Eu não vi o albergue que deveria existir aqui. Devo ter passado direto, sem perceber, ou ele não existe mais. Resolvi então seguir pouco a pouco. Talvez consiga ir adiante.

Acabo de ser ultrapassado por uma francesa pequena, magrinha, mas que anda num pique acelerado, muito disposta. Apenas me cumprimentou e falou coisas que não entendi, numa mistura de espanhol com francês. Lá vai ela, dobrando a curva.

Que disposição! Com certeza tem o hábito de andar e faz caminhadas regulares.

É impressionante como as atividades que fazemos por vontade própria, controladas pelo nosso consciente, são mais frágeis e menos relevantes do que as funções involuntárias do nosso organismo. O esforço que venho fazendo nessa caminhada, expondo pés, braços e coluna a tamanho desafio, muito facilmente atinge o limite. A todo momento, tenho a sensação de que um pequeno esforço a mais me levará à exaustão. Enquanto isso, as funções involuntárias, como os batimentos cardíacos e a respiração, fazem um esforço mecânico e físico muito maior, sem parar para descansar hora nenhuma, mas não chegam ao limite. Assim, ano após ano, cansados ou descansados, dormindo ou acordados, esses sistemas funcionam sem parar.

Analogamente, acima dessas funções, ainda há que se considerar que possuímos uma dimensão espiritual que, sem dúvida, ainda está num plano superior ao do funcionamento de nossas funções vitais involuntárias. Nessa seara, a gente não interfere em nada. Pelo contrário, creio que ela nos domina. Quanto maior for o nível de importância das funções, menor é o nosso grau de interferência. As ações sobre as quais a gente tem controle constituem a parte mais frágil de nós.

São dez e quarenta da manhã. Na saída de Logroño, peguei uma estradinha asfaltada estreita que vai margeando a estrada principal. Logo atrás, pude visualizar a placa que indica as cidades de Burgos, Vitoria e Santander. A minha rota também segue esse rumo: de Leste para Oeste, ao longo de todo o norte da Espanha.

Por mais que o Caminho seja o mesmo para todos, a experiência e as sensações da caminhada são peculiares a cada um. Por mais que eu tivesse lido e tentado abstrair o que os outros escreveram, o que viram, o que sentiram ou fizeram, nada se compara à realidade da peregrinação. Nada revela o que é de fato estar aqui e sentir na pele as impressões que eu trazia apenas na minha imaginação. Nada do que pensei corresponde ao que de fato estou vivenciando. Conhecer o dia a dia do Caminho é algo muito específico de cada um. As sensações, as experiências, a dor física, as emoções, a paisagem que se vê, tudo é peculiar.

Uma coisa é certa: a sensação de desprovimento que essa experiência nos impõe nos despe de muitos conceitos e preconceitos. Isto sim, deve ser igual para todo mundo, não importa o universo de referência de cada um. Aqui as pessoas são realmente iguais. Em nenhum momento me passou pela cabeça se a pessoa com a qual interagi é boa ou ruim, se é preta ou branca, se é rica ou pobre, se é autoridade ou serviçal. Nada importa e não vem ao caso.

Aqui temos propósitos iguais, enfrentamos problemas equivalentes e somos parceiros, indo a pé para Santiago de Compostela. Estamos nos sacrificando juntos, muitos sem saber por quê ou para quê. Sentimos cansaço e dores nos pés, sede e fome, mas se um tem a solução para alguma dificuldade, essa solução é dividida com o outro, não importa quem seja, de que país seja... Somos iguais, apesar de cada um assimilar para dentro de si, como resultado de tudo isso, uma experiência peculiar só sua.

Um bom exemplo disso foi a experiência na igreja de Torres del Río, quando todo mundo tomou banho juntos, sem se importar se era homem, mulher ou criança. Do mesmo modo, o constrangimento que senti no primeiro dia, quando entrei no albergue e tive de trocar de roupa no mesmo ambiente de senhoras e moças, hoje não tem a menor importância. Assimilei que todo mundo está nivelado e tudo acontece com naturalidade e espontaneidade.

Há sofrimentos enormes que, antes de vir para cá, a gente nem imagina que fosse ter de encarar. Entretanto, quando a gente se junta a outros que passam pelas mesmas situações, incrivelmente apreciando-as, a gente passa a enfrentá-las também com naturalidade. Mesmo não tendo razão de estar aqui e mesmo sabendo que "não preciso disto", como disse uma senhora lá atrás, em nenhum momento me passa pela cabeça a ideia de desistir, porque predomina a sensação de que aqui é o meu lugar, enquanto houver Caminho pela frente.

Ontem, depois que deixei o senhor Pedro Cantón para trás, filosofando com outros espanhóis; depois de caminhar por uma reta longa e estressante de estrada de terra encascalhada, encontrei adiante três brasileiros sentados na beira da estrada. Eram os paulistas Eduardo, que conheci em Puente la Reina, seu primo André, que havia sido deixado pra trás com o pé machucado, e um outro que vinha junto com eles há alguns dias. Eles são muito engraçados, pessoas que nunca falam nada sério, muito divertidas. Segundo eles, o André teria viajado até Saint-Jean apenas com o dinheiro da passagem de ida. Não tinha um centavo a mais para comer nem para pagar um pensionato. Estava fazendo todo o Caminho à custa dos outros, dormindo em albergues públicos. O que deveriam ser dificuldades, vergonhas e constrangimentos, quando ele mesmo contava tornavam-se piadas superengraçadas. Contaram-me que o único diálogo que ele mantinha com outros peregrinos era a pergunta: "O que você veio fazer aqui?" E sempre ouvia como resposta: "Eu não sei".

Enquanto conversávamos, chegou um outro brasileiro, Jader, de Ribeirão Preto. Lembrei-me de que me falaram dele em Puente la Reina. Era o rapaz que andava 45km por dia, do tipo atleta. Tudo o que era brasileiro espalhado pelo Caminho resolvera se juntar ali!

Passei pela lateral de uma represa que possivelmente abastece Logroño. Já me afastei bastante da área urbana e notei que há alguma infraestrutura turística ao lado da estrada, talvez um clube campestre. Há uma trilha de caminhada (que aliás é a própria trilha de peregrinos, porém muito bem pavimentada) em que pessoas da cidade fazem caminhada ora em grupos, ora sós, com roupas de ginástica e sempre aceleradas. Logo depois, passei pela barragem. Duas senhoras pescavam, conversando alto. Cumprimentaram-me e desejaram "buen camino". Logo adiante, ainda na barragem, um grupo maior conversava animado, divertindo-se. Hoje é quinta-feira, mas deve ser feriado em Logroño, pra tanta gente estar aqui.

São onze e quinze da manhã. Acabei de deixar a trilha de caminhada esportiva. A considerar as condições desse trecho, a caminhada deveria ter sido confortável, pois a trilha segue sob a copa das árvores, sombreada e fresca. Entretanto, o problema na minha perna parece estar se agravando. O inchaço que parecia estar regredindo recrudesceu, cada vez mais dolorido. Tive de parar um pouco para relaxar, tomei outra dose de analgésico e reforcei a dosagem do anti-inflamatório.

Fiz um teste pra verificar a minha capacidade de levantar e continuar, mas desisti, tamanha foi a dor. A depender do movimento que se tenta fazer, a impressão é a de que não vou conseguir colocar o pé no chão. Dói não só a perna, mas também a alma, ao que parece. Estou preocupado com isso. Ha realmente uma inflamação grave do tendão. Tirei as botas e deitei na grama, sob uma sombra entre a estrada e um riacho; coloquei a cabeça sobre o saco de dormir enrolado e os pés em cima da mochila, para ver se a dor diminuía e eu conseguia andar.

Aqui existe o chamado "Correio Peregrino", que não deixa nada passar despercebido. Boatos e fofocas transitam pelo Caminho numa velocidade incrível. Os ciclistas seguem adiante levando notícias de quem vem atrás a pé, de maneira que a gente chega nos albergues e todo mundo já sabe de tudo e de todos. E à medida que seguem adiante, vão deixando relatos nos livros de visita dos albergues e dos postos de apoio aos peregrinos. Tudo fica registrado: os presepeiros deixam presepadas, os românticos deixam poesias e os estropiados deixam choradeiras.

No dia 7 de agosto, além da mensagem na igreja de Villatuerta, deixei também no livro de visitas do albergue de Estella um registro cifrado referindo o aniversário de minha filha Cíntia. Ontem à noite, enquanto esperava sentado no meio-fio em frente ao albergue de Viana, um espanhol me perguntou se eu era o brasileiro pai da moça que fizera aniversário no dia sete.

Então não sou só eu que lê tudo nos livros de visitas. Eu costumo pedir até livros já encerrados para ver. Já pedi livro dos anos 1970. Há neles coisas divertidas e interessantes, desde poesias criativas e recados bem-humorados a parceiros que ficaram para trás, além de registros de informações pessoais, país de origem, razão de fazer o Caminho etc. É um canal de comunicação e integração entre os peregrinos, cheio de curiosidades.

Como os boatos correm soltos, também espalhei um sem querer. Deveria ter sido apenas uma brincadeira da hora, mas a coisa se espalhou: o caso dos seiscentos italianos que inventei que lotavam os albergues e restaurantes das cidades. Em seguida, para reforçar a brincadeira, antes de sair escrevi no livro que a cidade era bonita, a comida deliciosa etc., mas não iria permanecer, pois precisava tomar distância dos seiscentos italianos que vinham atrás, ocupando todos os albergues.

Hoje de madrugada, quando saía do albergue em Viana, ainda na antessala, dois espanhóis ajeitavam as mochilas e um deles comentou: "Vamos sair logo e andar pelo menos uns trinta quilômetros hoje. Se esses seiscentos italianos nos alcançarem, vai ficar complicado".

Tive vontade de rir, mas fiquei calado. Logo que saímos à rua, comentei com a Jeni a história toda e ela riu muito.

São 11h40. Continuo sentado à sombra na beira do riacho (ou seria um canal artificial saído da represa?). Fiz bastante massagem com a pomada na parte inchada da perna, esperando melhorar para continuar andando, mas está muito esquisito. O inchaço que formava um caroço na parte frontal da canela se espalhou para a perna toda, abaixo do joelho. Essa parte da perna está arroxeada e quase do mesmo diâmetro da coxa, com sensação de calor no local. Parece que há uma febre localizada.

A dor é tão forte que fica difícil massagear. Eu deveria ter desconfiado de que não era uma dor normal. É algo grave. Vou esperar mais para ver se melhora e tentar andar até onde possa pedir apoio ou transporte de volta a Logroño.

É quase meio-dia. Estou ficando ansioso. Vou redobrar os esforços e tentar andar um pouco para testar, começando bem devagar. Quem sabe, a dor diminui com o aquecimento da musculatura.

Enquanto eu fazia hora, chegou o zelador da área e me contou que de fato o lugar é um clube onde as pessoas se dedicam à pratica de esportes. Se fosse fim de semana, estaria lotado e seguramente teria médico e enfermeiros que poderiam me ajudar. Disse-me que admira muito quem faz o Caminho de Santiago e tem vontade de experimentar, mas não teria coragem nem disposição de fazer o trecho completo. "Quem sabe um dia eu o percorra de bicicleta, de Logroño para a frente", cogitou.

Quando eu disse que era do Brasil, ele me perguntou o tempo que se gasta de avião até aqui e se eu estava de férias. Expliquei que havia dedicado minhas férias a fazer o Caminho, o que o deixou ainda mais admirado. Muitas pessoas não entendem a razão de tantos peregrinos virem de tantos lugares do mundo apenas para fazer o Caminho.

É meio-dia e quinze e resolvi andar. Depois de mais algumas massagens – e talvez pela overdose de anti-inflamatórios, o inchaço e a dor diminuíram. Quando tentei dar os primeiros passos, gemendo e mancando, passou um rapaz e me disse que n'outra ocasião em que fez o Caminho, também teve tendinite exatamente no mesmo lugar. No caso dele, como estava muito perto de Santiago, achou melhor desistir e interrompeu o Caminho para se tratar.

Eu disse que viera do Brasil exclusivamente para fazer a peregrinação e dificilmente a abandonaria. Ele concordou, dizendo que o máximo que poderia acontecer seria parar por uns dois dias até a inflamação retroceder, pois o melhor remédio para tendinite é o repouso; parar de andar, para não molestar ainda mais o tendão inflamado.

Ele estava com a razão. Por isso, o melhor seria tentar chegar a Navarrete e avaliar a real necessidade de parar por uns dias, até a lesão desinflamar. Com a ajuda das medicações, eu talvez conseguisse voltar a andar depois de um dia, quem sabe. Eu já havia cogitado ficar em Logroño. Meu tempo para chegar a Santiago não estava assim tão apertado. Pior seria sofrer uma consequência mais severa e não conseguir andar por muitos dias.

Creio que a tendinite começou há uns três dias e não dei atenção, pois eram muitas as dores e aquela era só mais uma. Também não tive paciência para cuidar de quase nada. Lembro-me de que há muitos dias eu vinha sentindo uma queimação sob a pele, uma dor diferente, mas enquanto estava fraca, não dei importância a ela e nunca parei para ver o que podia estar acontecendo. Talvez o inchaço e a vermelhidão já estivessem lá, mas eu nem notei. Se tivesse observado antes, se tivesse respeitado a dor, talvez a tivesse contido a tempo e evitado o agravamento.

À sombra de uns eucaliptos, passei por um espanhol com o qual venho encontrando sempre, desde o alto da Serra, depois de Pamplona, nos moinhos de vento. Quando o vi pela primeira vez, pedi a ele para tirar uma foto. Depois ele acendeu um cigarro de palha e conversamos um pouco. Ainda nos vimos e nos falamos rapidamente em alguns outros pontos e albergues lá para trás. Nessas poucas conversas, ele me disse que trabalhou no Brasil, em Brasília, e havia morado na Quadra

111 Sul. No albergue de Viana, quando cheguei tarde da noite, sem conseguir vaga para dormir, ele era um dos que estavam na fila para se acomodar precariamente, tal como eu e a Jeni.

Na saída do clube, havia uma fonte onde parei para beber água e abastecer o cantil. Um cara que fazia corrida parou, bebeu água e perguntou se eu viera do Brasil somente para fazer o Caminho. Expliquei que sim e ele fez questão de interromper a corrida para poder conversar um pouco mais. Especulou sobre as dificuldades do Caminho e perguntou sobre o Brasil, comentando que já vira outros brasileiros que faziam a peregrinação passarem por ali.

Ao observar a minha dificuldade de movimento, ele quis saber o que se passava. Contei da tendinite e ele se mostrou preocupado; perguntou se eu não achava melhor ficar em Logroño, pois poderia ser assistido por bons médicos e esperar a inflamação regredir. Para minha surpresa, ele se ofereceu para me hospedar em sua casa, com sua família. Agradeci a cortesia e fingi que estava melhor do que de fato estava. Disse que ia até Navarrete. Lá, se fosse o caso, pararia pelo tempo necessário.

É impressionante como as pessoas são atenciosas e tratam com respeito os peregrinos. Todos se aproximam, demonstram solidariedade e na despedida desejam "buen camino". Por onde se passa, as pessoas nos tratam assim, sejam pessoas na beira da estrada ou na rua, turistas; seja um outro peregrino.

Ao se aproximar o peregrino, todos manifestam um caloroso "holla, buenos días!". Se percebem que temos tempo, puxam conversa, perguntam curiosidades sobre o Brasil, oferecem ajuda, lanche, água de beber. Na despedida, desejam "buen camino", "vaya com Dios!". É um tratamento respeitoso, de muita consideração.

É quase uma hora da tarde, muito cedo para parar em condições normais, mas considerando o estado de minha perna, eu já deveria ter encerrado a caminhada de hoje. Navarrete deve estar a menos de oito quilômetros. Eu normalmente levaria duas horas para chegar lá, mas no ritmo em que estou, devo gastar no mínimo três horas. Para piorar, peguei uma estrada de terra cheia de pedregulhos, com subida íngreme.

Vou pegar o fone de ouvido e ligar o gravador com uma música bem alta para me distrair.

A partir de um dos pontos mais altos depois de Logroño, avista-se a cidade lá embaixo, distante. Ao longe, no horizonte, identifico as montanhas da região de Estella, por onde passei há dois dias. É uma distância incrível. É difícil acreditar que atravessei toda essa distância a pé. Emociona-me e ao mesmo tempo me assusta, por saber que nem cheguei à metade de minha meta. Estou apenas começando. Agora distingo a cidade de Estella entre as montanhas, do outro lado. Como é longe... Meu Deus, como é que se pode andar tanto!

Faltam vinte minutos para as duas da tarde e continuo a andar. Conforme previ, as dores diminuíram um pouco, embora a perna continue inchada. Pelo menos estou conseguindo caminhar devagarinho. Passei por um complexo rodoviário nas estradas de saída de Logroño, com rodovias de quatro pistas muito bem pavimentadas, mas com um inconveniente: não há passarela de pedestres e tive de atravessar as pistas de trânsito.

Entrei numa cidadezinha que espero seja Navarrete, pois já não dá para aguentar ir muito mais além. A dor está aumentando novamente, "pero me quedaré aquí, en esta ciudad, pase lo que pase!...".

São seis e quinze da tarde e estou em Navarrete. Saí de Viana, atravessei a grande e linda cidade de Logroño, onde deixei a portuguesa Jeni; depois andei mais de vinte quilômetros. Considerando-se que nem deveria ter saído de Logroño, este foi um bom trampo.

O albergue é interessante, com vários hospitaleiros voluntários, todos muito animados. À entrada, duas moças me recepcionaram e foram logo afrouxando as alças de minha mochila, ajudando-me a tirar as botas, oferecendo-me biscoitos, água gelada, suco e frutas: melancia fatiada e pêssegos deliciosos. Enquanto eu preenchia o formulário de entrada, elas levaram a minha mochila para o quarto. Uma atenção especial, com mimos que eu não tinha visto em nenhum outro albergue. Tudo gratuito.

Caso se deseje, há uma caixinha onde se podem deixar doações. Na parede, um aviso indica que o café da manhã também é gratuito, mas quem quiser pode deixar uma gratificação. Ao lado da recepção, outra plaquinha traz os dizeres: "Turistas exigem. Peregrinos agradecem". Achei interessante.

Colocaram-me no andar térreo, num quarto com quatro beliches. Embaixo, há dois banheiros com duchas quentes muito boas. Num primeiro momento, foi o que mais me chamou a atenção, pois desde Estella eu não tomava um banho de verdade. Aquela ducha na porta da igreja em Torres del Río não valeu. Que ducha! Só com isso já me senti melhor. Até as dores parecem ter dado uma trégua.

Procurei um médico num consultório próximo ao albergue. Para minha surpresa, ele não me receitou nada. Disse que era uma tendinite e as recomendações e os tratamentos eram os mesmos recebidos em Logroño. Que eu continuasse a tomar o anti-inflamatório e a fazer as massagens com a pomada. A única coisa que eu não deveria fazer seria continuar andando. Disse que eu não deveria ter ido até Navarrete, mas que agora ficasse em repouso absoluto, sem fazer movimento com o tendão inflamado por uns dois dias. E que retornasse para ele me avaliar.

De volta ao albergue, reparei o quanto minha perna direita estava mais grossa do que a esquerda. A dor incomoda muito ainda, inibindo alguns movimentos. Bastou recostar na cama para que eu apagasse, num sono profundo. Acordei quase uma hora depois, sentindo dor. Ainda assim, fui a uma mercearia ao lado, onde comprei uma caixinha de suco, um bolo que me pareceu gostoso e um iogurte. Vou tentar ficar o tempo que for necessário, pois não terei condições de caminhar neste estado.

A intenção de repousar foi boa, mas a impaciência e a ansiedade foram maiores. Um casal e um rapaz com os quais eu dividia o quarto combinaram de sair para almoçar. Ainda que tivessem se oferecido para trazer algo para mim, acabei indo com eles. O rapaz é Rafael, o mesmo que na saída de Logroño me disse que abandonara o Caminho certa vez por causa da tendinite.

Fomos a um restaurante que nos recomendaram, próximo ao albergue. O atendimento, porém, foi muito ruim. Os próprios companheiros espanhóis reclamaram. O garçom nos atendeu com cara de quem estava revoltado com a vida. O dono do bar, quando chegou, parecia pior; também com a cara ruim, mal respondia o que se perguntava. Para piorar, mudou-nos de mesa sem razão aparente. Como disse o outro: só para molestar.

Não lembro que pergunta fiz ao atendente e ele não respondeu, e ainda me olhou com cara de revoltado. Levantei-me e fui até ele. Disse que ele não servia para me atender, pois era sem educação e não gosto de pessoas sem educação. Sem dizer mais nada, saí, seguido pelos outros. Logo abaixo havia outro restaurante onde serviam uma paella apetitosa. O cheiro era irresistível. Como acompanhamento – que eles chamam de segundo prato –, veio um peixe frito parecido com tainha, de carne branca, delicioso.

Na volta, passei num telefone público para ligar para as minhas filhas no Brasil. A Camila atendeu preguiçosa, estava acordando naquela hora. No início, senti-me muito bem por falar com elas, saber que estavam bem, mas logo fiquei aborrecido, pois as fichas do telefone caíam muito rápido e o tempo foi curto para falar. Eu havia saído para almoçar maltratado pela dor, deparei-me com um garçom grosseiro e não tive o tempo que queria para falar com as minhas filhas... O que mais faltava? Chuva! De repente, o tempo se fechou e todos voltaram correndo para o albergue, menos eu, que mal conseguia andar direito.

Essa sucessão de acontecimentos me deixou para baixo. A chuva cessou deixando a tarde abafada e o tempo fechado. Senti-me vazio; não fiquei muito bem ali. São coisas que acontecem devido à distância de tudo o que faz parte da minha vida. O problema na perna, o risco de ter de ficar parado ali... isso tudo me deixou abatido.

No fim da tarde, desci até uma pequena lanchonete ao lado do albergue, onde encontrei as italianas, mãe e filha, com as quais havia entrado na cidade de Villava. Conversei um pouco com elas e diante das coisas pouco apetitosas que havia na lanchonete achei melhor voltar para o albergue e desfrutar do meu bolo com iogurte (uma embalagem de um litro de Danone sabor framboesa). Ir para a cama e ficar quietinho, descansando, era só o que eu queria.

No albergue, conheci o senhor Sérgio, um italiano de cabelos grisalhos, com talvez bem mais que 60 anos, saído de Verona, na Itália. Ele cruzou os Alpes, atravessou a Suíça inteira e a França, e vai até Santiago. Serão 2.550km a pé. Até aqui, ele levou 45 dias e deverá concluir esse percurso enorme em 60 dias de caminhada. Incrível! Talvez seja um recorde.

Uma das hospitaleiras me disse que às oito horas da manhã o albergue fecha para limpeza e só abre novamente ao meio-dia. Ter de sair e esperar o albergue reabrir não me agrada. Talvez eu procure um hostal ou um pensionato quando me levantar amanhã, já que vou ter de ficar até a perna melhorar.

Outro conforto do albergue, que eu ainda não tinha visto em outros lugares, são as máquinas de lavar roupa. Colocam-se moedas até somar 500 pesetas e pode-se encher a máquina. Juntamos as roupas de quatro peregrinos e as lavamos. Eu estava precisando. O meu colete e a calça tectel estavam muito encardidos, poeira pura.

*

São nove horas da noite. Estou deitado no quarto do albergue, porém no chão, com a cabeça sobre um monte de almofadas, a perna enrolada em argila, desde o pé até o joelho. Há cerca de duas horas, quando conversava com outros peregrinos e tomava meu iogurte na copa do albergue, várias pessoas que entravam e saíam perguntaram sobre o estado da minha tendinite. Eu mostrava e lamentava o fato de ter de ficar em Navarrete por um ou dois dias. Uma mulher chamada Cristal se aproximou. Eu já a havia visto em algumas paragens em dias anteriores. Percebi que conversava com brasileiros aparentemente falando português com sotaque.

Demonstrando preocupação, ela perguntou como eu estava e pediu para ver a minha perna. Enquanto a estendia para que ela olhasse, perguntei se era portuguesa. "Sou da Galícia", ela disse. E explicou que o idioma nativo deles era parecido com o português.

Alarmada com o estado da minha perna, ela se ofereceu para fazer um tratamento à base de emplastro de argila. Disse que faria massagem com transmissão de energia positiva, que somada à energia da terra trazida pela argila me deixaria pronto para seguir meu caminho amanhã. E saiu pela rua à procura dos ingredientes necessários ao tratamento. Cerca de trinta minutos depois, voltou com um saco de argila. Disse-me que havia encontrado um motoqueiro na rua que se dispôs a conseguir, sei lá onde, a argila para ela.

Cristal estendeu um colchonete fino no chão, ao lado da minha cama, pediu-me que deitasse e passou a fazer massagem na minha perna. No início, o toque dela doía demais, mas aos poucos foi ficando suportável. De vez em quando, ia até a cozinha e trazia uma caneca com um líquido quente no qual molhava as mãos e continuava a massagear. Às vezes assoprava as palmas das mãos e balbuciava uma espécie de oração, e voltava a massagear. À medida que ela esfregava as mãos, eu sentia um calor enorme na região massageada, não sei se proveniente das mãos dela, daqueles ingredientes ou resultado da fricção. Sei que algumas vezes pedi a ela que esfriasse as mãos, pois parecia estar me queimando a pele.

Depois de um longo tempo nesse ritual, ela pegou o saco de argila e envolveu minha perna, do pé até o joelho, como se estivesse engessando-a, e me deixou aqui. Disse que eu deviria ficar sem me mexer o máximo de tempo possível; de preferência, que dormisse naquela mesma posição, pois a argila poderia se desmanchar caso eu me movimentasse. Ao contrário do calorão que era transmitido pela massagem, agora eu sentia a perna esfriar tanto que o frio me contagiou o corpo todo. Tive de pedir um cobertor.

Volta e meia entrava a Cristal ou alguma das hospitaleiras me perguntando se eu precisava de alguma coisa. Eu sempre agradecia e indagava se já havia passado tempo suficiente para retirar a argila, mas ela informava que eu devia continuar em repouso.

Eu estava chateado com o fato de ficar ali deitado no chão, com as pessoas que passavam pela sala perguntando o que estava acontecendo, curiosas, mas me comportei, grato pelos cuidados da galega Cristal, que além de realizar todo aquele ritual de cuidados comigo, ainda se ofereceu para trazer pão aos outros e ajudava os hospitaleiros e cozinheiros do albergue. Por tudo isso, mantive-me quieto. Espero que o tratamento faça algum efeito. Quem sabe eu nem tenha de permanecer em Navarrete amanhã.

Depois de mais de duas horas, chamei a Cristal e pedi para ser liberado, pois estava me sentindo desconfortável e não encontrava mais posição na qual a argila não se esfarelasse no chão. Ela esquentou um pouco mais daquele líquido e o utilizou para limpar a minha perna com uns panos, além de me massagear novamente. Quando acabou, peguei na minha mochila uma das pedras que eu trazia para depositar na Cruz de Ferro, com o propósito de cumprir outro ritual tradicional do Caminho, e dei a ela de presente.

— Essa pedra é uma ágata, um tipo de cristal especial, da cidade de Cristalina, no Planalto Central do Brasil. Ela vai combinar com você, não só por terem o mesmo nome, mas também por carregar muitas energias vindas da terra. Leve-a como lembrança do Brasil pra você.

Ela ficou emocionada e me disse um monte de coisas sobre o Brasil que também me emocionaram:

— Eu amo o Brasil desde criança, sem nunca ter ido lá. Não sei quantos livros li da literatura brasileira. Adoro as músicas brasileiras, especialmente as do Roberto Carlos e do Caetano Veloso, e quero guardar esta pedra para o resto da minha vida, como o meu pedacinho do Brasil. Vai ficar para sempre num lugar bem próximo de mim, junto com as minhas coisas místicas. Com certeza vai me transmitir muitas energias positivas.

Manhã em Santo Domingo de la Calzada

Noite alta em Santo Domingo de la Calzada

De Navarrete a Santo Domingo de la Calzada

São dez para as oito da manhã do dia 10 de agosto, sexta-feira. Estou saindo de Navarrete para começar a minha sétima etapa rumo ao Caminho de Santiago de Compostela. Não sei se pelo tratamento de Cristal ou pela alta dose de anti-inflamatórios, mas a minha avaliação, pelo menos até aqui, é a de que não tenho mais problemas com a tendinite. Apesar de ter acordado com a perna surpreendentemente recuperada, quase sem inchaço e sem dor, eu havia decidido ficar na cidade pelo menos até o início da tarde, como me recomendaram várias pessoas, inclusive a Cristal. Então me sentei na lanchonete que funcionava ao lado do albergue para observar os peregrinos que se despediam e pegavam a estrada, entre outros oriundos de povoados anteriores ou de outros albergues, que ali passavam e me cumprimentavam.

Vendo os peregrinos passarem à minha frente, animados, acabei não resistindo. Joguei a mochila nas costas e saí devagarinho, como quem não quer nada ou como quem está fazendo algo de errado às escondidas. Comecei a andar sem olhar para trás, como se estivesse com medo de as hospitaleiras perceberem minha fuga e me darem uma bronca.

A simples comparação com o estado em que saí ontem de Viana mostra que tive uma melhora fabulosa, contrariando o que médicos, farmacêuticos e peregrinos veteranos previram. Por isso vou tentar pelo menos chegar ao povoado Nájera, a cerca de 12 ou 14 quilômetros, sem fazer esforço extra. Se não houver piora, vai dar para caminhar bem. Estou saindo pela trilha que acompanha a rodovia, por sinal muito movimentada neste horário.

Ontem à noite, no albergue de Navarrete, além do senhor Sérgio, o italiano que vai caminhar 2.550km, conheci também um rapaz de vinte e poucos anos chamado Matt, de uma cidadezinha perto de Ambridge, na Inglaterra. Ele saiu do leste da França e vai andar 1.600km até Santiago de Compostela. Está fazendo o Caminho sozinho, com uma mochila exageradamente grande, até mesmo para ele, que é bastante alto – embora seja magrelo. Talvez ele tenha perdido peso ao caminhar até aqui por mais de mil quilômetros carregando essa mochila. Apesar de tudo, ele não está sentindo nada e não tem dificuldade para caminhar. Disse que nas duas primeiras semanas sofreu bastante com um princípio de tendinite, mas parou por um dia numa cidade do interior da França, fez muita massagem e se tratou com anti-inflamatórios. Depois disso, continuou bem, sem nenhum problema a mais.

Antes de sair do albergue, duas das hospitaleiras insistiram para que eu tomasse café. Elas acreditavam que eu ficaria ali pela rua ou nas lanchonetes da vizinhança até o albergue reabrir. Eu agradeci e recusei, pois não tinha fome àquela hora. Vendo-me pegar a mochila, uma delas disse que eu poderia deixá-la ali, pois cuidaria das minhas coisas enquanto faziam a limpeza, e também reservaria minha vaga para que eu continuasse no albergue. Como eu já intencionava prosseguir no Caminho, arranjei uma desculpa e saí levando mochila, cajado e sacola, deixando as duas na escadaria, desconfiadas de que eu não pretendia voltar.

Ontem, enquanto eu conversava com elas na cozinha, disseram-me que praticamente todos os voluntários já haviam feito o Caminho. Como também foram peregrinos, sabiam das necessidades de cada um que chegava no albergue. Essas duas amigas que quase sempre estavam juntas na verdade eram primas, de uma cidade do interior da Espanha cujo nome não recordo. Elas haviam percorrido o Caminho juntas no ano passado. Gostaram tanto e ficaram tão agradecidas pelo tratamento recebido no albergue, que se inscreveram como voluntárias. Iriam dedicar metade das férias exclusivamente a ajudar os peregrinos. Seriam quinze dias de trabalho e já estavam na metade do período.

Três rapazes passaram correndo por mim. Eu mal acabara de ouvir as passadas deles atrás e já estavam me alcançando. Um deles, vendo a minha bandeira na sacola, cumprimentou: "Hey, Brasil!". Só deu para perceber que eram italianos e pretendiam fazer o Caminho correndo, todos na faixa etária de cinquenta anos ou mais. Um deles aparenta ter mais de sessenta, mas todos têm porte físico de maratonistas. Pelo jeito, são corredores há anos. Seguem na maior animação, conversando e dando risadas. Em vez de uma mochila normal, levam uma pequena pochete às costas, bem apertada para não balançar. E lá vão eles, sumindo numa curva à frente.

São oito e vinte e cinco da manhã. Estou passando por uma estradinha de terra estreita que atravessa um vinhedo. Disseram-me que há um trecho longo a partir daqui, sempre atravessando vinhedos. A desvantagem disso é que não há arborização ou qualquer tipo de sombra, apenas muito calor e sol no rosto.

Atrás avisto o povoado de Navarrete, com o sol a incidir sobre as casas, com destaque especial para as torres da Catedral, acima das outras construções. É uma grande catedral que infelizmente não pude visitar. A vista aqui, com esse sol intenso, é linda, ainda mais com as cordilheiras azuis ao fundo, provocando um efeito espetacular. Vale parar um pouco para tirar uma foto.

Comecei a sentir dor, mas sigo devagar, evitando ao máximo exercer qualquer esforço extra na perna direita; enquanto isso, observo as sensações, para ver se não começa de novo aquela queimação sob a pele. À minha frente, avista-se uma região um pouco mais montanhosa. Aparentemente há a formação de nuvens pesadas. Pode ser sinal de chuva. Embora eu tenha encontrado céu nublado em lugares por onde passei, com tempo fechado e ocorrência de brisa úmida, ao longo do dia tudo se dispersava e não chovia. Espero que hoje também não chova.

Mesmo caminhando devagar, acompanhei a certa distância um grupo que saíra do albergue pouco antes de mim. Pelo menos eu não tinha a sensação de estar sozinho. Considerando o estado de convalescença pelo qual passei, há sempre uma certa dose de insegurança ou preocupação de que alguma coisa ruim possa acontecer, e não é bom se sentir só nesses momentos. Nos últimos quilômetros, porém, o grupo começou a se distanciar. Certamente vou perdê-los de vista. Depois de qualquer parada que eu tiver de fazer, por mais curta que seja, não os verei mais. Isso pode não ser bom, pois há o risco de baixar o astral e começar a sentir solidão.

Cada peregrino que passa e me deixa para trás agrava essa sensação. Isso não está me fazendo bem psicologicamente. Por via das dúvidas, caso eu tenha de parar, vou sair da rota do Caminho, procurar um lugar a partir de onde não se veja a estrada, para não ver ninguém me deixando para trás.

Se não encontrar um povoado nas redondezas onde haja albergue ou pensionato, posso pedir abrigo na casa de algum camponês. É uma gente solidária, especialmente com peregrinos. Com certeza conseguirei um lugar para passar o resto do dia e a noite sem ver peregrinos passando. Talvez seja bom eu parar e me isolar, pelo menos por um dia, esquecer o Caminho, esquecer que ainda há tanta estrada pela frente. Só de pensar no que ainda falta para chegar a Santiago, vem-me a ansiedade e não consigo ficar parado nem descansar direito.

Se eu não conseguir improvisar essa parada nas próximas horas, será conveniente encontrar pelo menos uma boa sombra, tirar as botas e me deitar um pouco com os pés para cima. Acho que o desgaste físico dos últimos dois ou três dias, somado à dor da tendinite, deixou-me abalado.

Desde ontem, só de pensar no risco de ficar parado, vendo pessoas seguirem em frente, deixando-me para trás, causou-me angústia. Hoje de manhã novamente experimentei a mesma sensação de abandono. E foi ainda pior. Não me fez bem, de jeito nenhum. A verdade é que o meu estado psicológico está processando algumas coisas e alguns sentimentos estranhos.

Estou alcançando o que parece ser o topo de uma colina bem mais elevada do que o trecho anterior por onde passei. É uma bela paisagem, com o sol a iluminar as serras no horizonte e o povoado de Navarrete, um pouco mais próximo. Ao contrário daquele sol brilhante lá atrás, aqui onde estou está nublado, com jeito de chuva.

Apareceu numa curva um grande grupo de peregrinos. Assim que se aproximaram um pouco mais, os reconheci e vi que se tratava de pessoas que haviam ficado no mesmo albergue que eu, em Navarrete. Então eu não era o último peregrino naquele trecho, naquela manhã. Possivelmente eles saíram do albergue e foram tomar café em alguma lanchonete e se demoraram mais do que eu. Perguntaram como estava a minha tendinite, falamo-nos rapidamente e eles seguiram em frente, deixando-me para trás.

Pouco mais de um quilômetro depois, quando comecei uma descida, encontrei o Matt sentado numa grande pedra ao lado da estrada. Quando apontei, ele gritou:

– Hi, xará!

Eu havia dito a ele anteriormente que nossos nomes tinham a pronúncia quase igual e que pessoas de nomes iguais no Brasil se chamam entre si de "Xarás". Ele estava com um caderno grande de capa dura no colo, escrevendo. Brinquei que gostaria de "ler o livro" e ele me confidenciou que o plano era exatamente esse. Disse-me que havia publicado um livro sobre uma aventura parecida com a da peregrinação; o livro sobre o Caminho de Santiago seria o segundo. Antes de seguir, pedi a ele que me passasse seu *e-mail*, para que futuramente fizéssemos contato e eu pudesse ter acesso ao livro.

São dez horas da manhã. Acabei de atravessar o alto de uma colina onde os peregrinos costumam pegar pedras ao longo da subida, para em seguida as empilharem nas laterais da trilha.

É uma tradição.

Do início desse trecho de subida até o altiplano, tem-se mais ou menos um quilômetro no qual a estradinha de terra é repleta de montinhos de pedra. Alguns arrumadinhos, bem organizados, outros mais grosseiros, outros até bem elaborados, criativos e artesanais, com pedras equilibradas umas sobre as outras, formando esculturas. Em algumas dessas pilhas, os peregrinos deixam escritos nome, data e país de origem. Como não estou com astral apropriado para fazer papel de escultor nem de amontoador de pedras, vou seguir em frente.

Após chegar ao topo da colina, avista-se uma bela região muito extensa. Logo abaixo, no fundo do vale, há uma grande cidade, que espero seja Nájera, o meu pernoite segundo o plano original. Melhor seria, a despeito de tudo, que eu permanecesse em condições de andar e chegar lá. Vou continuar caminhando devagar, como venho fazendo até aqui. Quem sabe, se não houver agravamento da situação da minha perna, eu nem fique nessa cidade. Se eu chegar bem até lá, vou procurar pilhas para a máquina fotográfica, algo que não encontrei em lugar nenhum.

Ainda é uma região com predominância de vinhedos de ambos os lados, alguns a sumir de vista. Num trecho lá atrás, as uvas estavam maduras, bonitas. É interessante como os peregrinos passam pelo meio de hortas, plantações de maçã, pera e uva, assim como muitos outros frutos, mas ninguém os apanha. Os pés de uva aqui são baixos, com no máximo um metro de altura. Os troncos, em forma de cipó retorcido, aparentemente bem antigos e proporcionalmente grossos, mostram o corte onde foram podados e os novos cachos carregados de uvas enormes. As uvas crescem no princípio dos ramos que brotam depois da poda, no meio de algumas ramas com folhas. É impressionante a produtividade deles. Confesso que às vezes dá vontade de ir lá e pegar um cacho de uva, mas não teria coragem. Ninguém mexe e eu não faria isso também.

Eu já vinha há algum tempo caminhando sozinho, sem ver ninguém, nenhum peregrino, nenhuma residência à margem da estrada, e com um tempo fechado que me deixou preocupado pelo risco de chuva. Apesar de seguir ouvindo música, essa expectativa não era nada agradável. De repente, o tempo se abriu e o sol da manhã, claro e irradiando calor, deu-me uma dose extra de ânimo. Comecei a sentir sensações diferentes, positivas, uma espécie de transe no qual me sinto como se viajasse no tempo e no espaço, acompanhado pelo ritmo da música, que eu tratei logo de aumentar para o limite máximo do volume.

Vendo esse horizonte à minha frente, vieram-me lembranças nítidas da Fazenda Barreiro, no interior de Minas Gerais, onde nasci e fui criado. Mas não são lembranças comuns. É algo tão nítido que posso experimentar a sensação de estar lá. Escolho o lugar exato que quero visitar, vou até lá, vejo as pessoas que quero ver, ouço as vozes. De repente, comecei a sentir um perfume de rosas – um cheiro forte, mas agradável –, o mesmo cheiro exalado pelos buquês de rosas quando começam a murchar num ambiente fechado.

É uma experiência tão nítida que me assusta no começo, mas da qual estou gostando. Faço viagens no tempo e no espaço, visito lugares onde brinquei na minha infância. Não sei se apenas estou trazendo lembranças à memória, mas me parece muito real, tudo muito nítido. Será que eu estou visitando o meu próprio passado, em espírito?

O perfume de rosas às vezes desaparece, mas depois volta, igualmente intenso e agradável. Posso caminhar pelos trilhos e pelas estradas que havia na Fazenda Barreiro; observo os detalhes das árvores, do pasto, das pedras no chão. Posso sentir o cheiro da poeira e do vento, os quais conheço muito bem. Esses cheiros não são daqui. Posso ver e até conversar com meus primos, irmãos e tios lá da fazenda. Ouço nitidamente o som da voz de cada um, as risadas. Acho que estou numa espécie de transe.

Do nada, porém, assim como começou, o contato com as pessoas do meu passado foi ficando fraco, como se estivesse se desligando aos poucos. Já não consigo mais ver nem ouvir as pessoas. Não sei quanto tempo isso durou, mas não foi pouco. Eu viajei muito.

Tudo passou tão estranha e repentinamente como chegou, e uma nostalgia imensa tomou conta de mim quando me vi fora do transe e não consegui mais me conectar. Só de pensar que eu estou sozinho, décadas depois, numa trilha no interior da Espanha, a milhares de quilômetros de lá, dá-me uma sensação de vazio imenso.

Um pouco mais adiante, ainda atordoado pela experiência, encontrei um grupo de peregrinos sentados à beira do caminho, fazendo um lanche: um senhor, duas moças e um rapaz que eu havia visto no albergue de Navarrete, mas não tínhamos nos falado lá. Parei um pouco para conversar. Eles me perguntaram sobre o estado da tendinite, mas quando me virei para mostrar a perna, o senhor percebeu a bandeira do Brasil na minha mochila e gritou a uma das moças que estava afastada: "Ele é brasileiro, venha!". Ela veio rápido e me cumprimentou; disse que era galega e adorava o Brasil.

Já era a segunda galega a demonstrar admiração pelo Brasil. Disse-me que os nossos idiomas eram praticamente iguais, o que deixava as pessoas muito mais próximas. Falou também que ouvia muita música brasileira e já assistira a algumas novelas brasileiras. Pelo menos dois dos livros que li sobre o Caminho de Santiago se referem às semelhanças culturais – especialmente ao idioma galego – como fatores que trazem conforto aos brasileiros quando adentram o território da Galícia, já nas últimas etapas do Caminho.

O Caminho de Santiago atravessa as quatro províncias do norte da Espanha: desde a divisa da França até a cidade de Viana, é o território de Navarra, muito embora em uma parte desse território, na divisa com a França, haja comunidades de etnia basca. A partir de Logroño até Santo Domingo de La Calzada, é a província de La Rioja, famosa no mundo inteiro pela qualidade dos vinhos, que inclusive possuem o selo de Denominação de Origem. A partir de Santo Domingo de La Calzada até O Cebreiro, encontra-se a maior província do Caminho, denominada Castilla y León. Em O Cebreiro já se adentra o território da Galícia, no noroeste da Península Ibérica, onde se fala um idioma parecido com o português.

São onze e vinte da manhã. Finalmente cheguei à estrada de acesso ao povoado de Nájera. Sentei-me debaixo de uma árvore para fazer um lanche, antes de entrar na cidade. Comi algumas torradas e uma lata de atum conservado em azeite de oliva que eu vinha trazendo na mochila.

Era tão gostoso que no fim passei as fatias de torrada no fundo da lata, para aproveitar o mínimo que sobrara. À esquerda, a alguns metros, viam-se as primeiras casas do povoado. À minha frente, divisava-se a cordilheira, com o sol a iluminar o pico num efeito belíssimo.

Enquanto comia o meu atum com torradas, passou um grupo de espanhóis que conheci em Navarrete. Entre eles estava o Rafael, que se apresenta como "Rafa", o mesmo com o qual almocei ontem. Eles se mostraram surpresos de me encontrar ali. Achavam que eu estivesse me recuperando em algum hospital. No pouco tempo que ficaram, contaram histórias da vida de cada um e me perguntaram sobre o Brasil. Todos, sem exceção, disseram ter muita vontade de conhecer o Brasil. Fizeram questão de ver a situação da minha perna, que já estava bem menos inchada do que antes. Eu lhes disse que dava para andar, embora devagar, e não seria necessário parar.

O Rafael, sempre fazendo piadas, falou que tinha certeza de que as rezas da Cristal haviam me curado. Ontem o flagrei concentrado, escrevendo numa mesinha num canto do albergue. Descobri que fazia poemas para a namorada. Daí começaram a fazer piadas com ele também.

Eu disse que homem apaixonado não costuma chegar a Santiago, pois acaba abandonando o Caminho e indo atrás da noiva. Riram muito. Ele disse que não era poesia, que estava apenas subscrevendo uma mensagem num cartão postal para uma francesa que havia conhecido dias atrás, mas que não lembrava com facilidade como escrever as palavras em francês, então ficava se concentrando para poder lembrar como escrevê-las. Eu insisti dizendo que ele deveria estar procurando as rimas para a poesia, pois o olhar de um pobre rapaz apaixonado é inconfundível. Todos riram, mas ele levou tudo na esportiva.

Então começamos a descrever como se distingue um peregrino de uma "pessoa normal". Foi outro festival de gargalhadas. Peregrino não anda, manca; não fala, geme, e por aí afora... Quando eu disse que no Caminho quase não se encontra gente, só peregrino, caíram na risada. O Rafa, rindo muito, falou:

— Peregrino parece gente. Há alguns que até pensam que são gente, mas são só uns seres loucos.

Entre uma risada e outra, entre uma piada e outra, ele se calava repentinamente e ficava sério, como se fosse alguém muito compenetrado. Isso faz dele uma pessoa ainda mais engraçada, pois a gozação e a piada vêm de surpresa.

Demoraram-se ainda por uns vinte minutos e seguiram em frente. Eu fiquei mais tempo sob aquela sombra, sentindo-me melhor depois das risadas e da companhia daquela turma animada.

É meio-dia. Estou passando pelo centro comercial de Nájera. Ao contrário do que eu pensava, é uma cidade relativamente grande, com arquitetura atual e comércio movimentado. Até que enfim consegui comprar bateria para minha câmera fotográfica. Comprei também uma fita K7 para o minigravador.

No meio da área urbana, está a catedral da cidade, em estilo de arquitetura semelhante ao das últimas que vi, mas com interior de decoração mais simples. Passei pelo albergue da cidade e constatei muita gente esperando vaga. Uma fila de mochilas no chão marcava o lugar de cada um. As pessoas estavam por ali, espalhadas, esperando o estabelecimento reabrir para se alojarem. Como era cedo ainda para parar e minha perna estava relativamente bem, resolvi andar um pouco mais. A cerca de sete ou oito quilômetros havia um outro povoado. Eu conseguiria chegar lá.

A cidade de Nájera é cortada pelo Najerilla, um belo rio cujas margens são gramadas, circundado de parques muito verdes e com infraestrutura de lazer completa: banquinhos, churrasqueiras e trilhas para caminhada. Ao lado da cidade, destaca-se uma montanha de pedra vermelha gigantesca. Alguns prédios são colados a essa montanha. É uma cidade cheia de contrastes.

Na entrada, onde fiz as compras, há um centro comercial moderno. Após, tem-se a parte histórica onde está localizado o albergue. Passei também por uma área residencial mesclada de belos casarões antigos e prédios de apartamentos modernos.

Na saída da cidade, subi por um bosque de araucárias, alcançando uma parte alta de onde se avista a trilha ao longe, seguindo por uma colina, no meio das plantações de uvas. A região é ocupada por vinhedos, à exceção de alguns morros íngremes onde a terra parece árida, de toá vermelho.

Mal saí da cidade e me dei conta de que havia esquecido de pegar água e de comprar alguma coisa pra comer, pois não havia parado para almoçar. Pelo que vi no guia do Caminho, o próximo ponto onde eu poderia parar para fazer refeição era o povoado de Azofra, a 12 quilômetros. Em condições normais, eu chegaria lá em aproximadamente três horas, mas no estado em que estava, que me impõe andar em ritmo lento, poderia levar um tempo bem maior. O povoado também conta com um único e pequeno albergue. Por isso as pessoas costumam ficar em Nájera, que tem boa infraestrutura de albergues e hotéis, e depois seguem para Santo Domingo de La Calzada, a 20km de Nájera.

Tenho de admitir que meu segundo problema é o risco de não mais encontrar lugar para dormir, mas é tarde para me arrepender. Voltar não é uma opção, então sigo em frente. Na melhor das hipóteses, estarei fazendo um adiantamento da viagem, aproveitando o fato de que minha perna está um pouco melhor. Tenho a impressão de que a inflamação está regredindo sensivelmente. Não há comparação com o estado em que cheguei a Navarrete. A melhora é inquestionável, ainda que hoje, ao colocar o pé no chão pela primeira vez, ao levantar, tenha soltado um gemido de dor. Foi como se tivesse levado uma batida de martelo no osso da canela.

A perna estava bastante roxa. Em repouso, quase não doía, mas qualquer movimento era uma loucura. Levei certo tempo para fazer os primeiros movimentos, mas a dor foi diminuindo rapidamente. A melhora foi rápida. Talvez o tratamento de Cristal tenha surtido efeito de verdade. De todo modo, antes de sair, ainda cedo, fiz massagens com creme e tratei de tomar a minha superdose de anti-inflamatório, algo que venho repetindo na metade dos horários recomendados pelos médicos.

Agora o que me resta é seguir em frente, mesmo com o cantil seco e a fome a ameaçar. Para piorar a situação, a esta hora dificilmente se encontram peregrinos pelo caminho. Tenho de colocar na cabeça que vou seguir sozinho. Tive pelo menos um lapso de esperança, um pouquinho de ilusão: lá embaixo, no fim da colina, avistei casas. Quem sabe eu poderia encontrar água ou quem me oferecesse um lanche. Fiquei tão animado que comecei a cantar "Vida Amargurada", na maior altura. Não tem ninguém por essas bandas, mesmo; não há perigo de que me confundam com algum doido.

A minha alegria durou pouco. Sabe toda aquela esperança de encher meu cantil, tomar um copo enorme de água gelada e até ganhar um sanduíche e um suco de laranja? Foi para o brejo! Quando me aproximei das construções que pensava serem residências, não passavam de depósitos de feno, galpões no meio do pasto seco. Andei em volta, procurei em toda parte encontrar uma torneira, um poço, uma cisterna, o que fosse, mas nada... Água, talvez só em Azofra, a sete quilômetros dali.

Fiz uma rápida parada para trocar a fita do gravador e fui alcançado por um rapaz alemão simpático chamado Toby, de pouco mais de 20 anos, que também caminhava sozinho. Disse-me ele que tem uma namorada brasileira, de São Paulo. Os dois trabalham com pacotes de turismo pela Europa e ela vai encontrá-lo numa cidade adiante (não entendi bem o nome). Está indo ansioso e apressado para conciliar esse encontro com a moça no dia certo. Toby pensa em parar em Azofra para almoçar e depois irá até Santo Domingo de la Calzada. Prometeu que se nos encontrarmos novamente vai me comprar um creme para tratamento de tendinite que, segundo ele, resolve o problema em questão de horas. É um desses peregrinos acelerados. Percebi que não tinha água de sobra, por isso nem pedi.

São uma e vinte da tarde, o sol está forte e a sede começa a se tornar um problema de certa gravidade.

Estou preocupado.

Passei por um trecho que atravessa uma plantação de uvas recém--adubadas com esterco de porco. No início, o cheiro e os mosquitos eram desagradáveis, mas suportáveis, como naquele caso da chegada a Estella. Mas à medida que caminho na direção do centro da gigantesca área plantada, o cheiro começa a me sufocar, mesmo que eu respire através do tecido da camisa. Os mosquitos eram muitos mais, voando em volta de mim, tentando entrar-me pelos ouvidos, misturando-se aos meus cabelos – uma loucura!

Comecei a correr, pular e gritar, girando freneticamente o cajado no ar na expectativa de conter o ataque daquelas pragas. Pulei e gritei tanto que fiquei cansado demais e o peito ofegante me obrigou a respirar aquele ar fedido com mais intensidade. Foi horrível.

As minhas iniciativas para caminhar sozinho, depois que a maioria dos peregrinos se recolhe nos albergues, tem um lado bom: o tempo solitário, no isolamento do Caminho, permite-me reflexões interessantes. Passo por verdadeiros processos de introspecção, como se me redescobrisse em profundas meditações, recapitulando momentos da minha vida e do meu passado. Ver a estrada deserta, tanto para trás quanto para a frente, com a circulação sanguínea acelerada e repleta de dopamina, serotonina e adrenalina, nos expõe a verdadeiros estados de transe.

Esse trecho do caminho – tanto a própria estradinha estreita, do tipo das trilhas de gado, com suas pedras soltas e poeira, assim como a topografia do terreno – lembra demais as trilhas e estradinhas dos morros da região do Córrego de Santa Marta, próximo ao rio Indaiá, no município de Tiros (MG). Era uma fazendo alugada pelo meu pai para levar o gado na época da seca na fazenda Barreiro. Até o sol forte incidindo sobre esse terreno árido poeirento me lembra a fazenda Santa Marta, onde morava o primo Geraldo da Raquela, cujos causos se tornaram folclore na família.

Lembrei-me das vezes em que estiva lá com meu pai e ficávamos naquele rancho improvisado dormindo em camas de tábua forrada com arreatas, selas e capas de cavaleiros. As comidas feitas pelo Geraldo da Raquela eram um caso à parte. Ele não era lá muito zeloso, muito pelo contrário, e na hora de cozinhar improvisava do jeito que era possível. Se tivesse peixe, fritava, cozinhava um feijão, e tudo bem. Se acabasse o pó de café, era capaz de pegar uma semente qualquer na mata, torrar na panela, moer e servir. Quando resolvia pescar, deixava os peixes secos salgados pendurados por todo lado. Tudo no rancho cheirava a peixe estragado. Lembrar disso me deu saudade.

Alcancei um ponto bem mais alto e consegui avistar uma igreja no horizonte. Espero que seja Azofra. Para trás, à minha esquerda, ainda está em destaque no horizonte, porém muito longe, aquela cordilheira que eu avistei antes de Nájera. Aqui, parreiras e mais parreiras espalham-se por tudo quanto é lado.

Enquanto se caminha sozinho, o foco de nossas reflexões costuma ser a gente mesmo. Ficamos a digerir nossas próprias lembranças, memórias e sentimentos. Mas quando a gente se reúne com algum grupo, os poucos momentos em que se senta junto ou se caminha junto são oportunidades de extravasar e se divertir. Entretanto, a depender do estado de cansaço, há certa propensão a implicar e antipatizar com as pessoas. No fim, porém, a rotina e a interação solidária predominam e acabam por nos dar algumas lições.

Foi assim com a Cristal, a moça que me dedicou tantos cuidados ontem no albergue de Navarrete. Ela talvez tenha sido a principal responsável pela minha recuperação. Na verdade, eu já a tinha visto pelo menos duas vezes antes pelo Caminho, mas nesses encontros anteriores eu não havia nutrido simpatia por ela. Na primeira vez, creio que no albergue de Estella, eu estava cansado e sentindo muita dor, e tive a impressão de que aquela euforia com que ela falava com todas as pessoas era meio imprópria para o momento. Isso acabou sendo confundido por mim com antipatia e fez com que eu não entendesse muito bem quem ela era.

Na segunda vez, a encontrei conversando com alguns brasileiros sentados na grama, ao lado da estrada. Ela me cumprimentou com um sorriso aberto que me fez quebrar um pouco a má impressão, mas não totalmente. Contudo, em Navarrete, ao me dedicar tanta atenção, solidariedade e carinho, ela me deixou até com um certo remorso. O que me faltava era um contato mais próximo para me permitir saber, de fato, a pessoa simpática e doce que ela era.

Quando a gente está caminhando sozinho, o nosso estado psicológico, emocional e espiritual oscila entre um extremo e outro. Às vezes se sente um banzo danado, uma saudade enorme das pessoas – no meu caso, especificamente das minhas filhas lá no Brasil, de tantos momentos do passado que voltam à memória da gente como se tivessem acontecido ontem: saudades da infância delas, dos sorrisos de criança, de quando eu brincava com elas no colo. Nesses momentos, há lembranças tão intensas e nítidas que até parece que ouço a voz delas, as gargalhadas que eu gostava de provocar.

Da mesma forma, vem-me a saudade do convívio que a gente tem atualmente, até dos conflitos que às vezes acontecem, das situações difíceis que essa nova convivência me impõe muitas vezes. Vivemos por mais de oito anos afastados – elas morando em Belo Horizonte, enquanto eu trabalhava e mantinha residência em Brasília. Apesar das minhas visitas frequentes, quase semanais, esse contexto não nos permitia uma convivência normal de pai e filhas, tanto quanto eu gostaria. De três anos para cá, porém, elas se mudaram para Brasília, e há um ano vivemos os três num apartamento na Asa Sul.

Embora inusitado, sobretudo por causa de minha pouca habilidade doméstica, meu cotidiano com elas é uma maravilha. Orgulho-me das minhas filhas e a cada dia aprendo mais da vida convivendo com elas. Nos fins de semana, muitas vezes recebemos amigos em casa, cantamos e tocamos violão. O interessante é que a maioria dos meus amigos atualmente são os delas e as músicas que a gente curte são as do gosto delas. Acho que elas estão me influenciando muito mais do que eu a elas. Mas é tudo muito bom.

Esses momentos de saudosismo às vezes duram horas, fazendo com que as lembranças passeiem por épocas e lugares que estavam esquecidos na memória. Mas de repente voltamos ao presente e o Caminho volta a ser o nosso universo. Assim como chegam repentinamente as sensações saudosistas e nostálgicas, também chegam as ondas de alegria e até de euforia.

São quase duas horas da tarde. Estou entrando no povoado de Azofra. A placa mostra o nome do local com uma seta indicando a direção do albergue de peregrinos. Antes de mais nada, preciso achar um restaurante para tomar água e comer alguma coisa; não consigo pensar em mais nada. Imagino um copo de pelo menos um litro de água gelada bem cheio e até fico zonzo. Estive pensando se ficaria por aqui ou seguiria em frente, mas na condição em que estou não dá pra raciocinar, muito menos tomar decisão.

O hospitaleiro do albergue, apesar de aparentemente haver tomado todos os vinhos, foi simpático ao me receber. Mostrou-me o livro de visitas com nomes e mensagens de vários brasileiros que passaram por aqui nos últimos dias. Li com atenção, pra ver se algum conhecido havia se hospedado, mas não identifiquei ninguém. Era um albergue público, mas só havia disponibilidade de colchões a serem usados diretamente no chão, então resolvi verificar outras alternativas no povoado. Perguntei ao hospitaleiro onde havia um restaurante e fui depressa para lá. Precisava urgentemente comer algo.

Logo que me sentei, fui verificar como estava a minha perna. Estava sem observá-la até aquele momento, pois temia me deparar com uma situação grave, embora as dores não me tivessem incomodado tanto até ali. Assim que puxei a calça, assustei-me um pouco. A perna estava inchada da parte superior da canela até o joelho. Onde o elástico superior da meia apertava, havia uma espécie de cintura fina; abaixo dali, sob a meia, o inchaço era visível, mas não tão proeminente quanto na parte de cima.

Comi uma sopa de lentilhas ruim pra caramba, com uns bifes sem graça. Faltava sal na carne: dois bifes grandes. Comi um deles e o outro coloquei no pão, improvisando um sanduíche que guardei na sacola. Agora teria pelo menos um lanchinho. Tomei uma dose dupla de anti-inflamatório e me deitei na grama da pracinha central, à sombra de uma árvore, com a perna esticada sobre a mochila, fazendo hora pra ver se o inchaço diminuía, avaliando coragem e disposição pra saber se fico aqui hoje ou caminho um pouco mais.

São três e vinte da tarde. Deixo o povoado de Azofra. Vou arriscar prosseguir até a cidade de Santo Domingo de la Calzada. Até lá serão 15km, mas acredito que é possível chegar, se a minha perna não se agravar ainda mais. Após o repouso de alguns minutos, tenho a impressão de que o inchaço reduziu um pouco; a dor quase não incomoda. Se eu andar e aquecer o corpo, qualquer vestígio de dor vai desaparecer, provavelmente.

Caminhei um quilômetro pela estrada de terra que sai de Azofra, com os cadarços da bota desamarrados – a bota totalmente frouxa –, para avaliar se essa providência contribui para incomodar menos o local afetado pela tendinite. Até agora, está tudo bem. Não estou sentindo desconforto maior em decorrência da bota solta, embora eu caminhe devagar. Vou deixar então a bota frouxa ainda por mais um tempo e continuar avaliando. Acredito que assim a circulação sanguínea deve fluir melhor, e isso pode favorecer a recuperação. O sol está forte, mas o tempo todo sopra uma brisa fria, às vezes com rajadas de vento, e isso tem mantido a temperatura ambiente mais agradável. Está um dia fresco, com sensação térmica baixa, de tal modo que no momento em que fiquei deitado na praça do povoado, comecei a sentir frio, tendo de cobrir os braços. Quando o corpo esfria, a sensibilidade para o frio aumenta muito; portanto, não será o calor que irá me impedir de seguir adiante.

Depois de ganhar o alto de uma pequena colina, depois de sair da área urbana do povoado de Azofra, avistei o horizonte ao longe, com montanhas suaves alinhadas. Um cenário bonito. Pelo jeito, devo entrar novamente numa plantação de uvas. A estradinha estreita de terra e cascalho compactado é típica da região, assim como a maioria das trilhas por onde passei até agora. Ao que tudo indica, não há subidas. As montanhas vão ficando à minha esquerda, onde passo a avistar cordilheiras ainda mais altas.

São quatro horas da tarde e estou sentado à beira da estrada, ao lado de algumas moitas de alecrim nativo, dando um tempo pra ver se a dor alivia um pouco. A tendinite começou a incomodar bastante na descida de uma colina lá atrás, dando sinais de que alguma coisa se agravou. É uma dor fina, alternada com fisgadas parecidas com as que senti em dias anteriores, justamente nas fases mais graves. Parei um pouco, tirei as botas e coloquei novamente os pés em cima da mochila, na esperança de que haja algum alívio. Não quero ter motivos para me arrepender de ter saído de Azofra.

Bem perto daqui consigo avistar uma rodovia movimentada. Deve ser a Autovía del Camino. O movimento de carros e caminhões é intenso e parece que adiante a trilha segue sempre perto dessa autoestrada. O lado bom disso é que se evita o sentimento de solidão, já que por aqui, a esta hora, não se avista vivalma. Bastou relaxar um pouco para a dor conceder uma certa trégua. Em compensação, um sono intenso toma conta de mim.

São cinco da tarde, acabei de acordar deitado à beira da estrada, com o sol forte a bater no rosto, mas sentindo frio. Devo ter dormido mais de meia hora. Isso não é bom, pois o tempo está curto para poder chegar a Santo Domingo. Pelo menos a dor na perna diminuiu. Vou amarrar a bota novamente, com o cadarço bem apertado desde a ponta do calçado até a canela, de maneira a não deixar folga. Será uma experiência diferente, pois a bota solta parece ter agravado o problema. Amarrando com força a ponta da bota, de modo a juntar os dedos do pé, isso evitará que se movimentem dentro da bota. Quando os dedos do pé se mexem, sinto um reflexo de dor muito forte no tendão da canela, como se queimasse por dentro. Então, se prender bem os dedos e eles se mexerem menos, pode ser que o tendão sofra menos esforço e não venha a doer.

Com sol forte e céu limpo, sigo adiante, sem sinal de gente, nem para trás, nem para a frente. Ainda bem que o vento torna a sensação térmica agradável. Acabei de dobrar uma curva e se descortinou à minha frente uma estrada longa. Até o fim da última colina, são pelo menos quatro quilômetros de uma bela trilha, margeada por um campo de trigo já colhido, com a palha dourada a se espalhar pelo terreno. No fim da trilha, forma-se um "S" que depois some no alto da colina. A visão panorâmica é linda, mas o desânimo de saber que terei de cruzar tudo isso não é agradável. Cogitei tirar uma foto com a estrada ao fundo, mas não há uma única pedra ou tronco que eu possa usar como suporte para a câmera.

Venho caminhando nessa última hora ouvindo as fitas que gravei, alternando músicas tristes e alegres. Foi bom para evitar a sensação de solidão e também para refletir um pouco, reciclar as emoções. Estou absolutamente sozinho, mas sem sentimento de solidão. Estar só sem se sentir solitário às vezes faz bem à alma. Acho que estou entrando naquele estado de transe, mas não tão intenso. Sinto-me como se pudesse navegar pelo passado e visitar lugares por onde passei, como se tivesse o poder de fazer uma reprise de momentos vividos, repassando-os com uma facilidade estranha e meio mágica de me transportar no tempo e no espaço.

Nesses momentos, não há como não acreditar que a gente visita planos ou dimensões diferentes do que se vive no dia a dia. É inevitável uma espécie de incursão por uma seara mística estranha. Vejo-me viajando no tempo, reprisando fatos; sinto que tenho a habilidade de encontrar as pessoas em lugares muito distantes no tempo.

A música alta no fone de ouvido parece intensificar esses instantes e dá mais clareza e nitidez aos momentos revisitados nessa espécie de transe. Chega-se ao ponto de ouvir a voz das pessoas e tem-se a impressão de sentir o cheiro dos lugares e das coisas.

Mantendo o mesmo ritmo lento de caminhada, acabei de passar a parte mais íngreme da colina e ganhei o topo da estrada. Ao longo da última hora, senti que a dor na perna aliviou; pelo menos acho que não estou sentindo dor na região inflamada. Talvez a tendinite esteja regredindo. Entretanto, comecei a sentir uma dor fina e pulsante na sola dos pés. Antes a mochila estava me causando dor nas laterais das costas, mas lhe ajustei as correias, colocando o peso mais alto, equilibrando a distribuição da carga, e isso me aliviou.

São cinco e vinte e cinco da tarde e o sol está cada vez mais forte, incidindo no meu rosto. Depois de chegar ao alto da colina, após a curva da estrada, deparei-me com um pequeno povoado com casarões antigos, bem no meio dum campo de feno colhido. Um cenário fantasmagórico, tudo esquisito e deserto: as casas estavam isoladas nesse mundo ermo; no meio, uma igreja muito velha. O aspecto era de abando total. Consultei o guia e, considerando a distância e o tempo que andei, só podia ser o povoado de Cirueña. Faltam cinco minutos para as seis da tarde. Daqui até Santo Domingo ainda serão mais cinco quilômetros com muito sol no rosto.

A cerca de 500 metros antes da entrada do povoado, sentei-me à sombra de uma árvore para fazer uma pausa e tentar aliviar a dor na sola dos pés, quando passaram alguns peregrinos. Foram as primeiras pessoas que avistei desde que saí de Azofra. Primeiro passou um rapaz, apressado como quem tivesse começado o Caminho ainda hoje. Logo atrás, vinha um grupo que eu encontrara em Azofra ao sair da cidade; estavam entrando num restaurante para almoçar. Do mesmo jeito que o rapaz apressado, também eles me cumprimentaram sem parar e seguiram em frente, acelerados.

Acho que neste lugarejo não se perde tempo para procurar nada. É um povoado antigo. Aparentemente está abandonado. Não vejo comércio e o mapa indica que é praticamente uma única rua, ao longo da qual estão os casarões, e quase nada mais. Acho melhor seguir viagem também.

Na saída de Cirueña, passei por um trevo de estrada asfaltada em que não havia movimento algum. Abaixo do trevo, encontrei um senhor recolhendo gravetos e puxei conversa. Simpático, ele fez questão de se aproximar, subindo o barranco da rodovia.

Sentei-me na grama para relaxar um pouco as botas e conversar; ele ficou de pé à minha frente. Disse chamar-se Gregório e recolhia restos de madeira para usar como lenha em casa. Contei-lhe que quando criança alguns amigos me chamavam pelo apelido de Gregório. Ele achou curioso e, rindo, quis saber a razão pela qual eu tinha essa "alcunha". Expliquei que era porque eu me parecia com um trabalhador da fazenda de meu pai, cujo nome era Gregório.

Animado com o assunto, ele começou a me contar de sua vida. Disse que havia nascido e se criado na mesma casa onde viveram seus pais e avós, ali perto – e apontou um velho casarão no meio de um campo. Como todos os espanhóis por onde tenho passado, quis saber sobre o Brasil. Perguntou-me se o mar que separa a Espanha do Brasil era largo e eu disse que era tão longe que, se fosse possível fazer essa viagem de carro sobre o oceano, seriam uns vinte dias de viagem. Ele se espantou com a distância.

Depois de responder a outras perguntas curiosas dele, comentei que também vivera numa fazenda até os oito anos de idade, mas depois mudara para a cidade, para estudar.

Logo ele estava sentado a meu lado, contando sobre filhos e netos que também se foram para estudar na cidade grande. Ficaram apenas ele e a esposa cuidando das coisas da velha fazenda. Mas os familiares sempre os visitavam nas férias de verão.

Em Cirueña, disse ele, vivem apenas quatro famílias. Ficaram apenas os velhos, pois os jovens foram estudar e não voltaram mais. Formaram-se em outras profissões – professores, médicos etc. – e não querem mais fazer os trabalhos da fazenda. Felizmente existem máquinas que ajudam no trabalho do campo e resolvem o problema da mão-de-obra. Todavia, a tendência é de as pessoas irem para a cidade e os povoados ficarem cada vez mais abandonados.

Em seguida, ele me convidou para conhecer a casa e os vinhos dele, mas agradeci e expliquei que queria chegar em Santo Domingo ainda durante o dia. Um tanto decepcionado, enquanto eu ajeitava a mochila, ele continuou:

– É lamentável que você não tenha tempo, seria um prazer receber você na minha casa para provar o melhor vinho caseiro desta região. Aprendi a fazer com meu pai e ele aprendeu com meu avô. Eu sempre faço bastante para o consumo do ano, para dar de presente. E tem anos em que ainda sobram algumas garrafas e eu vendo.

E reiterou:

– Vou deixar meu endereço. Quando você fizer o Caminho de Santiago novamente, me avise antes, que eu vou preparar para receber você. Você pode passar um dia em minha casa, se hospedar para descansar, e depois eu vou estar pronto para fazer o Caminho junto com você, a partir daqui. Eu sempre tive vontade de fazer, mas nunca consegui.

Levantei-me, pedi para tirar uma foto com ele, com o casarão aparecendo ao fundo, uma construção antiga muito bonita por sinal, e segui viagem.

Depois de ganhar o alto de uma pequena colina, seguindo por uma estradinha de terra, avistei atrás o povoado de Cirueña, compondo um cenário estranho e lúgubre. Não são mais que vinte ou trinta casarões antigos, aparentemente fechados, isolados no meio de uma enorme região tomada por campos de cevada e trigo secos, com alguns poucos parreirais aqui e acolá. Ao longe, em alguns pontos, avista-se um ou outro trator trabalhando naquela imensidão. O fato de saber que naquele conjunto de casarões vivem apenas quatro famílias (na verdade, devem ser quatro casais de idosos, assim como o senhor Gregório e sua esposa), causou-me uma impressão ainda mais desoladora.

São 19 horas, mas o sol continua forte e eu finalmente estou entrando na cidade de Santo Domingo de la Calzada. A dor na canela está forte, mas tenho a impressão de que não é aquela dor mais intensa, das fases mais agudas, quando a inflamação estava grave. Talvez seja apenas dor decorrente de cansaço. As plantas dos pés também estão doloridas, os músculos das coxas, tanto na parte frontal quanto na parte de trás. Sinto também um ardor intenso na parte superior do dedão do pé direito, como se queimasse. Pode ter se formado alguma bolha, que depois se rompeu.

Ter recebido sol forte diretamente no rosto a tarde toda deve ter sido o principal motivo de tanto desgaste. Precisei ainda andar em ritmo mais acelerado, com medo de que a noite me pegasse na estrada. Acabei andando cerca de 40km. Considerando o estado em que me encontro, pode ser que tenha cometido uma estupidez; afinal, saí de Navarrete pela manhã meio fugido das hospitaleiras e do médico, com sintomas de uma tendinite grave, com o propósito de andar no máximo uns 15km.

O esforço físico de hoje, dado o estado de quase convalescença em que eu me encontrava pela manhã, associado ao efeito de altas doses de anti-inflamatórios durante todo o dia, bebendo pouca água e comendo mal, talvez não tenham sido atitudes muito racionais. Isso pode explicar a razão de tantas sensações estranhas que senti ao longo desse trecho. Espero que isso não me traga consequências piores adiante. Agora o que importa é arrumar um lugar onde eu possa tirar as botas, tomar um bom banho e dormir. Preciso dormir muito, para me restaurar.

Faltam vinte minutos para as 20 horas. Depois de ter informações de que os albergues de peregrinos estão lotados, acabei de conseguir vaga numa hostal anexa a um pequeno restaurante, cuja entrada se dá por dentro do estabelecimento, subindo uma escada. A cama de casal é confortável. Deixei a mochila no quarto. Antes de tomar banho, vou pegar alguma coisa pra comer. Depois do banho, duvido que alguma coisa me tire da cama. Só vou querer deitar e apagar; não vou nem pensar em calçar nada nos meus pés, muito menos descer degraus de escada ou andar na rua.

A cidade de Santo Domingo é antiga, sombria, com prédios medievais e ruas estreitas. Parece que na área onde estou as construções são milenares. Depois da primeira esquina, próximo ao hostal, há uma igreja, também de construção ancestral. A cidade é cheia de lendas e talvez por isso haja um clima sinistro por todos os lados. A mais famosas das lendas conta que uma galinha que já estava assada na mesa para ser servida no jantar ressuscitou para salvar um rapaz condenado à forca injustamente.

Assim que saí do hostal, passou por mim um sujeito que, ao vê-lo de longe, pensei que fosse uma pessoa qualquer vindo pela rua, mas quando me aproximei, o reconheci. Trata-se de um homem que vi outras vezes no Caminho. É um homem moreno, alto, muito magro, de cabelo preto muito liso e bem penteado para um lado, como se tivesse usado gel. Ele tem rosto longo, nariz grande desproporcional e usa um bigodinho fino. Seus olhos esbugalhados chegam a assustar. Os olhos foram o que me chamou a atenção nele desde a primeira vez em que o vi, além do cheiro que exala – uma mistura de enxofre com hálito de quem bebeu muito vinho. Passando a metros dele, senti o cheiro (cheiro a gente não esquece nunca). Com certeza, era o mesmo sujeito que vi antes.

O mais curioso é que todas as vezes ele aparece exatamente do mesmo jeito: calça azul e camisa branca de mangas compridas, caminhando devagar com as mãos para trás, em direção contrária à minha. No momento exato em que passa por mim, encara-me fixamente com aqueles olhos esbugalhados.

Não faz sentido esse sujeito estar aqui. Ele não é peregrino, pois não carrega mochila nem cajado, e anda sempre limpinho, diferentemente de quem percorre o Caminho, que está sempre encardido. Além disso, ele sempre aparece caminhando em sentido contrário.

Assim que cruzei com ele, voltei rapidamente ao hostal para pegar a câmera fotográfica, com a intenção de fotografá-lo. A escada que dá acesso a meu quarto é exclusiva. Quando cheguei no último degrau, quase embaixo da porta, deparei-me com uma peça estranha que não estava lá há poucos minutos, quando fechei o quarto e desci: uma ponta de lança metálica polida, prateada, como aquelas usadas em grades para impedir que alguém pule.

Guardei a peça no fundo da mochila, peguei a máquina fotográfica e saí, tomando o cuidado de dar duas voltas na chave. Rapidamente tomei a direção em que o sujeito seguia. Era uma via estreita, com no máximo três metros, como as ruas daqueles becos medievais feitos para o trânsito de carroças.

A rua estava deserta. Eu deveria alcançá-lo um pouco mais adiante. Acelerei o passo e em cada cruzamento onde ele pudesse ter dobrado a esquina, corria para ver se o encontrava e voltava logo à rua principal. Meu plano era primeiro tirar uma foto dele por trás, sem que ele visse, e depois alcançá-lo e puxar conversa, para saber quem era e conseguir fotografá-lo de frente.

Enquanto o procurava, especulava mentalmente sobre quem seria o sujeito. Estaria ele me seguindo? Por que será que toda vez que passava por mim ele me olhava de maneira tão fixa, com aquela expressão horrível e aquela cara feia esquisita?

Todos os livros que li sobre o Caminho de Santiago falam de supostos encontros com demônios, mas além de eu ser uma pessoa alheia a misticismos e lendas, sempre acreditei que esses episódios descritos por outros peregrinos fossem ficção, para dar mais "intensidade" às narrativas. Mas, e agora? Que sujeito estranho era aquele? O que ele fazia em quase todos os lugares por onde passei? Eu mesmo me perguntava.

Confesso que senti medo, mas a curiosidade foi maior e segui adiante. Pelo tempo que levei para pegar a câmera e a velocidade com que ele andava, eu tinha certeza de que o alcançaria. Porém, segui por várias quadras e no final já corria pelos becos escuros procurando, mas nada. O homem havia desaparecido! A partir de um certo momento, comecei a ouvir uma música fúnebre vindo da direção para onde eu me dirigia. Quanto mais andava, mais alto ficava aquela melodia triste, com uns solos de tuba a ecoar nos becos.

De repente a ruazinha pela qual eu seguia desembocou numa praça enorme, tomada por uma multidão de velhinhos sentados em cadeiras enfileiradas em semicírculos. Na frente da multidão de idosos, havia um coreto montado sobre um tablado com cerca de um metro de altura, que servia de palco, onde uma banda tocava aquela música estranha. Atrás do palco, via-se a fachada do que parecia a arquitetura decorativa de um cemitério.

Ao me deparar com esse cenário, fiquei ainda mais confuso. Não sei quanto tempo fiquei ali, parado, tentando entender o que se passava. De repente, comecei a me sentir estranho, zonzo, com uma agradável sensação de leveza. Eu poderia levitar, se quisesse.

Em seguida, o som da banda mudou completamente. Aquela melodia que antes parecia intensa, em alto volume, passou a soar baixa e estridente, como um som de rádio antigo, monofônico e mal sintonizado. Olhei mais atentamente para os velhinhos e imaginei que eles me observavam alternadamente, com expressões estranhas. No exato momento em que um tirava os olhos de mim, um outro me encarava fixamente.

Atribuindo isso à exaustão física causada pelo dia estressante, caminhei na direção do palco, posicionando-me próximo ao palanque, quase na frente da primeira fila de cadeiras, e fiquei a ouvir. Nessa hora, olhei para o rosto dos músicos e reparei que mantinham uma mesma expressão, muito sérios, todos olhando fixamente para um mesmo ponto no céu, acima da plateia. Conferi várias vezes para ver se havia algo naquela direção, mas só vi o céu escuro.

Depois de um certo tempo, saí andando pela lateral da coluna de cadeiras na direção do final da plateia, para ver o que havia no fundo. Enquanto passava próximo aos velhinhos, olhei atentamente para cada um deles, pelo menos daqueles que se sentavam na primeira fileira, e reparei que a idade mínima deles era de pelo menos uns 75 anos. A imensa maioria eram homens. Nem me lembro de haver notado se havia alguma mulher.

Enquanto eu passava, tentava interagir com um sorriso, um cumprimento ou uma saudação, mas nenhum deles fez sequer menção de retribuir o meu gesto. Permaneceram impassíveis, estáticos e sérios. Intrigado com esse comportamento, já quase no fim da fila de cadeiras resolvi parar; curvei-me um pouco e perguntei a um deles:

– O que está sendo celebrado aqui hoje?

Ele me olhou por uns alguns segundos e permaneceu calado. Eu repeti a pergunta um pouco mais alto e de repente ele abriu um baita sorriso em que faltavam vários dentes, com uma expressão cínica, mas não respondeu nada.

Perturbado e sem saber se o que estava acontecendo era de fato estranho ou apenas uma interpretação distorcida da realidade, procurei a ruazinha por onde havia chegado e fui embora sem olhar para trás.

No bar anexo ao hostal, consegui que fizessem um sanduíche de ovo frito com presunto e uma sobremesa de torta de nozes. Enquanto preparavam, subi as escadas para tomar banho. Para minha surpresa – e para agravar ainda mais o meu estado de espanto, ao chegar ao último degrau, na mesma soleira da porta onde eu havia encontrado a ponta de lança de cor prata, uma segunda peça, igual à primeira, porém vermelha, cor de sangue, se encontrava. Peguei-a e guardei junto com a primeira, no fundo da mochila.

Cheguei de volta ao quarto em estágio de pré-desmaio, de tanto cansaço, abalado por aquela situação estranha que, confesso, me deixou com medo. Tirar as botas e a roupa foi um sacrifício: tirei peça por peça gemendo, em exaustão total. Estou aqui na cadeira, olhando a cama, mas não posso deitar antes de tomar banho, senão desmaio e não acordo mais.

Depois do banho, meu estado de exaustão foi tamanho que já não retive mais lembranças detalhadas do que havia se passado. Sei que me trouxeram o lanche e que ao trancar a porta para dormir escorei-a com a cama e com o cajado, de modo que se alguém tentasse abri-la, eu acordaria.

Crianças recepcionam o peregrino no povoado de Villambista

De Santo Domingo de la Calzada a Villafranca Montes de Oca

São quase sete horas da manhã, dia 11 de agosto de 2001. Acabei de descer do hostal onde dormi em Santo Domingo de la Calzada. Minha perna parece estar bem melhor, em comparação com o estado em que ela se encontrava ontem. A parte afetada está menos inchada e a dor é infinitamente menor, embora eu ainda esteja mancando um pouco. A manhã está bastante fria, mas apesar do horário ainda não há sinais da claridade do dia.

Passando pelas ruazinhas estreitas da parte antiga da cidade, tudo me parece mais tranquilo do que a impressão que tive ontem. Quando voltei da praça onde assisti àquele recital estranho para idosos, passei por algumas áreas modernas, com gente jovem e animada na rua, numa via cheia de barezinhos.

Ao contrário do que me pareceu num primeiro momento, também há aqui uma vida social normal.

Ao entrar na cidade ontem, o cansaço era tamanho que comprometeu a minha capacidade mental, a ponto de eu não perceber o quanto estava sob profundo estresse físico. Mas no hostal onde fiquei, tanto a cama quanto o chuveiro eram muito bons, e creio que comecei a dormir mesmo antes de acabar de comer, pois nem me lembro de certos detalhes. Dormi por pelo menos umas oito horas ininterruptas. Foi fantástico, sem ninguém roncando por perto, sem fila pro banheiro, como costuma acontecer nos albergues. Assim me recuperei totalmente.

Segundo o meu guia, nesta cidade eu completei 210km de caminhada – um terço do caminho, que concluí em sete dias. Portanto, meu ritmo está na média esperada. Dizem as pessoas mais experientes que ao longo do tempo a pessoa vai-se fortalecendo, aumentando a resistência e o condicionamento físico, o que permite aumentar o ritmo. Eu não sei se é conveniente aumentar meu ritmo, pois tenho andado mais que todos os peregrinos com os quais interagi por aí. Estranhamente, alguns grupos que sempre deixo para trás, dormindo depois do almoço ou parando bem mais cedo do que eu para pernoitar, acabam me alcançando. Há uns que dá até pra desconfiar que estão usando outros meios de transporte. Mas isso é fantasia. Obviamente ninguém faria isso. Na verdade, parece que os europeus têm resistência maior para caminhar. Eles param, descansam bastante, mas depois dão arrancadas aceleradas e vão longe.

O dia começa a clarear. Creio que finalmente encontrei a rua que leva à saída da cidade. Senti-me mais seguro disso porque avistei duas duplas de peregrinos à frente. Na saída, passa-se pela ponte de um rio seco. No fundo, onde aparentemente foi o leito de uma correnteza caudalosa, agora há apenas pedras. As margens e a profundidade mostram que houve um dia um grande e largo rio aqui, mas hoje não há mais água nenhuma.

Segundo a história, por volta do século X, portanto há cerca de mil anos, este lugar era uma longa extensão coberta por mata densa e repleta de animais selvagens. O rio era enorme. Um peregrino de nome Domingo, ao passar pela região, ficou sensibilizado com as dificuldades que aqui se enfrentavam e, após concluir sua peregrinação, retornou de Santiago para se estabelecer neste local, onde dedicou o resto de sua vida a ajudar os peregrinos.

Domingo teria construído na região um "hospital de peregrinos", nome que se dava aos albergues da época (porque os peregrinos chegavam em estado deplorável), além de erguer uma ponte para a travessia do rio e construir uma calçada de pedras no meio da mata. Por essa razão, esse benfeitor ficou conhecido como Domingo de la Calzada, vindo a ser santificado pela igreja católica, dando nome à cidade.

São oito da manhã. Estou ganhando o alto de uma colina, a partir de onde posso avistar Santo Domingo envolta numa névoa densa que encobre os primeiros raios do sol que começam a surgir no horizonte. O caminho segue à margem de uma autoestrada movimentada. Tanto à minha direita quanto à minha esquerda, só se enxergam plantações de trigo a sumir de vista; trigo totalmente seco, com sua típica coloração dourada, pronto para a colheita ou já colhido. Em algumas colinas adiante, há um campo enorme sendo irrigado. Vista daqui, a fileira gigantesca de esguichos a pulverizar jatos d'água, ao sol da manhã, compõe um belo cenário. Pena que a luz ainda é fraca e não dá para tirar uma fotografia.

Apesar da beleza da paisagem, não há como não perceber o quanto a natureza aqui foi modificada. Convenhamos que existe a necessidade de produção de alimentos e o cultivo da terra se torna indispensável, mas não dá para imaginar o que pensaria o senhor Domingo de la Calzada se visse agora esse cenário por onde ele transitou há mil anos, quando toda esta região era coberta por matas densas e cortada por rios caudalosos. A diferença é dramática. Agora, com toda a vegetação nativa extinta, nenhum vestígio de mata e com os rios mortos, totalmente secos, é chocante A única água que se vê é a dos sistemas de irrigação mecanizada, que deve ser trazida de centenas de quilômetros daqui, talvez por canais vindos dos degelos da cordilheira Cantábrica, no extremo norte da Espanha. Certamente esses mesmos sistemas de irrigação foram os responsáveis pelo golpe de misericórdia no rio, sem contar o que deve ter sido ou ainda está sendo retirado do subsolo e dos lençóis freáticos.

Isso nos faz temer que em mais algumas décadas isso tudo possa vir a se tornar um grande deserto, e que essas tantas cidades, com suas arquiteturas bonitas, suas catedrais seculares, entre tantas outras construções milenares maravilhosas, serão abandonadas e transformadas em ruínas. O planeta é assim: há ciclos... E quantos outros tantos ciclos teriam havido antes dessa nossa atual população humana aparecer na Terra? Afinal, somos muito recentes por aqui. Os meros 30 ou (que seja) 50 mil anos da existência da humanidade são um piscar de olhos, em termos de idade geológica. Para o Planeta, nosso tempo é nada.

*

Diz a lenda que um casal de peregrinos fazia o caminho de Santiago juntamente com seu filho, um rapaz belo e charmoso, e parou para pernoitar em Santo Domingo de la Calzada. Nessa noite, houve festa na casa dos hospitaleiros onde estavam alojados, e durante a festa uma donzela se engraçou pelo rapaz bonitão, fez charme o quanto pode e se insinuou de tudo quanto foi jeito, mas ele, comportado e correto, não deu bola. Enciumada, ela resolveu se vingar: pegou uma valiosa peça da decoração da casa e a colocou na mochila do moço. No outro dia, assim que a família saiu, ela denunciou o furto e levantou suspeitas acerca do rapaz, que foi preso e condenado à morte na forca. Naquele tempo, o condenado ficava dependurado na forca até o corpo se decompor.

Desolada, a família seguiu viagem, e ao chegar a Santiago, o pai sonhou que o apóstolo lhe dizia para voltar tranquilo, pois seu filho era inocente e não havia morrido: estava em Santo Domingo esperando por eles. Os pais, impressionados, voltaram rapidamente. Em Santo Domingo, procuraram o vigário, que na época era também o juiz, encontrando-o à mesa de jantar, apreciando seu prato preferido: um galo assado. Depois de muita insistência, o vigário permitiu que entrassem. O pai, ansioso, contou do sonho, dizendo que acreditava que o filho realmente estivesse vivo e que queria ver o corpo para se certificar. O vigário, irritado, retrucou que aquilo era bobagem e ordenou que se retirassem, dizendo:

— Seu filho está tão vivo quanto essa ave assada que está sobre a mesa.

Imediatamente o galo se levantou da bandeja e fugiu correndo e cacarejando, indo parar no alto da torre da igreja. Assustado, o vigário mandou baixar a forca – e de fato o rapaz estava vivo!

*

Acabei de avistar, adiante, o povoado de Grañón, que fica a 6km de Santo Domingo. Nos fins de tarde, nesse povoado há a tradicional Missa dos Peregrinos, com uma encenação ritualística que reprisa cenas de batalhas e aventuras dos cavaleiros templários. No fim, uma ceia farta é oferecida pelo pároco da catedral. Eu gostaria de assistir, mas não foi possível sincronizar o evento com a minha hospedagem. Aliás, eu nem me lembrei desse fato nos últimos dois dias.

A atual catedral de Grañón foi construída na Idade Média, mas essas tradições remontam a épocas bem mais antigas, porque a ermida original, que deu origem à catedral, teria sido construída no século XI pelos cavaleiros templários, uma organização constituída de monges guerreiros cristãos que têm uma história muito interessante. Os primeiros contingentes de templários foram formados no ano 1096, com a finalidade de proteger os cristãos e peregrinos que partiam rumo à Terra Santa, nas chamadas Cruzadas, campanhas organizadas pela Igreja Católica para retomar Jerusalém dos muçulmanos. Em seguida, esses cavaleiros expandiram sua atuação para toda a Europa, especialmente para a rota do Caminho de Santiago.

No início, era uma ordem essencialmente militar, mas ao longo dos três séculos seguintes, foi-se estruturando como instituição de apoio e suporte em todas as áreas, suprindo necessidades e propiciando condições para que os cruzados e peregrinos cumprissem sua missão. Além dos chamados "monges guerreiros", militares altamente treinados, a ordem mantinha especialistas construtores que possuíam conhecimentos avançados de geometria e matemática, assim como das técnicas e segredos da engenharia usados na edificação de fortes, hospitais, cidades de apoio e especialmente templos e ermidas que ofereciam sustentação espiritual ao longo das rotas de peregrinação.

Uma vez que naquele tempo não havia controles e escriturações formais, o método adotado pela Ordem dos Templários para organizar e administrar os milhares de membros espalhados por toda a Europa foi a criação de rituais constituídos de símbolos, toques e palavras secretas, por meio dos quais esses membros se identificavam entre si, de acordo com sua especialidade e seu nível de atuação técnica e profissional. Esses níveis eram subdivididos nas categorias de aprendiz, companheiro e mestre, cada qual com grau de responsabilidade, hierarquia e remuneração próprios.

Com essa estrutura fechada, só repassada aos iniciados, evitavam que os conhecimentos se dispersassem ou caíssem em mãos inimigas. Também era uma forma de garantir que os membros fossem reconhecidos quando se apresentassem em regiões distantes para assumir novas tarefas. Na verdade, não só adaptaram o mesmo sistema ritual usado dois mil anos antes na construção do Templo de Salomão, como também resgataram técnicas, segredos e até mesmo projetos, pois a grande maioria de suas obras reproduziram, pelo menos em parte, as proporções, os detalhes e a própria planta do Templo de Salomão.

Além dessa organização administrativa inusitada, os templários instituíram uma engenhosa forma de oferecer apoio financeiro aos peregrinos e cruzados, que teria sido a origem do sistema bancário e da moeda circulante. Funcionava assim: antes de viajar, o cidadão deixava uma certa quantidade de ouro em custódia com os templários, que em garantia lhe entregavam um papel chancelado. Esse papel era usado para resgatar o valor correspondente no destino, das mãos de outro representante da Ordem. Uma vez que cada papel tinha um lastro em ouro, que o garantia, passaram a ter fé pública e a serem aceitos como meio de pagamento circulante, como ocorre hoje com o papel-moeda.

Em 1307, o rei da França, que devia uma fortuna impagável aos templários, emitiu um decreto condenando todos os seus membros à prisão, no que teve amplo apoio do Papa, que também se sentia incomodado com o poder da Organização. Numa só noite, na França, teriam sido presos mais de uma centena de membros, incluindo todos os líderes. Num julgamento às custas de muita tortura, condenaram-se à morte quase todos eles e a Ordem dos Templários foi considerada oficialmente extinta em 1313.

No entanto, cerca de 80 anos depois, a história registra a existência de grupos de construtores muito sábios e dotados de habilidades extraordinárias construindo obras espetaculares por toda a Europa, tais como catedrais e castelos suntuosos. Da mesma forma, esses grupos também transmitiam seus conhecimentos em reuniões fechadas e adotavam os mesmos métodos ritualísticos para se identificarem entre si por meio de símbolos, palavras e toques secretos. Isso permitia que viajassem cruzando fronteiras, levando seus conhecimentos para se apresentarem com segurança a parceiros de regiões longínquas. Por causa dessa mobilidade incomum de que gozavam, ficaram conhecidos como "pedreiros livres", que significa "franco-maçons" em francês, ou simplesmente maçons.

A partir daí, e nos próximos 400 anos que se seguiram, essa nova ordem se estruturou em toda a Europa e foi responsável pela construção de praticamente todas as belíssimas catedrais que constituem as maravilhas da arquitetura medieval europeia, assim como cidades inteiras, a exemplo de Paris, Londres e Roma.

*

Até que não seria má ideia ficar por aqui e esperar a missa, mas me preocupa o atraso que isso me causaria. Vou seguir em frente e deixar para fazer uma parada maior, talvez um dia inteiro, mais adiante. Quem sabe em Burgos, que está a 60km daqui e também tem uma das mais lindas catedrais góticas da Europa, construída pela maçonaria. A cidade de Burgos se tornou mundialmente famosa justamente por causa da catedral. Portanto, ali também deve haver muita história interessante a explorar.

Pelo menos vou entrar para conhecer o povoado de Grañón e aproveitar para comer alguma coisa e descansar um pouco. Depois seguirei pelo menos até Belorado. Se conseguir, vou mais adiante para poder chegar em Burgos depois de amanhã. A minha perna está bem, ainda um pouco dolorida, mas muito melhor do que ontem.

A catedral de Grañón é bonita, só que muito antiga, talvez milenar. Alguns detalhes estão muito desgastados pelo tempo, com aspecto de ruínas. A manutenção não está cuidando bem da construção, ao que parece, ou quem sabe seja esse mesmo o seu aspecto original. A arquitetura é interessante, constituída de pedras de granito lapidadas, com acabamento perfeito. Tirei várias fotografias externas e me dirigi à porta principal, onde verifiquei por uma fresta que a parte interna estava quase totalmente no escuro, sem lâmpadas acesas. Exatamente no centro havia uma pessoa sentada.

Tentei empurrar a porta, mas ela estava emperrada. Enquanto insistia, o rapaz que estava sentado lá dentro ouviu o ruído, levantou-se rapidamente e me ajudou a abri-la, puxando-a por dentro. Depois voltou para o seu banco, cabisbaixo e em silêncio. Durante todo o tempo em que passeei pela igreja, vendo as pinturas, o altar e a sacristia, tirando fotos e fazendo minhas orações, o rapaz permaneceu parado e em silêncio. Quando entrei, achei que ele fosse o zelador, mas depois que meus olhos se acostumaram à penumbra, percebi que se tratava de um rapaz que ali estava a meditar ou fazendo suas orações, compenetrado, ora de cabeça baixa, ora olhando fixamente para o altar, ora de olhos fechados.

Eu me dirigia para a saída quando ele se levantou devagar, caminhou na minha direção e perguntou:

— Você está indo para Santiago de Compostela?

— Sim, e você, é daqui da cidade?

— Não, sou de uma cidade a pouco mais de 100km daqui, vim apenas para rezar e pedir forças a Deus. Estou aqui há dois dias e devo ficar até Deus me dar forças para superar a minha aflição.

Ao dizer isso, baixou os olhos. Eu não acreditaria, se não tivesse percebido tanta angústia nos gestos dele. Passar dois dias dentro de uma igreja antiga e escura deve ser por uma razão muito grave. Ele continuou:

– Meu nome é Ignacio. Me desculpa por te interromper, mas eu só quero te pedir uma coisa, se não se importar...

– Pois não, se estiver ao meu alcance, será uma satisfação.

– Só quero que reze por mim na sua caminhada, e quando chegar em Santiago, peça ao Santo que me dê consolo e forças para prosseguir.

Eu tentei animá-lo:

– Pode ter certeza de que a partir de hoje, em todas as minhas orações até Santiago, vou pedir por você.

Visivelmente abatido e emocionado, ele pegou a minha mão, segurando-a fortemente com as duas mãos, e insinuando um gesto de reverência, curvando-se, disse:

– Muito obrigado. Vá com Deus, peregrino. Que Santiago te proteja e te acompanhe no Caminho e ouça as tuas orações, por nós dois.

Tentando esboçar um sorriso acanhado, para disfarçar a tristeza, ele buscou se descontrair:

– Sei que no Brasil as pessoas se abraçam muito. Posso te dar um abraço de confraternização?

Sem responder, eu o abracei, apertando-lhe os ombros, e disse:

– Deus nos abençoe!

Quando nos soltamos, vi lágrimas nos olhos dele. Ele se afastou, repetindo o gesto de reverência, curvando-se e se afastando mais a cada gesto, enquanto colocava a mão no peito e repetia:

– Obrigado, vá com Deus! Obrigado, vá com Deus!

Ao sair da igreja, reparei que próximo à porta havia um único carro estacionado, uma Mercedes branca de alto padrão, com marcas de respingo de orvalho e poeira, indicando que estava parada ali, exposta ao tempo, há alguns dias. Nesse momento, não pude evitar a emoção, imaginando o quanto deveria estar aflito o coração daquele rapaz, independentemente de ter um padrão de vida alto, próspero, e de dispor de bens materiais tão valiosos.

Uma das grandes lições que o Caminho nos ensina e que tem valor inestimável para a vida toda é a consciência de que tudo o que precisamos para viver pode ser levado nas costas, numa mochila pequena. E nada melhor para superar os sofrimentos, as aflições, as amarguras e mágoas que a vida nos impõe, do que seguir em frente e deixar tudo para trás, ainda que tenhamos de enfrentar dores terríveis, cansaço e desconforto enormes, fome e sede. Assim, sempre resta a esperança de que em nossa caminhada possamos levar para longe não só as nossas angústias, mas também as de outros que igualmente sofrem. No fim, cada etapa vencida terá sido uma alegria vivida e uma gratificação recebida. Creio que esse conjunto de coisas, misturando metáforas com realidades cotidianas, deve ser a receita para a tal felicidade, de que tanto falam, que eu nem sei se existe. Mas é correndo atrás dela e enfrentando desafios que a vida faz valer a pena.

*

Atravessei Redecilla del Camino sem parar e, a menos de 2km depois, entrei no minúsculo povoado de Castildelgado. Logo à entrada, vi uma senhora bastante idosa, magrinha, a caminhar rapidamente do outro lado da rua. Apoiei-me no cajado e perguntei a direção que deveria tomar para prosseguir no Caminho. Ela parou com a mão na cintura e fez um gesto para eu me aproximar. Andei na direção dela e parei no meio da rua, esperando a explicação. Séria e calada, ela repetiu o gesto, como quem diz: "Chega mais!"

Fui até o limite do meio fio e pensei: "Será que ela é doida? Se ela não falar agora, vou embora. Não vou subir nesse meio fio". Mas ela apontou para a calçada, ordenando-me que subisse. Curioso para ver até onde ia chegar aquela encenação, subi, e ela, apontando para a estrada de onde eu havia chegado, perguntou:

— Por que você veio por esse caminho? — Eu respondi:

— Porque achei que fosse mais perto.

— Você passou pelo caminho errado. Tem um caminho melhor, que não passa pela estrada de carros. O caminho certo é pelo cemitério, onde não tem perigo de você ser atropelado. Por onde você veio é perigoso. Peregrino não deve andar por essa estrada.

De fato, eu tinha visto uma placa lá atrás a indicar duas alternativas, mas acho que escolhi a que representava uma distância menor.

Supondo que ela fosse uma brincalhona, fiz uma careta de espanto e caçoei:

– Não, isso é loucura. Eu tenho medo de cemitério. Está cheio de mortos. Vai que um levanta e pula na minha frente e buuuh!

Ela apenas ameaçou um sorrisinho sarcástico, e sem perder o ar autoritário, pegou-me pelo braço e foi me puxando, dizendo:

– Venha, vou mostrar por onde você tem que ir agora.

Eu, para manter o clima, perguntei:

– Por aí não tem cemitério, não é?

Ela só me olhou sem dizer nada e continuou a me puxar:

– Não é para ir por onde você estava indo. Venha, vou lhe mostrar a direção certa.

E lá vou eu pela cidade adentro, atravessando as ruazinhas estreitas, puxado por uma velhinha acelerada e mandona.

– Você vai descer por ali. Lá na frente, tem a saída. Siga por lá. Não vire à direita, senão você vai sair na estrada dos carros.

Toda autoritária, ela soltou meu braço e apontou:

– Vá!

– Mas eu quero comer alguma coisa primeiro...

De novo, ela me pegou pelo braço:

– Venha!

E com aquele passo miúdo e acelerado, começou a me puxar de novo para outra direção. A essa altura, eu já estava dando risadas. Ela, séria, continuava a me guiar pelo braço.

– Por aqui tem um supermercado!

Ao virar a esquina, diante de uma portinha pequena de mercearia, ela parou bruscamente.

– Está fechado, mas ali tem um café!

Soltando o meu braço, ela atravessou a ruazinha quase correndo e, no meio da esquina, enquanto apontava, gritou:

– Venha, veja a placa! É um café, está logo ali, mas eu não vou te levar lá, você vai ter que ir sozinho! Venha aqui que te mostro a placa!

Pegou-me pelo braço de novo, apontando e olhando para mim, pra ver se eu havia enxergado.

— Você vai lá e come, depois segue em frente, até encontrar uma seta amarela desenhada no chão.

Depois, apontando o dedinho na minha cara:

— Escuta, não vá por outra estrada, escutou bem?! Eu já disse!

Comecei a andar no sentido indicado pela senhorinha, mas ela não se deu por satisfeita. Sem parar de falar, alcançou-me e ainda me levou até a metade da quadra. Depois, parou com as mãos na cintura e ficou apontando, dando ordem. Eu caminhei um pouco, dei uma paradinha e perguntei:

— Mas você garante que por ali não tem fantasma?

Ela estacou:

— Fantasma?!

Eu disse:

— É, cemitério, mortos, fantasma, buuuh?!

Ela fez um gesto, virando-se:

— Bah!... Vá logo e não seja chato!

Quando eu já estava quase chegando na lanchonete, lá vem ela de novo:

— Espera, espera que eu tenho que te mostrar uma coisa!

Pegou-me de novo pelo braço e, na virada da esquina, apontou no chão, quase tocando com o dedo, uma seta amarela:

— Olhe aqui, você tem que seguir sempre setas iguais a esta, entendeu?!

Meu Deus, há seis dias que só faço seguir essas setas... Mas achei engraçado, levei na esportiva e entrei pra tomar meu café.

Pedi duas xícaras grandes de leite com chocolate engrossado e um *croissant* recheado com um delicioso creme de chocolate. Acho até que exagerei na quantidade, mas a fome era grande. Quando saí do café, vi de longe que a tal merceariazinha já estava aberta. Voltei e comprei frutas e uma lata de atum, e peguei a estrada.

Saindo do povoado, vi atrás, entrando no mesmo café, as duas italianas, mãe e filha, que encontrei no segundo dia de caminhada, em Villava. Naquele dia, quando encontrei as duas perdidas no meio das pastagens, a mãe muito nervosa, não acreditei que conseguiriam ir muito além dali. Elas, porém, estão andando muito. Pelo jeito, logo estarão à minha frente.

E lá vêm elas. A mãe na frente, andando meio torta, mancando para a direita e para a esquerda, mas acelerada; a filha, logo atrás. Estou tentando ir mais rápido, para que elas não me alcancem, pois a mãe, além de conversar o tempo todo, só fala em italiano, uma língua que não entendo bulhufas, e fica me cobrando respostas. A filha fala um pouco de inglês e às vezes tenta traduzir alguma coisa, mas o inglês dela é pior do que o meu. Daí, fica aquele falatório cansativo e improdutivo. Vou sair fora.

Depois que sai da área urbana do povoado, a trilha segue no meio de um enorme campo de trigo colhido, com as ramas secas douradas espalhadas sobre a terra.

No meu passo acelerado, acabei de ultrapassar outra família de italianos. Apenas os cumprimentei e segui em frente. Estão os pais e dois filhos: um rapaz de uns 19 anos e uma garota de uns 12. São muitos italianos no Caminho. Enquanto eu tomava meu chocolate na saída de Grañón, encontrei um rapaz que, embora estivesse falando bem em espanhol, parecia ter sotaque italiano. E acertei. Sem ter visto a bandeira na minha mochila, que estava no chão, num canto da lanchonete, ele reconheceu o símbolo do Cruzeiro Esporte Clube nas mangas da minha camisa e me identificou como brasileiro.

Ontem à noite também, quando parei numa lanchonete, numa praça em Santo Domingo, um menino viu minha camisa, elogiou e chegou a dar uma volta inteira em torno de mim, olhando os detalhes. A camisa está fazendo sucesso por essas bandas. Pena que o cruzeiro não faça tanto sucesso.

São 10h25. Continuo a seguir a trilha, quase sempre próximo à estrada de carros. Já estou passando pelo terceiro povoado depois de Grañón. É uma região mais habitada, com os povoados separados entre si por dois ou três quilômetros. O primeiro deles, logo depois de Grañón, é Redecilla del Camino. Lá passei num barzinho, peguei um sanduíche e um refrigerante, depois fui conhecer a famosa igreja milenar. Ao contrário de quase todas as outras lá atrás, nesta havia uma moça fazendo a função de guia turística. Ela me explicou a origem e a história de todos os objetos que me mostrava, inclusive uma bacia usada para batizados no século XII. Mostrou-me o piso, os rodapés e a estrutura do edifício, caracterizado pela arte romana, além da construção da igreja, que é também da mesma época.

O altar principal, construído no século XVI, quase todo recoberto de ouro, é maravilhoso. A peça mais fantástica, porém, é o órgão acústico ao lado do altar. Uma bela obra de arte datada do século XVIII, com acabamento de diversos detalhes em ouro, em perfeito funcionamento. Enquanto acompanhava as explicações da guia sobre o órgão, ouvi atrás de mim: "Hola, Marcio", seguido de alguma frase em italiano que não entendi. Eram as duas italianas. Haviam finalmente me alcançado. Como andam! Agradeci à guia do templo e segui viagem, deixando-as a fazer o seu *tour*.

Esta região é mais bem estruturada para o turismo. Na entrada de alguns dos povoados pelos quais passei, há quiosques de informações turísticas. Onde estou já é a província de Castilha y León. Ao que parece, eles são um pouco mais atenciosos do que em La Rioja. Num dos quiosques, onde parei para tomar água, a atendente me disse que havia passado por lá uma brasileira ontem. Interessante é que estou caminhando há um bom tempo sem ter notícia dos brasileiros que conheci. O último contato que tive com conterrâneos foi com o Jader, de Ribeirão Preto, na cidade de Los Arcos. Eu creio que ele deve estar bem mais adiante, pois é muito rápido. Os outros três, André, Eduardo e um outro de quem não lembro o nome, pode ser que estejam atrás, pois são muito tranquilos, param demais e se divertem. Entretanto, se eu não mais vier a encontrá-los, certamente outros novos aparecerão, como essa brasileira da notícia de hoje.

Ontem, em Santo Domingo, quando passei num albergue para carimbar o meu Passaporte Peregrino, a hospitaleira me perguntou porque neste ano havia tão poucos brasileiros fazendo o Caminho. Eu especulei que possivelmente esse número iria aumentar em setembro ou outubro, por causa da queda de preço das passagens na baixa temporada. Cogitei ainda que a causa poderia ser a desvalorização da moeda brasileira, que faz com que os custos sejam mais altos para nós. A hospitaleira, distinta, parecia uma pessoa culta e educada, tanto que opinou sobre esses assuntos relacionados à economia internacional, questionando se a grave crise econômica da Argentina também não estaria contribuindo para o problema. O assunto só não rendeu mais porque chegou um grupo que ela precisava atender.

São onze horas da manhã. Passei há pouco pelo povoado Castillo Delgado e fiz questão de fotografar a lateral da igreja. Chamou-me a atenção a grande diferença de estilos de arquitetura do templo, em comparação com as outras igrejas que vi até aqui. Nota-se que passou por quatro reformas, algumas aparentemente feitas para restaurar partes que caíram, mas lamentavelmente nenhuma delas respeitou a arquitetura original. A parte mais baixa e algumas das paredes do templo são feitas de pedra, em estilo medieval; depois, acima, vêm as reformas: uma primeira que consiste de uma faixa de pedra desbastada e outras, mais recentes, realizadas nas partes mais altas em estilo atual, sem manter a harmonia arquitetônica com a construção original, incluindo tijolos de cerâmica e telhas atuais.

São quase duas horas da tarde. Estou saindo de Belorado. Este seria o meu destino final para o trecho de hoje, mas como estou me sentindo bem e a perna já não incomoda tanto, acho que vou esticar um pouco mais e tentar chegar a Vila Franca Montes de Oca, a cerca de 10km daqui. Dei uma passadinha na frente de um albergue onde algumas pessoas carimbavam o Passaporte Peregrino – a que chamam de "check-in". Dois deles eu já conhecia, embora não lhes tenha memorizado o nome. Eram pai e filho, de Madrid, com os quais andei um pouco há alguns dias; a outra era uma moça belga, de Bruxelas, chamada Melani. Ela tem uma tia que mora no Rio de Janeiro, esteve por duas vezes lá e fala um português mais ou menos. Os três têm seguido juntos por algumas caminhadas, batendo papo. Conversei um pouco, comi uns palitinhos de peixe frito deliciosos que me ofereceram e os deixei lá, na frente do albergue.

A cidadezinha de Belorado é de porte médio, se comparada às cidades por onde passei. Uma coisa que me chamou a atenção no lugar é como são atenciosos e dedicam consideração aos peregrinos. Por todos os lados, tratam-nos sempre muito bem, com muita cortesia, mas em Belorado há uma atenção maior.

Como hoje é sábado e a cidade ainda está em festa, parece que todo mundo está na rua, divertindo-se não só nas praças, mas também nas calçadas e nas ruas sem movimento de carros, com muitas crianças a brincar, pessoas a caminhar e conversar, e outras a tomar cervejas nas mesas de bar, comendo petiscos.

Quase todo mundo me cumprimenta e muitos puxam conversa, perguntando-me se estou indo bem e de onde saí. Ao verem a minha bandeira na mochila, chamam-me carinhosamente de "brasileiro" e alguns até arriscam um "Bom-dia, como está você?!" Houve quem me convidasse para sentar à mesa e até para ficar hospedado aqui. As crianças me cumprimentaram com um "hola!" muito à vontade. Sensacional! Senti até certa intimidade com a cultura local e confesso que tive vontade de ficar e tomar uma boa taça de vinho.

Na saída, pelo acostamento da rodovia, dois carros passaram por mim, diminuindo a velocidade de tal forma que fiquei até constrangido. Não precisavam de tanto cuidado. Um deles inclusive buzinou para outro, fazendo sinal para que ficasse atento comigo. Mais adiante, um grupo de pessoas fazia caminhada juntos. Praticamente todos, mesmo a certa distância, acenaram, cumprimentaram e desejaram "buen camino". Um que identificou a bandeira gritou: "De onde eres, Brasil?". Enfim, uma acolhida que fez a diferença, diante de toda a cortesia que recebi por onde passei.

Na saída da cidade, ainda notei placas anunciando quartos para alugar, inclusive um hotel duas estrelas, com piscina. Além da receptividade das pessoas, há também essa quantidade toda de lugares para se hospedar. É mais um motivo para lamentar e me arrepender de não ter ficado, mas já que decidi seguir, vou andar.

Estou seguindo agora por uma estradinha própria do Caminho, de terra batida e cascalho fino. Ao lado, a vegetação é parecida com a dos campos dos primeiros dias, inclusive as ramas de amorinha-capeta, cheias de espinhos. Mas também lembra os cerrados da região onde nasci, no Brasil, até mesmo no que se refere às estradinhas, pelo meio do cerrado, com a vegetação fechando-se dos lados.

De repente, essa semelhança com a região que foi tão presente na minha vida puxou muitas das recordações daqueles lugares da minha infância. Vieram-me lembranças tão nítidas que até a temperatura e o toque do vento na pele me remeteram para lá.

Eu havia reparado, desde ontem, que havia crescido uma bolha sobre o dedão do meu pé direito e outra na lateral. No estado em que cheguei ontem, porém, depois das confusões mentais e experiências estranhas pelas quais passei, não tive condições de curá-las. Deixei para fazer isso hoje de manhã. Então, quando acordei, peguei uma agulha com linha de algodão cru, que trago na mochila para esse fim, e encharquei-a com Merthiolate. Depois passei a linha dupla por dentro da bolha, como se estivesse dando um ponto de costura. Em seguida, amarrei bem as duas pontas da linha, para que não se soltasse ao longo do dia, e encharquei-a novamente com Merthiolate, para que se infiltrasse na bolha.

Hoje, assim que pude tirar as botas para conferir, verifiquei que as bolhas estão secas. Não estão incomodando, pelo menos até agora, como me incomodaram ontem. Essa é a técnica certa para drenar as bolhas que ocorrem durante a peregrinação. É muito eficiente, pois o Merthiolate, que é antisséptico, penetra na bolha, infiltrando-se pela linha, e em seguida os líquidos são drenados, também através da linha, fazendo com que a bolha seque e a pele volte a aderir no lugar. Sem essa técnica, as bolhas podem ser fatais; podem tirar qualquer um da caminhada, pois se estourarem e a pele sair, a carne viva exposta tende a se expandir e se transformar numa ferida, que vai crescer e se tornar insuportável.

Quanto à tendinite, creio que ela está totalmente sob controle. Não estou sentindo mais nada. Por algumas vezes, passei a mão para sentir o inchaço, mas a impressão é a de que ele regrediu muito, talvez esteja quase normal.

Hoje de manhã, conversando com um espanhol, ele me disse que o idioma galego tem uma palavra que é sinônimo perfeito para "saudade". Comentávamos que "saudade" é um termo cujo sentido pleno só existe no português; que não há em nenhum outro idioma palavra com o mesmo sentido, que expresse o mesmo sentimento ao qual nos referimos quando falamos de saudade. Ainda assim, parece-me que é uma palavra que em Portugal não é muito usada.

Perguntei qual seria essa palavra e ele me disse que é "morrinha". Eu disse, porém, que essa palavra existe em português também, mas com sentido bem diferente. Expliquei que para nós morrinha pode ser entendida como indisposição, mal-estar, preguiça. Há ainda uma palavra oriunda dos dialetos indígenas que tem mais ou menos o mesmo sentido, que é "nhaca", mas que "inhaca" pode ser também sinônimo de mau cheiro do corpo. Que confusão semântica! Ele achou muito engraçado, e eu também.

Nessa rota, a gente caminha sempre de Leste para Oeste. Por isso, o sol me atinge pelas costas pela manhã e à medida que o dia avança, sobe até o meu ombro esquerdo; à tarde, tomo o sol de frente, diretamente na cara. Isso porque nessa latitude – norte da Península Ibérica –, mesmo no verão o sol incide com certa inclinação, pois estamos afastados da linha do Equador. Aqui não acontece a situação de "sol a pino" ao meio-dia, como no norte do Brasil. Aqui o sol está sempre de lado. No inverno, obviamente, essa inclinação é muito maior. Eu, desprevenido, fixei a capa da minha máquina fotográfica e do cantil no meu cinto, do lado esquerdo. Assim, estão tomando sol direto desde o primeiro dia. E todo dia, quando a água e a câmera esquentam, faço o compromisso de mudá-los de lado, assim que chegar no albergue seguinte, pois tirar isso tudo e recolocar exigiria um esforço que não convém durante a caminhada. Só que à noite eu me esqueço dessa providência. Enquanto isso, vou bebendo água morna e testando até quando a câmera vai durar.

Ao longo dos últimos dois ou três quilômetros, à margem esquerda da trilha, há uma fileira de árvores frutíferas das quais não sei o nome. As frutas têm o formato de pera, só que bem menores e mais alongadas, e de cor roxa, algumas quase pretas. Experimentei uma, mas a achei muito azeda. Ouvi dizer que são plantadas para que os peregrinos desfrutem. Enquanto tentava apanhar a fruta na árvore, apareceu na trilha um grupo de três casais de ciclistas franceses. Com tantas árvores iguais ao longo da estrada, vieram justamente para a mesma em que eu estava. Fiz menção de cumprimentá-los, mas nenhum sequer me olhou, e foram logo puxando os galhos e pegando as frutas sem me notar. Afastei-me um pouco e me posicionei ao lado, apoiado no cajado, olhando com cara de quem estivesse assistindo a uma demonstração de algo esquisito.

De fato, além da arrogância típica, que conheci muito bem no meu primeiro dia de caminhada ainda na França, os trajes deles eram engraçados, especialmente os dos homens: shortinhos coloridos colados no corpo de senhores magrelos (pelo menos um deles era acima dos 60 anos), com direito a recorte "sexy" na lateral. Vendo que não iriam "cair na real", peguei minha frutinha na árvore seguinte, tirei meu canivete para cascar e cortar e continuei meu caminho.

Adiante é uma subida leve, com bastante poeira e cascalho solto. Quando estava no meio desse trecho, vi que os franceses haviam arrancado lá embaixo a toda velocidade, e pensei: "Ainda bem que essa gente diferente vai embora", mas para meu desgosto a velocidade deles só durou até onde eu caminhava. Um a um, depois de pedalar desesperadamente na marcha mais fraca, foi parando e descendo para empurrar a bicicleta. A mulher que tinha a postura menos simpática de todos lutou feito louca para ir mais alguns metros, mas foi parar a meu lado. Ao descer da bicicleta, sofreu um escorregão e por pouco não caiu bem na minha frente.

Tentando se recompor, ainda sem graça, ela se virou para mim e me cumprimentou: "Hola!" Eu estava caminhando firme, comendo minha frutinha com meu canivete, olhando para o chão, e continuei assim. Apenas acelerei o passo e em poucos metros ultrapassei todos eles, sem olhar, sem dizer nada. Minutos depois, ouvi uma das mulheres gritar. Olhei para trás e vi que ela fazia sinal de que não conseguiria, pedindo ajuda aos parceiros. Eu tão somente continuei. Pelo menos uns dez ou quinze minutos depois, bem adiante, na descida, eles passaram acelerados e se foram.

São 15h15. Estou passando pelo povoado de Tosantos, sob um sol abrasador. Minha roupa está encharcada. Sinto as gotas de suor escorrerem pelas minhas costas, debaixo da mochila. Adiante, avisto uma catedral construída na montanha. Parece que foi esculpida na pedra. Tentei tirar uma foto, mas não sei se vai ficar boa, por causa da distância. Vejo aqui que se trata da Ermita de la Virgen de la Peña.

Na saída da cidade, parei num pequeno bar para comprar água; naquela hora, começava um jogo da seleção brasileira na televisão. Apenas o dono do bar e uns três ou quatro clientes estavam ali naquele momento, e nenhum prestava muito atenção ao jogo. Sentei-me numa cadeira próxima da porta para assistir um pouco, mas quando começou a tocar o Hino Nacional, com a imagem da bandeira brasileira aparecendo na tela, tremulando maravilhosa, meus olhos se encheram de lágrimas e meu peito apertou.

Eu nunca tinha ouvido o hino do meu país estando tão longe. Foi como se eu estivesse em outro planeta há anos e de repente visse a minha essência ali, naquela telinha de televisão. Uma saudade muito grande me fragilizou e tratei de antecipar a minha saída do bar, para ninguém me ver chorando.

Depois de Tosantos, tomei uma estradinha de terra e, dois quilômetros depois, entrei no pequeno povoado de Villambista. Parece apenas uma ruazinha que cruza a estrada, com algumas poucas casas dispersas. Porém, diferentemente de quase tudo que vi por onde andei, são construções modernas e amplas, algumas com carros de luxo parados na frente.

Assim que atravessei a rua principal, parei sob uma árvore em que a sombra fresca e a grama verde e macia me pareceram ideais para uma pausa. As minhas costas doíam muito, dando a impressão de que eu poderia entrar em colapso se insistisse em andar sob um sol tão forte.

Baixei a mochila, recostei-me sobre ela e relaxei por alguns minutos, enquanto folheava o meu guia. De repente, ouvi vozes de crianças brincando. Não demorou para que aparecessem, vindo de trás da primeira casa, a uns 15 ou 20 metros. Assim que me viram, aproximaram-se correndo. Na frente, uma menininha loira, linda, de uns quatro anos de idade, seguida por outras duas garotas de cerca de sete ou oito anos. Antes mesmo de chegar, a loirinha foi perguntando:

— Estás cansado?

— Sim, estou, mas só um pouquinho.

Sem nenhuma cerimônia, ela se ajoelhou a meu lado e, apontando para o cajado, perguntou:

— Essa madeira você usa para andar?

Foram chegando então mais crianças: outras duas garotinhas, com idade entre sete e dez anos; uma mocinha de uns doze; e mais três garotos entre oito e dez anos, nas suas bicicletas. A euforia foi geral. Os meninos, mais atrás, soltaram as bicicletas no chão e se aproximaram. As meninas, menos formais, foram se sentando na grama, em volta de mim. Todo mundo queria perguntar alguma coisa, ao mesmo tempo.

A pequenininha, que depois fui saber se chamava Laura, pediu para brincar com o cajado e se levantou, tentando usá-lo como se fosse uma vara para saltos. A segunda garota, que parecia ser sua irmã mais velha, tomou-lhe o cajado das mãos e começou a andar com ele, fingindo que mancava. Enciumada, Laura se dirigiu a mim fazendo carinha triste, pedindo que eu interferisse, pois queria brincar com o cajado; a outra entendeu e o devolveu a ela, deixando-a feliz.

Perguntaram-me sobre tudo: os detalhes da mochila, quanto eu havia andado, onde dormia, o que comia e de onde era. Quando disse que era do Brasil, uma delas, admirada, perguntou:

— Mas as pessoas do Brasil não falam português?

— Sim.

— Então por que você fala espanhol?

— Estou aprendendo a falar espanhol com vocês e com as pessoas aqui da Espanha — eu respondi e logo perguntei à turma:

— Quem vai me ensinar a falar uma palavra nova em espanhol? — E todo mundo se agitou:

— Eu, eu!...

Peguei então a primeira coisa que encontrei na sacola — uma lata de atum — e mostrei:

— Como se fala o nome disto em espanhol?

Enquanto os menores tentavam pegar a latinha para ver melhor, outros gritavam:

– ¡Atún! ¡Lata de atún!

Vendo que estavam fazendo pouco caso da pequena, eu disse:

– Esperem, eu quero que a Laura me ensine a falar o nome disto.

A pequena ficou me olhando, sorrindo acanhada. Depois de repetirmos juntos "¡Lata de atún!", comemorei e agradeci por ela me haver ensinado palavras novas, deixando-a envaidecida.

Nessa hora, uma senhora distinta e bem vestida chegou com biscoitos e um copo numa pequena bandeja, trazia ainda na mão que estava livre uma jarra com suco e o ofereceu a mim. Encabulado com essa gentileza, levantei-me com cortesia e disse a ela que não precisava ter-se incomodado. Ela sorriu e falou que eu podia comer à vontade. Em seguida, abraçou e beijou a menina Laura e fez recomendações à irmã mais velha da pequena, despediu-se e retornou para dentro da casa.

Sentei-me novamente na grama, comendo os biscoitos e dividindo-os com as crianças, enquanto a conversa continuava, no ritmo da divertida curiosidade e alegria delas. Contaram-me que algumas moravam em Burgos, outras em Madrid. Ali em Villambista viviam os avós. Também era o lugar onde seus pais tinham fazendas e para onde se dirigiam nos fins de semana e nas férias, para brincar e reencontrar amigos e primos vindos também de outras cidades.

Uma das garotinhas contou que no dia seguinte haveria uma festa à fantasia no povoado e me perguntou se eu iria participar. Quando eu disse que não podia, insistiram para que eu ficasse. Levando o assunto pela seara da fantasia, eu disse:

– Eu quero ficar para a festa só se puder me fantasiar de um bruxo bem feio e Laura se fantasiar de uma bruxinha bem linda.

Isso provocou a típica gozação das crianças, especialmente dos meninos, que entoaram: "Laura vai ser bruxa!" Ao perceber que ela não havia gostado, tratei de reparar, mudando a fantasia para uma fada linda que sabia fazer mágicas.

Antes de sair, eu disse que queria tirar uma fotografia de todos. Na maior agitação, eles começaram a se posicionar. Cada um queria aparecer na foto segurando um dos meus objetos. Um pegou o cajado, outros se abraçaram à mochila, e outro ficou segurando a sacola. Mais uma vez a pequenininha ficou sobrando, sem nada para segurar, mas logo achou uma solução: pegou a latinha de atum e a levantou, sorrindo para a foto. Fiz uma foto só deles, depois coloquei a câmera no tripé, acompanhado de perto pelos olhares curiosos da turma, e fiz outras sentado na grama junto com eles.

Quando peguei a mochila para colocá-la nas costas, rapidamente o menor dos garotos veio me ajudar a levantá-la, sendo seguido por uma garotinha. Cada um deles agarrou de um lado, fazendo força para que eu encaixasse as alças nos ombros. Os garotos prontamente pegaram as bicicletas, dizendo que iriam me acompanhar por uma parte do Caminho, mas pedi que um deles fosse antes avisar os pais, para saber se poderiam ir. Rapidamente ele voltou com a autorização e pegamos a estrada. As meninas ficaram paradas de pé a nos ver seguir pelos dez ou vinte metros iniciais, e voltaram para casa na mesma correria com que haviam chegado.

Os três me acompanharam pela subidinha leve da estrada de terra da saída, mas o menor se cansou logo e pediu pra voltar. Paramos um pouco para acompanhar-lhe a volta e continuei com os dois mais velhos, brincando de fazer entrevistas no meu minigravador. Um deles me perguntou se eu voltaria a fazer o Caminho novamente, dali a uns quatro anos, quando ele estivesse maior, pois queria me acompanhar de bicicleta até Santiago.

Pouco mais de um quilômetro depois, ganhamos o alto da colina, de onde se avistava outro pequeno povoado. Ali recomendei que voltassem, pois daquele ponto em diante sairiam da vista dos familiares. Eles insistiram em continuar, mas alertei que seus pais poderiam se preocupar. Então ficaram no alto da colina, parados por um tempo, enquanto eu continuava a descer. Depois que andei alguns metros, virei-me e eles ainda estavam no alto, montados nas bicicletas. Acenei e ambos acenaram de lá, gritando: "Adios, peregrino!".

São cinco e meia da tarde. Estou entrando no povoado Villafranca Montes de Oca. No trecho de chegada, peguei a autoestrada que liga

Logroño a Burgos e atravessa o povoado. É um trecho ruim para se caminhar pelo acostamento, que em algumas partes é estreito, com carros a passar em alta velocidade. A estrada e a entrada da cidade têm o estilo de muitas das cidades brasileiras: o posto de gasolina, as borracharias e oficinas...

Antes de entrar na área urbana, próximo à cabeceira de um viaduto, parei numa pequena praça para improvisar um lanche de atum com pão. Eu, que já gostava de atum, mesmo com a qualidade do que se compra no Brasil, fiquei fascinado não só com a qualidade, mas também com o preço do atum que é vendido na Espanha. É uma delícia! Agora só resta entrar na cidade, localizar o albergue de peregrinos e torcer para que tenha vagas.

São 19h30. Ainda faz calor, com sol forte. Na entrada de Villafranca, informaram-me que provavelmente o albergue convencional estaria lotado. Mas havia um albergue de campanha montado em frente à Catedral. Fui até lá, garanti minha vaga, tomei um banho, lavei minha roupa e agora estou relaxando numa barraca confortável e arejada. Visto de longe, parece um acampamento militar: barracas com estampa de camuflagem, alinhadas em semicírculo; no meio, uma infraestrutura completa com banheiros muito limpos, ducha forte e quente e tanques de lavar roupa, além de cozinha e copa com panelas e talheres disponíveis. Militares fardados ajudam na limpeza e na organização. Cada barraca tem quatro colchões de espuma, firmes e confortáveis, com lençol descartável e manta para o frio.

Os alto-falantes da catedral acabam de anunciar que sairá uma procissão em quinze minutos. Depois, parece que haverá missa. Meus pés estão bem estragados e doloridos, mas depois de relaxar um pouco, acho que vou aguentar ir até lá, pelo menos para conhecer.

São oito e meia da noite. Ainda é dia claro aqui, com sol forte no céu, como se fosse o sol das quatro da tarde no Brasil. Hoje é sábado, 11 de agosto.

Ainda nem escureceu, mas já me aborreci: não há um só boteco aberto, nenhuma lanchonete, nada! Apesar da dor nos pés, resolvi fazer hora e esperar pelas ruas pra ver se abre alguma coisa, pois eles costumam ir para casa jantar e depois retornam para os estabelecimentos. Enquanto isso, tento conhecer o museu da cidade, anexo à igreja, mas também ele está fechado.

Indicaram-me um restaurante longe daqui que costuma permanecer aberto; quando cheguei lá, porém, o dono do bar disse que só serviam comida às nove horas, nem antes nem depois. Procurei um telefone público para falar com minhas filhas, mas só depois que o aparelho engoliu várias moedas é que alguém me disse que ele não fazia ligações internacionais.

Estou revoltado. Como se não bastasse isso tudo, há ainda a fome, a dor nos pés e nas costas (devido ao cansaço do dia de caminhada) e a falta de notícias de casa; ainda por cima, o meu braço esquerdo está totalmente queimado pelo sol e arde como se estivesse em fogo, e me esfolei todo nos espinheiros quando fui ver se minhas roupas estavam secas no varal, pois ralei a mão numa rama de cipó espinhento. Isso dói mais do que todos os espinhos de amora-capeta dos dias anteriores.

Com ódio de minha própria displicência, dei um chute no que pensei fosse um montinho de grama, mas era uma moita desse mesmo espinho – e eu estava de chinelo! Agora os arranhões estão ardendo e sangrando, e a pele em volta ficou irritada, parecendo uma reação alérgica aguda. Apesar da coceira insuportável, não consigo tocar no lugar afetado, por causa da dor.

Espero que essa praga não me cause uma infecção. Vou enfiar o meu tapa-ouvidos de silicone, colocar a máscara anticlaridade e tentar dormir, para poder levantar cedo amanhã e sair desta cidade. Amanhã pelo menos devo conseguir chegar em Burgos. Quero procurar um bom restaurante, independentemente do preço, e pedir um prato gigantesco de macarronada italiana com bastante queijo, depois ir para um hotel com ar-condicionado, ligá-lo no nível mais frio e dormir umas doze horas. Quem sabe, fico uns dois dias nessa mordomia... Eu mereço, eu também sou filho de Deus!

Ouvi dizer que Burgos é uma cidade muito bonita. Quero sair pra passear devagarinho nas ruas (depois que os pés melhorarem), tomar sorvete, sentar na praça sem ter de arrancar de novo para pegar a estrada. Quero telefonar para minhas filhas, saber como elas estão; passar numa *Lan House* e enviar umas fotos, comprar filme fotográfico e pilhas. Preciso urgentemente de civilização e descanso!

São dez da noite. Embora ainda esteja claro, caí num sono pesado que durou pouco mais de uma hora, talvez por causa da fome. Conferindo o guia para planejar o trecho de amanhã, constatei que não há nenhuma vila e nenhum comércio nos próximos 16 quilômetros. Eu tinha de providenciar alguma coisa pra comer. Então voltei à cidade e, por ironia, consegui ser atendido justamente no restaurante dos chatos, onde o dono é quem marca a hora de as pessoas jantarem. Cheguei atrasado para o jantar, mas pelo menos fizeram pra mim dois sanduíches de omelete, a que eles chamam de "bocadilho de tortilha". Embrulhei um para trazer e comi o outro, acompanhado de um copo duplo de leite com chocolate. Era só o que havia. O resto era porcaria, além de o dono ser um sujeito sem educação, grosseiro e com aspecto pouco higiênico. De vez em quando, saía lá de dentro, da cozinha, uma mulher ainda mais ranzinza.

No entorno da Catedral de Burgos (Castilla y León/Espanha)

De Villafranca Montes de Oca a Burgos

Hoje são 12 de agosto, domingo, sete e vinte da manhã. Estou iniciando a minha nona jornada rumo a Santiago de Compostela, saindo da cidade de Villafranca Montes de Oca. Ao contrário do calorão de ontem, está uma manhã excepcionalmente fria, com uma brisa gelada cortante soprando continuamente. Por isso, pela primeira vez vou ter de vestir agasalho. Apesar de ter me levantado tarde, dormi mal. Como disse, o albergue é um acampamento de barracas de lona, e durante a noite a temperatura caiu demais, gelou. Além disso, o colchão estava meio inclinado e o saco de dormir escorregava. Eu me encostava do lado que estava mais alto, mas de repente acordava caindo do colchão, do outro lado. Por várias vezes, acordei com os pés fora do colchão e me recompus, mas depois disso demorava a dormir.

Com a temperatura baixa, parece que as dores são mais intensas. Nas vezes em que eu acordava, era como se meu corpo todo estivesse sendo moído. Doía ao longo de toda a extensão das pernas e dos braços, uma dor que não era normal e que eu ainda não havia sentido, pelo menos no meio da noite. Deve ser por causa do frio.

A saída da cidade é por uma trilha estreita, como as trilhas de gado nas pastagens, com subida suave serpenteando entre uma mata e uma muro antigo. O sol não vai demorar a apontar lá atrás, no horizonte, e vou seguir com passo firme pelos próximos 16km, almoçar e seguir até Burgos.

Como saí um pouco tarde, o acampamento estava praticamente vazio, com poucas pessoas lanchando na copa e algumas a entrar nos banheiros. Eu fico observando os costumes e hábitos culturais diferentes das pessoas daqui e me deparo com curiosidades interessantes: a pia do banheiro, que usamos em geral para escovar os dentes e lavar as mãos, aqui tem uma tampa no ralo, cuja finalidade ainda não descobri. Nas pias de lavar roupas, onde acho indispensável a tampinha do ralo, quase sempre não há; isso me leva a levantar uma suposição: será que eles lavam a roupa na pia do banheiro?

Os chuveiros são outra história, pois têm duchas semelhantes às nossas duchinhas higiênicas usadas no vaso sanitário, porém bem maiores e com uma mangueira flexível longa. Por incrível que pareça, algumas delas não têm como serem fixadas para que a pessoa possa entrar debaixo do jato d'água e se enxaguar. Só é possível molhar o corpo segurando-se a ducha com uma das mãos. Então imagine você acabar de ensaboar o cabelo, olhos fechados e ardendo, ter de sair apalpando o ar pra ver se encontra a ducha para, só então, procurar o registro e abrir a água? Um drama.

Em muitos lugares, sequer há gancho para dependurar a ducha; assim, ela fica solta no chão. E quando a pessoa abre o registro, ela começa a esguichar água gelada pra tudo quanto é lado. Houve um caso em que o gancho para fixar a ducha ficava tão baixo que o jato d'água chegava à cintura. Se me perguntarem como se lava a cabeça com aquilo, sinceramente eu não sei como responder.

Em outro caso, a ducha esguichava para trás, molhando a parede. Agora imagine o infeliz tentando enxaguar o cabelo dando cabeçadas na parede...

No hostel em Santo Domingo, por exemplo, havia uma banqueta de plástico no lugar de se banhar, mas ainda assim era impossível abaixar-se para lavar a cabeça sob o chuveiro. Imaginem se eu iria me assentar na banqueta de um boxe de banheiro velho, úmido e de limpeza duvidosa! Nunca! Aquilo deve ser uma cultura de bactérias e germes ancestral.

Além disso, há velhos e antiquados bidês, alguns dos quais muito estranhos e até engraçados. Uns são apenas aquela peça semelhante ao vaso sanitário, mas sem a duchinha no fundo. E tudo indica que usam essa espécie de bacia enchendo-a de água, sabe-se lá para quê.

São 7h45 da manhã. Aquela mesma trilha estreita agora ganha uma planície que lembra os chapadões de samambaia do cerrado brasileiro. Vinha refletindo aqui, lembrando-me das pessoas que conheci nos primeiros dias de caminhada: quase não tenho visto nenhuma delas, à exceção das duas italianas que, por mais que eu acelere, por mais que faça trechos extras no fim da tarde, estão sempre ali no meu encalço.

Ontem, quando voltei ao bar à noite para comprar os sanduíches, lá estavam elas, jantando numa mesa de canto. Mal entrei, a mãe me cumprimentou: "Hola, Marcio!", e daí veio aquela conversa mole, em italiano, perguntando: "tendinite?", e eu "tendi" nada. Falava um monte de coisas, mas eu entendia somente "tendinite". Como já estava irritado com o dono do bar, respondi, sem olhar para elas, para não esticar o assunto:

– Bueno! Bueno!...

Enquanto eu esperava o meu sanduíche, ela insistia, falando e perguntando. Sem nenhuma paciência, só de gozação, resolvi dar o troco na mesma moeda: comecei a falar com ela somente em português, descendo a lenha no dono do bar, em voz alta, às vezes olhando para o próprio:

– Ninguém tem saco para tolerar esse dono de boteco sujo. Que sujeitinho incompetente. Além de tudo, é ele quem decide a hora em que o cliente pode jantar e o que vai comer. Não tem educação, é um grosseiro, e o bar dele cheira mal. Aquela velha horrorosa que fica lá dentro, na cozinha, parece uma bruxa. Que povo nojento, você não acha?!

E insistia, perguntando a opinião dela, que não entendia nada. No meio daquela ladainha, só para satisfazer o meu ego vingativo, ainda soltei umas frases pra ela:

— E a gente ainda tem de aguentar a conversa mole de umas italianas chatas, que não param nunca de encher o saco da gente... A senhora não concorda comigo?

Ela, sem entender nada, ficava sorrindo pra mim, fazendo gesto de quem concordava com tudo o que eu falava.

A minha irritação se agravou porque eu tinha pedido ao filho do dono do bar um sanduíche de queijo com presunto. Ele anotou e eu fiquei esperando. Passou-se um tempo enorme, até que o velho veio à mesa perguntar qual era o meu pedido. Eu disse que o rapaz já havia anotado e levado para a cozinha, mas repeti: "Um sanduíche de queijo com presunto". Então, ele me disse que não tinha e que não fazia sanduíche combinando queijo com presunto. Eu fiquei muito irritado, mas me contive. Ora, onde já se viu, simplesmente por capricho do velho dono do bar, negar-se a vender um sanduíche de queijo com presunto, a combinação mais comum no mundo inteiro!

*

Apesar do espinheiro e da inclinação do colchão, a barraca do albergue de campanha era boa – tudo novo e bem cuidado. Na minha barraca, ficaram dois franceses e um espanhol. Estes franceses, ao contrário de outros que tenho encontrado, são pessoas educadas e simples. Estão indo a pé, desde Saint-Jean. O espanhol já estava na barraca quando eu cheguei. É de uma pequena cidade próxima à Barcelona e está fazendo o caminho de bicicleta. Pelo estilo da bicicleta e dos trajes, da forma de falar educadamente, nota-se que é pessoa de bom nível social. Pelo celular, ele ligou para familiares, saindo da barraca para falar, e conversou em sua língua nativa, o catalão, por um bom tempo. Depois voltou para a barraca e ficou lendo.

São oito horas da manhã e eu continuo a seguir pela mesma estrada estreita de cascalho, atravessando um campo parecido com o cerrado brasileiro. Em alguns trechos, uma vegetação semelhante à samambaia dos nossos chapadões. A vegetação de arbustos embaixo das pequenas árvores retorcidas é uma gramínea forrageira repleta de pequenas flores cor-de-rosa, em alguns trechos. Olhando para trás, ainda enxergo, longe, as cordilheiras, com montanhas altas no horizonte. Até agora não havia aparecido ninguém neste trecho, mas acabo de avistar um grupo de quatro pessoas à minha frente, mas não consegui identificá-las ainda.

São nove horas da manhã. Alcancei os quatro peregrinos. Eles são espanhóis de Navarra. Caminhamos juntos por alguns minutos, passando por um monumento aos peregrinos. Tiramos fotos e segui a passo mais acelerado, deixando-os para trás. Depois disso, andei bastante tempo sem encontrar vivalma. Pelos meus cálculos, não será tranquilo chegar a Burgos, pois ainda faltam 39 quilômetros – a mesma distância que fiz de Estella a Viana, onde cheguei às 10 da noite. Mas vou manter o ritmo até o povoado de San Juan de Ortega, a 8 ou 10 quilômetros daqui. Chegando lá, avalio as possibilidades. A partir de San Juan, há duas alternativas: uma pelo caminho tradicional, um pouco mais longa, e outra pelas margens da rodovia, um pouco mais curta, mas que eu não gostaria de escolher, pois o trânsito, com o barulho da rodovia, causa-nos sensação de insegurança. Isso deixa a gente ainda mais cansado, sem contar o risco, que é maior.

Agora a trilha passa no meio de uma floresta alta de araucárias, totalmente à sombra, a exalar um cheiro bom das árvores. Tomara esse trecho fresco e agradável seja longo, principalmente porque estou novamente com falta de água. O meu cantil secou há algum tempo, e nesses chapadões não deve haver água. Depois de certo ponto, a estrada se torna bem mais larga. Com isto, a sombra já não me atinge mais. O sol nas costas já me incomoda.

Logo adiante começa uma descida e surge um horizonte extenso, com campos de trigo seco a perder de vista. Quando ganhei o ponto de onde se enxerga a estrada adiante, percebi a silhueta de duas pessoas. Eram peregrinos, pois levavam mochilas, mas espero que não sejam as italianas.

Não precisei andar muito para descobrir que eram elas. Vou tentar apressar o passo para ultrapassá-las e seguir adiante. Como andam essas mulheres! Acho que é uma característica dos europeus. Parece que eles têm mais resistência para caminhar longas distâncias. As duas, que nos primeiros dias pareciam quase derrotadas, na verdade estavam apenas sem treino. Depois de 8 ou 10 dias, estão mais fortes e mais rápidas do que nunca, caminhando com firmeza.

Ontem comentei sobre isso com dois espanhóis, aqueles, pai e filho, que caminhavam com a Melani, de Bruxelas. Enquanto andávamos juntos, a Melani, uma garota de cerca de vinte anos que leva uma mochila proporcionalmente grande para ela, saiu à frente com passos firmes e desapareceu de vista, sem aparentar cansaço. Daí eu brinquei que aquilo deveria ter explicação na Teoria da Evolução, pois os europeus são descendentes diretos do *Homo sapiens*, que era nômade e desde priscas eras andava a vida toda pelo mundo afora. Essa prática, ao longo dos séculos e milênios, geração após geração, fez com que desenvolvessem seus sistemas ortopédicos mais bem condicionados para andar. Deve ser algo genético.

Enquanto isso, os brasileiros, descendentes dos índios, que há milênios passam a vida quietos à beira de rios e florestas, um tanto sedentários, caminhando pouco, no máximo para ir à mata pegar uma caça ou ao rio pescar um peixe, fez com que nossas estruturas genéticas não se desenvolvessem bem para andar. Por isso, creio que não somos bons para longas caminhadas. Ao ouvirem a minha teoria, eles riram muito, mas acharam que ela não seria totalmente improvável.

À medida que fui me aproximando das duas italianas, não pude deixar de reparar o quanto ambas estavam mancando, caminhando com dificuldade. Elas reclamam de bolhas e calos em toda a extensão dos pés e pretendem ir até San Juan de Ortega. Amanhã, sairão bem cedo para chegar a Burgos, onde pretendem ficar por alguns dias. O propósito delas coincide com o meu e reforça a minha intenção.

Acelerei o passo, deixando-as para trás, e depois de poucos quilômetros avisto a torre de uma igreja, a indicar que havia ali civilização e principalmente água.

São 11h15. Estou saindo de San Juan de Ortega, pegando novamente a estradinha que segue pelo meio da mata de araucárias. Daqui até Burgos serão 23km, uma distância que dá para fazer, sem esforços extraordinários, em cerca de seis horas de caminhada contínua. Entretanto, se por um acaso eu sentir que não dá pra chegar, terei alternativas de pernoite no meio do caminho.

Acabei de sair da mata de araucárias no alto de uma campina de pastagens onde o caminho são trilhas de gado. É um lugar bonito, com vista de colinas ao longe, a lembrar-me as invernadas de pastagens nas fazendas do meu pai, por onde eu andava na minha infância, no interior de Minas. Posso sentir até o cheiro de esterco seco de gado, típico das invernadas. Esse ambiente me remeteu a momentos da minha infância. Volto a sentir as mesmas sensações de transe, nas quais tenho a impressão de poder viajar no tempo e no espaço, a visitar momentos do meu passado.

Na minha infância, eu acompanhava meu pai em caçadas nas quais a gente passava por muitas fazendas com ambientes parecidos com este aqui: o cheiro, a temperatura e umidade da brisa a soprar no rosto e nos braços, e especialmente a reprise de momentos passados na minha mente, tão nitidamente que dá pra confundir se estou aqui, agora, no presente, ou lá atrás, no passado.

De repente, a poucos metros da trilha, uma árvore isolada no meio do pasto reforça a minha viagem no tempo. Era debaixo de árvores assim, de copa frondosa, que a gente se sentava para descansar, comer o lanche... Não pude evitar de parar e sentar ali, para reviver o meu tempo de infância.

Coloquei a mochila de lado e me recostei na grama. Por um momento, vi-me na fazenda Barreiro, onde nasci e cresci, deitado embaixo de uma árvore, sonolento, olhando para o céu e vendo umas poucas nuvens se movimentarem. Naquela época, na minha imaginação, eu podia voar mais alto do que os urubus e os carcarás. Sinto aqui, novamente, a mesma sensação, neste momento.

Mais que isso, percebo que posso voltar no tempo e reviver episódios do meu passado; posso escolher o momento e as pessoas que os viveram junto comigo e estão sempre lá. Posso falar com eles, ouvir-lhes a voz. É incrível, mas posso conversar com meu pai, com minha mãe, com meus irmãos; posso escolher o que a gente vai falar, onde e quando eu quiser, e eles estão lá. Ouço as vozes na minha mente.

A grama macia, a brisa conhecida, o cheiro do ambiente e o friozinho nos braços me levam a um conforto inexplicável. Viro a cabeça de lado e avisto as colinas próximas à cidade de Tiros, os morros do Selado, os grandes espigões da beira do rio Abaeté, lá de Minas Gerais. Seria isso mesmo? Sim, eu não tinha dúvidas: o formato das montanhas, a distância, a cor do horizonte azulado e o vento soprando... tudo igual! Eu senti que havia sido remetido para lá, que havia voltado no tempo.

Eu não sei quanto tempo passei deitado, talvez tenham sido alguns minutos apenas, mas sei que dormi profundamente. Acordei com frio nos braços e me sentei como se tivesse acabado de sair de um sonho bom, e estranhamente com saudade das pessoas com as quais interagi nesse transe de volta ao passado de agora há pouco. Eu estava revigorado, sentindo-me animado. Enquanto me levantava e recolocava a mochila nas costas, notei que no tronco da árvore debaixo da qual eu havia cochilado havia um bonito cruzeiro e uma espécie de altar improvisado. Fiz um gesto de deferência e o sinal da cruz e saí.

Do alto dessas colinas, um pouco mais adiante, avistei um pequeno povoado isolado no meio das campinas, na parte mais baixa de uma planície, a uns 800 metros. Na mesma direção, um outro mais distante, a cerca de uns quatro quilômetros, e um mais distante ainda, no horizonte, que pode ser a cidade de Burgos.

Era pouco mais de meio dia quando saí do primeiro povoado, Agés. A área urbana, bem delimitada, aparentemente não tem extensão muito maior que uma ou duas quadras, mas tudo é interessante: casas bonitas, de construção clássica, com vasos e canteiros de flores nas varandas, nos jardins em frente das casas, por toda parte. É um lugar aparentemente acolhedor e pitoresco. Dá vontade de parar, mas tenho de seguir em frente.

Dois quilômetros depois, chego em Atapuerca, não muito maior que Agés, talvez do mesmo tamanho, embora mais espalhado. Na saída da cidade, sentei-me à mesa externa de uma taberna, pedi leite com chocolate e bolo, e fiquei a observar as pessoas na rua. Notei uma característica comum aos moradores que me chamou a atenção: quase todos têm um biotipo diferenciado: pele clara, cabelos muito pretos e lisos e olhos azuis.

Um pequeno grupo me atraiu de maneira especial. Em frente ao bar, três mulheres com suas crianças – uma bem pequena, de colo, e outras maiores, brincando na pracinha. Todos, especialmente, as crianças, lindos, com olhos extremamente azuis e cabelos pretos volumosos.

Na saída, entrei numa casa de cultura, uma espécie de museu contemporâneo, e tentei identificar alguma informação acerca da origem étnica daquela gente, mas não encontrei nada. Foi uma constatação curiosa, porém, que eu gostaria de entender, e pretendo pesquisar esse assunto oportunamente.

A saída de Atapuerca é uma subida íngreme, numa estradinha estreita de terra batida, que segue por uma colina longa, em direção a uma serra. Pelo menos até onde enxergo, nas curvas que vejo acima, a inclinação é contínua.

Antes de sair, parei à sombra, ao lado de um chafariz próximo à taberna, mas do lado oposto à pracinha. Recostei-me na grama, sobre a mochila, com a intenção de relaxar um pouco antes de pegar a estrada, quando começou a chegar um ônibus atrás do outro, a desembarcar pessoas na praça. Parece-me que vai haver uma festa na cidade e as pessoas estão chegando das regiões próximas. Em pouco tempo, espalhou-se gente por todos os lados, inclusive alguns se sentaram próximos a mim, com crianças a fazer algazarra, e a tranquilidade do lugar ficou comprometida. Então achei melhor me levantar e pegar a estrada.

Há um albergue na cidade, mas nem cogitei ficar, pois tenho condições de seguir. Enquanto estava recostado na grama, passaram quatro peregrinos: dois a pé e dois ciclistas, que me cumprimentaram e seguiram. Pelo jeito, já devem estar bem à frente. Agora que já andei um pouco, não vejo mais ninguém nem à frente, nem atrás. Inclusive a rua do povoado parece estar vazia novamente.

À medida que me aproximo do topo da serra, a trilha se torna mais íngreme, com piso irregular, coberto de pedregulhos soltos a dificultar a caminhada. Lá embaixo, no vale, avisto o povoado de Atapuerca. Daqui de cima, tem-se a visão completa do vale: um horizonte azulado, distante. Do outro lado, avistam-se os bosques de araucárias.

À minha frente estão dois ciclistas, num esforço enorme para subir. Imagino que fazer este trecho seja mais difícil de bicicleta do que a pé. Eles montam, pedalam, pedalam, e não andam quase nada. Depois, descem e empurram a bicicleta. Mas não devo alcançá-los, pois logo ganham o topo e desaparecem na estrada. Enquanto isso, continuo a manter o passo firme. Embora cansado, não sinto dores que possam me fazer parar, pelo menos por enquanto; apenas o suor está intenso, por causa do calor. Sinto escorrer o suor tanto pelo rosto, vindo da cabeça, quanto pelas costas e pela barriga, encharcando a roupa totalmente. Pela primeira vez, notei que a minha calça ficou totalmente molhada de suor. É muito calor. Continuo a subir, ofegante.

Ao ganhar o topo da serra, deparei-me com um chapadão plano, árido, de terreno pedregoso e vegetação de arbustos médios retorcidos, cheio de plantas espinhentas. Lembra-me um pouco os cerrados brasileiros mais secos. É um trecho desolador, quente, com muitas pedras no caminho. À frente, avisto os dois ciclistas a empurrar as bicicletas. Não conseguiram subir pedalando porque, além de íngreme, a pista da trilha é coberta de pedras soltas. Deve ser impossível pedalar, principalmente com garupas pesadas (cada bicicleta transporta uma sacola grande de cada lado).

Na parte mais alta, uma pedreira; até os troncos das árvores parecem de pedra. Há um cruzeiro à beira da trilha, isolado no chapadão. Mais à frente, vê-se um descampado plano, cujo terreno é puro cascalho de pedras brancas que parecem pedaços de ossos quebrados espalhados pelo chão.

Do topo, tem-se visão de 360 graus, com horizontes a perder de vista. Não fosse o aspecto de desolação e o calor terrível, poder-se ia dizer que é um lugar bonito. A trilha tem uma bifurcação e não estou certo quanto a direção que devo tomar. Caminhei um pouco por uma, e como não vi sinal indicativo, retornei; pela outra, também não vejo nada, por enquanto.

Definitivamente não há setas indicativas do Caminho. Alguns montes de pedra à margem da trilha me fazem crer que esta pode ser a direção certa. Afinal, na Idade Média, antes de terem decidido adotar as setas amarelas como sinal do Caminho, usavam-se montes de pedra ao lado da trilha.

Depois de algum tempo dominado pela sensação de estar perdido, consegui vislumbrar a rota de descida da Serra, avistando bem abaixo, no horizonte, a bela paisagem da cidade de Burgos. É uma cidade grande isolada no meio de uma imensidão aparentemente desértica, embora se saiba que se trata de campos de trigo e cevada secos, na época da colheita, mas confesso que apesar da beleza da paisagem, o calor e a secura causam um sentimento de desolação.

Ao descer a parte mais íngremes e ganhar as primeiras áreas planas, constatei que caminharia o tempo todo com muito sol no rosto. Não vejo indícios de árvores ou de áreas de sombra.

Esse trecho, cuja parte mais dura acabei de atravessar, é referenciado em vários manuais como um dos mais pesados do Caminho. É a conhecida Sierra de la Demanda, famosa pela aridez e pelas trilhas de pedra.

Encarei essa parte sob um sol abrasador, o que se tornou um agravante severo. No fim da descida, quis aproveitar a sombra escassa de um arbusto afastado uns trinta metros da trilha para me sentar um pouco e comer alguma coisa, mas quando cheguei perto, o que eu pensava ser grama era um espinheiro bravo e não deu para encarar. Melhor seguir em frente. Enquanto isso, passaram pela estrada dois peregrinos, um deles com um violão nas costas, sobre a mochila. Pela animação, devem ter saído de muito perto daqui.

São duas horas da tarde. Peguei a planície onde a estrada se torna mais larga e poeirenta; a paisagem desolada e solitária de fato tem a aparência de um deserto, como eu havia reparado lá do alto. São plantações de trigo seco a perder de vista, mas o terreno é muito pedregoso. Nem sei como aqui se produz. O sol está forte e não sopra nenhuma brisa. O calor é intenso e meu braço queimado pelo sol arde muito agora, com a pele vermelha, prestes a descascar.

A cada dia, cada experiência vivida neste mundo aqui é totalmente nova. Nenhuma sensação experimentada tem a ver com outras, por mais que as situações sejam equivalentes, sob alguns aspectos. É difícil descrever o que se sente, mas as memórias ficam consolidadas na mente, vinculadas a cada trecho, a cada imagem dos cenários que contemplamos, cenários que me deixaram saudade e vontade de um dia poder voltar a vê-los outra vez.

Há tantos lugares dos quais sinto pesar por não ter desfrutado mais, tê-los fotografado mais; são tantas pessoas que se dirigiram a mim, muitas delas às vezes com um simples gesto de solidariedade, que gostaria de me ter sentado ao lado delas, tomado vinho com elas, contado sobre a minha vida e ouvido suas histórias. Pena que o tempo não é suficiente.

Desde o primeiro dia, por exemplo, em Saint-Jean, teria sido bom se eu pudesse ter ficado ali alguns dias para interagir com os camponeses da região. Aquelas paisagens cheias de flores, as belas montanhas das cordilheiras dos Pirineus, a floresta que atravessei no caminho de Roncesvalles... Lembrando-me agora de tudo isso, sinto pesar de não ter conhecido cidades como Pamplona, Logroño e Santo Domingo, pelas quais passei sem ter dado importância – apenas as atravessei e delas não conheci quase nada. Em Pamplona, apesar de haver dormido lá, atravessei a cidade no meio da madrugada e sequer vi a vida urbana, não falei com as pessoas...

A cidade de Santo Domingo da la Calzada, ainda que não me tenha deixado lembranças agradáveis, muito pelo contrário, com aquele clima sinistro, cheia de mistérios soturnos e ruas sombrias, despertou-me uma curiosidade enorme que eu gostaria de satisfazer explorando mais o lugar, só que em uma situação diferente, descansado e durante o dia, sem medo. Eu não sou de ter medo do que é misterioso, mas ali eu me senti psicologicamente vulnerável.

Até mesmo o meu último pernoite em Villafranca, com todos os transtornos, o estresse e as tantas chateações pelas quais passei, não foi suficiente para que eu rejeitasse o lugar. Talvez ali não seja tão ruim, talvez as pessoas não sejam tão chatas. Lembro-me dos jovens a conversar na praça, alegres, rindo, com expressão simpática. A minha reação de aborrecimento naquele momento deve ter sido em decorrência do meu cansaço, do meu estado de espírito, tanto que agora sinto uma certa saudade. A verdade é que apesar de tudo já estou me sentindo parte do Caminho, totalmente contaminado por essa realidade que, por mais dura que possa ter sido em certos momentos, passou a fazer parte de mim. Caminhei apenas um terço da minha jornada, mas quando me vêm lembranças de lugares e momentos passados, vem-me também uma forte sensação de nostalgia, de saudade.

Habituei-me ao idioma (até inventei gírias que mais adiante ouvi pessoas repetirem); inventei pilhérias para divertir as pessoas e para me divertir também, como no caso do boato dos "600 italianos"; tomei gosto pelas comidas, embora não haja quem não se delicie com uma boa caneca de leite com chocolate cremoso e espumante, à qual eles chamam de "chocolate espessado", acompanhado de uma *madalena*. Afinal, já me ambientei.

Pela manhã, em Atapuerca, cruzei novamente com os casais franceses que encontrei há dois dias. Passaram pela praça da cidade, pararam, tiraram fotos, sem se dirigir a ninguém. Eu não gosto desse tipo de comportamento, sobretudo porque, se a pessoa está entrando no espaço do outro, está passando pelas vias da cidade do outro, a postura prepotente não é muito educada. Talvez seja por causa desse comportamento que não cultivei nenhuma simpatia por eles.

Não é questão de generalizar, pois na mesma cidade, quando eu saía da igreja, onde entrei rapidamente para tirar uma foto, encontrei um dos dois franceses com os quais dividi a barraca em Villafranca. São totalmente diferentes, simpáticos, cumprimentam todo mundo, falam em espanhol com as pessoas, respeitando a cultura deles, numa boa. Quando ele me viu, caminhou em minha direção, estendeu a mão para me cumprimentar e me perguntou sobre a perna, se a tendinite tinha se curado. Em tom de brincadeira, perguntei se ele conhecia os casais, seus conterrâneos. Ele riu, em tom irônico, e comentou que as roupas deles não combinavam com o ambiente, além do estilo incomum aos peregrinos (todos muito limpos), porque peregrino legítimo tem de ter as calças sujas de terra, pelo menos do joelho para baixo.

São duas e meia da tarde. O calor está cada vez mais intenso. Passei por um trecho que aparentemente teria sido uma área pantanosa, mas que fora drenada e tomada pelo cultivo de trigo. Em seguida, peguei uma estradinha asfaltada, porém estreita. O mormaço que subia do asfalto só fez piorar a minha sensação de cansaço, beirando a exaustão, além de intensificar a dor na sola dos meus pés e nas costas. Quando a dor nas costas se agrava, eu mudo a disposição do peso, regulando as alças da mochila, o que a alivia um pouco, momentaneamente. Quanto à dor nos pés, no entanto, não há o que fazer, a não ser prosseguir e verificar até onde a suporto. Para piorar, a região afetada pela tendinite, que estava bem até hoje de manhã, começa a dar sinais de que pode se agravar, com aquela conhecida sensação de queimadura. E não há aqui sinal de sombra, de casas, nada...

Após um tempo tenso, avistei casas. Deve ser um pequeno povoado à beira da estrada. A simples visão de casas, árvores e sombras me reconforta. Espero que haja um boteco onde eu possa tomar alguma coisa gelada, um refrigerante ou um copo de leite. Estou encharcado de suor e a sensação de calor é insuportável; chego a sentir tonturas, arrepios. Às vezes, tenho a impressão de que as minhas energias para caminhar estão se exaurindo, e isso me preocupa. Pode haver algum risco de eu sofrer hipoglicemia e desmaiar por aqui.

São três e quinze da tarde. Parei para descansar um pouco no povoado com o nome esquisito de Cardenuela Riopico. Passei no bar e depois de tomar meio litro de água pedi o clássico leite com chocolate engrossado; pedi também uma xícara grande de café, que eu misturei num copo só e tomei com bolinhos madalena. Depois atravessei a praça e me deitei sobre a mochila, num banco de cimento afastado, onde acabei cochilando. Foi uma daquelas cochiladas rápidas – talvez tenha durado alguns poucos minutos, mas nesse tempo eu tive um sonho tão nítido que custei a perceber que tinha sido um sonho, e não uma visão sinistra. Estou trêmulo e ainda tentando me restabelecer do susto.

Foi tudo muito estranho: eu estava deitado de costas nesse banco, usando a mochila como travesseiro e devo ter dormido (pelo menos eu creio que dormi). Nesse mesmo banco, nessa mesma posição, ao olhar de lado, percebi que o ambiente em volta havia mudado totalmente, tudo estava diferente. Ao invés da pracinha e dos casebres, eu enxergava um amplo horizonte aberto, bonito, com o céu azul ao longe. Em minha volta parece que havia uma atmosfera brilhante, carregada por uma névoa azulada que dava coloração a tudo. Um ambiente maravilhoso!

De repente, apareceu uma mulher, muito diferente das peregrinas ou das moradoras da beira do Caminho. De pele branca e cabelos pretos compridos volumosos, usava um vestido longo claro atípico, muito sofisticado, se comparado com as roupas que se usa por essas bandas. Notei que tinha luvas brancas nas duas mãos, mas não sei se ela as usava normalmente ou apenas segurava as luvas. Aproximou-se de mim num movimento suave e parecia levitar. Quando seu rosto estava a alguns centímetros do meu, ela insinuou um sorriso muito bonito e, com ar sereno, olhando-me nos olhos, expressou na face a intenção de quem vai falar alguma coisa. Tranquilo – não me assustei nessa hora –, comecei a me levantar para me recompor e também para ouvi-la, talvez perguntar quem ela era, mas na mesma sincronia do movimento que eu fazia para me levantar, a imagem dela foi se afastando e se desfazendo lentamente na névoa azulada, até desaparecer completamente – e o lugar voltou a ser a mesma pracinha de antes.

Fiquei muito assustado e meu coração disparou. Trêmulo, comecei a suar muito. Confuso, olhei em volta, tentando entender o que estava acontecendo e levei alguns segundos angustiantes até me situar e perceber onde estava. Mas as imagens daquele lugar e aquelas cenas do sonho (ou visão) ficaram vivas e muito intensas na minha memória, especialmente a imagem da mulher e a fisionomia de seu rosto, com aquela expressão suave, serena, muito marcante.

Seguramente, trata-se de alguém que eu nunca havia visto na vida, nem em sonhos, mas se algum dia eu voltar a vê-la, com certeza vou reconhecer.

Por mais real que possa ter parecido, tenho de acreditar que tudo não passou de um sonho. Afinal, o lugar não era este; talvez seja um lugar que não existe e a mulher, por conseguinte, também não deve existir.

Dois peregrinos passaram de bicicleta e me cumprimentaram. Com isto, tive certeza de onde estava de fato. Ainda com os batimentos cardíacos acelerados, recoloquei rapidamente a mochila nas costas e saí dali.

Enquanto deixava a pracinha, vi que outro peregrino havia copiado a minha ideia e dormia em outro banco da praça. *Será que ele também vai ver a moça?*, pensei. Na saída, vi que há outro povoado a pouco mais de um quilômetro. Aparentemente, são algumas poucas casas próximas umas das outras. Vou seguir em frente, embora o sol esteja ainda mais quente e os primeiros passos pareçam me custar a vida, tamanha a dor. É sempre assim: depois de uma parada, os músculos esfriam e a retomada é um sacrifício enorme.

Faltam quinze minutos para as quatro horas da tarde. O sol está tão quente que o asfalto ficou mole em alguns pontos, onde o piche parece ferver, formando bolhas. Passou outro peregrino de bicicleta, deu uma paradinha para conversar e me ofereceu protetor solar. Eu o aceitei e passei no braço esquerdo, mais sofrido e já quase sem pele, e também no rosto. O rapaz disse que o meu rosto estava muito vermelho e por várias vezes me perguntou se eu estava bem. Isso me preocupou um pouco. Pode ser que estas sensações sejam sintomas de desidratação ou exaustão fisiológica. Vou continuar com cautela, mesmo sem saber de onde vem essa energia que me move. De mim, não deve ser.

Atravessei três povoados depois que desci a Serra e espero que a área urbana da cidade esteja perto. Pelo meu guia, este último é Villafria, a cinco quilômetros de Burgos. Antes de entrar, atravessei a linha de trem que liga a região a Madrid e dei uma paradinha para olhar o horizonte atrás e ver por onde passei. A visão que tenho é impressionante! Quanto terreno árido, quanta secura atravessei neste calorão. Vejo lá atrás, no horizonte, a Sierra de la Demanda, que daqui mais parece uma pedreira gigante. Foi muito chão e muito sol. Porém, seguindo adiante, vejo que terei de enfrentar ainda mais sol a me castigar.

São quatro e quinze da tarde. Estou passando por uma área industrial ao longo da estrada de acesso a Burgos. O trânsito é intenso, com muitos caminhões e carros trafegando em alta velocidade. Atrás havia uma estação de trens, aparentemente para carregamento de cargas, bastante movimentada, mas daqui pra frente há edifícios e algum comércio. Vejo a placa "Hotel Buenos Aires" e uma outra, "Restaurante Buenos Aires". Há argentinos radicados aqui.

Sob sol e calor cada vez mais fortes, sigo por uma larga avenida, aparentemente entrando na cidade. Pedi informações em um posto de gasolina e me disseram que o albergue de peregrinos mais próximo está a dez quilômetros daqui. É desesperador, mas quero me convencer de que a pessoa não sabe do que está falando, pois estou entrando na cidade e não é possível que não haja um único albergue nas proximidades.

A pele do meu braço esquerdo está quase toda se soltando. Arde muito, e os efeitos do sol e da secura vão além disso: de algum tempo pra cá, venho sentindo os lábios arderem muito, dando a impressão de que estão se rachando. Devem estar bem trincados.

Outra pessoa na rua me disse que no centro da cidade há um posto de atendimento para informação e orientação de peregrinos, a seis quilômetros daqui. É muito longe ainda. Não pode ser. Mas tenho de seguir. Vou continuar caminhando, apesar do calor e do mormaço que sobe do asfalto. Além de sentir os pés queimando no chão, o cheiro horrível de piche derretido incomoda muito.

A entrada da cidade é parecida com a entrada das cidades de porte médio no Brasil: uma avenida larga de quatro pistas e vias laterais de acesso aos bairros; e nessa área, vários hotéis de categorias distintas. É tentador, mas não cogito ficar muito tempo aqui. Quero chegar o mais próximo possível do Centro, para amanhã poder desfrutar da cidade, talvez até permanecer por um dia.

São quase cinco horas da tarde. Cheguei a uma avenida mais estruturada, o que indica que estou finalmente entrando na área urbana. Num complexo viário em que há a pista de acesso ao aeroporto da cidade, encontrei uma bela sombra, com gramado verde e macio, onde me sentei para relaxar. Estou sentindo uma dor insuportável nos pés. Parece que toda a estrutura óssea que vai do pé aos músculos da parte inferior, que recobrem a sola, está em brasa. É uma dor fina, com pontadas fortes. Recostei-me aqui e fiquei a observar se passava algum peregrino, mas nem sinal deles. Aliás, há um bom tempo que não vejo peregrinos. Poderia ser um sinal de que eu estava fora da rota, mas não. Venho seguindo as setas amarelas. Não errei o caminho.

Às cinco e quinze da tarde, aproximo-me de uma área residencial com edifícios modernos. A sensação de ter conseguido – ou de estar prestes a conseguir – chegar ao destino que me propus, mesmo encarando desafios tão grandes, como o de hoje, faz-me esquecer as dificuldades pelas quais passei. Essas caminhadas mais longas e pesadas – andando sozinho por toda a tarde e indo além do que outros peregrinos costumam fazer –, embora penosas por causa do sol forte, calor e desgaste físico e psicológico, no limite da exaustão, por incrível que pareça me proporcionam intensa gratificação. Chego ao destino totalmente estropiado, mas me sentindo feliz, realizado. Algumas vezes questiono se tamanho sacrifício e tanto sofrimento seriam racionais. Eu mesmo me pergunto: por que estou fazendo isso? Para quê? Em troca do que eu estou me levando ao limite do sacrifício todos os dias? E por que, no fim das contas, isso me faz bem?

Nos longos trechos de caminhada solitária, submetido a tanto esforço, parece que sou transportado a uma dimensão paralela, a partir da qual tenho uma visão diferente das coisas e uma interpretação diferente da lógica natural dos comportamentos convencionais. Às vezes me questiono se tudo isso não estaria me deixando meio alucinado, se eu não teria ficado doido antes de vir para cá – e justamente por isso, vim parar aqui. Mas daí a pouco, a sensação de satisfação e de realização me dominam, então jogo a mochila nas costas, cajado na mão e pé no chão, e pego a estrada, feliz da vida outra vez.

Como em quase todas as entradas de cidades de porte médio e grande, há um trecho em que predominam agências de automóveis. Aqui há lojas de todas as marcas de veículos conhecidos – belas lojas, com veículos expostos em vitrines fantásticas, tudo muito bem organizado e limpo. Continuo descendo na direção do centro da cidade, com dor forte nos pés, o que me faz andar com dificuldade, devagar, mancando muito, tentando aproveitar toda marquise que possa me proporcionar sombra e aliviar o calor intenso.

Pouco mais à frente, na mesma avenida, há uma área comercial de alto nível. Muitas lojas bacanas, lanchonetes, bares sofisticados; nas ruas laterais, belos edifícios residenciais modernos. Apesar de ser uma tarde de domingo, quase tudo está em funcionamento na cidade. Entrei numa lanchonete para comprar água e comer algo. Disseram-me que o albergue de peregrinos fica a uns sete quilômetros, do outro lado da cidade. Então isso confirma a informação que recebi no posto de gasolina. Entretanto, até o Centro são cerca de três quilômetros, descendo direto na mesma avenida, onde há um posto de atendimento a peregrinos e turistas. Logo abaixo, passei por um parque urbano muito bonito, totalmente arborizado, com um belo gramado.

Na saída do parque, enquanto eu esperava o semáforo fechar, parou um furgão do outro lado da rua. O motorista, cabelo e cavanhaque ruivos, perguntou se eu falava inglês. O furgão tinha o volante do lado direito. Deduzi que se tratava de um britânico. Aproximei-me e ele explicou que fazia um passeio pela região do Caminho, não como peregrino, mas como turista. Informou-me também que o albergue ainda estava longe e se ofereceu para me levar até lá. Agradeci, mas disse que iria procurar um lugar para pernoitar na região central, pois pretendia conhecer a cidade. Ele insistiu, dizendo que me levaria e depois me traria de volta para a cidade, que havia feito isso para outros peregrinos, mas recusei novamente e ele se foi acenando um "adeus" pela janela do furgão. Com os pés em brasa, doendo terrivelmente, continuei a seguir pela avenida à procura de um hotel onde pudesse tirar as botas e relaxar. Amanhã volto a raciocinar e vejo o que fazer.

São sete horas da noite. Acabei de me estirar na cama do hotel. Confesso que não resisti à tentação de desfrutar do colchão antes de tomar banho. Tirei toda a roupa e a joguei no chão, lavei as mãos empoeiradas e caí na cama. A minha vontade era de me derreter em cima do colchão.

Quando passava pela rua, assim que vi a placa do hotel, não pensei mais e fui logo entrando. É um hotel simples, mas com tudo aquilo de que mais preciso: cama macia, chuveiro grande e limpo só pra mim e um ar condicionado gelado. Eu havia percebido que a catedral estava próxima, o que indicava que eu estava na região central da cidade, como pretendia. Amanhã vou fazer uma visita à catedral e procurar correio, internet e outras coisas mais. Hoje, no máximo, se eu conseguir me levantar mais tarde, apenas descerei nessa mesma rua para um lanche, e pronto!

*

Uma hora e vinte e dois minutos da madrugada. Acabo de chegar de volta ao hotel, depois de ter passado por todos os contratempos impensáveis. Desci para fazer um lanche e tirar umas fotos dos monumentos da praça ao lado, e resolvi procurar um *cybercafé* para telefonar e enviar fotos por *e-mail*. Enquanto o rapaz do *cybercafé* baixava as fotos da máquina, fui à cabine, ansioso para telefonar, pois há mais de dois dias não tinha notícias de minhas filhas. Entretanto, não consegui falar com elas. A Neuza me disse que elas vinham tentando falar comigo há dias, pois queriam ir para Belo Horizonte passar o Dia dos Pais com os familiares. Como não conseguiram contato comigo, decidiram viajar assim mesmo, mas me deixaram um "Feliz Dia dos Pais" como recado. A minha tristeza e saudade só fizeram aumentar, pois eu nem me lembrava de que hoje era Dia dos Pais. Fiquei inconformado, mas fui cuidar de enviar as fotos. Aproveitei para mandar mensagens a elas e ver meus *e-mails* e a conta bancária.

Saí de lá com o astral no fundo do poço. Depois de um dia cansativo e estressante, e de tantos imprevistos, eu não estava psicologicamente bem. Depois de andar um pouco pelas ruas, dei-me conta de que não lembrava muito bem a direção que deveria tomar para voltar ao hotel. Para completar, havia esquecido o nome do hotel.

Procurei as chaves do quarto. Toda chave de quarto de hotel deveria ter o nome e o endereço do hotel, mas esta não tem. Contudo, não me apavorei, porque me lembrei de que na praça ao lado do hotel havia uma grande estátua de bronze com um cavaleiro montado em seu cavalo (eu havia deduzido que era a estátua de El Cid, o famoso herói local). Pedi ajuda a um rapaz numa lanchonete dizendo que o meu hotel ficava "ao lado da praça onde havia a estátua de El Cid". Com toda boa vontade, ele me passou as orientações sobre como chegar lá, e segui em frente.

Entretanto, quanto mais andava, mais achava estranho o estilo da cidade, as ruas... Tudo era diferente dos lugares por onde passei quando estava indo. Pedi mais informações na rua, mas todo mundo me indicava a mesma direção e mandava seguir adiante. De repente, atravessei uma ponte sobre um rio, e isso me fez ter certeza de que alguma coisa estava errada, pois eu não havia atravessado nenhuma ponte antes. Nessa hora, já no limite da exaustão, sem entender mais nada e sem confiar em mais ninguém, nem mesmo em mim, comecei a entrar em desespero. Será que eu estava ficando biruta ou a população da cidade estava arquitetando uma conspiração contra mim?

Cada vez mais confuso, certo de que algo estava muito errado, embora eu não soubesse exatamente o quê, passei por várias quadras e atravessei ruas residenciais escuras cheias de árvores sem encontrar vivalma para me dar informação.

Com dores terríveis na perna e nos pés, já sem condições de caminhar e prestes a entrar em pânico, acabei chegando à tal praça que as pessoas me indicaram. Levei um susto e não pude conter um grito de ódio, soltando um baita palavrão. Ali à minha frente estava a verdadeira estátua de El Cid: um monumento gigantesco, totalmente iluminado, no centro de uma praça duas vezes maior do que a que ficava ao lado do meu hotel. Eu tinha andado aquele tempo todo em busca da estátua errada. Aquela ao lado do meu hotel não era a de El Cid. Enfim, eu estava perdido.

A dor nos pés até sumiu. Pelo menos havia movimento na praça e gente para me ajudar. Procurei uns rapazes que bebiam cerveja na mesa externa de um boteco e expliquei a minha situação. Eles me disseram que existiam várias estátuas de cavaleiros pela cidade. Cada um falou de uma. Eu pensei: "Ah, meu Deus, agora complicou tudo!", mas expliquei que havia descido pela rua principal, vindo da região de Montes de Oca, e eles deduziram mais ou menos onde poderia ser. Então procurei um taxista ali mesmo na praça e, com as informações passadas pelos rapazes, cheguei de volta aqui.

Já no hotel, verifiquei que minha perna estava ainda mais inchada e com coloração vermelho-arroxeada, doendo terrivelmente. As andanças perdidas pela cidade, o estresse e o horário avançado me fizeram muito mal.

Apesar da chateação e da saudade de minhas filhas, além da frustração por ter passado o Dia dos Pais sem contato com elas, vou tentar dormir em paz. O quarto é confortável; a cama, larga e macia, com tudo branco e limpo, coisas das quais não tenho usufruído desde que saí de casa. Estou deitado, sonolento, e espero apagar logo. Mereço uma boa noite de sono e espero que Deus me permita um dia mais digno amanhã. Hoje foi um dia de cão.

Detalhe da Catedral de Burgos (Castilla y León/Espanha)

Detalhe do frontispício da Catedral de Burgos (Castilla y León/Espanha)

De Burgos a Hornillos del Camino

São oito e cinquenta da manhã, hoje é 13 de agosto de 2001, segunda-feira; ontem foi o Dia dos Pais no Brasil. Acordei há pouco num hotel no centro da cidade de Burgos e estou me preparando para fazer a minha décima etapa no Caminho de Santiago de Compostela. Dormi muito bem. Tive um sono contínuo de quase oito horas e por isso, apesar de vários episódios desgastantes ocorridos ontem, estou me sentindo disposto. Minha perna desinchou, não sinto mais dores nos pés. Sou outra pessoa.

Eu sempre venho observando, a cada manhã, como o organismo tem a capacidade de se reciclar e se restaura depois de uma simples noite de sono. É impressionante. Se comparar o meu estado físico de agora com a situação em que fui dormir ontem, mal dá para acreditar: hoje me sinto bem, com vontade de caminhar, e ontem não passava de um trapo.

Quando cheguei ontem de volta ao hotel, estava em situação deplorável, tanto fisicamente quanto psicologicamente. Depois da minha saída desastrosa pela cidade, minha perna piorou e as dores nos pés se intensificaram, não só pelo esforço extraordinário de andar tanto, perdido pelas ruas, mas também porque não havia tomado os anti-inflamatórios corretamente. Aliás, nem sei se os tomei alguma vez ontem, pois não me lembro. Depois de tantos contratempos, decidi não mais ficar aqui, como eu vinha pensando. Vou procurar um bom café da manhã e depois sair sem pressa e sem destino certo. Quero andar tranquilamente até onde eu me sentir bem, sem compromisso.

Uma das coisas que contribuíram muito para o meu mal-estar de ontem foi a frustração das tantas expectativas que eu vinha alimentando ao longo dos dois últimos dias. Fiz um esforço descomunal nesses últimos trechos, especialmente no dia de ontem, imaginando que chegaria aqui e iria curtir tudo com tranquilidade, fazer todas as coisas que eu gostaria e principalmente falar com minhas filhas. Mas além de quase tudo isso ter dado errado, ainda descobri que era Dia dos Pais e que elas tentaram em vão falar comigo. Como se não bastasse, perdi-me na rua de madrugada. Ainda bem que caí logo no sono.

A roupa que lavei ontem à noite amanheceu seca e a vesti novamente, agora bem confortável e cheirosa. Ontem, quando a tirei, havia tanta poeira grudada nela que foram necessárias umas três ensaboadas para tirá-la. Nas primeiras, escorreu uma água vermelha lamacenta, cor de terra. Mas, também, pudera! Depois de dois dias pisando aquele pó fino da estrada e com a roupa encharcada de suor, não poderia ser diferente. Em algumas partes da calça, havia se formado um empasto quebradiço, resultado da mistura de suor com poeira.

Eu cheguei tão cansado que nem cogitei ir ao andar térreo procurar lavanderia, resolvi lavar a roupa no próprio chuveiro, antes de tomar banho, usando aquela clássica banheira como tanque. Abri a ducha e regulei a temperatura da água, depois ensaboei e esfreguei a roupa na própria banheira, tentando evitar enlamear o banheiro, que não tinha boxe de vidro, apenas aquela cortina plástica. Em seguida, coloquei as peças de roupa na beirada da banheira enquanto tomava banho.

A ducha era enganchada num suporte tão baixo que a água esguichava na altura do meu peito. "Mas eu me viro", pensei. Ensaboei o corpo e o cabelo ao mesmo tempo com bastante sabonete líquido e depois, com os olhos fechados por causa do sabão que ardia, abri novamente o jato da ducha. Com muita dificuldade, consegui regular a temperatura, com o jato d'água na pressão máxima. Quando me abaixei sob o jato para enxaguar o cabelo, acabei aproximando muito a cabeça da ducha e, com isso, a pressão da água provocou uma força de reação que tirou a ducha do suporte.

Com aquela pressão toda, a ducha de aço começou a chicotear, batendo nas paredes e dos lados da banheira de metal, fazendo um barulho infernal e esguichando um mundo de água por todo o banheiro. Cada pancada na banheira ecoava pelos corredores do hotel com estrondo, sem contar a inundação, que vazou por baixo da porta e molhou o quarto todo.

Tentando pegar e segurar a ducha, tomei várias lambadas na cabeça e nos braços, escorreguei e caí na banheira, fazendo outro barulhão, até que a mangueira flexível se enrolou na cortina e eu consegui pegá-la. Quando finalmente consegui fechar o registro, havia pelo menos um centímetro de água no piso, escorrendo pelo quarto. As toalhas estavam encharcadas e o papel higiênico simplesmente se derreteu, como também a embalagem de rolos de reserva que ficava na prateleira ao lado.

Fiquei vários minutos quietinho, em silêncio, esperando para ver se alguém dos quartos vizinhos se manifestava ou se a portaria chamava para saber o que estava acontecendo. Quando tive certeza de que estava tudo em paz, que não havia ninguém nos corredores investigando o ocorrido, vesti-me rapidinho e saí do hotel, passando rapidamente pela portaria, sem olhar para o porteiro.

*

Eu tomei a decisão de fazer o Caminho de Santiago de repente, da noite para o dia. Minhas férias agendadas estavam próximas e eu não tinha nenhum plano. Como havia visto um documentário há alguns anos e lido algumas poucas coisas sobre o Caminho, passou-me essa ideia pela cabeça e resolvi pesquisar. Uma semana depois, já havia lido *O diário de um mago*, de Paulo Coelho, e *Via Láctea*, de Guy Veloso. Este eu li de uma assentada, num único dia. Quando o acabei, estava decidido, apesar de ainda achar tudo meio maluco. Antes eu achava que isso era coisa de pessoas determinadas a fazer penitências pesadas ou cumprir promessas extremas perante Deus ou o apóstolo Tiago. Eu não tinha nada disso em mente.

Na semana seguinte, li uns dois guias do Caminho e comecei a entrar em *sites*, ver fotos de todos os lugares pela internet e ler sobre as lendas e fatos históricos relacionados à peregrinação. Ao mesmo tempo, comprei a mochila e os apetrechos da viagem. Só contei para minhas filhas e para os amigos depois que havia comprado a passagem. Minhas filhas levaram um susto e demoraram algum tempo pra perceber que não era uma brincadeira.

A algumas pessoas que me perguntavam o que eu iria fazer aqui, eu brincava que era apenas um treino para fazer o Caminho da Água Suja, nome da tradicional peregrinação que minha família costuma fazer no interior de Minas Gerais. Na verdade, essa peregrinação em Minas é de apenas 180 ou 200 quilômetros.

Para outras pessoas, eu disse que viria para fazer uma reciclagem da alma, meditar e me tornar melhor. Esta última resposta, de fato, tem muito a ver com a minha motivação. É inegável que essa experiência esteja sendo para mim uma reciclagem espiritual e esteja mexendo com o meu estado emocional, meus conceitos e valores de maneira inusitada.

São 10h10 da manhã. Fiz questão de sair da cidade por uma rota que passa diante da estátua de El Cid – a verdadeira –, para tirar as fotos que não tive disposição de tirar ontem, mas também para conhecer um pouco mais a cidade, pois desistira do plano de ficar aqui por um dia ou dois. Caminhei um pouco pela área comercial do centro da cidade, tomei café num setor onde há várias lojas comerciais de alto nível, perfumarias, joalherias, lojas de sapatos e roupas de qualidade, e depois voltei por uma rua paralela em direção à catedral, à qual pretendo fazer uma visita rápida, pois no máximo até as onze e meia quero pegar a estrada.

Atravessei uma praça arborizada com aquelas árvores símbolo do Canadá, cujas folhas são parecidas com as de parreiras e formam uma cobertura que fecha totalmente a visão do céu, fazendo uma sombra agradável. Por toda parte onde andei, notei que a cidade é repleta de monumentos antigos. Vi alguns com indicação do ano de mil duzentos e pouco, um outro do ano 1090. Além das estátuas de cavaleiro das quais já haviam me falado ontem, há diversas estátuas de guerreiros em pose de luta ou com aqueles capacetes celtas e trajes esvoaçantes, e outros armados com lanças e escudos, além de imagens de santos, arcos comemorativos e até estátuas de cachorros. Se fosse fotografar tudo isso, teria de tirar um dia exclusivamente para esse fim.

Ao chegar à praça, fiquei deslumbrado diante da catedral! É realmente uma obra fantástica, fascinante e de dimensões indescritíveis que faz jus à fama que tem. Antes de entrar para conhecer-lhe o interior, parei numa lanchonete e fiquei a apreciar a beleza do templo, observando-lhe os detalhes enquanto tomava um chocolate quente.

Nesse momento, entrou na lanchonete um casal de idosos que aparentava ter mais de 80 anos, ambos nervosos e falando um monte de coisas em alemão, sem que ninguém estivesse entendendo nada. Vendo o desespero deles e percebendo que não entendiam nem falavam espanhol, aproximei-me e perguntei se falavam inglês. O senhor, aparentemente mais aliviado, começou a me explicar, num inglês arrastado, que haviam estado ali fazendo um lanche há uns dez ou quinze minutos, e que depois que pegaram o ônibus de turismo sentiram falta de um livro sobre Santiago que poderia ter sido esquecido aqui. Ele me explicou que se tratava de um livro de valor sentimental, uma relíquia de família, pelo que entendi, e teria sido abençoado pelo pároco da catedral. Mostrou-me então, com gestos, o tamanho e o formato aproximado do livro. Repassei essa informação em espanhol ao rapaz da lanchonete e às outras pessoas, perguntando-lhes se não haviam visto o livro, mas lamentavelmente ninguém soube informar nada.

Saí a acompanhá-los enquanto comentávamos o ocorrido. Ambos demonstraram estar muito aborrecidos, mas na praça pediram para tirar uma foto comigo e perguntaram se eu gostaria que tirassem uma foto minha com minha câmera, o que aceitei. Em seguida, agradeceram-me repetidas vezes e seguiram lentamente pela praça, de cabeça baixa, abatidos, ele com o braço no ombro dela.

Na parte interna, a catedral ainda tem muitas belezas a serem apreciadas. A nave principal é imensa, de onde se avista, ao fundo, o suntuoso altar principal, trabalhado em obras de arte folheadas a ouro, em três níveis distintos, um sobre o outro, chegando a uma altura de no mínimo uns quinze metros. O teto é um espetáculo à parte, com os típicos arcos de sustentação da arquitetura gótica encontrando-se lá no topo, a dezenas de metros de altura. Ao longo de toda a lateral da nave central, de ambos os lados, estão várias capelas, cada uma com afrescos e decorações distintas, uma mais linda que a outra. Uma dessas capelas me chamou muito a atenção pelo luxo das cadeiras e de todo o ambiente. Tive vontade de perguntar qual seria a finalidade de uma capela tão destacada, mas acabei seguindo em frente e me envolvi com outras atrações. Em algumas das colunas do centro da nave principal, pude decifrar símbolos maçônicos deixados pelos construtores originais.

Em toda a extensão, reuniam-se vários grupos de turistas: idosos, japoneses em excursão, famílias inteiras, gente de todas as regiões do mundo, além de peregrinos com mochilas às costas e cajados na mão. Quando estava preparando minha câmera para fazer algumas fotos, vi que um funcionário chamava a atenção de um rapaz a meu lado avisando-lhe que não era permitido tirar fotos, mostrando-lhe uma placa.

Embora houvesse guias a conduzir grupos de turistas explicando-lhes detalhes da igreja, achei melhor seguir em frente sozinho, pois apesar de todo o fascínio com aquela beleza, eu já estava começando a ficar ansioso, com vontade de seguir meu caminho. Em alguns momentos mais interessantes, eu me juntava ao grupo e ouvia as explicações. Um desses guias me despertou mais a curiosidade, pois falava da história da construção da catedral. Ele dizia que o projeto original levara mais de 300 anos para ser concluído, mas as obras na verdade nunca pararam, pois ao fim da construção já havia partes centenárias que necessitavam de manutenção e restauro, continuamente, com as obras sendo sucessivamente executadas até hoje. De fato, pelo menos umas duas alas estavam fechadas e na parte externa também havia andaimes, a indicar que o templo estava em obras.

Dentre as tantas alegorias, chamou-me a atenção uma imagem em gesso de Jesus Cristo crucificado, em tamanho natural, colocada em um cenário muito bonito. Embaixo, contemplando essa imagem, há quatro personagens, cada uma delas com um livro em uma das mãos e uma figura simbólica na outra: a primeira, uma criança; a segunda, uma ovelha; a outra, uma lira musical; e por fim, um esquadro. É um dos conjuntos mais interessantes, misturando simbologias cristãs e maçônicas, algo comum nas construções medievais. Outra referência emblemática é que todas as figuras humanas que fazem parte das alegorias da catedral trazem um livro em uma das mãos.

Em outro setor, outro belo conjunto é constituído por um anjo com grandes asas a puxar uma urna, confeccionados em prata maciça. Ao lado, há uma espécie de sarcófago, aparentemente de marfim, sobre o qual está uma bela estátua.

São muitas obras de arte e alegorias interessantes, mas para conhecer tudo eu teria de me juntar a um dos grupos guiados que visitam toda a extensão do templo a receber explicações sobre cada obra. Isso, porém, levaria seguramente mais que uma hora e começo a ficar ansioso, pensando em seguir meu caminho. Mesmo sabendo da proibição, antes de sair eu bati uma única foto da nave central. Agora, na frente da Catedral, vou tentar fazer uma foto minha usando o tripé, para não ficar sem esse registro tão importante.

É meio dia e meia. Estou deixando a cidade de Burgos. Ainda consigo avistar parte da fachada da catedral, ao longe, e logo encontro as primeiras setas amarelas, que continuo a seguir, com a segurança de estar na rota certa.

Já caminhei quase uma hora, ainda na área urbana, e atravesso agora um belo parque, vendo ali bem próximo um albergue de peregrinos. A essa hora já há gente esperando para dar entrada e pernoitar aqui.

Há peregrinos que caminham pouco e param cedo; outros começam a andar à alta madrugada e a esta hora já cumpriram uma boa jornada. Enfim, cada um faz o seu ritmo.

A minha perna, na região afetada pela tendinite, começa a dar sinais. Eu me levanto pela manhã e peço: "Meu Deus, faça com que hoje eu não me lembre que tenho perna", mas para minha tristeza minha oração não tem sido atendida. Às vezes eu até ando os primeiros quilômetros sem lembrar dela, mas de repente chega o alerta lá de baixo: "Hei, eu sou sua perna, lembra de mim? Eu tenho tendinite e sei doer!" Em seguida, vêm as pontadas, depois começa a arder, queimar e doer. Mas vou prosseguir devagar. Há vários albergues nesse trecho, a cada três ou quatro quilômetros, como constatei no guia. Qualquer coisa, eu paro no próximo e fico.

No centro de Burgos, comprei um tripé para a máquina fotográfica, tanto para tirar fotos com maior estabilidade quanto para eu mesmo aparecer nas fotos. Na primeira tentativa que fiz de usá-lo, na saída da cidade, não consegui fixá-lo na câmera e fiquei chateado, achando que fosse uma peça com problemas ou que ele não fosse apropriado para o modelo da máquina. Porém, lá atrás, quando estava descansando na praça, fiz uma nova tentativa com mais calma e descobri que na verdade eu não estava entendendo bem como encaixá-lo. Achei-o muito bom, já o testei e aprovei. Fiz fotos com a câmera inclinada, na horizontal, na vertical e usando o temporizador. Que boa ideia! Pena eu não ter pensado nisso antes.

Assim que saí, animado por causa do bom resultado dos testes com o tripé, dei uns pulos altos com a mochila nas costas, tipo aqueles pulinhos do Fred Astaire, quicando os calcanhares, e gritei: "Ihuu!...". Quando olhei para o lado, havia dois velhinhos sentados no banco da praça, apontando para mim e dando risadas. Eu não os tinha visto e acabei ficando envergonhado. Tentei levar na brincadeira, mas a vergonha foi maior. Devo ter ficado todo vermelho, pois minhas orelhas queimaram, e tratei de sair logo dali, acelerado.

Eu entrei em Burgos ontem totalmente coberto de poeira, da cabeça aos pés. A mochila, as botas e a roupa estavam cobertas de lama seca, resultado da poeira fina que grudou com o suor e foi secando, camada após camada. Atravessando aquelas áreas nobres da cidade, como as lojas e a lanchonete onde tomei um lanche na chegada, diante de todas aquelas pessoas bem-vestidas, os atendentes de lojas e bares uniformizados, as mesas e cadeiras muito limpas, com guardanapos e tudo o mais, não pude evitar um certo constrangimento no início. Mal comparando, eu deveria estar com uma aparência de mendigo, daqueles os mais sujos.

Nos meus primeiros contatos com as pessoas, eu estava encabulado, mas muito rapidamente comecei a me sentir à vontade, ao perceber que me tratavam de forma cortês e respeitosa.

Na lanchonete, quando a atendente percebeu que eu não me sentia à vontade para me sentar naquela cadeira branca, ela a puxou e só faltou me conduzir pelo braço para eu me sentar, muito gentil e sorridente, mas quase me ordenando: "Por favor, tome assento, senhor, é para você...".

O que acontece é que o comportamento deles diante de um andarilho, um forasteiro qualquer que passa pela cidade é radicalmente diferente de tudo o que nós possamos imaginar. Enquanto no Brasil uma pessoa estranha mal vestida, principalmente forasteira, não terá nenhum crédito de confiança – ao contrário, será discriminada e evitada a qualquer custo –, aqui não fazem nenhum pré-julgamento nem assumem preconceitos com base na aparência. Isso faz parte da cultura deles, pois muito antes dessas cidades existirem, há séculos ou milênios, já passavam por aqui peregrinos rumo a Santiago de Compostela. Estas cidades cresceram a partir de acampamentos de peregrinos, onde se construíram albergues e outras estruturas voltadas ao atendimento dos viajantes, vindo a formar povoados que evoluíram para o que temos hoje em dia.

Por isso, não só depositam absoluta confiança nos peregrinos, como também lhes dedicam respeito e até gratidão, pois como dizem as histórias de suas cidades e como falou o padre do povoado de Lintzoain, no meu segundo dia de viagem: eles reconhecem que suas cidades nasceram em função dos peregrinos.

Por essa razão, ao passar por áreas nobres, em meio a residências e comércios de alto nível, embora estejamos com esta aparência imunda, maltrapilhos e empoeirados, ainda assim somos tratados e recebidos com cortesia e consideração. Há exceções, é claro! Em muito botecos por essas beiras de estrada, tenho me deparado com pessoas bastante grosseiras. Mas se levarmos em conta a condição social e cultural destes, há que se dar algum desconto e reconhecer que às vezes essas pessoas estão em situação muito desfavorável e com pouca paciência para receber tanta gente de toda parte do mundo, falando idiomas muitas vezes desconhecidos, e em certos casos sendo exigentes, como vi alguns peregrinos por aí.

Mas essa não é a regra. Os mais esclarecidos, os idosos e de condição social melhor, assim como os residentes nas grandes cidades, estes dedicam consideração incrível a todos os peregrinos. Haja vista o meu encontro com as crianças em Villambista! Uma mãe brasileira não deixaria nove crianças conversarem com um estranho maltrapilho encontrado a cochilar à sombra, à beira de uma estrada. Isso seria impensável no Brasil. No entanto, foi o que aconteceu comigo. As crianças se aproximaram com absoluta confiança e se sentaram a meu lado com total liberdade; a mãe, ao invés de repreendê-las, trouxe-me lanche, deixou-as comigo e se foi despreocupada e tranquila.

As crianças daqui crescem assimilando essa forma de interação com os peregrinos com naturalidade. Há alguns dias, não me lembro em que cidade, um outro fato dessa natureza me chamou a atenção: passou por mim um casal com o pai a empurrar num carrinho de bebê uma garotinha de no máximo dois anos de idade, que trazia nas mãos a miniatura de um cajado de peregrino. Os peregrinos estão de tal forma integrados à cultura local que o cajado, um dos principais símbolos da peregrinação, é brinquedo para as crianças.

É uma hora da tarde e só agora saí da área urbana de Burgos, seguindo por uma trilha estreita de terra que atravessa longitudinalmente a planície de um vale também estreito. A vegetação indica que aqui teria sido uma área pantanosa, mas o terreno seco revela que foi drenado. Uma placa lá atrás informa que se trata de uma área de preservação de espécies da flora e fauna nativas. Mais adiante, aspersores irrigam uma área cultivada.

Numa curva do caminho, parei à sombra de uma grande árvore de copa frondosa para tomar fôlego. Não resisti ao piso atapetado pela grama seca, porém macia, e recostei-me sobre a mochila, tirei as botas e fiquei a ouvir apenas os grilos. Raramente algum pássaro piava. O relaxamento me fez sentir uma saudade intensa da minha casa no Brasil, não aquela saudade triste, que provoca vontade de voltar ou de estar lá, mas uma saudade gostosa, acompanhada da estranha sensação de que tudo está bem por lá, que minhas filhas estão felizes.

Logo abaixo, há outras árvores da mesma espécie, com copas belíssimas, enormes. O clima, a temperatura e essa brisa gostosa me causaram um relaxamento indescritível. Eu sei que meu corpo está aqui, mas posso transportar o meu espírito para o meu apartamento em Brasília, sentir-me como se estivesse deitado em meu colchão, como se estivesse pronto para dormir. Essa brisa que estou sentindo é a mesma que sinto quando estou com a janela aberta, no meu quarto. E posso me sentir lá, com muito sono.

De repente, acordei com vozes e com uma abelha fazendo um zumbido muito perto do meu ouvido. Durante os primeiros segundos, tudo pareceu acontecer na minha cama, lá em casa. Mas retornei à realidade e vi que de fato estava prestes a ser picado e que passava na estrada, ao lado, um grupo de uns dez peregrinos falando alto. Logo atrás, dois ciclistas pedalavam acelerado. A tranquilidade havia sido quebrada repentinamente com tanto tráfego. Melhor acabar de acordar, colocar a mochila nas costas, o cajado na mão e o pé no chão.

Eu não sei por quanto tempo dormi embaixo daquela árvore, mas não foi muito, talvez apenas alguns minutos, porém foi um sono profundo e reparador. Levantei com a sensação de estar totalmente descansado. As reflexões pelas quais fui tomado antes de cair no sono, embora tenham sido estranhas, foram interessantes, porque tive a impressão de que estava sendo remetido para minha casa. Eu experimentei uma viagem no tempo e no espaço. Foi tão real que eu podia medir, mentalmente, a distância entre lá e cá. Depois disso, restou-me uma consciência realista dessa distância, como eu ainda não havia tido. Creio que isso vai mudar muito a minha mente no futuro. Toda vez que eu olhar um mapa da Europa, vou me localizar aqui, neste Caminho, não só pelo conhecimento geográfico da região, mas com muito mais realismo. Eu posso sentir isso. Aliás, o que essa viagem está incorporando em minha mente em termos de conhecimento, de novos sentimentos, de assimilação de aspectos de novas culturas, com certeza é algo extenso que só poderá ser avaliado depois que eu retornar à rotina.

Seguramente, a partir de agora, quando se falar sobre a Espanha e suas belezas, como a da cidade de Burgos, com sua majestosa catedral e suas dezenas de capelas internas, agora não apenas sei onde ficam, como também me identifico bastante com o cenário, de maneira afetiva. Com certeza, vou sentir saudade disso tudo quando voltar ao Brasil, mas não quero pensar nisso agora.

São duas e meia da tarde e continuo a caminhar por esse vale drenado, de onde não mais se avista nenhum vestígio da cidade de Burgos. Apesar de minha passagem pela cidade ter sido mais rápida do que havia planejado, tenho de reconhecer que o pouco que conheci foi gratificante. É uma cidade com muita história, sobre a qual eu já havia lido algumas coisas, especialmente sobre o personagem El Cid. Este é um dos principais heróis da história da Espanha, por isso muitas coisas levam o nome dele: hotéis, praças, lojas, sem contar os vários monumentos e estátuas erguidos em homenagem a ele. Um dos *souvenirs* mais procurados por turistas de todo o mundo é justamente a réplica da espada de El Cid. Tive muita vontade de comprar uma, mas seria impraticável levá-la comigo, por causa do peso extra.

Isso me fez recordar a minha conversa com o senhor Pedro Cantón, há uns cinco ou seis dias, que me falou da invasão da Península Ibérica pelos árabes, que mantiveram o domínio sobre a região por mais de 700 anos e depois foram expulsos por El Cid. É uma saga muito bacana, cheia de narrativas heroicas que já foram tema de diversos filmes clássicos de Hollywood.

A unificação da Espanha se deu em função da religiosidade desse povo que, mesmo constituído de várias nações e culturas diferentes e submetido à dominação de invasores muçulmanos por dez gerações sucessivas, uniram-se e os expulsaram. O mais curioso é que essas tantas gerações conseguiram preservar a cultura e a religião originais.

Segundo a lenda, a última batalha decisiva, que culminou na libertação dos espanhóis, teria sido vencida sob o comando de El Cid... depois de morto. Mesmo após ser atingido mortalmente por uma flecha, os soldados sob o comando de El Cid o amarraram ao próprio cavalo e o fizeram seguir à frente da tropa. Ao ser reconhecido pelo inimigo, estes se sentiram tão intimidados pelo herói que julgavam morto que acabaram se rendendo.

Faltam dez minutos para as três da tarde e acabei de entrar no povoado de Tardajos, a oito quilômetros de Burgos. Logo à entrada, chamou-me a atenção um restaurante muito movimentado à beira da estrada. Eu já estava com fome e pensei que onde há muita gente, principalmente caminhoneiros, é sinal de que há também boa comida. Dentro do estabelecimento, contudo, o movimento era além da conta. Eu teria dificuldades em ser atendido. Então enveredei por umas ruas laterais e encontrei uma pequena padaria de porta única e um balcão onde comprei uma caixinha Tetra Pack de suco de laranja gelado, dessas de um litro, e mais três bolinhos madalena. Estes têm sido o meu lanche predileto por aqui.

Na verdade, madalena é o nome genérico para bolos, mas é comum chamar de madalena especialmente a uns bolinhos em formato de empada que vêm numa forminha de papel. É uma delícia. Peguei o lanche e saí comendo, mas como estava difícil segurar o cajado, andar e comer ao mesmo tempo, e como não avistei nenhuma praça ou banco, sentei-me no meio-fio da rua, ao lado da padaria. Atrás de mim, estavam algumas caixas onde recolhiam o pão, assado provavelmente na casa ao lado; e na esquina, por coincidência, o nome da rua aparecia identificado: Calle de la Madalena.

Sentado no chão, com a roupa encardida e surrada e a mochila suja de poeira, seria de se esperar que poderia ser enxotado, que as pessoas fechariam as portas e as crianças fugiriam ou jogariam pedra. No entanto, todo mundo que passa faz questão de me cumprimentar. Acabou de passar uma senhora muito distinta e bem vestida em direção à padaria. Ela me cumprimentou antes de entrar e ao sair com seu pacote de compras, perguntou-me se estava tudo bem comigo e se despediu com um "hasta luego" e "buen camino".

Em seguida, um homem acompanhado por um menino de uns quatro ou cinco anos entrou no mesmo estabelecimento. Enquanto o pai fazia compras, ele ficou à porta, observando-me. Eu sorri e fiz sinal de positivo com o polegar; ele se aproximou um pouco e se sentou também no meio-fio, a uns três metros de mim, calado, olhando curioso para mim e a mochila que estava no chão, entre nós. Depois de alguns segundos, ele chegou mais perto e ofereci-lhe com um gesto o bolinho que eu estava comendo. Perguntei: "Você gosta de madalenas?". Ele balançou a cabeça negativamente e continuou sério e calado. Quando o pai saiu, ele o seguiu às pressas e, antes de virar a esquina, parou, sorriu, acenou um "tchauzinho" e correu de novo atrás do pai.

Uns dois quilômetros depois de Tardajos, justamente quando atravessava uma ponte estreita sobre um riacho, cruzei com um sujeito magro e alto que caminhava acelerado em sentido contrário, falando sozinho, quase aos gritos. Ele usava uma roupa suja e surrada – um típico mendigo maluco, de expressão agressiva, olhos arregalados. Tinha um pedaço de pau na mão e o balançava para cima e para baixo, enquanto falava. De repente, ele fixou os olhos em mim e veio na minha direção, gritando um monte de coisas que eu não entendia. Levei um baita susto e instintivamente apontei-lhe o meu cajado, gritando com ele ao mesmo tempo que me desviava para o meio da ponte, com medo de que ele me atacasse e jogasse no rio. Mas ele nem se tocou. Na mesma passada em que vinha, seguiu direto, como se nem tivesse me visto, e foi embora. Eu saí da ponte, mas continuei de olho nele por um bom tempo, temendo que voltasse.

São quatro da tarde. Entrei no povoado de Rabé de las Calzadas, onde fiz um pequeno desvio para conhecer o albergue e avaliar se valia a pena ficar lá. É um bom albergue, parece uma casa residencial decorada com quadros, jarro de flores na mesa da sala e tudo o mais que se pode encontrar num lar bem cuidado. Fui recebido pela hospitaleira, uma moça simpática que logo se ofereceu para me ajudar a descer a mochila, dizendo que ainda tinha muitas vagas. Mas agradeci e disse que não estava decidido a ficar, apenas pedi água.

Enquanto ela foi buscar uma jarra de água e um copo, verifiquei no livro de visitas se havia mensagens de algum peregrino conhecido, mas não identifiquei ninguém. Apenas vi a mensagem de um brasileiro que morava em Portugal e estivera ali cinco dias atrás. Não pude deixar de reparar o quanto a hospitaleira era querida pelas pessoas que lá se hospedavam, pois além de muitas mensagens carinhosas de agradecimento, observei também três buquês de flores colocados ao lado do livro, inclusive um já bastante murcho. Tomei a água, coloquei um pouco no cantil e depois de cumprimentá-la pelas tantas mensagens e pelas flores, despedi-me, agradecendo depois que ela me informou que o próximo povoado ficava a oito quilômetros, portanto a mais duas horas de caminhada. Vou seguir e torcer para que lá também haja boa hospedagem.

Saí tomado pela incerteza se deveria ter ficado ou não, sobretudo pelo tempo que começava a se fechar. As nuvens, porém, pareciam estar se dispersando e o sol prenunciava se abrir. Depois que subi a estradinha de terra por uns dois quilômetros, notei que o vento começou a soprar cada vez mais forte, vindo justamente da direção de onde se encontravam as nuvens pesadas, e não demorou para trovejar alto. Considerei haver decidido mal, mas não achei que valia a pena voltar, muito embora à minha frente só houvesse trigais colhidos e terras sendo preparadas para plantio. Se a chuva chegasse, não haveria como eu me esconder e teria de estrear a capa de chuva guardada na mochila. Antes que a chuva me pegasse, porém, eu teria de guardar o gravador.

Continuo a subir a colina por uma estrada de terra estreita que atravessa os trigais. Vejo que o tempo está se fechando por todos os lados e que o cenário, atrás, está carregado de nuvens negras. O vento e os trovões estão cada vez mais intensos.

Fui ultrapassado por dois ciclistas que subiam acelerados. O primeiro, bem à frente, passou sem que eu notasse se ele havia me cumprimentado ou não. O outro veio em seguida e me cumprimentou: "Olá,

Marcio, como estás?!", e não tive tempo de ver quem ele era, pois usava capacete e uma espécie de gorro que cobria as laterais do rosto. O sotaque me pareceu de um brasileiro, mas não me lembro de haver conhecido algum brasileiro a fazer o Caminho de bicicleta. Talvez seja apenas um espanhol que caprichou no "portunhol" ou alguém que, sem me conhecer, passou no albergue de Rabé, leu minha mensagem e memorizou o meu nome.

De Burgos até aqui foram cerca de 18km, em cujo percurso eu levei cerca de cinco horas de caminhada, devido a muitas paradinhas, lanches e pausas para descansar. Só passaram por mim dois grupos de peregrinos: aqueles que me acordaram quando eu estava cochilando embaixo da árvore, formado por dois casais e mais uma ou duas pessoas, e estes dois ciclistas de que falei.

Este trecho do Caminho está muito deserto e estou caminhando quase o tempo todo sozinho.

Faltam cinco minutos para as cinco da tarde e tudo o que eu mais temia está acontecendo. Bastou alcançar o topo da colina e começou a chover. Vou baixar a mochila e tirar a capa, enquanto a chuva ainda não está forte, pois tudo indica que a coisa vai piorar. Caem pingos grandes e está começando uma forte ventania com trovões. Constatei alguma dificuldade aqui: a capa não tem largura suficiente para me cobrir juntamente com a mochila. Assim, ou me cubro ou protejo a mochila. Secar-me, porém, será mais fácil do que secar a mochila com tudo o que ela tem dentro, então vou protegê-la.

Desci a mochila sobre uma pedra e tentei inventar uma tática: virei-a de cabeça para baixo e a enfiei na capa, como se estivesse ensacando-a, e coloquei a mochila nas costas novamente, de cabeça para baixo. Isso melhorou um pouco, mas não solucionou o problema, pois os bolsos laterais ficaram expostos à chuva. Ainda bem que não havia nada de importante nesses compartimentos. Com a mochila virada, pelo menos as coisas mais importantes, como os documentos, que estavam no fundo, ficaram mais protegidos.

De repente a chuva ficou muito forte e começaram a cair raios por todos os lados. A ventania estava prestes a arrancar a capa e os sinais eram de que a situação poderia piorar ainda mais. Meu Deus, que loucura! O que é que eu vim fazer aqui?

Lá atrás, até há pouco eu avistava do alto o povoado de Hornillos del Camino no fim da descida, mas agora o temporal e a neblina não me permitem enxergar mais do que cinco metros à minha frente. Continuo tentando caminhar devagar, apesar de tudo, com a dificuldade de ter as botas a atolar-se o tempo todo na lama. A terra recém-arada das margens da estrada desceu com a enxurrada, juntou-se à poeira e formou uma lama pegajosa e pesada. Minhas botas parecem pesar uma tonelada. Outras partes da trilha se tornaram escorregadias e ficou difícil caminhar.

A chuva engrossou ainda mais e tenho a impressão de que passou a molhar até o gravador, por dentro da capinha, e não sei se ele ainda continuará funcionando. Às vezes tento andar de costas para receber os jatos d'água pela frente, o que é menos desconfortável e esfria menos o corpo, mas a verdade é que está tudo muito complicado aqui. Minha roupa está totalmente encharcada, com a água a descer pela cintura e pelas pernas. Pelo que posso imaginar, a mochila também deve estar em situação semelhante, pois sinto a água a escorrer da minha cabeça para as costas, entre mim e a mochila. Joguei-a sobre os ombros e tentei segurar a capa, para evitar que se encharcassem as partes mais críticas.

Os raios caem sem parar, seguidos de sucessivos trovões. Uma faísca atinge o chão da trilha alguns metros à minha frente e me deixa apavorado. Para tentar me distrair, vejo à minha frente a etiqueta da capa: "MTK fishing, capa de chuva tipo poncho, tamanho M, lavar a seco. Cuidado: não passar, não dobrar, não molhar". Como é que pode isso? Capa de chuva que não pode molhar? É cada coisa!

Não sei quanto tempo durou a tormenta; só sei que nesse tempo não andei quase nada, na tentativa de proteger as coisas mais importantes na mochila, especialmente o meu gravadorzinho. Agora chove fino, uma garoa que ainda pode molhar, mas encontrei uma outra pedra ao lado do Caminho – que a esta altura mais parece um atoleiro – e aproveitei para baixar a mochila e avaliar o estrago. Ainda bem que a parte principal não ficou muito molhada e os documentos estão preservados.

Raspei na pedra alguns quilos de lama que estavam grudados na bota e na barra da calça e continuei a descida, devagar, passo a passo, apoiando-me no cajado. O céu vai ficando mais limpo e tudo indica que a chuva cessará de vez. E já consigo avistar novamente o povoado de Hornillos lá embaixo.

No meio da descida, encontrei dois policiais numa reentrância, ao lado da estrada, num Jipe Nissan da polícia, modelo 4x4, estacionado de frente para a pista. Cumprimentei-os com um gesto, ao qual eles retribuíram com um piscar de farol, e continuei, a arrastar pelo caminho as botas cheias de barro.

Pouco mais abaixo, o declive da estrada se tornou mais forte e o chão mais liso. O barro gosmento escorrega feito quiabo e gruda no solado da bota, tirando totalmente a aderência, com um agravante: as pedras ficam agora coladas no calçado, juntamente com a lama.

Avistei os dois ciclistas que me ultrapassaram pouco tempo atrás a empurrar as bicicletas na lama. Vi-os montar outra vez e prosseguir devagar, com visível dificuldade para se equilibrar. Vou continuar a descer com a capa aberta sobre a mochila, para ver se dá tempo de secar.

O sol voltou a brilhar e a vista panorâmica ficou bem bonita. Adiante há um vale formado por trigais, com colinas douradas sucessivas, uma após a outra, parecendo uma pintura. Abaixo, no centro do vale, no fim da trilha, está o povoado, solitário no meio da imensidão amarela, a cerca de uns dois quilômetros daqui.

Saí da trilha de argila grudenta e comecei a andar pelos campos de trigo ao lado da estrada, caminhando sobre a palha das ramas de trigo colhido que cobrem a terra. Além de limpar a lama, fica menos escorregadio. Pena eu não ter descoberto isso antes, seria mais seguro e teria evitado muita sujeira.

Apesar de o sol continuar a brilhar, o tempo à minha esquerda parece fechado; ao longe, dá para ver a chuva a cair das nuvens negras. Tudo indica que há um temporal, com muitos raios e trovões. Espero que a tormenta não esteja se deslocando para cá. Depois dos traumas da descida na lama, minha perna voltou a doer na região da tendinite. Apesar disso, vou acelerar o passo o máximo possível, não só para evitar a chuva, mas também para ver se consigo chegar ao povoado ainda durante o dia.

São sete horas da noite. Estou no albergue de Hornillos del Camino. Esse trecho de chegada foi sem nenhuma dúvida a pior experiência que tive até hoje, mas não sei se posso falar assim, se levar em conta os riscos que passei por causa da tendinite. No momento, porém, devido ao trauma causado pelo temporal, confesso que ainda estou assustado.

Mesmo torcendo para que a tormenta não me alcançasse outra vez, o tempo novamente se fechou e a chuva chegou com força total. Tentei todos os meios possíveis para proteger a mochila (comigo eu nem me importava mais, apesar do frio terrível que se abateu sobre mim depois que me encharquei), mas quase nada adiantou. Tudo ficou molhado. Os pingos enormes chegavam a doer no rosto, e a palha do trigal ao lado da pista também virou um atoleiro, forçando-me a voltar para a lama grudenta da estrada. Com as botas a pesar toneladas, a dor na perna retornou insuportavelmente intensa.

Para piorar, quando cheguei ao albergue, as camas estavam todas ocupadas e o hospitaleiro havia saído. Não sei quanto tempo faz que estou aqui, sentado num banquinho da copa a esperá-lo. Estou me contendo, lançando mão do que há de mais profundo no meu ser para ver se consigo resgatar o resto de humildade que ainda deve haver no meu espírito peregrino para aguentar essa situação. Pode até haver outra alternativa para me hospedar, mas ninguém me dá certeza disso, portanto não vale a pena sair à procura de albergue ou pensionato debaixo de chuva e no escuro – porque a iluminação na rua é quase nula. Com o corpo e a roupa molhados, o frio está insuportável. Embora haja vários peregrinos no albergue, alguns tentando ser solidários (já me ofereceram lanches), eu não estou psicologicamente bem.

Vi que numa área no fundo da casa, próximo à lavanderia, debaixo de uma escada, há colchões que podem ser reservas estratégicas. Isso até me animou um pouco. Apesar do espaço reduzido, encostei a mochila num canto da copa, sob um varal improvisado cheio de roupas úmidas, tirei minhas botas e deitei no chão, apoiando a cabeça sobre a mochila. Tentei ainda usar o saco de dormir para me apoiar sobre ele, mas vi que ele estava encharcado. Parece que a parte interna ficou preservada, mas decidi não o abrir, apenas coloquei a perna inchada sobre ele, de forma a levantá-la um pouco.

Na mesa da copa, duas garotas francesas com muitas tatuagens, *piercings* e cabeça raspada faziam lanche. Uma delas me ofereceu a própria cama para que eu descansasse um pouco até o hospitaleiro voltar, mas agradeci e disse que já havia acomodado o corpo ali mesmo, e se me deitasse na cama dela ninguém conseguiria me acordar depois. Ela insistiu, porém, dizendo que iriam sair pelo povoado depois que acabassem de lanchar. Ainda que relutante, aceitei a oferta.

A moça me levou até o quarto, passou as coisas dela para a cama da amiga e saiu. Eu abri meu saco de dormir. Para minha sorte, a parte interna estava totalmente seca, apenas a bolsa ficara molhada. Estiquei-o sobre o colchão da cama da francesa e me deitei por cima.

O quarto é apertado, com espaço mínimo entre as camas. Os quatro beliches estão ocupados, inclusive com gente dormindo. Quando relaxei o corpo, a sensação de sono tomou conta de mim, com um forte sentimento de gratidão. Aquelas moças que à primeira vista não me inspiraram simpatia acabaram me proporcionando um conforto incomensurável, algo que naquele momento não havia dinheiro capaz de pagar.

Por alguns segundos, minha consciência processou um exame de avaliação de critérios para saber se eu não havia sido preconceituoso com elas. Mas refleti que eu nem poderia ter sido preconceituoso na condição em que me encontrava, deitado no chão, sentindo-me o mais degradado de todos os seres, padecendo frio, fome e dores por todo o corpo. Não me sobrava espaço para distinguir nenhum outro ser humano. Eu poderia cochilar tranquilo: minha consciência estava limpa.

Talvez por ter enfrentado e desafiado os limites da exaustão física, tolerância psicológica e capacidade de indulgência diante da degradação, depois do gesto das garotas eu me sentia em estado de graça, enquanto era dominado pelo sono rapidamente.

Região de Itero del Castillo (Castilla y León/Espanha)

De Hornillos del Camino a San Nicolás

Hoje são 14 de agosto de 2001, terça-feira, 7h40 da manhã. Estou saindo do povoado de Hornillos del Camino para fazer minha décima primeira etapa, depois de haver passado um fim de dia terrível. Foram contratempos de balançar as estruturas, mas felizmente tudo se resolveu e amanheci relativamente bem.

Ontem o hospitaleiro, senhor Júlio, ainda demorou a chegar. Lá pelas nove da noite, providenciou um colchão para mim e mais cinco pessoas que estavam esperando. A gente simplesmente arrastou a mesa da copa para um lado, estendeu ali os colchões e nos deitamos.

Eu mal havia pegado no sono quando uns peregrinos se sentaram à mesa ao lado e começaram a conversar alto. Eles foram conversando, conversando, cada vez mais entusiasmados. Primeiro eram dois, depois chegou um outro e ainda mais um casal. Aí é que o assunto rendeu. Morto de sono e de cansaço, eu não sabia mais o que fazer, até que, abrindo apenas um dos olhos, vi que o senhor Júlio estava na pia, lavando louça, bem perto de mim. Sentei-me na cama, virado para ele e de costas para os falantes, e disse em tom áspero – o mais áspero que consegui:

– Senhor Júlio, aqui não é um albergue onde alguns vêm para descansar?!

Antes de ele responder, emendei:

– Pois isto aqui não está parecendo um albergue. O que é aqui? Será uma conferência? Porque as pessoas não respeitam o descanso dos outros!

Com o pedido dele para que fizessem silêncio, não se ouviu mais nenhuma conversa, apenas cochichos quase inaudíveis e os passos deles se dispersando.

Eu não havia presenciado nada igual em nenhum outro albergue, muito pelo contrário: independentemente do horário, fossem três ou quatro horas da tarde, as pessoas conversavam baixinho e evitavam ao máximo fazer barulho, pois sempre havia algum peregrino cansado, sentindo-se mal ou simplesmente relaxando. Todo mundo respeita. As pessoas de ontem foram uma exceção, talvez como consequência da administração negligente do senhor Júlio. Também por causa dele ficamos seis peregrinos sem espaço para dormir até as nove horas da noite.

Mas além de uma possível conduta demasiado complacente do hospitaleiro, esse tipo de comportamento é próprio de certas pessoas e certos níveis de educação. O sujeito que começou o falatório na copa do albergue era um falastrão gritador típico. Antes daquele episódio, eu já o encontrara por lá, falando demasiadamente alto e metendo o bedelho na conversa dos outros, entrando em tudo que é quarto, falando, falando sem parar.

O sujeito era a cara do Agnaldo Timóteo, aquele cantor-político barulhento. Ainda quando eu estava deitado no chão, antes de a moça francesa me oferecer a cama, eu já me sentia perturbado com o comportamento dele.

No início, imaginei que ele andasse daquele jeito, de um lado para o outro, para aliviar alguma dor que estivesse sentindo. Mas depois vi que não era nada disso: ele andava pra lá e pra cá apenas para bisbilhotar e se intrometer na conversa alheia.

Depois que fizeram silêncio lá na copa, eu ainda levei algum tempo para pegar no sono. Em compensação, tive um sono pesado e contínuo. Quando acordei, passava das sete da manhã. A minha bronca da noite anterior fizera valer o sossego que se estendeu até o café da manhã, pois havia sinais de que várias pessoas haviam feito a refeição matinal sem fazer barulho, sem perturbar o sono dos alojados no improviso do chão da copa.

Ontem conheci no albergue um casal de brasileiros, de São Paulo. Eles haviam iniciado o Caminho a partir de Burgos, pois o marido dividira a jornada em duas etapas: no ano passado, caminhara de Saint-Jean-Pied-de-Port até Burgos, e neste ano retomou a peregrinação na companhia da esposa, a fim de ir até Santiago. Após deixar o Brasil, eles permaneceram alguns dias em Londres e outros dias em Portugal, onde alugaram um carro para percorrer o Caminho em sentido inverso, de Santiago a Burgos. Lá deixaram o carro e passaram a fazer o restante do Caminho a pé. O nome dele é Sidney; ela se chama Solange.

A terra está bastante molhada, com muita lama, por isso estou caminhando ao lado da estrada sobre a palha do trigo colhido. Além da chuvarada de ontem, pode ser que também tenha chovido mais durante a noite. Felizmente hoje o céu está limpo e o dia claro, e torço para que isso não mude, sobretudo para que eu não seja surpreendido por temporais violentos como o de ontem. Fiquei meio traumatizado com tanto vento, raios e muita, muita água.

Eu devo ter caminhado por no máximo um quilômetro na chuva, mas foi o suficiente para me deixar aterrorizado e encharcado, com as botas pesando muito por causa da lama. A minha calça felizmente secou durante a noite (é feita de um tecido especial que tem essa vantagem de secar rápido). Se fosse uma calça *jeans*, com certeza eu teria hoje um sério problema, pois teria de vesti-la ainda molhada.

Alguns itens recomendados para essa viagem podem até parecer supérfluos, mas quando surge o momento de utilizá-los é que a pessoa se convence da verdadeira importância de trazê-los consigo. Nunca se deve partir para uma aventura desta magnitude, com tal grau de sacrifício e cheia de novidades, sem observar as recomendações dos guias ou as dicas de quem já vivenciou essa experiência. Um desses itens é justamente a calça tactel. Até dois dias antes de vir, eu tinha uma calça *jeans* na mochila para trazer. Mas depois, revendo as recomendações do manual, fui à loja e comprei calça e jaqueta tactel. Trata-se da combinação de tecido e tela, como o próprio nome sugere. É um tecido à base de poliéster, muito fino, forrado por dentro com uma tela também pouco espessa. Além de ser muito leve e facílimo de lavar, secando rapidamente, essa dupla camada tem um efeito fantástico na proteção ao frio durante as noites e nas madrugadas, sem se tornar excessivamente quente durante o dia, sob o sol.

Há ainda as botas, o boné para proteger do sol e a mochila própria, com estrutura de sustentação em alumínio, além da barrigueira e da peiteira, que reduzem a sensação de peso nos ombros para 1/4 do peso real.

Entretanto, há dois itens que não estão na lista da maior parte dos guias, mas que se revelaram fundamentais: o primeiro deles é o colete de pescador, com seus vários bolsos na frente e nos lados. Seria impossível, sem ele, tirar as coisas dos bolsos e colocá-las de volta enquanto se anda com a mochila nas costas. O outro são os tampões de ouvido de silicone. Eu tenho bastante dificuldade para dormir às vezes, e se houver alguém próximo a mim roncando, esquece, o sono não vem. Pensando nisso, poucos dias antes de viajar, descobri que existem os tais tampões de silicone, que abafam totalmente o ouvido, e comprei um par na loja, para fazer um teste. Vendo que eram muito eficientes e confortáveis, comprei uma caixa com quatro pares e joguei fora os tampões industriais que possuía. Graças aos tampões de silicone, tenho dormido bem, pois praticamente não ouço quando alguém ronca no mesmo ambiente em que estou no albergue, nem mesmo quando há pernilongos a zumbir em volta de mim. Ontem à noite, em Hornillos, tirei o tampão por um momento e só então percebi que havia um pernilongo me zoando. Durante o episódio da conversa do sósia do Agnaldo Timóteo, só acordei porque falavam extremamente alto, quase gritando. Entretanto, pela manhã, sequer notei quando os madrugadores preparavam o café da manhã, tudo graças aos tampões de silicone, que são vendidos nas lojas como instrumentos de proteção auricular para atletas nadadores.

Ontem foram os momentos nos quais tive de superar meus limites, descobrir minhas fragilidades. Ter de encarar simultaneamente os limites da dor, do frio, do cansaço e da resistência física durante aquela chegada foi demasiadamente pesado. Por alguns momentos, no meio daquela descida sob o temporal, cheguei a me questionar se não estaria cometendo uma grande loucura pelo simples fato de estar ali: "Onde eu estava com a cabeça quando inventei isto?". Enfrentar o limite de minha tolerância após ter chegado em estado lamentável no albergue e não encontrar espaço para me acomodar ou descansar foi algo inédito para mim.

Quando nos deparamos com o medo, tudo parece mais grave, a nossa razão se confunde e a insegurança toma conta da gente. Ontem, na hora do desespero, com os raios caindo próximo de mim, em vários momentos eu me senti assim, tal como numa outra ocasião, alguns anos atrás, quando eu ia num voo de Brasília para Belo Horizonte. Tudo estava tranquilo quando, de repente, aconteceu uma série turbulências, cada uma mais forte que a outra. Por fim, o avião pareceu perder a sustentação e tivemos a sensação de que havia entrado em queda livre.

Na primeira vez, logo que se iniciou a queda, houve alguns poucos gritos, mas o susto passou; os comissários pararam o serviço de bordo e começaram a recolher rapidamente os carrinhos. Veio então a segunda queda – a grande!

Eu não sei precisar quanto tempo ela durou, mas a gritaria no avião foi geral. Pessoas que estavam sem cinto de segurança caíram no corredor e as bandejas dos carrinhos dos comissários voaram, assim como muitos outros objetos. Nos poucos segundos dessa queda, quando me vi diante da morte, tive ódio de mim mesmo por ter cometido a loucura de entrar naquele avião. Naquele momento, fiquei convencido de que ao decidir entrar na aeronave estava completamente louco. Assim também ocorreu ontem, nos momentos em que eu estava fragilizado, subjugado pelo temporal e diante dos raios. Naquela hora, eu também me perguntei: "O que foi que eu vim fazer aqui?" "Será que eu estava louco?"

O avião então operou como se tivesse caído subitamente sobre um colchão de ar macio, estabilizou-se e voltou a subir novamente. Durante todo esse episódio e até o fim da viagem, os pilotos e comissários permaneceram calados. E só foram recolhidas as coisas do chão quando já estávamos em procedimento de pouso. Descobri depois que isso acontece por causa de trechos de baixíssima pressão que criam um vácuo e fazem com que a aeronave perca sustentação. São relativamente comuns, mas não com a intensidade que testemunhamos. Há casos inclusive de queda do avião no topo de montanhas, por causa desse fenômeno.

Da mesma forma, ontem passei por momentos nos quais tive certeza de que a decisão de enfrentar aquele sacrifício insano era fruto de loucura, mas graças a Deus, no fim das contas deu tudo certo – apareceram as francesas bondosas que, com seu coração solidário, resgataram-me o espírito para o mundo normal, mostrando-me que nem tudo é ruim na vida. Depois observei melhor o jeito delas e vi como as aparências enganam... E como me enganei com a aparência delas! No fim do expediente, quando o senhor Júlio começou a varrer o chão da copa, imediatamente elas se adiantaram e começaram a ajudar. Foram lá fora e voltaram com baldes e vassouras e começaram a participar da limpeza. Depois, ficaram por ali sentadas, conversando, falando baixo e educadamente entre si e com os outros. Apenas uma delas fala espanhol e fica ora desenhando, ora fazendo anotações em cadernos que sempre traz na sacola. Definitivamente, são pessoas maravilhosas, de alma boa e com sentimento no coração, e com isso propagam a bondade e a paz entre as pessoas. Foi o que fizeram em relação a mim.

Disseram-me que saíram de Saint-Jean-Pied-Port um dia depois de mim – e já me alcançaram! Reparei depois que uma delas não tem a cabeça totalmente raspada: há um rabicho de cabelo de um lado, bastante longo.

O senhor Júlio voltou da rua bem depois delas e aproveitando-se da descontração com que conversávamos, entrou no assunto, muito bem-humorado, elogiando os brasileiros. Eu nem tive chance de manifestar minha chateação por ele não ter me recebido e me acomodado, quando cheguei tão cansado, pois ele levava tudo no bom humor. Logo estávamos rindo das brincadeiras dele, que passou a me chamar de "brasileño apresurado" (brasileiro apressado), por eu ter reclamado da demora. Em tudo o que ele ia fazer a partir daí, caçoava comigo dizendo: "Primeiro para o Marcio, porque brasileiro é apressado".

Depois de tudo limpo na copa, quando pensei que íamos arrastar a mesa e colocar os colchões, morrendo de vontade de me esticar na cama, ele disse:

— Está quase pronto, agora é só esperar até meia-noite, pra ver se não tem mais nenhum peregrino que queira usar a mesa para lanchar.

Eu, assustado, retruquei:

— Pelo amor de Deus! Meia-noite?! Não... A essa hora, que lanchem na varanda!

Ele deu risada, demonstrando que tudo não passava de mais uma brincadeira, e foi correndo buscar os colchões. Preparou primeiro o meu, e enquanto eu me esticava no saco de dormir, fez um gesto de quem "lava as mãos", dizendo:

— Pronto, acabei de me livrar da metade dos meus problemas de hoje: pus o brasileiro pra dormir!

*

São nove horas e vinte minutos. O sol continua bonito e o céu está claro. Eu vim andando praticamente sem ver ninguém nesse trecho até aqui, à exceção de dois grupos de ciclistas que passaram rapidamente e seguiram adiante.

No segundo grupo, reconheci um rapaz de Barcelona com quem conversei há uns dois dias num albergue. Enquanto passavam, ele gritou:

— Olá, brasileiro! Rivaldo! Rivaldo! O Rivaldo é bom!

É que na conversa que tivemos, ele dizia que é torcedor fanático do Barcelona e fã do brasileiro Rivaldo, que joga no time pelo qual ele torce. Então eu disse que todos os bons jogadores do Brasil tinham sido vendidos para times europeus e só ficou a sobra em meu país.

*

Hoje estou me sentindo relativamente bem, apesar de algumas pontadas finas na canela de vez em quando, dando sinais de que a perna pode vir a ter problemas. A região afetada pela inflamação ainda está inchada. Por isso sempre sinto desconforto. Ainda está cedo para avaliar, mas por enquanto dá para andar bem, sem mancar. Vou seguir devagar, evitando esforço extra, para não sofrer estresses severos, como aconteceu nos últimos dois dias. Se ontem eu cheguei próximo de jogar tudo pra cima e chutar o pau da barraca, hoje pode ser mais grave e haver desdobramentos ainda piores. Por isso, toda paciência e cautela é pouco.

Ontem houve momentos de xingamento, blasfêmias, palavrões, mas à noite eu pedi perdão a Deus e ao apóstolo Tiago e acabei me sentindo bem, sem culpa. Acho que tudo isso faz parte das provações que enfrentamos aqui. Eu tenho certeza de que o apóstolo me compreendeu, pois ele também passou por esses caminhos. Embora as dificuldades pelas quais estou passando sejam infinitamente menores do que as que ele enfrentou, tenho certeza de que ele me compreende e me perdoa, pois sou muito mais fraco do que ele.

Tenho de admitir, porém: ontem eu quase joguei a toalha. Pensei em me ajoelhar e rezar, mas nem isso eu conseguia fazer, pois o frio provocado pela chuva a descer pelas costas travava meus movimentos. Além disso, o chão era um atoleiro. Eu não sabia se eram maiores o medo dos raios ou a dor na perna, o frio ou o ódio de haver cometido a loucura de me meter naquela situação... Mas eu reagi.

"Se tantos milhões de pessoas vêm fazendo essa peregrinação ao longo de vários séculos e todas a concluíram, por que eu não, se não há nada que possa objetivamente me impedir? Então, eu também vou chegar lá e deixar meus rastros por onde passar", eu pensei. E naquela hora, no auge do desespero, parei por alguns segundos tentando conter a revolta, olhei para o céu e cerrei meus dentes para abafar a vontade de gritar outra blasfêmia. A única frase que me saiu da garganta, no entanto, foi: "Pai, afasta de mim este cálice", e segui firme, sentindo o sal das lágrimas que escorriam pelo meu rosto, misturadas com a chuva.

*

Na noite passada, sonhei que estava numa festa com meu primo Iedo Caetano, numa fazenda antiga, cuja sede era uma casa grande e alta, com muitas janelas na frente, como as casas antigas de algumas das fazendas que existem na região onde nascemos e crescemos, no interior de Minas Gerais. Além da sede da fazenda, havia outras casas próximas, com currais de tábua, também muito antigos. Alguns trechos das cercas de currais estavam inclinados, pendendo para o lado, como se os mourões já estivessem frouxos no chão, dando a impressão de que a cerca estava abandonada há tempos.

O Iedo e eu caminhávamos pela fazenda próximo à casa principal, conversando sobre um assunto de que não lembro. Sei que ali estava acontecendo uma festa, muito parecida com as festas de Folia de Reis realizadas naquela nossa região. Havia muitas pessoas no lugar, todo mundo descontraído e alegre, e conhecíamos a maioria das pessoas (pelo menos era essa a minha sensação naquele momento, embora eu não me lembre da fisionomia de ninguém, especificamente).

Quando acordei, ainda me sentia no clima daquele ambiente. À medida que fui tomando consciência de onde eu estava de verdade, a primeira coisa que me veio à mente foi o fato de que hoje, dia 14 de agosto, é véspera da festa de Nossa Senhora da Abadia, na cidade de Romaria, no Triângulo Mineiro. É justamente nessa data que os últimos peregrinos fazem a caminhada para chegar ao destino final. Ainda no clima festivo-religioso do qual eu acabara de sair no meu sonho, me veio à imaginação o meu primo Iedo possivelmente se preparando naquela mesma hora para fazer a sua última caminhada rumo a Romaria.

Essas memórias e a coincidência da data de hoje me trouxeram fortes lembranças das minhas viagens de peregrinação a Romaria. Desde a minha infância eu via meus pais e irmãos mais velhos saírem para aquela aventura, e sempre tive vontade de participar dela, mas nunca podia, pois não coincidia com as férias escolares. A minha primeira experiência foi com o meu irmão César. Naquele ano, eu concluíra a primeira faculdade e não tinha aula. Então programei minhas férias de trabalho e fui de Belo Horizonte a Carmo do Paranaíba, minha cidade, exclusivamente para essa viagem.

O César já havia feito o caminho umas quinze vezes e foi o meu guia. Foi uma viagem inesquecível, apesar de ele ter a mania de acordar às duas da madrugada para caminhar. Embora eu não reclamasse, ficava inconformado por ser acordado todo dia no melhor do sono. Para completar, às vezes ele parava no ponto de pouso às dez ou onze da manhã, alegando que era melhor caminhar apenas pela manhã, com o tempo fresco.

São muitas as lembranças dessa peregrinação, mas uma das coisas que mais me marcou foi o que aconteceu comigo ao chegar de volta à minha cidade. Quando me caiu a ficha de que aquela aventura havia terminado, fui tomado por um forte sentimento de contrição e entrei em crise de choro compulsivo. Talvez tenha sido a primeira vez que de fato vivi um dos maiores paradoxos da vida: o de que o melhor não é a chegada, mas o percurso.

Fiz essa viagem uma segunda vez também com o César. Ao contrário da primeira vez, em que fomos somente nós dois, na segunda nos juntamos ao cunhado dele, Afonso, com a família.

A minha terceira viagem foi justamente com o meu primo Iedo e os irmãos dele, Juca e Sigê, e com os meus irmãos César e Pedro, além dos sobrinhos Laura, Leandra, Zezé do Sigê, Paulo e outros. O mais inusitado dessa vez foi eu ter convidado o meu irmão Pedro para dividir a barraca comigo, pois havia espaço suficiente. Só que eu não havia me lembrado de que ele ronca muito. E eu tenho muita dificuldade para dormir com pessoas roncando a meu lado (naquela época, eu nem sabia da existência dos tampões de ouvido de silicone). Mesmo assim, não quis chatear meu irmão mais velho com picuinhas e apostei que o cansaço das caminhadas me faria cair no sono, mesmo com o ronco.

Depois da terceira noite praticamente sem dormir, o meu primo Sigê reparou que o meu humor não estava normal, e me achando muito abatido me questionou, insistindo para saber o que estaria me afligindo, até que eu confessei o meu drama. Na mesma hora, ele providenciou uma solução: preparou sua caminhonete cabine dupla, cujo banco se reclinava até se transformar numa cama, e conversou com o Pedro, que para minha surpresa, bem-humorado, me deu uma bronca por eu não ter falado da situação logo na primeira noite.

*

O sacrifício daquela viagem pode até ser menor, pois são apenas seis ou sete dias e não se carrega o peso da mochila, além de sempre haver uma pessoa de carro prestando apoio durante todo o trajeto. Contudo, se considerarmos a realidade que os meus pais e avós enfrentavam, numa época em que o apoio aos peregrinos era feito por meio de burros de carga ou até mesmo carros de boi, como já ouvi contar, creio que foi mais difícil para eles vencer aqueles 200km do que para nós, aqui, caminharmos os 830km até Santiago.

Fico imaginando o esforço de minha mãe, que sofria de uma inflamação óssea que lhe causava dores intensas. Como será que ela conseguia? Talvez por milagre.

Apesar de toda a distância que se caminha hoje em dia, tem-se apoio médico e a segurança de encontrar povoações e áreas urbanas todos os dias. Diante de um problema como eu tive com a minha tendinite, apesar da minha teimosia, venho mantendo a doença sob controle, com medicação que compro em qualquer povoado. Naquela época, não se dispunha sequer de informação, muito menos de apoio médico e farmacêutico. Devia ser dramático.

Há uma história de meu primo Jarbas, que fazia o Caminho até Romaria a pé, junto com meu pai, levando as coisas e os suprimentos no lombo de um cavalo puxado por eles mesmos. No meio do percurso, Jarbas teve um problema na perna. Eu não me lembro de detalhes dos sintomas, mas sei que a viagem foi complicada, com os dois improvisando muletas com galhos de madeira cortados nas matas e ele insistindo em andar, mesmo com dores terríveis e com a perna muito inchada. Hoje fico pensando: não teria ele sofrido uma tendinite também? Porém, como não se sabia diagnosticar o problema e muito menos havia anti-inflamatórios e analgésicos, o sofrimento deve ter sido intenso.

*

São mais de dez horas da manhã. Os únicos peregrinos a pé que encontrei até agora foi um casal que estava tirando fotografias lá atrás. Faz uns quarenta minutos que tomei o restinho de água que havia no meu cantil e não há sinal de casas ou povoados. Além disso, a fome já está à porta. Essas lembranças de coisas e fatos da minha terra fez aumentar em mim a vontade de comer alguma comida normal, do meu gosto. Só de lembrar das almôndegas que eu e o César levávamos na nossa viagem a Romaria, minha boca se enche de água. Para mim, no entanto, agora bastavam arroz e feijão para me deixar feliz. Aqui a gente até encontra arroz, apesar de não ser do mesmo jeito; a forma de fazer parece diferente. Mas feijão com arroz não se vê.

Ontem, além de não almoçar direito, comi apenas um sanduíche à noite e um outro pequeno, hoje de manhã. Outros peregrinos estavam buscando pão e fazendo seus lanches, mas eu não quis comer naquela hora e saí. Por causa disso, agora nem posso lembrar das minhas comidas normais que a fome aumenta. Quem me dera ter agora pelo menos um Miojo, daqueles que eu faço em casa, com bastante queijo derretido e ovo frito por cima. Pensar num frango caipira com açafrão, daqueles feitos pela minha cunhada Célia ou pela Dora, é quase uma tortura. Isso nem deve existir de verdade. Deve ser um sonho. Meu Deus, que fome! Pelo que entendi, olhando o guia hoje de manhã, o próximo povoado estaria a onze quilômetros, mas eu já devo ter andado muito mais do que isso, e nada de povoado... nem sinal.

*

São 10h30 da manhã. Estou saindo do povoado de Hontanas. Como não encontrei restaurante, tampouco comida normal, do meu gosto, entrei num boteco e tomei um copo de leite com chocolate e bolachas. Foi o que mais me apeteceu, entre as coisas que haviam lá. Peguei a estrada novamente, um pouco indeciso, porque o tempo parece estar se fechando à minha frente. Dá para ver, no horizonte, que está chovendo e o céu está coberto de nuvens escuras, com raios e trovões. Estou preocupado, apesar de atrás de mim o sol brilhar, com céu limpo. Então seguirei devagarinho, sem me afastar da área urbana, até ter certeza de que devo prosseguir. Aqui ainda é fácil procurar uma marquise para me proteger da chuva.

O boteco era um típico "copo-sujo", mas foi o que encontrei. O proprietário era idoso e de aspecto pouco higiênico. Quando ele foi lavar o copo para preparar o meu chocolate, quase desisti ao ver a bucha de lavar louça, com aspecto de coisa suja, mas deixei isso pra lá. Eu já estava acabando de lanchar quando chegou o sósia do Agnaldo Timóteo, o falastrão do albergue de ontem. Cumprimentou-me tentando fingir-se de gente educada, mas sabendo de quem se tratava, respondi sem olhar para ele, já colocando a mochila nas costas, mostrando que estava de saída e não queria conversa. Despedi-me do dono do bar sem olhar pra trás e fui saindo de fininho. Na mesma hora, o sósia começou a fazer perguntas, na maior altura, para o homem do bar. Eu pensei: "Começou o falatório do matraca!", e apressei o passo para nem ouvir.

Supremo foi o meu arrependimento de haver comido ali, pois na saída do povoado me deparei com uma grande lanchonete ao lado da estrada, numa área rebaixada, cujo acesso se dá por uma rampa no acostamento. Eram várias mesas dispostas em volta de uma piscina muito limpa, em meio a uma área ajardinada enorme, toda gramada. Na área coberta, ao lado do balcão, havia outras mesas; um som ambiente tocava um rock clássico norte-americano muito legal. Quando entrei, a proprietária, muito bem-humorada e simpática, veio prontamente me receber e ajudar a descer a mochila. A aparência dela me lembrava a das francesas do albergue de ontem: meio *hippie*, com roupas muito coloridas e a cabeça raspada, preservado o cabelo apenas na parte superior, com um rabo de cavalo bem fino no alto. Disse se chamar Rachel. Para compensar o conforto e a simpatia do atendimento, pedi outro chocolate com bolinhos madalena e brinquei: "Você deveria ter colocado uma placa lá na entrada pra gente não lanchar em outros bares". Ela riu, disse que a piscina estava à disposição e que eu poderia descansar ali à vontade.

Fiquei um bom tempo a conversar com a moça e o pai dela, que a ajuda na lanchonete. Ela me disse que a música que estava tocando era de um cantor espanhol que interpretava rock em estilo americano dos anos 1990. De fato, na sequência vieram músicas espanholas, também muito boas. Ela falou que ele estava fazendo sucesso na América do Sul também, especialmente na Argentina – e até nos Estados Unidos. Vendo que eu estava gostando da música, tirou a fita do aparelho de som e a deu de presente para mim, dizendo que possuía o CD original e depois gravaria outra.

Quando cheguei à lanchonete, havia lá duas garotas loiras que aparentavam ter algo em torno de uns 15 ou 16 anos de idade, sentadas do outro lado da piscina. Enquanto eu conversava com Rachel, elas se aproximaram para fazer outros pedidos de lanche e tomaram parte na conversa. Disseram ser alemãs, de Stuttgart. Falando um inglês bastante compreensível, contaram que faziam o Caminho sozinhas, mas não tinham o compromisso de ir até Santiago. Acabei meu lanche, agradeci novamente a Rachel e seu pai, e segui viagem.

Depois de Hontanas, caminhei várias horas através de um vale estreito, por uma estradinha de asfalto de uma pista só. Na saída do vale, há uma área plana cultivada com girassóis – uma vista espetacular –, que a estrada vai margeando por uma longa distância. Quase no meio da plantação, encontrei as duas garotas de Stuttgart. Elas saíram da lanchonete um pouco à minha frente, mas pararam para tirar fotos, aproveitando a paisagem de flores de girassol ao fundo. Pediram-me então para bater umas fotos delas. Enquanto eu as fotografava, chegaram duas senhoras, e ficamos todos ali por um tempo tirando fotografias uns dos outros. Como tínhamos combinado, troquei endereço de *e-mail* com as alemãs, para enviar-lhes as fotos posteriormente, e as quatro mulheres partiram juntas. Eu fiquei sentando numa pedra ao pé de uma árvore grande e frondosa, aproveitando a sombra para relaxar um pouco. Logo reparei que as garotas deixaram as senhoras bem para trás e já desapareciam numa curva a uns 200 metros à frente. Elas andam muito rápido.

Adiante, vejo uma construção enorme, alguma coisa parecida com uma ermida ou um templo antigo. Vou pegar o desvio para ir até lá, conhecer e tirar fotos. O portal de entrada é um arco gigantesco construído em estilo gótico, sob o qual passa a estrada, mas o resto da edificação não está bem conservado. Há uma parte muito grande, à esquerda da estrada, que parece estar em ruínas. A placa indica "Monastério de Sán Antón". É muito bonito.

Eu já avistava o povoado de Castrojeriz adiante e resolvi matar a curiosidade acerca de uma árvore próxima à estrada, carregada de uma frutinha vermelha parecida com amora. Apanhei algumas e experimentei. "Não deve ser venenosa, senão não estaria aqui", pensei. O formato e o sabor lembram o das amoras. É bem docinha, mas solta uma tinta cor de sangue que não sai facilmente da pele, como se fosse uma nódoa grudenta. Já esfreguei lenço umedecido, chupei o dedo, e nada! A tinta não sai. Fiquei preocupado se a minha cara também não estaria lambuzada de tinta. Se estivesse, poderiam pensar que era sangue.

O sol está forte, mas o horizonte está carregado de nuvens escuras, o que pode indicar chuva mais adiante.

Na entrada de Castrojeriz, alcancei o senhor Martins fazendo caminhada. Ia pela estrada apoiando-se em dois cajados – um em cada mão –, e sem camisa, andando com passo firme. Disse que tem 74 anos de idade e caminha pelo menos seis quilômetros todos os dias. Mal eu o alcancei, ele já puxou assunto. Contou que antigamente os peregrinos passavam muito machucados e com os pés feridos, e os monges de Sán Antón os curavam com água, sal e vinagre; depois davam a eles uma sopa de legumes e carne. No outro dia, eles se levantavam bem, embrenhavam-se mata adentro e sumiam. Falou que hoje em dia é tudo muito fácil, pois tem bar, lanchonete com comida boa e cidades com albergues modernos.

São 13h18. Acabei de chegar a um restaurante em Castrojeriz que embora pareça ser bom, tem aquele problema de sempre: servem o almoço na hora em que querem. Nem perguntei a hora exata de servirem a refeição, pois não estou disposto a ficar esperando. Pedi água à moça e perguntei se havia ali uma padaria. Ela me trouxe uma jarra de água bem gelada, tomei uns dois copos e enchi meu cantil. Muito simpática, a moça me mostrou onde ficava a padaria, mas antes de me dirigir para lá, sentei-me a uma sombra em frente ao restaurante e recostei-me sobre a mochila, para relaxar um pouco.

Daqui vejo que o restaurante tem uma parte interna com cobertura e várias mesas. Pelo jeito é um restaurante bem grande, mas ainda assim não vou esperar pelo almoço. Vou mesmo é passar na padaria e comer qualquer coisa que me dê disposição para andar mais uns dez quilômetros até o próximo povoado, que segundo o guia é Itero del Castillo. Depois de relaxar um pouco, decidi seguir, sobretudo porque praticamente todos os peregrinos que encontrei planejavam ficar aqui. Isso significa que o único albergue do local pode estar lotado.

Passei na padaria, comprei uma caixa de suco de laranja de um litro, um pão, uma latinha de atum e algumas frutas, além de uma garrafa de iogurte de baunilha, e saí tomando. No início, estava muito gostoso, mas depois começou a ficar enjoativo, talvez porque eu tenha ficado enfastiado, pois tomara quase um litro de iogurte. Sobrou apenas um restinho que iria para a primeira lixeira que eu encontrasse pela frente.

Estou sentindo a mochila pesar bastante, agora. Tenho o cantil cheio, um litro de suco e as frutas que, com certeza, estão fazendo a diferença no peso, mas não vou me desfazer de nada, pois já me avisaram que adiante há uma subida longa e forte (que aliás já estou avistando daqui), não muito longe. É uma serra alta de aparência desértica, onde se pode ver a estradinha branca subindo e fazendo curvas, até ser encoberta pelas nuvens lá no topo. Apesar de uma brisa fresca soprar continuamente, mantendo a temperatura agradável, o sol forte castiga a pele e arde um pouco no rosto e no braço esquerdo.

Enquanto eu descansava na grama em frente ao restaurante, um casal que percorria o Caminho de carro parou para conversar. Ele já fizera o Caminho a pé por duas vezes, mas estava agora a refazer todo o percurso como turista, parando e se hospedando em vários povoados e cidades da rota para revê-los – e para que a esposa também pudesse conhecê-los. Ele mesmo procurava visitar lugares que não teve tempo de conhecer quando fez o percurso a pé. Disse-me que a partir daqui a paisagem muda muito e fica cada vez mais bonita, apesar de se atravessar uma área que nessa época do ano é muito seca, com trechos de deserto, chamada Meseta Espanhola.

Em compensação, à medida que o peregrino se aproxima da Galícia, tudo vai ficando muito verde, com matas e montanhas belíssimas. Chove muito, porém, praticamente todos os dias. Era muito provável que eu tivesse de enfrentar novamente o meu grande trauma: a chuva.

Pode ser que com o tempo eu me acostume com as chuvas – desde que com menos raios e menos lama grudenta. Talvez eu tenha enfrentado um temporal incomum, pois não soube até então de alguém que tenha enfrentado algo parecido.

Preciso ter fé de que as próximas chuvas serão normais, e seguir em frente.

Daqui consigo avistar melhor a serra. De fato, é bastante íngreme, constituída de terreno pedregoso e vegetação rala e seca, com peleiros cobertos de cascalho. A estradinha branca é também coberta de pedras e areia (ou poeira branca).

Antes de começar a subir, a estrada tem um trecho de aproximadamente dois quilômetros constituídos de um aterro elevado que atravessa uma área onde aparentemente se forma um alagado em tempos de chuva, uma espécie de pântano agora seco. A pista elevada, feita de pedras, com acabamento de contenção nas laterais realizado com a mesma técnica usada nas construções medievais – com uns dois metros de altura desde a base e uma largura de pouco mais de um metro –, mal daria para duas pessoas caminharem lado a lado. No fim do aterro, há um ribeirão que passa por baixo.

No início da subida, fui ultrapassado por quatro ciclistas que logo adiante desceram e passaram a empurrar as bicicletas, o que indicava que a subida era mais íngreme do que parecia a distância.

Não demorou muito para que eu constatasse isso. A partir dos primeiros cem metros, ela se torna penosa, com piso esburacado pela ação das enxurradas, muito poeirenta e cheia de pedras soltas. Tomei o que pude da água do cantil, joguei o resto fora e despejei no recipiente vazio o suco de laranja, depois deixei as embalagens e outras coisinhas supérfluas numa lixeira ao lado da estrada, a fim de reduzir o peso. Havia ainda muita subida pela frente. Olhando-se para trás, avistava-se o povoado de Castrojeriz isolado na planície, já meio embaçado pela névoa lá embaixo. À esquerda, um vale extenso a sumir de vista, com cultivos que não dá para identificar, a maioria secos ou já colhidos. À direita, a continuação da serra propiciava uma paisagem belíssima.

Lá embaixo apareceram outros dois ciclistas a empurrar bicicletas na subida. De fato, seria impossível subir pedalando. Além de ser um trajeto muito íngreme, com pista irregular e cheia de pedras, havia um precipício ao lado. Se a bicicleta derrapasse e caísse, não sobraria muita coisa.

A partir de certa altura, a pista é coberta por um terreno argiloso branco que, nesta secura, transforma-se numa poeira fina, e nos barrancos há ainda muitas lascas de mica, brancas e transparentes. É uma espécie de cristal formado de lâminas muito finas e flexíveis, que existia também na Fazenda Barreiro, onde nasci. A gente o chamava de "mala caixeta". Depois de adulto, descobri que se trata de um mineral raro, com propriedades isolantes extraordinárias. Aliás, lembrei-me de que quando eu era criança os ferros de passar roupa tinham camadas de mica. São muitas lâminas de mala caixeta pura e brilhante aqui. Vou recolher uma para levar como lembrança.

São 15h15. Já estou perto de alcançar o alto da serra, sob um sol muito forte. A vista é fantástica: o vale se estende a sumir de vista e lá embaixo Castrojeriz é consumida pela neblina. Adiante, bem no topo, estão os ciclistas, fotografando. Vou chegar lá e parar um pouquinho também, para tomar fôlego e bater fotos.

Ao chegar no ponto mais alto da serra, deparei-me com a verdadeira maravilha deste lugar: um vale gigantesco que se perde na distância, debruçado sobre um horizonte maravilhoso, formado por colinas alinhadas, a maioria delas de uma cor dourada brilhante indescritível. O sol no fundo da paisagem, a refletir o amarelo da palha dos trigais colhidos, forma uma imagem espetacular, apesar da aridez.

Ao alcançar os ciclistas, fiz algumas fotos deles e eles fizeram algumas fotos minhas. Enquanto estávamos lá, chegou o resto do grupo. Eram rapazes de Pamplona, que pedalavam há cinco dias.

Depois de tirar fotos, tomei o último anti-inflamatório da caixa de remédios. Confesso não os ter tomado nas horas certas. Na maioria das vezes, eu só me lembrava de ingeri-los quando doía, como aconteceu naquele momento: depois de ter ficado parado por um tempo, senti dor assim que comecei a andar. Então me lembrei do remédio. A tíbia, um pouco sensível, ecoa pontadas na parte inchada da perna. Espero que este último comprimido me cure de vez.

A trilha não desce imediatamente do outro lado da serra; segue por pelo menos um quilômetro num platô que vai ao topo da montanha através de um caminho estreito, no meio de um serrado de vegetação baixa e rala. Daqui se pode avistar a bela vista panorâmica de ambos os lados da serra. À direita, por onde vou seguir, é definitivamente um novo horizonte, com características geográficas muito diferentes: tudo muito seco e amarelo. Aqui no topo, sopra um vento forte que me exige esforço extra para caminhar.

Nesses lugares ermos, fico a imaginar como teria sido a experiência daqueles que fizeram essa peregrinação há 600 ou 800 anos. Como dizia o senhor Martins, que conheci na entrada de Castrojeriz, antigamente era tudo muito difícil: tudo mata fechada. Como será que se sentiam aquelas pessoas ao se depararem com um horizonte tão extenso, avistando esse mundão todo pela frente, a ser atravessado pela mata, sabendo-se que não se encontraria civilização pela frente?

Vejo a uns 300 metros à frente o início da descida. Aparentemente não é tão longa nem tão íngreme quanto a subida. A trilha branca, cortando este mundão ao longo do vale, vai serpenteando até sumir de vista no meio da paisagem. A uns três quilômetros, já no meio da planície, o grupo de ciclistas de Pamplona pedala acelerado. Observando daqui, não vejo sinais do povoado seguinte. Pode estar além de alguma colina ou tão distante que não dá para se enxergar com esta névoa seca no ar. Contudo, não há dúvidas de que devo ter de caminhar pelo menos uns seis quilômetros até lá.

São 16h10. Caminhei pelo menos três quilômetros depois do sopé da serra. De fato, a descida não era longa. A confirmar a minha avaliação quando a observava lá de cima, é uma trilha plana, estreita e poeirenta. De ambos os lados, a sumir de vista, só se enxergam campos de trigais recém-colhidos, com a palha amarela espalhada pela terra, dando a impressão de aridez intensa. É como se eu estivesse caminhando no deserto. Apesar de o vento soprar relativamente forte e continuamente, o sol abrasador continua a queimar o meu rosto e me causa uma sensação de calor insuportável.

Assim que desci a serra e me deparei com este mundo ermo e desértico, sem ouvir um pio de pássaro ou o cri-cri de um grilo, comecei a cantar alto para amenizar o sentimento de solidão e espantar os males da alma. Improvisei músicas que não existiam, pronunciando qualquer coisa, mas reparei que tudo estava parecendo mais gritaria do que música. "Se por caso surgir alguém por aqui e me vir assim, vai ter certeza de que sou louco", imaginei.

Achei melhor cantar direito. Peguei o cajado como se fosse uma guitarra, coloquei os dedos na posição de Lá Maior e mandei um ritmo rasqueado nas cordas imaginárias, tocando animado e insinuando passos de dança. Soltei a voz a todo volume, imitando o timbre rouco de Paulo Diniz: "Eu vim de Piri-piri! Eu vim de Piri-piri! Lá, não há distinção de cor! Lá, cada amigo é um irmão! Lá, galo canta é madrugada, caminhante faz parada e se apaixona pelo ar".

Depois mudei para um repertório romântico, mas não sem antes conferir se não vinha alguém atrás, pela estrada, que pudesse me surpreender e me fazer passar vergonha. Comecei a imitar o Zé Rico: "Nessa longa estrada da vida, vou correndo e não possa parar...", e passei a Roberto Carlos, quando então me vieram à memória músicas que eu não cantava desde criança, mas das quais lembrava a letra e o acompanhamento no violão. E enquanto cantava, toquei-as todas nas cordas imaginárias do meu cajado.

O sol se intensificava cada vez mais. Comecei a sentir o peso da mochila e o desconforto do calor intenso e estressante, e interrompi meu concerto musical. O silêncio voltou a ser quase absoluto, à exceção do ruído sinistro do vento no meu ouvido. Mas depois de uma curva suave, avistei uma pracinha ao lado da trilha, com árvores plantadas para fazer sombra, onde havia uns bancos e, sentado neles, duas pessoas, possivelmente peregrinos.

*

São cinco horas da tarde, estou saindo da pracinha, onde havia uma pequena infraestrutura de apoio, com fonte de água potável: um cano de cinco polegadas a escorrer água muito fria, deliciosa, sobre uma cocheira de cimento de uns cinco metros de comprimento, mais larga que uma banheira e com profundidade de quase um metro.

Um casal de franceses que eu ainda não conhecia estava sentado num dos bancos de uma área em volta, gramada e com árvores. Falamos rapidamente, enquanto eu tomava água, enchia meu cantil e molhava a cabeça com a água gelada da bica. Mas saí logo em seguida, pois estava preocupado com o risco de não encontrar onde me acomodar para dormir naquela noite. Confesso que tive vontade de mergulhar naquela cocheira.

Na saída havia uma colina curta, mas bastante íngreme, e na sequência o aspecto inóspito da geografia da região voltou a predominar. Um pouco adiante, entrei numa estradinha asfaltada e avistei o povoado a uns três quilômetros.

O sol continuava abrasador, apesar do vento contínuo que amenizava o calor. A dor na perna estava dando sinais de que poderia voltar com força total, desde a minha paradinha para pegar água. Não era, porém, uma dor localizada na área afetada pela tendinite, mas estava dispersa pela panturrilha e na sola dos pés, com pontadas que se refletiam nas costas.

Vou continuar lentamente, passo a passo, para concluir estes cerca de três ou quatro quilômetros que faltam.

São seis e vinte da tarde e avisto o povoado de Itero del Castillo a uns dois quilômetros. Adiante, há uma construção interessante, no estilo da época dos Cavaleiros Templários, uma espécie de ermida construída de pedras. Sigo a estradinha de terra na direção dessa ermida pensando em parar para tomar fôlego e tirar talvez algumas fotos.

Num grande banco de madeira encostado na parede da frente, havia pessoas sentadas e uma delas parecia tocar violão. À medida que fui me aproximando, reconheci alguns peregrinos que encontrei em paragens atrás. Obviamente aquela ermida era um albergue. De longe, alguns já me chamavam pelo nome, dentre os quais um dos italianos do grupo que conheci nos primeiros dias e o divertidíssimo brasileiro André. Ao chegar, surpreendi-me com tantos conhecidos, que me receberam no terreiro de acesso, em frente. O hospitaleiro, simpático e brincalhão, disse que aquele era o meu dia de sorte, pois o albergue, que tinha apenas doze vagas, excepcionalmente teria uma décima terceira reservada especialmente para mim naquele momento. Comemorei e fui logo descendo a mochila, pois já não aguentava mais andar e seria difícil para mim chegar a Itero. Mais difícil ainda seria encontrar vaga num albergue de lá àquela hora.

A minha chegada aqui se deu a duras penas, no limite da exaustão. Com muita dor nos pés e mancando muito, o último trecho, desde o alto da serra, foi estafante, árido, com o sol a incidir diretamente no meu rosto, com dor generalizada nas pernas e nas costas nos últimos quilômetros.

Já impressionado com a parte externa da construção, fiquei ainda mais surpreso ao entrar nela. A porta, enorme, é construída em forma de arco e as paredes, cuja espessura inacreditável deve ter um metro e vinte, são erguidas em pedras muito bem encaixadas. Uma verdadeira fortaleza ancestral!

O desgaste nas pedras do piso e na soleira da porta de entrada mostra o quão antiga é a edificação. Acima, a estrutura em madeira, de construção mais recente, sustenta o telhado.

Por dentro, não há divisão, o que enforma o interior do lugar numa espécie de caixa retangular. Em uma das extremidades, há um altar sobre um pequeno elevado com vários itens de decoração alusivos a Santiago de Compostela e aos cavaleiros templários, e dois bancos de pedras nos lados. Na outra extremidade, num tablado elevado ao qual se tem acesso por uma estreita escada de madeira, foram colocados dois beliches. O hospitaleiro me indicou uma cama na parte inferior. Coloquei minha mochila sobre ela e fiquei ali, inebriado, a olhar as paredes, refletindo acerca daquele cenário místico. Foi sem dúvida o mais original dos albergues onde pernoitei.

Saí para lavar minha roupa e aproveitei para ver as instalações dos banheiros, localizados atrás da ermida. Para minha surpresa, eram muito limpos e modernos, azulejados, com duchas quentes muito boas. A lavanderia era mais condizente com um ambiente antigo: com apenas dois tanques de cimento e uma bomba manual que bombeia água de um poço no subsolo.

Não sei se por haver encontrado tantos conhecidos ou em razão do ambiente místico, senti ali grande paz de espírito e uma tranquilidade total. Às vezes me vêm lembranças de outros momentos pelos quais passei nos dias anteriores, com uma saudade boa, e me lembro das minhas filhas no Brasil, curiosamente sem nenhuma preocupação, com a certeza de que estão bem.

O albergue de San Nicolás é realmente muito original, não só no aspecto de sua construção ancestral, como também no arranjo dos detalhes internos. Sobre o altar, há até uma cesta de remédios – incluindo analgésicos, cremes, emplastros, esparadrapos e curativos – para tratamento dos pés e de ferimentos em geral. A cozinha tem um pequeno fogão, uma pia e um armário com a louça. Próximo à entrada, uma pequena mesa traz o livro de visitas em cima e uma cadeira ao lado, onde o hospitaleiro recebe os peregrinos, além de outras duas cadeiras em frente, para quem chega. No centro, há uma grande mesa de refeições com dois longos bancos de madeira, um de cada lado. Tudo isso num mesmo ambiente, muito simples, aparentando ser exatamente como era séculos atrás.

Depois de um banho quente relaxante, juntei-me aos outros no terreiro da frente do prédio e fiquei a refletir, a curtir a tarde, pensando em como valera a pena o sacrifício e o esforço realizado para chegar ali. A sensação que esse lugar me proporciona pode ser traduzida em uma única palavra: paz.

A tarde está fresca, com um vento úmido gostoso, nem frio nem calor. Do outro lado da estradinha que passa em frente à ermida, uma terra recém-arada se estende até a mata ciliar do rio. No horizonte, percebe-se que está chovendo longe daqui. Só espero que não amanheça com chuva. E que esta tranquilidade e aquela cama macia e limpa, que já fiz questão de experimentar, propiciem-me hoje uma boa noite de sono.

Caminhei um pouco pela estradinha até o rio, a cerca de uns cem metros da ermida, onde se encontra uma ponte antiga, em estilo romano. Ao voltar, constatei que um outro brasileiro conhecido estava hospedado no albergue: o Jader, de Ribeirão Preto, que fora ao povoado telefonar. Ao me ver, ainda de longe, a primeira coisa que reparou foi o meu braço esquerdo queimado pelo sol.

– Você não tem protetor solar, seu maluco? O sol tá arrancando o couro do seu braço.

Eu, rindo, respondi:

– Eu tenho, só não tenho disposição pra ficar passando todo dia. Eu pensei que você já estivesse em Santiago.

– Quem me dera! E eu pensei que você estivesse internado aí para trás, pois sua perna estava muito inflamada.

Contabilizando os meus amigos no albergue, ali estavam o inglês Matt, o casal Sidney e Solange e os primos Eduardo e André – os quatro de São Paulo –, o Jader de Ribeirão Preto, e alguns italianos do grupo que conheci no primeiro dia. Estávamos todos do lado de fora da ermida, uns sentados no grande banco de madeira, outros de pé ou sentados nas pedras colocadas no terreno para as pessoas se acomodarem.

Aproveitando-se do fato de que estava todo mundo ali reunido, Maurício, o hospitaleiro, explicou que a ermida era mantida por uma associação católica italiana, da qual ele fazia parte. Avisou ainda que naquela noite, especialmente, ninguém precisaria se preocupar com o jantar, pois seríamos agraciados com uma ceia oferecida por outro grupo de voluntários italianos.

Depois de contar um pouco da história da ermida, ele trouxe um violão e pediu ao espanhol que tocasse. Diante da indisposição deste, porém, peguei o violão e comecei a tocar músicas antigas de Roberto Carlos, algumas originalmente gravadas em italiano, as quais eles adoraram e tentaram cantar junto.

O espanhol buscou então uma gaita e acompanhou-me em várias das músicas, fazendo arranjos improvisados muito bons. Enquanto tocávamos e nos divertíamos, chegaram duas vans com o esperado grupo do jantar. Animados, desceram travessas e utensílios culinários, alguns com pratos prontos, além de garrafas de vinho, e logo assumiram os afazeres da cozinha.

Minutos depois, fomos convidados a entrar e nos deparamos com a mesa posta impecavelmente, com pratos e talheres finos colocados sobre forros de linho branco, taças e garrafas de vinho dispostos ao longo da mesa, tudo muito limpo. Lá no fundo, no pequeno fogão, uma enorme panela de macarrão fumegava.

Maurício anunciou, porém, que antes de nos sentarmos haveria a encenação de um ritual que celebrava os tempos seculares da ermida, quando os monges ancestrais acolhiam e tratavam os peregrinos a caminho de Santiago.

Naquela penumbra, sob a luz de candeias antigas, os italianos se sentaram ao fundo e permaneceram em silêncio, como se fossem uma plateia. Maurício vestiu então um paramento de monge e pediu que os treze peregrinos se posicionassem em semicírculo diante do altar.

Depois, pediu que um de cada vez vestisse um manto negro e colocasse um grande chapéu, também negro, bordado com símbolos alusivos a Santiago e ao Caminho, e que se sentassem num banco de pedra ao lado do altar com os pés em uma bacia também de pedra, segurando um cajado e uma cabaça, considerados objetos ritualísticos sagrados pelos antigos peregrinos. Em seguida, trazendo um jarro antigo com água morna, Maurício se ajoelhou, lavou e beijou os pés de um por um, enquanto fazia orações pedindo a proteção do Apóstolo Tiago ante os perigos que enfrentaríamos em nossa caminhada. Poucos foram os que não choraram.

Em seguida, sentamos à mesa para o jantar, os peregrinos em lugares de destaque, com o hospitaleiro – agora mestre de cerimônias – na cabeceira e os voluntários e cozinheiros em bancos secundários ou de pé, atrás de nós. Não era uma ceia qualquer. Era uma festa com quase trinta pessoas. Além dos treze peregrinos, do hospitaleiro Maurício e de sua noiva, e dos italianos que organizaram e serviam o jantar, havia ainda outros italianos, vindos somente para o evento e para animar a festa, na qual nós, os treze peregrinos, éramos os homenageados especiais.

Antes de se servir, todo o grupo se aproximou e fez uma bela oração, declamando versos ritualísticos que exaltavam os sacrifícios da peregrinação e falavam da importância de se ofertar alimento e apoio a quem enfrentava os perigos e sacrifícios da caminhada. Foi outro momento de emoção. Depois disso, as taças de vinho foram servidas, enquanto colocávamos o delicioso macarrão nos pratos e eles contavam piadas, dançavam e cantavam músicas típicas do folclore italiano.

*

São dez e meia da noite. Deitei-me para relaxar antes de pegar no sono, ainda sob o efeito das emoções pelas quais passei, intensificadas pelo vinho do jantar. A maioria dos italianos já se foi. Ficaram apenas alguns para ajudar a organizar a casa e lavar a louça. Fora um dia de muitas surpresas e muitos momentos de emoção. No primeiro momento, quando Maurício disse que viria esse grupo de fora para fazer o jantar, confesso não ter gostado da notícia. Apesar de estar bem naquele momento, o cansaço era grande e eu só queria saber de esperar o momento de deitar e dormir. Mas tudo valeu muito a pena: a coincidência de haver a décima terceira vaga disponível no momento em que cheguei, ter encontrado os amigos com os quais tive mais afinidade ao longo desses dias, e ter sido justamente a noite em que ofereceriam a deliciosa ceia, sem contar as cerimônias que nos emocionaram tanto.

Eu não saberia dizer o que foi melhor: se a emoção dos rituais, a delícia do jantar ou, depois do jantar e do vinho, esse relaxamento gostoso. Foi um verdadeiro banquete, com os italianos a nos servir o tempo todo. Mal se acabava de degustar o que estava no prato e lá vinham eles com outra maravilha – ora uma salada, ora uns presuntos italianos deliciosos, ora queijos de vários tipos, completando a taça de vinho a todo momento. Parece que serviram os peregrinos propositalmente em taças de cristal, pratos e travessas de porcelana decorada e talheres requintados, enquanto eles mesmos comeram em pratos e copos de plástico, alguns sentados no chão ou nas pedras do recinto.

Conforme dizia o Maurício, a ermida tinha mais de mil anos, e esse não deixa de ser um outro fator de reflexão, que nos faz pensar sobre quantas pessoas já passaram por ali. Como devia ser o estado daqueles que chegavam ali vindo da mata fechada, séculos atrás? Todo aquele clima místico me fez refletir também sobre os meus princípios religiosos e a minha fé, sabendo que o dia seguinte, 15 de agosto, seria dedicado a Nossa Senhora da Abadia, a santa padroeira da minha família, da qual meus avós e meus pais foram devotos incondicionais a vida inteira. Por isso, nos momentos de reflexão, envolvido naquela ritualística tão bacana, eu sempre elevava meus pensamentos e meus agradecimentos a Ela.

Depois do jantar, uma senhora que fazia parte do grupo de italianos me chamou a um canto para mais uma vez agradecer pela emoção que eu havia proporcionado a ela ao tocar e cantar "aquelas lindas melodias românticas", especialmente a música instrumental "Brinquedo Proibido". Em seguida, contou-me que fazia o Caminho de Santiago na condição de voluntária prestadora de ajuda aos peregrinos, como penitência e em honra à Madonna (que é o nome pelo qual eles chamam Nossa Senhora). Como 15 de agosto era o dia da Santa, a celebração estava tendo um sentido especial para ela, a quem as músicas fizeram se sentir estranhamente emocionada e em estado de graça.

Quando a senhora italiana me falou isso, quem não conteve a emoção fui eu, e a abracei. Em retribuição, contei que minha família também era devota da Madonna e eu estava justamente pensando nisso desde que acordara pela manhã, pois meus familiares há muitos anos faziam peregrinação em honra à Santa, numa caminhada que se encerrava naquele mesmo dia.

Mas os mistérios desse dia inusitado foram ainda mais desconcertantes: eu decidira tocar aquela música num daqueles momentos em que não surge uma outra canção na cabeça. Assim, do nada, ela saiu instintivamente. Acontece que eu não a tocava há pelo menos vinte anos, sendo ela uma música instrumental de considerável complexidade. E não entendo como consegui tocá-la inteiramente, sem errar.

Quando acabei a música, visivelmente emocionada, a senhora se aproximou de mim e perguntou se eu poderia tocar novamente "Brinquedo Proibido". Eu repeti a música, mais uma vez sem erros. E quando a finalizei novamente, com os olhos marejados, pedindo desculpas aos demais, ela solicitou que eu a tocasse de novo. Então toquei pela terceira vez e ela bateu palmas e gritou: "Bravo! Bravo!", acompanhada dos demais. No começo, pensei que aquela habilidade inesperada fosse uma inspiração proveniente do vinho, mas depois de tantas emoções e coincidências, passei a considerar tudo muito misterioso.

Hoje completei onze dias de caminhada e a hospedagem aqui, justamente nesta data, foi um divisor de águas. Apesar de ter passado por tantas experiências estranhas, eu não havia sido sensibilizado sob nenhum aspecto místico ou religioso. Hoje sofri uma metamorfose espiritual, emocional e psicológica. Não sei o que aconteceu, não sei o que causou isso, mas sei que as coisas mudaram muito na minha cabeça, em relação a essa minha aventura. Talvez eu estivesse enganado ao acreditar que fazia o Caminho de Santiago apenas para espairecer e como turismo. Talvez já existisse algum plano para reger essa experiência sob outros aspectos que eu não conheço ainda. Meu pai falava nuns tais "desígnios de Deus", que nos levavam ao caminho certo sem que a gente saiba por que toma uma certa decisão. Pode ser esse fenômeno que está acontecendo comigo. Eu preciso refletir muito e tentar entendê-lo melhor. Estou confuso demais para pensar agora, mas apesar disso o meu estado de espírito, ainda mais neste momento, poderia ser definido apenas como "paz" ou "estado de graça".

Alguma coisa diferente aconteceu comigo hoje e outras pessoas também se envolveram. Além da música instrumental, cheguei a tocar músicas italianas antigas que eu não cantava desde a minha infância. No meio disso tudo, senti-me o tempo todo envolvido num clima muito gostoso, vindo de dentro de mim mesmo, como manifestação de meus próprios sentimentos. No fim, as cerimônias, o jantar, tudo fora uma grande festa. O próprio Maurício comentou que seu violão estava ali há muito tempo praticamente ocioso (no máximo um ou outro peregrino fazia um pequeno solo tímido) – e fora a primeira vez que acontecera uma festa tão bacana no albergue, pelo menos da qual ele tivesse conhecimento.

Enfim, preciso refletir mais sobre tudo o que aconteceu e sobre as sensações que me acometeram. Preciso entendê-las melhor.

Fiquei deitado por um bom tempo a gravar as minhas impressões, registrando os fatos do dia. Por isso acabei não indo ajudar na organização e limpeza do albergue, como os demais peregrinos. Eu até havia me oferecido, mas o Maurício me dispensou, dizendo que eu já havia feito a minha parte, ao alegrar a festa. Então achei que não precisava me envergonhar por não ajudar.

*

Hoje é quinze de agosto, quarta-feira. São pouco mais de seis horas da manhã e estou me preparando para me levantar, na Ermida San Nicolás. Acordei por vota de três horas da madrugada com muitas dores na sola dos pés e nas pernas, tão fortes que se assemelhavam a cãibras, mas era o sintoma de sempre, agravado por uma dor de cabeça desconfortável decorrente do vinho de ontem.

Tomei um analgésico e tentei dormir de novo, mas não consegui. Então saí da ermida, sentei-me numa pedra e fiquei a contemplar o céu e a Lua Minguante, que já está bem estreita, só um fino arco. Fiquei ali até o céu começar a clarear e só entrei para ir ao banheiro. Na penumbra, notei que a noiva do hospitaleiro estava acendendo uma pequena vela na cozinha, preparando-se para fazer o café. Entrei sem que ela percebesse, peguei o violão, que estava recostado à parede, sentei-me na escada que dá acesso à parte superior do dormitório e comecei a dedilhar novamente, bem baixinho, a música Brinquedo Proibido.

Enquanto eu tocava, ninguém se mexia nas camas. Por isso achei que todos ainda estivessem em sono profundo. Mas assim que acabei, o inglês Matt, que estava num canto escuro mexendo na mochila, aplaudiu baixinho, sendo imitado por outros dois que não consegui identificar. Fiquei no albergue para tomar o café da manhã oferecido pelo hospitaleiro e depois fiz uma horinha antes de pegar a estrada.

Mesmo não tendo dormido o quanto gostaria, as dores passaram totalmente e eu me sinto bem. Durante o jantar de ontem, tive uma série de surpresas agradáveis. Talvez isso tenha contribuído para o meu bem-estar, mas me impressionou a minha recuperação física. Alguns companheiros que ontem estavam melhores do que eu levantaram-se reclamando de dores, mas eu não senti mais nenhum desconforto. Estava pronto para seguir. Inclusive duas novas bolhas que me apareceram nos pés, as quais tratei com a tradicional costura com linha, amanheceram totalmente secas.

Lavando a roupa no albergue Ermida San Nicolás (Castilla y León/Espanha)

De San Nicolás a Carrión de los Condes

São 7h54 da manhã do dia 15 de agosto, Dia de Nossa Senhora da Abadia. Estou saindo do albergue de San Nicolás para iniciar o meu décimo segundo dia de caminhada. Ainda meio afetado pelas emoções de ontem, estou me sentindo como se estivesse passando por um intenso ritual de iniciação, algo diferente de tudo o que vivi até aqui.

Tirei uma foto vestindo os paramentos usados nas cerimônias de ontem e fui o primeiro a tomar a iniciativa de me despedir e sair, mas o hospitaleiro me pediu que esperasse um minuto, pois iria fazer a leitura de uma oração e uma bênção. Então chamou os outros peregrinos e formamos um círculo, todos de mãos dadas, enquanto ele lia as orações pedindo proteção a San Nicolás e a Santiago Peregrino para nossa caminhada a partir daqui.

Foi uma bela oração, tanto que ao acabar todos permaneceram parados, atônitos, refletindo sobre aquelas palavras.

Eu aproveitei esse lapso de tempo e pedi a atenção de todos, para falar. Disse que desde o início da minha caminhada, há exatos onze dias, apesar de tantas e tantas horas de reflexão e a despeito de tantos sacrifícios solitários, até então eu não havia conseguido assimilar qual era o sentido de tudo aquilo pelo qual eu vinha passando, tendo chegado algumas vezes a questionar a minha própria sanidade mental, pois não via lógica que justificasse a minha insistência em continuar, apesar de tanto sofrimento.

Comentei que havia passado por altos e baixos extremos, mas em todos eles a dúvida sobre o sentido de tudo aquilo predominava. Houve situações nas quais eu me senti como se estivesse caminhando no Paraíso, com todos os anjos a me proteger, a me proporcionar segurança e paz absolutas, como se estivesse segurando na mão de Deus, em plena glória divina, tomado pela sensação de alegria, quase euforia, que me levava a dar risadas homéricas por qualquer motivo. Mas também houve muitos outros em que eu caminhei como se todos os demônios do inferno estivessem conspirando contra mim, dedicados exclusivamente a me atormentar. Nessas ocasiões, em que a dor era insuportável, eu era obrigado a superar os meus limites físicos, psicológicos e emocionais, o que me levava a pensar que eu havia ficado louco por me ter submetido a enfrentar tantas provações, sem razão, sem nenhuma motivação.

Entretanto, depois das experiências pelas quais passei naquele albergue, duas coisas importantes aconteceram que aplacaram um pouco a incerteza em que eu estava mergulhado: uma delas foi que, pela primeira vez, desde que comecei a caminhada, tinha me sentido verdadeiramente integrado ao ambiente e ao Caminho propriamente dito, não só pela integração com o grupo, como também com a natureza e as pessoas, e com toda a história milenar da região, cheia de mistérios. A segunda é que a partir dali o Caminho passava a fazer sentido de fato.

A oportunidade de me expressar me deixou emocionado e senti que as pessoas que me ouviram também se emocionaram. O Maurício saiu do outro lado do círculo e veio me abraçar, dando-me três beijinhos no rosto, como é o costume deles aqui, sendo seguido pelos italianos e os demais do grupo. Todos me desejaram bom Caminho e o círculo se desfez.

Esse foi o primeiro albergue onde senti uma correspondência verdadeira com a realidade vivida pelos peregrinos do passado. Talvez pelo ar místico e uma certa espiritualidade – que me remeteu a um passado distante e me fez imaginá-lo como realidade presente; sentir como as coisas aconteceram séculos atrás, por este caminho afora.

Quando acordei a primeira vez, eram três e pouco da manhã. Dei uma olhada em volta e aquela iluminação fraca, como a de uma candeia antiga, em torno do altar de celebração me fez sentir como se estivesse em um templo. A sensação que tive foi de muita paz e conforto espiritual. Então toquei a pedra da parede, já desgastada por sei lá quantos séculos (oito ou nove, talvez) e fiquei a imaginar quanta coisa teria acontecido ali, depois que aquele edifício fora construído. Veio-me então uma sensação estranha, uma sensação de paz. Tirei os tampões de ouvido e fiquei a ouvir o silêncio do ambiente. Por incrível que pareça, sequer se ouvia a respiração das pessoas que dormiam ao lado. Um silêncio profundo, uma sensação de paz incrível, uma experiência inusitada. Fiquei ali por algum tempo, como se estivesse meditando. Depois me levantei devagar, silenciosamente vesti a camisa e fui lá fora ver a noite. Fiquei parado de pé sobre a pedra do degrau da porta, a olhar a Lua e as estrelas. Um céu muito bonito.

*

Passei por um casal em um carro parado à beira da estrada. A mulher mexia nas malas dentro do carro como se estivesse procurando alguma coisa e o rapaz procurava entre os arbustos. Imaginei que procuravam por alguma planta, talvez uma erva para fazer um chá. Logo à frente, um outro casal, dessa vez um pouco mais idoso, fazia a mesma coisa.

Curioso, perguntei o que procuravam. A mulher pegou então entre os arbustos uma espécie de caramujo que media algo em torno de uns dois centímetros, com o bichinho ainda lá dentro, e me explicou que o preparavam com arroz, um prato muito apreciado. Vi também que numa bolsa a tiracolo ela acumulara uma porção desses caramujos. Reparei então que aquela era uma área pantanosa, ao lado do mesmo rio que passava perto do albergue.

Depois que atravessei a ponte, continuei seguindo à margem do rio, à minha direita. À esquerda, havia uma plantação onde, além de um trator em funcionamento, havia mais pessoas catando caramujos. Para mim foi uma novidade. Nunca tinha ouvido falar naquela iguaria, mas deve ser algo como o escargot francês.

São vinte para as nove. Estou passando ao lado de umas roças de milho muito vistosas, lembrando-me da minha terra. É uma plantação muito comum na minha região, muito própria da minha infância. Até o momento eu não havia visto nenhuma plantação de milho. Caminhei um tempo com o inglês Matt e o espanhol que tocava gaita ontem, no albergue, enquanto eu tocava violão.

Eu conversava com o Matt em inglês, rindo um bocado, mas o espanhol, que não falava inglês, foi ficando para trás, fazendo uns arranjos de gaita, tirando uns sons muito bacanas. Comentei com ele que sou de uma família de 17 irmãos e que meus tios tinham quinze, dezesseis. Ele não acreditava e ria muito, achando que era piada. Ele disse que eu havia tocado muito bem o violão e perguntou se eu tocava há muito tempo, se havia estudado música. Eu disse que havia aprendido sozinho, vendo meus irmãos mais velhos e meu pai tocarem, mas atualmente não praticava muito, e por isso estava desatualizado.

Depois de um tempo, parei um pouco para relaxar e eles seguiram em frente. O Matt ainda tem a expressão de garoto ingênuo, meio criança, mesmo que possivelmente tenha bem mais de vinte anos. Mas apesar de brincalhão, ele demonstra ter muito conhecimento e ser bastante inteligente. Às vezes faz cara de bobo, fica engraçado e encara as situações sempre com boa esportiva.

Bem atrás, enquanto eu conversava com o casal que pegava caramujos, pedi a eles que ao irem para casa passassem no albergue e entregassem uma pedra de ágata ao hospitaleiro Maurício. Era uma das pedras que eu trouxera do Brasil e achei que ele poderia gostar. Eu infelizmente não havia pensado nessa hipótese antes, quando estivera com ele. Enquanto falávamos, passaram as duas alemãzinhas que conheci ontem, andando muito rápido, e logo sumiram de vista. Agora não as vejo mais.

O ritual pelo qual passamos ontem é uma cerimônia que vem sendo realizada no albergue desde a Idade Média. Por isso a chamam de Ritual Medieval. Já naquela ocasião, ele era praticado pelos monges que viviam na própria ermida, como forma de lembrar e homenagear os peregrinos que em épocas ainda mais remotas desafiavam a natureza, vindo de todas as partes do mundo, e passavam por aqui a caminho de Santiago. Hoje ele é realizado apenas por voluntários do Caminho.

A vinda dos italianos para fazer o jantar foi uma coincidência muito positiva do destino que enriqueceu muito a cerimônia, pois além de passarmos por aquela bela encenação, foi como se estivéssemos diante de uma plateia.

Isso fez muita diferença, pois percebemos a emoção deles, sentados ali, embasbacados, a ponto de alguns não conterem as lágrimas. No fim, nós, os peregrinos, acabamos sendo homenageados por eles com aquele jantar esplêndido. A presença deles deu um destaque especial e maior importância ao evento.

*

O dia 15 de agosto tem um sentido especial para mim, devido à tradição de minha família, que cultua Nossa Senhora da Abadia justamente nessa data.

Embora aqueles italianos não soubessem disso, valorizaram a minha celebração, ainda mais pela oportunidade que tive de pegar o violão e provocar tanta emoção naquela senhora devota da Madona.

Por sua vez, os peregrinos italianos que eu conheci nos primeiros dias de viagem se entusiasmaram quando cantei as músicas de Roberto Carlos, especialmente as músicas italianas do Festival de San Remo de 1968. Alguns cantaram juntos pedaços das canções e aplaudiram muito.

Apenas para registrar, antes que eu me esqueça: a Ermida San Nicolás, onde aconteceu o ritual, fica localizada em Itero del Castillo, entre Castrojeriz e Frómista, bem à margem do rio Pisuerga.

*

São 10h30 da manhã. Acabei de passar pelo povoado de Boadilla del Camino, a oito quilômetros de San Nicolás. Adiante, a cinco quilômetros, está Frómista, um povoado grande, levando-se em conta o que indica o meu guia.

Na entrada de Boadilla, há uma fonte da qual se retira água girando-se uma roda de cerca de um metro e meio de diâmetro. Parece que a água vem de um poço subterrâneo protegido por um grande muro de pedras. Ao girar a roda, a água sai por um cano abaixo dela, uma água gelada, deliciosa.

Depois de beber e encher meu cantil, sentei-me num banco ao lado da fonte, peguei o canivete e um tomate que ainda restava na sacola e o comi com sal, que eu sempre trago na mochila. Depois, peguei no fundo da bolsa uma barra de chocolate, que para meu desgosto estava derretida pelo calor, e a comi também, lambendo o papel laminado. No meio do povoado, uma senhora de uns sessenta e poucos anos me cumprimentou, simpática, e me perguntou se eu aceitava um suco ou um biscoito, mas eu agradeci e segui em frente, sem parar.

A trilha segue agora por vários quilômetros ao lado de um grande canal de irrigação – que deve ter de oito a dez metros de largura. O mais interessante é que esse canal é elevado: o nível da água fica acima do nível do terreno, na planície. O fluxo da água segue na mesma direção que eu, vindo das serras, que ficam para trás, distantes daqui, no horizonte. É muita água, um verdadeiro rio artificial. Devem existir estações de bombeamento em algum ponto, mas neste trecho que venho acompanhando, a água desce em queda livre, num declive contínuo e suave. Trata-se de um projeto de engenharia muito bem elaborado. À esquerda, sai um dos ramais para irrigação de alguma lavoura, aparentemente a uns oito quilômetros. Daqui avisto uma catedral em torno da qual há um pequeno povoado, desproporcional para o grande tamanho da catedral.

Entrando no povoado, constatei que se trata de Frómista. Isto indica que já andei quatorze quilômetros hoje, desde San Nicolás. E não pretendo parar ainda. Se houver algum bar, vou comprar algo pra comer pelo caminho. A minha intenção é ir até Carrión de los Condes, que fica a vinte e poucos quilômetros daqui.

Nesses trampos solitários, o pensamento voa livre e a gente caminha pensando em um monte de coisas desconexas, algumas bobagens sem importância, às vezes refletindo sobre problemas passados, pendências que ficaram para trás, dificuldades pelas quais passamos, amarguras que sofremos.

Alguns momentos da minha vida podem ter sido difíceis, mas eu me pergunto: como teria sido sem esses problemas, sem essas pendências todas? Tudo fez parte da minha carga. Deus tem me dado forças continuamente para tocar até agora. Os sonhos que alimentei na vida desde criança tinham como referencial a minha própria família, sobretudo a minha relação com meu pai e minha mãe, além de alguns aspectos a mais, que fui incrementando a fim de enriquecer e ampliar esses referenciais.

Eu sonhava, por exemplo, ter uma família que se sentasse à mesa pela manhã para tomar café. Quando saí da roça e fui estudar na cidade, isso era uma das coisas que eu via na casa dos meus colegas e mais invejava. Achava bonito. Eles se levantavam pela manhã e já encontravam a mesa posta para o café. Ali sentavam os pais e os filhos e conversavam enquanto tomavam o café da manhã. Da mesma forma, à noite se sentavam à mesa para jantar, a família toda reunida.

Isso não fazia parte da minha rotina. O estilo de vida que minha família levava, a própria natureza de nossas atividades não propiciava essa experiência. Era uma cultura diferente, um hábito que eu gostaria de ter acrescentado ao meu cotidiano, mas que acabou se frustrando.

Pelo contrário, algumas coisas que eu tive na minha infância sequer consegui preservar, pois a instabilidade dos relacionamentos de hoje em dia não me permitiu dedicar-me às minhas filhas o quanto eu gostaria. Mas não era esse o tipo de tema que deveria estar dominando as minhas reflexões aqui, agora. Deixa pra lá...

São 11h46. Estou saindo do povoado de Frómista. Ao contrário do que pensei, é um povoado moderno, com casas com jardins na frente, no estilo daqueles bairros chiques de algumas cidades do interior americano. Logo na saída, encontrei duas senhoras que eu havia conhecido uns dois ou três dias atrás, quando estavam com o carro estacionado à beira da estrada, enquanto olhavam e fotografavam as eclusas de um canal.

Quando passei, elas se ofereceram para bater uma foto minha e me disseram que apenas os seus maridos estavam fazendo o Caminho, a pé. Elas apenas davam suporte. Agora passaram novamente por mim, acenaram e me cumprimentaram. Parece que os maridos estão indo à frente. Imagino que sejam os dois homens que passaram por mim a alguns quilômetros, caminhando rápido, sem mochila, dizendo que iriam fazer 44km hoje. É quase certo que são eles.

Um pouco mais à frente, confirmei que eram eles mesmos. As mulheres os alcançaram, pararam um pouco e conversaram. Antes que eu os alcançasse, elas entraram no carro e seguiram em frente.

Saindo do povoado de Frómista, o Caminho segue à margem de uma estrada asfaltada, reta e muito longa, a sumir de vista, na qual raramente passa um carro. Atrás havia uma placa indicando "Santiago – 475km". Ao fazer as contas, senti uma forte emoção, ao constatar o quanto já andei. Se Deus quiser, depois de amanhã vou ultrapassar a metade do Caminho.

Eram 16h10 quando entrei no povoado de Villalcázar de Sirga. Ainda faltam sete quilômetros até Carrión de los Condes, onde pretendo chegar ainda hoje. Até aqui, peguei um trecho longo, no qual a trilha segue pela margem da rodovia asfaltada, atravessando uma terra arada interminável, que mais parece um deserto. O mormaço subia da terra, queimando-me a pele. O sol era abrasador e o calor terrível, apesar do vento – que ao invés de refrescar incomodava, tirando-me o boné e levantando nuvens de poeira que me enchiam os pulmões e atingiam os olhos. Uma ventania insuportável.

Além do sol forte, não havia uma árvore sequer que tivesse sombra para dar trégua e permitir tomar fôlego. Foram mais de dez ou doze quilômetros caminhando sozinho, abatido pelo cansaço e pelo desgaste provocado pelo calor. Por fim, comecei a sentir ondas de fraqueza, desânimo e uma estranha sonolência delirante, quase incontrolável, enquanto caminhava. Eu nunca havia sentido isso. Tentei ouvir música alto e cantar junto, mas mesmo assim cochilava a ponto de quase cair. O sono estava me dominando, deixando-me um tanto sonâmbulo, mas eu não podia parar, pois o sol insuportável poderia inclusive me causar danos mais graves. Houve momentos em que comecei a ter sonhos – ou pesadelos – enquanto caminhava. Eu me esforçava para me manter acordado, mas sofria uns apagões. Na minha mente, eu misturava as coisas. Não sabia muito bem o que era sonho e o que era realidade. Que martírio!

Logo na entrada de Villalcázar há uma pracinha gramada, com árvores e sombra. Não pensei duas vezes e nem liguei para o que os moradores fossem pensar. Soltei a mochila no chão, debaixo de uma árvore, e me joguei sobre ela. Do mesmo jeito que caí, apaguei. Quando acordei, tinham-se passado uns quinze ou vinte minutos. O sono ainda continua, mas vou caminhar mais um pouco, pra ver se pelo menos o aborrecimento passa. Esse estado de desgaste me deixou para baixo.

Por volta das 18 horas, entrei em Carrión de los Condes. Depois da cochilada na praça, comi um pão com café duplo num bar e, numa arrancada contínua de um pique só, fiz sete quilômetros em pouco mais de uma hora de caminhada.

Cruzeiro na região de Sahagún (Castilla y León/Espanha)

À sombra da árvore, em Santa Colomba del Somoza (León/Espanha)

De Carrión de los Condes a Sahagún

Hoje são 16 de agosto, 4h40 da manhã. Estou saindo de Carrión de los Condes para fazer a décima terceira etapa. Ao contrário do que pensei, Carrión é uma cidade de porte médio. Aqui também, como ocorreu em outras localidades, a cidade estava em festa, com o comércio todo fechado, à exceção dos bares.

Quando cheguei ontem à noite, os albergues estavam lotados. Esta também tem sido a regra: quase nunca acho vaga. Então, mesmo delirando de cansaço, dor nos pés e fome, tive de sair pela cidade à procura de um lugar para dormir. Indicaram-me um ginásio poliesportivo, mas havia lá um monte de gente batendo bola, jogando futebol de salão e tênis, naquela gritaria... Sem forças para andar, fiquei sentado no chão, na esperança de que a farra dos atletas acabasse para eu procurar o banheiro, tomar um banho e arranjar um canto pra dormir. Mas de repente começou a chegar mais um bando de rapazes com bolas debaixo do braço, na maior animação, pra começar outros jogos nas outras quadras. Aí, danou-se! Eu não tinha condições físicas para esperar mais e, definitivamente, não dava para relaxar no meio de tanta bagunça; não seria possível esperar o fim dos jogos.

Recobrei as forças e saí. Os botecos, cheios de gente animada. Andei pelo centro da cidade meio sem rumo e achei um hostel – um tipo de alojamento intermediário, entre uma pensão e um hotel – até bem confortável. Não era barato, devido sobretudo à ocasião das festas na cidade, mas paciência!

Entrei, tomei um banho caprichado, lavei minha roupa e desmaiei na cama.

Acordei há uns 40 minutos e não perdi tempo. Arrumei a mochila, joguei-a nas costas e saí. Estou voltando para perto do albergue onde cheguei ontem, para localizar as setas que indicam a saída da cidade.

São cinco horas da manhã e enfim encontrei uma seta indicando o Caminho. Parece que estou na direção certa, na saída da cidade, embora tenha dado voltas inúteis à procura da seta, até chegar aqui. Primeiro encontrei a placa indicando o sentido da cidade de Sahagún, a minha próxima parada, e prossegui até encontrar as setas amarelas do Caminho. Agora estou passando pela ponte do rio. Acho que é a saída da cidade.

Em frente ao albergue, havia um rapaz deitado no chão, enrolado num saco de dormir. Ele me disse que também não encontrara lugar pra dormir e tentara dormir ao relento, mas os mosquitos não deixaram. Então estava ali tentando dar uma cochilada. Perguntei se ele havia procurado o ginásio poliesportivo, mas ele nem sabia dessa possibilidade. Talvez não tenha se informado bem, pois mais tarde, obviamente, o estádio seria uma alternativa. Eu só não fiquei lá porque não tinha condições físicas de esperar os atletas desocuparem o local, mas havia espaço, duchas quentes e abrigo coberto.

São 5h20. Já saí totalmente da área urbana da cidade. A estrada está escura, apesar do céu limpo e estrelado, muito bonito. Como ainda não vi nenhum peregrino a esta hora, sinto-me um tanto inseguro, pois ao longo dos últimos dois ou três quilômetros não encontrei setas a indicar o Caminho. Aparentemente há um trevo adiante. Pude vê-lo quando um carro que passava o iluminou com os faróis altos. Vou chegar até esse trevo e ver se encontro uma placa ou seta indicativa, senão vou parar e esperar que passe algum peregrino, ou esperar amanhecer e voltar.

É ruim sentir essa insegurança. Isto se agrava porque minha lanterna está fraca, com pilhas sem carga. Além disso, o caminho aqui não é bem demarcado. Mas vejo então algumas placas adiante. Vou conferir se há nelas alguma indicação, senão avalio novamente a situação para ver o que faço.

Realmente havia um trevo, mas não encontrei sinalização indicativa do Caminho, apenas placas de trânsito. Contudo, vendo o nome das cidades indicadas nas placas e conferindo-as no meu guia, deduzi que a estrada certa não era por ali. Seria uma alternativa possível, mas com uma volta grande.

Pela posição geográfica, tive o palpite de pegar uma estradinha asfaltada estreita, de uns quatro metros de largura, que sai do trevo e segue na direção que imagino deveria ser a da saída correta. Só que ainda estou inseguro, pois não encontrei setas. Há o risco de ser uma estrada sem saída.

A minha lanterna já não ilumina quase nada, mas percebi uma peça de cimento lá atrás sobre a qual tive a impressão de ter visto uma seta amarela, meio apagada, indicando esta direção. Não estou seguro, mas como não tenho muito o que fazer, vou caminhar um pouco mais nessa estradinha. O terreno é plano e segue à margem de uma plantação de árvores de um lado; do outro, há um descampado. Vou prosseguir devagar, observando bem, pra ver se enxergo um sinal do Caminho.

Acabo de ver uma estrela cadente. Um espetáculo! Não recordo de ter visto uma outra com tamanha luminosidade. A Lua Minguante está atrás de mim, no horizonte, quase imperceptível. Falta pouco para desaparecer totalmente.

Já são quase sete horas da manhã e continuo a andar sem ter visto sinal do Caminho. Ainda é noite escura. Fiz uma pequena pausa e troquei as pilhas da lanterna. Agora pelo menos consigo iluminar melhor a trilha de cascalho. Pelo que conferi no guia, tudo indica que deixei a rodovia N-20. Devo ter passado ao lado de uma ermida, que não notei devido à escuridão. Seguindo por uma estradinha secundária de uns cinco quilômetros, eu passaria ainda por uma ponte. De fato, passei por uma pequena ponte. Então, pode ser que seja este o caminho certo. Agora só falta localizar a seta amarela no chão, numa árvore ou numa pedra, seja lá onde for, pra poder ter segurança total e seguir em frente.

Está longe de começar a amanhecer. Além disso, não há sinal indicativo do Caminho. Acho que estou perdido, talvez seguindo por uma estrada que não me levará a lugar algum ou me desviará do meu rumo.

Pode ser que eu tenha de retornar todo esse trajeto. Mas até que eu tenha algum elemento que me mostre isso, vou continuar, pois ainda me resta alguma chance de estar certo. Pelo menos não estou andando para trás, pois a Lua está atrás de mim como sempre esteve nestes horários.

Deve haver algo que possa indicar que esta estradinha é o meu caminho. Geralmente, quando a estrada é única, sem cruzamentos ou possibilidade de desvios, eles não colocam marcas. Só que estava tão escuro quando a lanterna estava fraca, que posso ter passado por algum cruzamento sem o ter visto.

Depois de algum tempo andando inseguro, resolvi voltar. Não cheguei a andar 200 metros e avistei a lanterna de alguém que também vinha pela estrada. Era o Matt. Embora ele tivesse se sentido perdido também por um bom tempo, disse que vira por fim uma seta um quilômetro atrás. A estrada era mesmo aquela.

Seguimos adiante juntos. Matt disse que dormiu num pequeno povoado na entrada de Carrión de los Condes, onde chegou ainda cedo e conseguiu vaga, mas por causa das festas tinha dormido mal.

Caminhamos por um bom tempo sem avistar outra seta indicativa. A certa altura, ele já demonstrava incerteza e não tinha tanta convicção de que o sinal visto por ele teria sido mesmo uma seta do Caminho. Começamos a diminuir o ritmo, o assunto foi ficando escasso, começamos a ficar sem graça e cogitamos esperar o dia amanhecer para ter certeza de estar no rumo certo.

Quando nos encontramos, cada um se sentiu aliviado pela presença do outro e ficamos dispostos a seguir em frente. Contudo, depois de um certo tempo, percebi que nenhum de nós estava seguro e que Matt não tinha certeza sobre ter visto o sinal antes.

Naquele momento, ambos acreditamos que vários outros peregrinos seguiam atrás, o que nos dava a certeza de estar no caminho certo. Mas esses supostos peregrinos não apareceram. É provável que tenhamos ouvido apenas vozes de moradores da região.

Acaba a estradinha de asfalto e começa uma trilha de cascalho bem estreita, onde nos deparamos com uma ponte de madeira caída. Na escuridão, esse fato foi mais um motivo para acreditar que não estávamos no caminho correto. Tivemos dificuldade em encontrar uma trilha para descer o barranco e atravessar. Sobre a água havia apenas uma pinguela instável em que um passava se equilibrando enquanto o outro a iluminava com a lanterna.

Já eram mais de sete horas da manhã quando começaram a aparecer os primeiros clarões no horizonte, a indicar que o dia estava para amanhecer, quando Matt viu uma seta amarela na parte de trás de uma placa de trânsito. Foi um alívio.

Com os primeiros vestígios de claridade no céu, pareceu que viria chuva também.

O tempo estava ficando carregado de nuvens pesadas, as estrelas e a Lua sumiram. Assim que saímos numa estrada mais larga, também de terra batida, Matt se sentou na grama para comer alguma coisa e eu segui adiante.

São quase oito horas da manhã e só agora o dia está amanhecendo, nublado. Um tempo carregado de nuvens escuras a fechar todo o horizonte. Não sei se isso significa chuva, porém há uma brisa fria e úmida soprando continuamente.

Acabei de passar por um pequeno refúgio, semelhante àqueles chafarizes construídos para dar apoio aos peregrinos, onde há uma fonte d'água, uma mesinha de pedra e alguns banquinhos. Num desses bancos, havia uma pessoa cochilando. Resolvi fazer uma pausa e vi que se tratava de um rapaz de Córdoba que eu havia conhecido em Burgos. Pelo jeito, ele não encontrou lugar na cidade pra dormir e caminhou mais um pouco, vindo a dormir aqui, ao relento. Perguntei se fizera muito frio à noite, pois não havia cobertura nem copa de árvore para ele se proteger, mas ele, aparentando estar muito mal humorado, disse que havia dormido o suficiente.

Um pouco mais à frente, havia um galpão de feno onde ele poderia ter pernoitado com menos desconforto, mas devia ser noite quando chegou e por isso ele não viu o lugar.

Segui em frente devagar, na expectativa de que Matt me alcançasse, como havia combinado, mas àquela altura ele já sumira de vista. Olhando pra trás, enxergo um longo trecho da estrada e só vejo um peregrino, que deve ser o rapaz de Córdoba.

Daqui dá pra enxergar uns dois ou três quilômetros de uma reta longa onde não vejo ninguém, exceto uns faróis de automóveis no fim da estrada.

Estou atravessando um campo de feno colhido muito extenso, tanto à direita quanto à esquerda. Começo a sentir cansaço e dor nos pés. Talvez isso seja consequência do estresse causado pela insegurança e incerteza da madrugada, quando a preocupação e o medo de estar perdido me desgastaram mais do que o normal, além do fato de que ainda estou com o mesmo astral de ontem à tarde, meio para baixo. As minhas reflexões me trazem lembranças e experiências desagradáveis, problemas e coisas que eu não gostaria que existissem. Tudo isso contribui para a sensação de cansaço. Vou caminhar um pouco mais para ver se encontro uma fonte de água onde possa parar para relaxar. Preciso também encontrar algo para comer, pois a fome está apertando. Ontem não me alimentei direito: não almocei durante o dia nem jantei à noite, apenas comi um sanduichezinho fajuto num boteco e, pra piorar, não trouxe nada na bolsa pra comer (quando saí da cidade de madrugada, estava tudo fechado). Por isso vou caminhar um pouco mais, a fim de chegar ao povoado e providenciar comida.

São 8h10 da manhã. Continuo caminhando na mesma planície, por uma estrada de cascalho grosso com muita pedra. Diminuí um pouco o ritmo agora, porque comecei a sentir dor principalmente nas pernas e nas costas. Acho que estou fragilizado pela alimentação irregular e insuficiente. Estou me sentindo fraco, com carência de alguma proteína, talvez. Tenho ingerido pouca proteína nesses caminhos todos aí para trás. É pão, refrigerante, suco de laranja... A estrutura do metabolismo está ficando um tanto esquecida.

É interessante observar que logo ali atrás o sol se abriu no horizonte, iluminando as montanhas, entre as quais pude destacar o trecho por onde desci anteontem, a partir de onde eu enxergava uma planície sem fim, que ia além de onde a vista alcançava.

Aquela planície é exatamente onde estou passando agora, e continua por um longo trecho ainda, pois à frente não se vê nenhuma serra.

O tempo continua fechado. Aparentemente as nuvens estão menos densas, mas o vento gelado e muito úmido continua a soprar.

Eu já estou faminto, pois a temperatura baixa intensifica a fome. Espero que dentro de uns cinquenta minutos ou uma hora no máximo eu chegue a um povoado onde encontre alguma coisa pra comer.

Quando eu subia uma pequena colina do Caminho, pude avistar dois peregrinos a caminhar distanciados um do outro por cerca de um quilômetro. O mais próximo deve ser o cara de Córdoba; o outro deve ser o Matt. Ele tem mania de parar para ficar meditando, então não dá pra esperar.

São vinte para as nove da manhã. Estou entrando no povoado de Calzadilla de la Cueza. Foram vinte e três quilômetros desde Carrión de los Condes. A pessoa que eu estava achando que fosse o Matt, não era: era uma mulher ruiva que eu não conhecia. Matt, portanto, ficou pra trás, meditando, e vou seguir adiante, pra ver se encontro algo para comer.

*

São 9h20. Estou saindo do povoado de Calzadilla de la Cueza. Passei no único bar que havia no povoado, tomei leite com chocolate e bolos madalena e pedi um sanduíche de queijo pra levar. Logo depois da saída da área urbana, resolvi sentar para descansar e aliviar os pés. Enquanto isso, avalio a situação do tempo, tentando dimensionar o risco de chuva.

A perna que foi vítima da tendinite continua a doer muito. Então, para dar tempo de aliviar a dor, resolvi começar a comer o sanduíche aqui mesmo.

Faz bastante frio. Formigas vêm de todos os lados em busca dos farelos de pão. Parece que perceberam a minha indisposição para me movimentar e estão se aproveitando, atacando, ganhando terreno. Logo começaram a subir pela minha calça. Quando me dei conta, havia formigas dentro da minha roupa, me picando. Tentei lutar com tapas e esfregas para assegurar o direito de permanecer no meu espaço, mas não teve jeito. Tive de me render e sair dali.

Comecei a andar novamente, devagarinho, até aquecer os músculos, sentindo muita dor na perna, quando passou um grupo de italianos, daquela mesma turma que conheci no primeiro dia. Antes, enquanto estava lutando com as formigas, passaram dois deles. Logo adiante está parada uma das vans que acompanha o grupo, com o motorista ao volante. Perguntei onde seria o próximo pernoite deles, não por interesse, mas para evitar a cidade onde fossem ficar, para não ter problema de vaga nos albergues (a turma deles é grande), se bem que, de acordo com o meu guia, o albergue do próximo povoado é bem grande e confortável. Vamos ver e conferir isso quando chegar lá.

São 9h55 da manhã. Continuo pela estradinha que segue à margem da rodovia de asfalto. Pelo menos o tempo ficou limpo e seguramente não vai chover. Além disso, a temperatura subiu um pouco.

Acabei de ser ultrapassado por mais três do grupo de italianos – duas mulheres e um senhor, que seguem a passo firme, rezando o terço.

São 10h47. Estou passando pelo povoado de Ledigos, o que indica que estou a um pouco mais da metade da etapa de hoje, até Sahagún. Mas sinto uma dor intensa em ambas as pernas, quase insuportável. Nos últimos quilômetros, até chegar aqui, foi muito duro. Na saída de Ledigos, tive de parar. Procurei um bar onde pudesse tomar alguma coisa, mas o que me indicaram estava fechado. Ainda assim deitei-me na grama ao lado da porta, tirei as botas e me recostei na mochila, pra dar tempo de aliviar a dor. É uma dor inédita. Nunca senti algo assim. Depois de alguns minutos, entrei novamente no povoado, pra ver se encontrava um bar aberto. Lá, uma velhinha muito sem educação só me respondeu com grosserias. Dei-lhe respostas no mesmo nível e disse que ela era feia e recalcada. Não comprei nada e saí, deixando-a falar sozinha. Passei no chafariz, enchi minha garrafinha com água e me recostei novamente na grama.

É uma dor incrível. Quando o tempo esfria, parece que todos os flagelos atacam (lembra das formigas?), as pragas aparecem e a dor aumenta. Tá brabo hoje, Nossa Senhora, credo!

São 11h45. Estou saindo agora de Ledigos, depois de ficar "apagado" por alguns minutos recostado à mochila, na beira do Caminho. Foi bom, pois estava muito mal. Com isso, o primeiro boteco onde estive antes abriu as portas e pude entrar para lavar o rosto e tomar um refrigerante.

Chegou então um sujeito que era a cara do Harrison Ford, o ator de cinema, e se pôs a reclamar de tudo, sentado num banco do bar, queixando-se do dono do estabelecimento e colocando defeito nas mínimas coisas.

Saí mancando muito, devido à dor. Sabendo, porém, que só faltava um terço do caminho planejado para o dia, segui com mais disposição. Se vim até aqui, terei de enfrentar o resto da empreitada.

O tempo voltou a se fechar, mas parece que vai limpar em breve. Vou seguir adiante. Passei por uma ponte sobre uma estrada e mais um rio morto, sem água. Parece que os rios da Espanha secaram todos. Lá embaixo, o que se vê é o leito de pedra seco, com algumas poças aqui e acolá. Quantos rios mortos e extintos nesta região! Incrível.

São 12h40. O sol esquenta cada vez mais. Um calor insuportável. Percebo que hoje não estou bem. Comecei com dor nos pés logo na saída e vejo agora que ela está voltando com força total. Estou há pouco mais de uma hora de caminhada e já não suporto a dor e o cansaço. É muito sofrimento.

Quando começam a doer os pés, a dor rapidamente se reflete nas pernas – agora nas duas. Não é mais o problema da tendinite, que doía numa perna só. Em seguida, a dor se espalha pelas costas e não há nada que a alivie. Não adianta mudar a mochila de posição, nem descer a mochila, nada! A dor é insuportável. Enquanto isso, os pés vão doendo mais e mais, até que a gente acha que não consegue nem tocar o pé no chão, muito menos caminhar, dar sequer um passo. Mas tem de continuar. Não vou ficar parado aqui, sem saber o que fazer. Apesar da dor, vou tentar caminhar aos poucos, até chegar em Sahagún, como planejado. São mais cinco quilômetros, talvez quatro e meio.

*

Minha parada seguinte seria Sahagún, a cerca de uma hora e meia, mas acontece que já não estou suportando tanta dor nos pés, na planta dos pés e na panturrilha, espalhando-se pelas costas.

Eu precisava mesmo ir até Sahagún para pelo menos tentar, a partir de amanhã, distanciar-me um pouco dos italianos, pois o grupo deles é grande e onde chega ocupa os albergues. Além disso, eu teria sempre problemas se continuasse mantendo o mesmo ritmo deles, fazendo as mesmas paradas.

Acontece que eles saem cedo, sem mochila, pois têm carro de apoio, chegam mais cedo e ocupam os lugares.

Eu preciso tentar não coincidir minhas paradas com as deles, e pretendo fazer isso andando um pouco mais, para me distanciar.

São 13h40. Estou no povoado de San Nicolás, o último antes de chegar a Sahagún, mas ainda faltam quatro quilômetros. Hoje não está fácil, doendo demais, coisa de louco. Este é o terceiro povoado em que entro à procura de um bar, mas não existe bar, não existe boteco, nada, nada.

Quase na saída do povoado, onde parecia ser um lote, há uma praça com um único banco. Coloquei a mochila nesse banco, tirei a bota e deitei nele, apoiando a cabeça na mochila. Tento relaxar um pouco, mas há muito vento e faz frio. O vento frio nos pés intensifica demais a dor – é quase de matar. Vi que o caminho para Sahagún é por entre um bosque, adiante, onde há também uma divisa de províncias. Saindo da província de Palencia, entra-se na província de León.

São 14 horas e continuo deitado, para ver se passa a dor nos pés, mas está impossível, uma coisa estranha, que me deixa preocupado. A planta dos pés dói como se estivesse queimando, e essa dor se dissemina pelos músculos da panturrilha até a parte traseira da coxa. Dói toda a perna, mas a planta do pé é o que me preocupa. Eu pensei até em tomar alguma medicação para dor, mas é melhor evitar. Não gosto de medicação e vou ver até onde aguento. Caso a dor se deva a algo mais sério que esteja em evolução, a medicação pode inibir os sintomas e mascarar a doença.

Estou agora tentando começar a caminhar devagarinho, mas está difícil. Hoje estou sem ânimo para nada; prefiro não caminhar com ninguém. Ainda bem que há pouca gente e os poucos que aparecem passam direto e seguem em frente. Além dos italianos, só passou mais um casal. E lá atrás alguns ficaram no bar. Não estou fotografando nada. O sofrimento chega a um nível tal que o resto se torna sem importância.

Está doendo muito.

Saí da cidade andando pela estradinha de cascalho, no meio das plantações, ora de girassol, ora de feno. Quando começo a andar, aquecem-se um pouco os músculos e a dor ameniza, mas não passa, continua ainda forte, talvez por que o meu estado psicológico não esteja colaborando. É certo que psicologicamente eu não estou bem desde ontem, só pensando em fatos desagradáveis, pendências desagradáveis da vida, aborrecimentos, pendências, pendências, pendências...

Estou meio amargo, recapitulando mágoas antigas do coração. Pode ser também que isto se deva à deficiência de algum componente nutricional, pois venho comendo mal há muitos dias.

Acabei de sair no topo de uma colina, de onde avisto a próxima cidade, que tem pelo menos um edifício de uns seis ou oito andares, e mais ao fundo alguns casarões antigos. Depois de algumas colinas à frente, descortina-se uma linda vista panorâmica, com montanhas cujo topo desaparece na névoa. Olhando para trás, vejo que as serras altas que desci anteontem sumiram no horizonte.

São 14h55. Acho que não vou conseguir continuar. Tive de parar por causa da dor. Depois de muito tempo, encontrei uma única árvore com sombra, a uns dez metros da estrada, e me dirigi para lá. É uma árvore parecida com o eucalipto, não muito frondosa, mas a sombra dá para "quebrar o galho". Coloquei a mochila no chão e me deitei recostado a ela. A dor é forte. Sinto que o meu organismo está sendo violentado. Vou ficar por aqui, alongando-me, pra ver se alcanço algum alívio.

O pior foi constar que a distância até Sahagún não era a que eu pensava. Alguém havia me dito que eram quatro quilômetros e eu apenas acreditei e me planejei com base nessa informação, em vez de consultar o guia. Mas passei por um senhor que afirmou com convicção que seriam no mínimo seis quilômetros.

Como dói! O que é isso?

*

São 16h55. Acabei de entrar no quarto, no albergue de Sahagún. Definitivamente seria impossível caminhar mais. Estou no limite da exaustão física e mental. Se precisasse dar mais um passo hoje, com certeza "jogaria a toalha". Deixei o pernoite pago, pra não ter pendências, tirei as botas e me estirei no chão, apenas com a cabeça sobre o colchão, pois não conseguia tomar banho. Com tanta sujeira e poeira pelo corpo, não dava pra deitar na cama daquele jeito.

Vou relaxar mais um pouco e depois, se conseguir, tomo um bom banho, pra dormir direito.

São 20h15. Após um cochilo de umas duas horas, acordei com muita dor de cabeça. É a segunda vez nesta viagem que acordo com essa dor.

Estou sentindo o cheiro do macarrão dos italianos. Eles também estão hospedados aqui. Estão lá fora, conversando alto, como sempre. Pelo jeito, depois da macarronada haverá mais animação.

O albergue é enorme, um galpão antigo cuja construção, colada à lateral da igreja, foi recuperada e adaptada para ser convertida em hospedaria.

As paredes laterais, restauradas com tijolos comuns modernos, e o teto, com estrutura de madeira, contrastam com a base da construção, que é de pedra antiga.

As vigas de madeira são enormes, medindo uns dez metros de comprimento. É até difícil acreditar que sejam peças únicas, mas o travamento e as treliças são muito bem feitos.

Internamente o galpão é dividido em biombos com quatro beliches cada um, com mais um colchão extra no fundo. Eu escolhi o biombo número oito e ocupei o colchão do fundo. Assim, fico mais afastado da porta e dos corredores, e não terei nenhum parceiro se mexendo à noite, balançando a cama.

Já havia um jovem casal de espanhóis ajeitando as mochilas quando cheguei, mas devem ter saído pra comer. Mesmo com a soneca, os pés continuaram doendo. Tomei um analgésico, pois a dor de cabeça estava insuportável. Pode ser que isso me dê algum alívio na dor dos pés também. Depois de um bom banho, vou ficar bem quieto aqui, avaliando a situação.

São 21h55. Voltei da rua e acabei de preparar as coisas pra dormir, agora pra valer. Depois do cochilo, bateu-me uma fome brava. Apesar de estar com o astral meio baixo, resolvi sair pra caminhar e fazer uma refeição de verdade. Como as dores da perna não deram trégua, isso me deixou preocupado. Tive medo de elas serem sintomas de algo mais grave. Com isso, vieram a tristeza e a preocupação. Se fosse algum problema sério, ainda que decorrente de esforços exagerados e insistentes, eu correria o risco de interromper o Caminho. Isto seria uma frustração terrível. Mas ainda assim desci à rua pra jantar. Quando voltava, reparei no saguão do albergue. Desde a minha chegada, haviam entrado dezenas de peregrinos. Gente pra todo lado, falando tudo quanto era idioma. Gente sentada nos bancos, no chão, nas escadarias. Uns gemendo, outros conversando animados e outros rindo. Gente subindo e descendo as escadas, além de dezenas de bicicletas estacionadas no pátio. Aparentemente todos os biombos estavam lotados. Na igreja anexa ao saguão de entrada do albergue, também havia muitas pessoas, inclusive algumas preparando o saco de dormir para se alojar ali mesmo, no meio dos bancos.

Verifiquei o livro de presenças para ver se havia algum conhecido, mas não identifiquei nenhum nome familiar. Aparentemente eu era o único brasileiro ali até aquela hora, mas logo avistei o Jader na portaria, esperando o carimbo da credencial de peregrino. De longe ele me viu e acenou, chamando-me. Ele também havia saído de Carrión de los Condes e acabara de chegar a Sahagún. Imaginei que estivesse bem, pois aparentava disposição, mas ele me confessou que estava mal, sentindo muita dor, além de chateado e triste, pois a esposa de um casal de amigos que ele conhecera há vários dias, e com os quais caminhou longos trechos atrás, teve bolhas profundas em dois terços dos pés e precisou abandonar o Caminho. Falou-me que acompanhou o casal na hora em que a esposa foi deixada no ônibus e ambos os cônjuges ficaram muito arrasados. Por isso ele também estava chateado. Se uma bolha só, depois que a pele se solta e expõe a carne viva, é o bastante pra tirar qualquer um do Caminho, imagine dois terços dos pés.

Ficamos um bom tempo a conversar, sentados nas pedras da entrada do albergue, numa boa troca de energia. O Jader tem um astral muito bom e é um cara inteligente, uma ótima companhia. Disse-me que estava hospedado num hotelzinho perto dali e que o quarto possuía uma cama extra; inclusive convidou-me a me transferir para lá, oferecendo-se para ajudar a enrolar as minhas coisas no saco de dormir e levá-lo nas costas, pois lá eu poderia dormir até mais tarde, para me recuperar melhor. Eu, porém, agradeci e preferi permanecer no albergue.

Combinamos de fazer, amanhã e depois de amanhã, duas etapas curtas. Depois, no dia seguinte, chegaríamos a León.

Ele me disse que León era uma cidade grande muito agradável, um ótimo lugar para parar pelo menos por um dia inteiro e descansar. Desci com ele até próximo de seu hotel, comprei uns pãezinhos e umas latinhas de atum pra colocar na sacolinha amanhã, e voltei.

Depois dessa conversa, senti-me bem melhor. Até a dor do pé diminuiu, não sei se pela descontração e pela diversão da conversa ou pelo Excedrin que tomei para a dor de cabeça.

Postei depois uma mensagem no livro de visitas do albergue, pois sabia que pessoas conhecidas vinham atrás, iriam passar por lá e lê-la.

Hoje, durante o dia, além de toda a dor que senti o tempo todo, as minhas lentes de contato incomodaram demais. O calor, a baixa umidade e o vento são inimigos de quem usa lente de contato. As lentes ressecam e causam um desconforto enorme. Os olhos ardem e as pálpebras ficam colando, incomodando muito. Embora essas lentes tenham sido vendidas como próprias para uso contínuo, apenas sendo lavadas com solução especial, eu acho que as condições que estou enfrentando as inviabilizam. Por isso as tirei e guardei no estojo. Amanhã vou usar óculos, pelo menos para dar uma descansada nos olhos. Agora vou comer as frutas que tenho aqui e tentar dormir de uma vez.

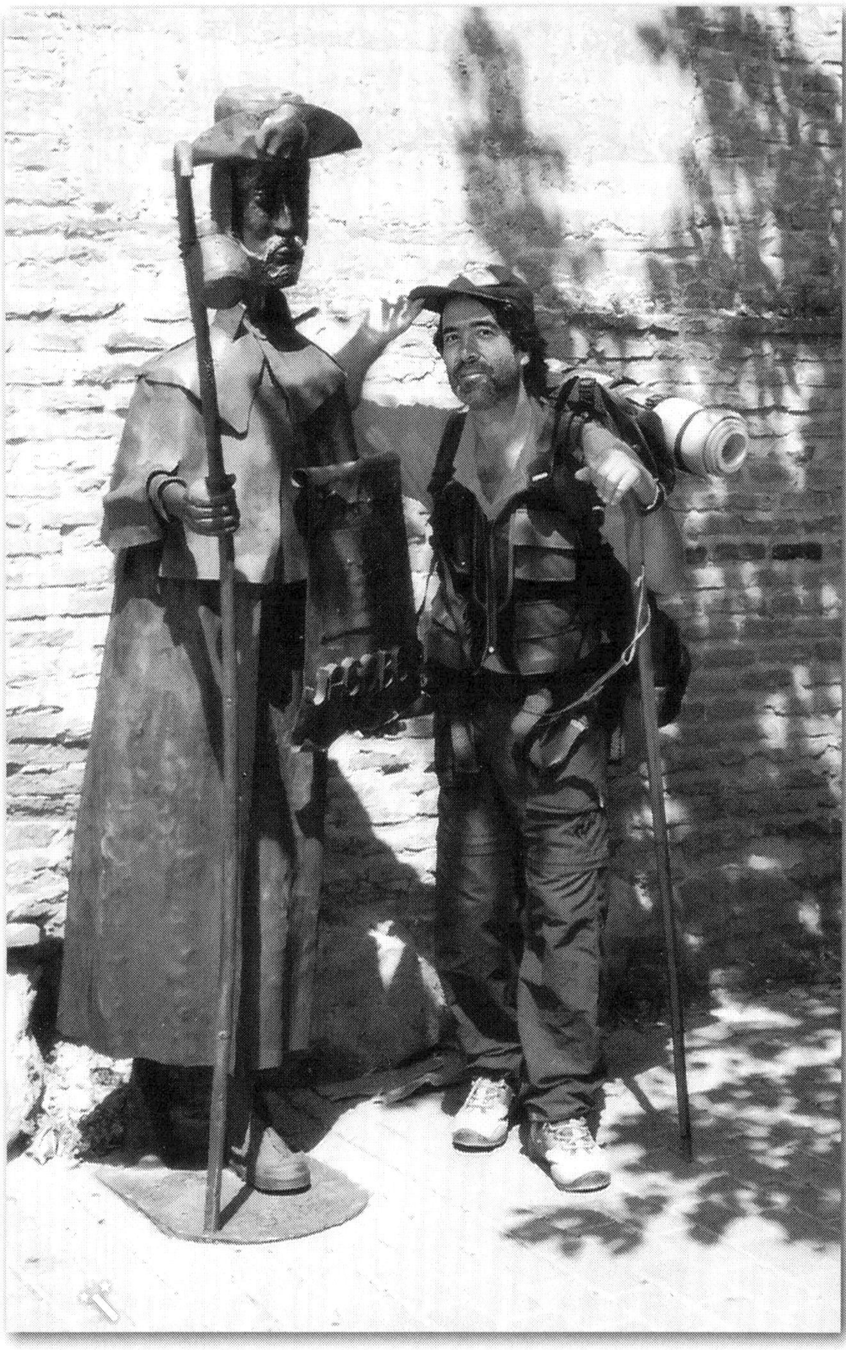

Detalhe do cruzeiro de Mansilla de las Mulas (León/Espanha)

De Sahagún a Mansilla de las Mulas

São 7h23 da manhã, 17 de agosto, quinta-feira. Estou saindo da cidade de Sahagún para começar minha décima quarta etapa do Caminho de Santiago.

Já amanheceu totalmente e está um dia frio, com vento frio. Eu dormi relativamente bem, apesar de haver demorado a pegar no sono, e quando consegui finalmente dormir já era mais de meia-noite. Foi, porém, um sono continuo e recuperador, muito bom.

Segundo comentários que ouvi ontem, a cidade de Sahagún, localizada na província de León, corresponderia à metade do Caminho.

Pelos cálculos que fiz, porém, usando tanto o guia como base, quanto as placas indicativas, ainda estariam faltando 465km. Portanto, a metade do Caminho estaria um pouco mais adiante.

Estou saindo da área urbana por uma ponte de pedra, de característica medieval, erguida sobre um rio cuja água não me parece muito limpa, diferentemente do riacho que corta a cidade de Carrión de los Condes, onde a água é cristalina e no qual as pessoas se banham.

Vejo nas ruas muitos cartazes chamando a atenção para que se conheçam os pontos turísticos e monumentos da cidade. A administração da província de León dá mais importância a esse aspecto do que Palencia e Burgos, províncias por onde passamos antes. Eu, porém, não tenho priorizado as visitas turísticas. Até gostaria, mas não tenho o ânimo necessário e minha prioridade tem sido caminhar e caminhar.

São 7h51. Alcancei o trecho que segue pela margem da estrada, mas é um trecho curto. Logo adiante devo sair pela direita, pegando uma trilha histórica. Os raios do sol acabaram de atingir o topo das árvores de eucalipto, criando um bonito cenário. Tudo indica que será um dia claro, com temperatura agradável. Sopra uma brisa fresca, mas não é necessário colocar agasalho.

Eu trazia na sacola um litro de suco de pêssego com uva, uma lata de atum e uns pãezinhos que comprei ontem, mas estavam pesando muito e resolvi jogar fora a água e colocar o suco no cantil. Logo em seguida, porém, decidi tomar o suco e comer os pães. Desperdicei a água.

A próxima parada está a cerca de dezesseis ou dezessete quilômetros. Segundo o meu guia, seria uma etapa completa, mas devo ir além, a depender de como o meu organismo irá reagir. Até agora a dor na planta dos pés não apareceu, mas não vou me entusiasmar muito, pois ontem notei que meus pés pareciam inchados e os músculos da sola do pé, macerados, como se estivessem dilacerados por debaixo da pele. Além disso, as panturrilhas estavam vermelhas, a revelar alguma inflamação interna. Se forem apenas distensões ou simples exaustão muscular e não houver inflamação ou infecção, poderei seguir além do previsto.

São 8h15 da manhã. Estou chegando ao povoado de Calzada del Coto, a cinco quilômetros de Sahagún.

A partir daqui, há duas possibilidades: fazer o caminho histórico por um trecho vicinal de 32km até uma cidadezinha chamada Mansilla de las Mulas (mas no trajeto não há nenhuma atração interessante), ou seguir a rota chamada de "Sienda de Peregrinos", uma trilha mais moderna, com alguns trechos à margem da rodovia.

Ontem, quando fui jantar, passei por um episódio que me aborreceu bastante. Agora, porém, ao recordar os detalhes do ocorrido, passei a achá-lo engraçado. Quando o contei ao Jader ontem, ele riu muito, mas para mim, na hora, foi trágico: eu havia chegado ao restaurante muito cansado, com uma fome gigante, mas psicologicamente abalado.

Os restaurantes aqui na Espanha têm um costume diferente: ao invés de um cardápio com várias opções para se escolher livremente, eles oferecem geralmente três opções de "primeiro prato", três de "segundo prato" e três de "sobremesa". Além disso, há alguns nos quais o atendimento não é muito gentil, como a gente está acostumando no Brasil. A qualidade da prestação de serviços deles nessa área é lastimável.

O restaurante a que fui ontem é bom. Fica anexo a um hotel sofisticado, tem mesas com forro de linho e belas taças e talheres. Sentei-me e o garçom demorou muito a me atender. Desde o início, fiquei impaciente com a espera, mas me contive.

Quando ele chegou, avisei educadamente, antes de fazer o pedido:
– Eu gostaria que você trouxesse os dois pratos juntos – e reforcei: – Entendeu?! Eu quero que o "primeiro prato" seja servido junto com o "segundo prato".

E ele:
– Não é costume servir assim. É estranho, mas tudo bem, como o senhor quiser.

O costume deles é servir o primeiro prato, esperar que o freguês acabe de comer e só então trazer o segundo prato.

Quando ele trouxe só o primeiro prato, eu já fiquei um pouco mais aborrecido. O "arroz à francesa" deles não passava de um arroz branco com extrato de tomate requentado e um ovo frito por cima. Mas me contentei e fiquei à espera do segundo prato, que era carne. A combinação dos dois era tudo o que eu mais queria. Mas esperei, esperei e o outro prato não vinha. Então chamei o garçom, ainda com bastante calma, e lembrei a ele que eu pedira "os dois pratos juntos" e estava à espera do segundo.

Ele foi para a cozinha e continuou demorando.

Eu havia combinado de forma diferente, porém, e insisti:

— Moço, eu gostaria que você trouxesse o outro prato. Como eu disse, quero comer a carne com o arroz JUNTOS, enfatizei. Mas ele, sem me dar muita atenção, disse que ia tentar ver isso com a cozinha.

Eu já não tinha mais dúvidas, a essa altura, de que ele ia me enrolar. O restaurante estava cheio e ele só dava atenção às outras mesas. Numa das passadas seguintes, eu o interpelei de novo, para me certificar, e ele tirou o corpo fora:

— Não sei se dá pra trazer agora, mas o senhor pode ir comendo esse, que o outro vem em seguida.

Eu já estava bastante chateado, mas me contive. Resolvi então dar mais um tempo e insistir.

Na volta do garçom, disse-lhe que o arroz já estava frio, mas eu não me importaria se ele trouxesse logo a minha carne.

Aí ele disse: "Não posso trazer agora. Se o senhor quiser esperar, espere!"

Eu fiquei em pé na frente dele, ainda tentando manter a calma e falando baixo:

— Eu não tenho tempo e não posso esperar. Se você não trouxer agora, eu vou deixar esse arroz aqui e vou embora.

Ele, meio valente, colocou as duas mãos sobre a mesa e disse:

— Escuta aqui, você está na Espanha e aqui....

Antes dele terminar eu bati as duas mãos na mesa do outro lado e soltei a voz, já quase gritando e chamando a atenção do restaurante lotado:

— Escuta aqui você: sou eu quem paga e sou eu quem vai comer. Portanto, sou eu quem manda. Se você não pode servir o que eu quero, diga que não sabe, que não consegue, e eu vou embora. Mas você disse que ia servir como eu pedi. Se você não servir como EU quero, eu vou embora e você joga fora essa m* de arroz frio.

Um português que eu havia conhecido na estrada fazendo trilha de Jeep e mais um casal que estava ao lado bateram palmas. Ele, meio assustado, vendo que o caldo tinha engrossado, baixou a bola e, olhando para os lados, como quem quisesse pedir desculpas aos demais clientes, mudou o tom:

— Não se irrite, senhor, me escute, por favor...

Mas continuei disparando:

— Não vou escutar nada. Eu não vim aqui para escutar ninguém Se você não consegue me servir, deveria ter dito quando eu pedi. Mas você mentiu. Não venha me dar lição de moral. Se quiser trazer a comida agora, faça isso rápido! Eu vou comer, pagar e ir embora. Estamos?! (Esse "estamos?!", para eles, equivale ao nosso "escutou?!" ou "entendeu?!", apontando o dedo na cara.)

Ele ponderou:

— Escuta, senhor. Escuta, senhor, se acalme... Eu vou providenciar...

Enquanto isso, o senhor lá do caixa, que parecia ser o pai do rapaz, olhava-me de longe, assustado. Depois fez sinal de que estava tudo bem, que iria providenciar, e chamou o rapaz, creio que para ordenar que minha carne fosse servida logo, para se livrarem de mim.

Eu me sentei e rapidinho veio a carne. Eu comi, paguei e fui embora.

Ora, eu havia combinado antes e o cara aceitou o meu pedido. Senti-me injustiçado.

Eles não têm muito compromisso em atender bem o cliente, principalmente em restaurantes. Se quiser assim, bem; se não quiser, eles nem ligam.

*

E por falar nas diferenças de costumes deles com os nossos, no Brasil, vale a pena comentar sobre os chuveiros. Primeiramente, é muito difícil regular e manter a temperatura da água. Você acaba de regular o chuveiro e a água muda de temperatura aleatoriamente. E fica assim o tempo todo: ora o jato sai congelante, ora sai fervendo. Todos sem exceção são assim.

Há ainda as banheiras que usam no lugar do box do banheiro. Um estorvo: é inseguro, pois se pode escorregar; não é higiênico e acaba molhando o piso de todo o banheiro.

São 9h54. Estou saindo do povoado de Bercianos del Real Camino. Desde a saída de Sahagún, vim caminhando com um galego chamado Carlos, que me contou sobre a sua província, a Galícia.

O galego fala de um modo muito parecido com o português de Portugal e entende nosso idioma normalmente.

Ele me contou que sofreu um acidente de carro e esteve à beira da morte. A polícia vinha perseguindo dois ladrões que fugiam em um carro roubado e os ladrões bateram de frente com o carro dele, que vinha com um amigo em sentido contrário.

Carlos mostrou-me uma cicatriz muito grande na cabeça. A impressão é de que deve ter sido um traumatismo sério. Disse que ficou em coma muito tempo. Contou também que tem uma filha de 18 anos, que entrou para a universidade este ano e está cursando Direito. Falou que é separado da mulher e está fazendo o Caminho pela primeira vez.

Segundo ele, os galegos têm muito mais sentimento nacionalista dedicado à Espanha do que a maioria das outras nações, especialmente em comparação com os castelhanos e catalães. Disse ainda que os navarros e bascos se vangloriam muito por aspectos culturais deles próprios, mas que na verdade os galegos são a nação mais antiga da Península Ibérica e têm orgulho disso. Muito antes de existirem esses outros reinos, a Galícia já existia, e já existia muito antes do próprio Caminho de Santiago, pois foi por lá que teve início a colonização romana. Foi a primeira província romana, pois sempre foi uma região próspera. Enfim, eles de fato têm muito amor pela região deles.

Na saída de Bercianos, o Caminho segue por uma estradinha estreita de asfalto que atravessa uma área de terra arada extensa. Há bastante tempo que eu estou caminhando nesse trecho, com terra arada dos dois lados, a perder de vista. Quando eu estava saindo do povoado, veio um avião militar, pintado de verde camuflado, passou voando baixo, fazendo um voo rasante, poucos metros acima dos telhados. Passou quatro vezes e, numa dessas vezes, bem em cima de onde eu estava. Bati uma foto, mas parece que não registrou. Acho que minha máquina está com problemas, devidos provavelmente ao calor e à poeira. Perguntei a um fazendeiro que cuidava de uma horta na saída da área urbana se ele sabia do que se tratavam aqueles voos. Ele disse apenas supor que estavam fazendo fotografias aéreas das áreas agrícolas.

São 11h16. Já avisto a um ou dois quilômetros a cidade de El Burgo Ranero, que fica mais ou menos a 18 ou 20 quilômetros de Sahagún. Nesses últimos minutos, comecei a sentir novamente aquela dor na planta dos pés. Ontem levou muito mais tempo para ela começar. Vou fazer uma pausa neste povoado e avaliar a situação.

Ao longo de todo o último trecho, vim margeando uma estradinha de asfalto estreita e acho que não passou nenhum carro. Também não cruzei com nenhum peregrino até agora, apenas um grupo de seis ciclistas, creio que franceses, pelo que pude ouvir da conversa entre eles. De longe, viram minha sacola com a bandeira do Brasil e dois deles começaram a solfejar a melodia de "Aquarela do Brasil", tipo "páááh..., páh-páh-láráh, páh-páh-laráh". Acenei e um deles gritou "Brasil!", e foram embora.

As pessoas quase sempre se manifestam quando veem a minha bandeira. E pelo menos em duas ou três ocasiões entoaram essa melodia. Parece que é o que representa o Brasil para eles, pelo menos para os franceses, talvez por causa do sucesso de Ray Conniff, que a interpretou muito na Europa.

El Burgo Ranero não é grande, mas tem ruas relativamente largas. Logo na entrada, encontrei duas velhinhas muito falantes e lhes perguntei por uma mercearia – que aqui eles chamam de "tienda" – onde eu pudesse comprar frutas e sucos.

Solícitas, as duas caminharam a passos rápidos na minha direção e perguntaram – as duas ao mesmo tempo – se eu ia seguir adiante ou ficar ali. Respondi que seguiria adiante, até Mansilla de las Mulas. A primeira delas, toda animada apontou:

– Então siga nessa direção. Ali depois da praça tem um pequeno supermercado onde você pode comprar de tudo.

A outra emendou:

– Logo ali tem um albergue. Passe lá, tome um banho, descanse e siga o seu caminho.

Mas eu disse:

— Não, basta uma sombra para eu dar uma pequena parada e lanchar.

— Então pare na praça. A praça tem sombras boas.

Muito divertidas e muito prestativas. Agora estou andando à procura da tal praça e do supermercado. Deve ser mais longe do que elas me fizeram crer.

*

Estou deitado na grama, num terreno ao lado do albergue, tomando um solzinho. De repente, começou a soprar um vento frio que eu não estava sentindo lá atrás, na estrada, mas sob o sol está agradável aqui.

À minha frente está o tal supermercado. É na verdade uma mercearia que tem ao lado uma farmácia. Vou relaxar um pouco aqui, deitado sobre a mochila. Enquanto isso, penso nas possibilidades que tenho: andar mais de 18 quilômetros hoje até Mansilla de las Mulas, e chegar amanhã cedo em León, ou ficar aqui e sair amanhã bem cedo direto para León. A segunda alternativa pode fazer com que eu chegue muito cansado em León. Acho melhor descansar um pouco aqui e refletir. Depois, se me sentir melhor, abasteço-me com algum suco, biscoitos e queijos no supermercado e sigo até Mansilla de las Mulas.

Depois de relaxar alguns minutos deitado na grama, fui à mercearia. Peguei uma caixinha de suco de pêssego, deixei em cima do balcão e voltei para escolher uns tomates. Um garoto achou que eu tivesse esquecido a caixinha e veio de longe, me fazendo sinal, apontando para o suco. Achei-o muito expressivo, mas apenas agradeci e disse que iria pegar o suco depois.

Quando acabei as compras, o garoto, sentado num banco ao lado da porta de saída, cumprimentou-me e desejou "Buen Camino, señor". Vendo que apesar de muito pequeno – aparentava uns 7 anos – ele era muito esperto, falante e divertido, puxei conversa com ele. Ele me contou que morava do outro lado da rua e me puxou para mostrar a casa, na virada da parede. Disse que gostava de ficar conversando com os peregrinos que vinham de longe. Então eu disse que era do Brasil e perguntei se ele sabia onde ficava. Ele disse que não fazia ideia, mas tinha muitos amigos do Brasil que passaram antes por ali. Então eu disse que iria fazer uma entrevista com ele, e liguei o gravador.

Ele ficou todo faceiro e respondeu prontamente a tudo o que eu perguntava. Disse que se chamava Alejandro Munhoz e tinha sete anos, que ainda não tinha namorada, mas estava pensando em namorar e casar com María, sua colega de escola. Perguntei se ela era bonita e ele disse que ela era a mais bonita da escola e tinha os cabelos cor de carne. Falou também que a mãe dele se chamava Malicles; o pai, Manole; e a professora, María de Jesus. Contou que os melhores amigos dele eram o Luiz, a Irene, a Noelia e o Léo. Depois, indicou-me por onde eu deveria seguir para chegar a Santiago, e mostrou-me a "sienda" do outro lado da praça. Lembrou-me de que eu deveria levar água daqui de El Burgo, pois o rio adiante estava seco.

São 13h18 da tarde. Estou saindo de El Burgo Ranero, depois de me divertir com o Alejandro. Antes de entrar na mercearia, conheci três portugueses de Lisboa que estavam hospedados no albergue ao lado. Conversamos muito, batemos uma foto juntos e trocamos *e-mails*. Aproveitei para deixar um recado para o Jader, através deles, pois eu havia combinado que ficaríamos aqui e seguiríamos juntos para León amanhã. Pedi para avisarem a ele que eu iria até Mansilla de las Mulas, a 18km, e que ele tentasse chegar lá. Animei-me ainda mais porque me disseram que havia outro albergue cinco quilômetros antes de Mansilla. Isto quer dizer que tenho alternativa, caso fique muito cansado. Mas se eu conseguir chegar a Mansilla, faltarão apenas 13km para León. Assim poderei levantar tarde e chegar a León ainda pela manhã, antes de o comércio se abrir.

Depois de vários dias tomando sucos ruins, alguns aguados e outros muito açucarados, hoje descobri um suco de polpa de pêssego delicioso, na mercearia do povoado de El Burgo. Tomei uma caixa lá e comprei outra pra levar, juntamente com uns tomates. Daqui a pouco, vou dar uma parada e degustar um delicioso tomate com sal.

Desde a saída de El Burgo, venho caminhando com o espanhol Jose, da região de Madrid. Às vezes ele se cala e acelera o passo e eu o deixo tomar a frente. Parece que está meditando. Estamos caminhando por uma reta longa, a perder de vista. A trilha acompanha uma estrada larga, relativamente bem pavimentada, mas de cascalho. A trilha de peregrinos propriamente dita é a "sienda" a que o garoto Alejandro se referiu na mercearia. É uma pista de cerca de dois metros de largura, separada pela estrada carreteira por outros dois ou três metros. E nesse espaço há plantada uma fileira de árvores verdes que dão alguma sombra aos peregrinos, pelo menos neste horário.

Dois dias atrás, vi essas planícies intermináveis como se fossem um horizonte a sumir de vista. Agora olho para trás e vejo as serras que eu desci naquele dia ofuscadas pela neblina. À minha esquerda, desce um canal de irrigação estreito, de cerca de uns dois metros de largura, com uma correnteza forte de água limpa e muitas algas e lodo verde nas beiradas. Essa água deve ser bombeada de algum rio aí para baixo, porque na planície, na realidade, em todos os 360 graus em que se olha, não se vê serra ou relevo de onde possa estar descendo esse fluxo de água em queda livre.

Vim conversando com o espanhol Jose, mas já não aguentava mais a vontade de comer meus tomatinhos com sal. Quando passamos ao lado de um pequeno riacho com água cristalina, correndo no meio de uma mata ciliar com sombras frescas cobertas por um tapete de grama verde convidativo, parei e deixei Jose seguir viagem.

Do outro lado do córrego, há dois carros parados e um pessoal fazendo piquenique, deitados confortavelmente sobre uns panos, conversando. Adiante há também dois ciclistas peregrinos. Eu parei um pouco antes deles e vou apreciar os meus tomatinhos agora.

Foi bom aproveitar esse verdadeiro oásis de mata e água cristalina no meio da imensa planície quente de terra arada que eu vinha atravessando há horas. Depois dos tomates com sal, ainda encontrei no fundo da sacola uma lata de atum, que comi com alguns pãezinhos, fazendo um almoço completo. Depois tirei fotografias e agora estou caminhando novamente, para fazer os últimos 15km deste trecho. Vou levar mais quatro ou cinco horas. Portanto, logo depois das sete da noite, devo estar chegando lá.

São 14h46 da tarde. À minha esquerda avisto o povoado de Villamarco; à minha direita, vi passar agora um trem de passageiros, aparentemente luxuoso, muito rápido. Passou na planície ali. É silencioso. Quando o vi, já estava longe e não deu pra fotografá-lo. Aparentemente é um desses luxuosos trens de alta velocidade.

Encontrei um alemão que vem fazendo uma rota diferente, que resulta em quatro dias de caminhada a mais do que esta que estou fazendo. É um caminho menos conhecido, feito por ele outras vezes, pegando uma rota alternativa a partir de Puente la Reina, passando por lugares pitorescos pouco frequentados. Ele disse que ao chegar em Santiago apenas passa na Catedral para fazer orações e depois segue adiante até Finisterre, cujo nome significa "Fim do Mundo", em latim. São dois dias de caminhada a mais, depois de Santiago de Compostela. É o limite extremo ocidental do continente europeu, e de lá se vê o pôr do sol.

Só para registrar: a catedral de Carión de los Condes, onde estive hoje, é do século IX, uma das mais antigas do Caminho. Há outras edificações ainda mais antigas, como algumas ermidas que visitamos, mas não tão conservadas.

Venho observando que os povoados dessa região de Castilla e León possuem uma arquitetura diferente, num estilo mais moderno, ao contrário do que presenciei nas outras regiões, onde há principalmente casarões de pedra em estilo medieval, muitos dos quais abandonados. Em muitos casos, nota-se que residem apenas pessoas idosas no lugar, pois filhos e netos já vivem nas cidades.

No último povoado, El Burgo Ranero, notei que há casas modernas feitas de tijolo e com vidraças, e um movimento normal nas ruas, nos mercadinhos, nos bares... Lembra-me um pouco o Distrito de Quintino, no interior de Minas. Mas há também casarões antigos, especialmente na periferia, alguns feitos com um reboco diferente.

Com certeza o meu estado físico hoje está muito diferente do que estava ontem. Já são três horas da tarde e estou caminhando normalmente. O sol está forte, mas a temperatura é boa, por causa da brisa. Um vento fresco e suave sopra constantemente. Vez ou outra, há uma rajada mais forte, mas nada que possa incomodar. Não sinto nada parecido com a dor terrível que senti desde o início da manhã de ontem. Não sei explicar ainda o que pode ter acontecido. Acredito que meu estado psicológico tem alguma influência sobre isso. Hoje estou me sentindo bem, apesar de alguns *flashes* de lembranças e reflexões desagradáveis que estou conseguindo dominar e superar bem.

O galego com quem conversei hoje de manhã me disse que à medida que o peregrino vai se aproximando da Galícia, as paisagens tornam-se mais verdes e mais bonitas, com serras, colinas e matas. Em compensação, chove todo dia.

A partir deste ponto, começam a se descortinar horizontes muito, muito distantes, com montanhas e serras, numa topografia bastante acidentada.

À direita, muito longe daqui, dá pra perceber uma cordilheira enorme, ofuscada pela neblina. É possível que pertença à Cordilheira Cantábrica, já nas proximidades litorâneas do Mar do Norte. Dá pra ver que são terras diferentes daquelas das planícies com infinitas plantações de feno por onde venho caminhando nos últimos dias.

As montanhas seguem toda a faixa norte do Caminho, a 50km daqui, talvez mais. Dá apenas para perceber a silhueta dos montes no horizonte azulado e embaçado. Acima de mim, há uma rota de aviões. São vários sobrevoando ao mesmo tempo – uns no sentido Leste-Oeste e outros, um pouco mais adiante, no sentido contrário –, além de permanecerem no ar dezenas de rastros de fumaça de outros que já passaram. Creio que seja a rota que liga a Itália e os países do Oriente aos Estados Unidos. É um trânsito intenso.

Por todas essas planícies que venho passando ao longo dos últimos dois ou três dias, há muitos canais artificiais de irrigação, com o fluxo de água sempre correndo da minha direita para a esquerda, do Norte para o Sul. Há trechos onde existe um canal a cada quilômetro. Creio que seja água trazida das cordilheiras ao norte, onde possivelmente deve haver degelo da neve do Inverno. Há aqui um canal bem mais largo, com um volume de água muito maior do que a maioria dos outros que eu via antes. Deve ter no mínimo um metro e meio de largura, e a velocidade da água é bem maior. Adiante vejo um pequeno refúgio para descanso de peregrinos, com banquinhos, mesinhas de pedra e fonte de água potável.

São 16h33. Comecei a descer um vale estreito, numa área que aparenta ser urbanizada. Devo estar entrando num povoado. Avistam-se logo umas torres, e mais adiante há torres ainda maiores. Creio que eu esteja me aproximando de Mansilla de las Mulas. Na entrada desse povoado, encontrei um bote caindo aos pedaços, mas mesmo assim entrei para tomar um refrigerante, depois me deitei na grama do lado de fora, aproveitando a sombra de uma árvore.

A dor de cabeça que me atormentou ontem parece estar chegando novamente. Ainda bem que hoje começou a dar sinais bem mais tarde. Ontem ela apareceu cedo e permaneci o dia inteiro com muita dor.

Tirei as botas e vou descansar um pouco. Tenho tempo. Falta no máximo uma hora, uma hora e pouco... Se eu caminhar continuamente logo estarei no albergue de Mansilla de las Mulas.

São 17 horas. Estou saindo da frente do botequim onde parei para relaxar. Na verdade, trata-se do povoado de Reliegos, que fica talvez a cinco quilômetros e meio de Mansilla de las Mulas. Vou chegar a Mansilla em uma hora e meia, aproximadamente. O descanso na grama me fez bem. A dor aliviou um pouco, mas não passou. Vou ter de prosseguir bem devagar.

São 17h25. Observo lá embaixo, a uns quatro ou cinco quilômetros, alguns complexos de urbanização. Estou passando por uma sensação inusitada: um sono incontrolado, intenso, a me dominar... Venho caminhando devagar, mas quase dormindo e com muita dor nos pés. Para complicar, o meu saco de dormir estava mal colocado e caiu. Agora o estou carregando nas mãos. Se encontrasse uma sombra, pararia e com certeza dormiria na hora. Mas pelo jeito não há uma única árvore nos próximos três quilômetros. Tenho a sensação de que corro o risco de dormir em pé, ao caminhar, e cair, como num desmaio. Tanto sono, agravado pela dor nos pés, está me causando enjoo, náusea. Acho que ainda não vomitei somente porque o estômago está vazio.

Que sono louco!

São 18 horas. Sentei-me num bloco de concreto à beira do caminho, pois não dá mais para suportar a dor. Vou fazer questão de registrar isso aqui, agora, porque depois que passa a gente esquece, esquece o quanto dói, esquece o tanto que é ruim. E eu não vou lembrar nem saber explicar o que eu estou sentindo agora.

A dor parecia ser somente nos pés, mas não era, não. Dói tudo. A dor se espalha pelas ramificações nervosas do corpo inteiro. Dói demais! Eu não tenho forças nem para desamarrar a mochila. É indescritível, inacreditável. Creio que cometi uma loucura quando inventei de fazer esse Caminho.

Acho que ainda faltam dois ou três quilômetros. Já estou vendo casas ali embaixo e a cúpula de uma igreja, mas é impossível continuar. Não dá mais para andar. A sensação que tenho é a de que um único passo a mais pode me levar à morte. E não passa ninguém neste fim de mundo, só uns ciclistas acelerados. O último peregrino a pé que vi foi o Jose, que ficou a quilômetros, numas pedras, para meditar, e eu o deixei para trás.

Foi assim durante a tarde toda, sem ninguém na estrada. E eu caminhando sozinho, como quase sempre acontece nesses períodos vespertinos.

Que loucura, meu Deus! Está doendo demais, mas vou ter de caminhar. É indescritível, não há como explicar a sensação sentida em cada passo. Pensei comigo: como o ser humano tem essa capacidade de superar a dor e esquecer!

Neste momento, é impossível cogitar que eu seria capaz de encarar uma loucura dessas outra vez. No entanto, passei por uma situação parecida ontem e anteontem também, e sei lá quantas outras vezes mais, e estou aqui de novo, hoje.

Será que eu sou doido?

Posso ter certeza: quando passar o tempo e essa dor desaparecer, vou cometer de novo outras loucuras desse tipo.

A gente esquece; não aprende...

O ser humano tem essa capacidade esquisita de reciclar o sofrimento e a dor, aí esquece tudo e vai de novo enfrentar a batalha. Parece cachorro lerdo: apanha e volta. Ainda bem que é assim, né! Em outras situações isso pode até ser útil. Aqui, eu não sei...

Consegui caminhar mais uns 500 metros e cheguei a um banquinho de concreto à beira da estrada, desses de praça pública. Sentei-me e tirei as botas para ter algum alívio. Alívio em termos, pois algumas coisas melhoram, mas surgem outras. Bastou tirar a bota e passei a sentir uma coceira louca nos pés, vontade de arrancar o couro à unha. O corpo todo, porém, continua a doer muito, e o sono continua, um sono terrível querendo me dominar e me apagar sentado aqui. Mesmo caminhando, tive de fazer um esforço enorme para não dormir em pé e cair. Às vezes eu tentava cantar alto, gritar, acelerar o passo, fazer qualquer coisa para espantar o sono, mas não funcionou.

Pelo menos acredito que esse sofrimento todo pode me habilitar psicologicamente, ou espiritualmente, a encarar qualquer outra coisa desse tipo que eu tiver de enfrentar na vida. Eu tenho de inventar alguma utilidade para isso, afinal não é possível passar por isso tudo à toa, senão eu mesmo começarei a duvidar da minha sanidade mental. Aquelas ideias do tipo "estou sofrendo, mas vou encarar por que vale o sacrifício" ou "vou encarar com heroísmo" são coisa de maluco. Ninguém tem de passar por isso, não.

Mas agora não resta alternativa para mim. Eu vou... Pode ser que isto seja uma espécie de capacitação, sei lá. E se for, penso que depois de uns 30 dias nesse "preparo" intensivo vou estar pronto até para enfrentar o Belzebu lá no reduto dele e voltar ileso.

São 18h32. O descanso me deu um certo alívio. A dor diminuiu um pouco e voltei a caminhar, para tentar chegar ao albergue. Passo agora sobre um viaduto que cruza uma autoestrada muito bem pavimentada. Agora está sendo possível caminhar de maneira razoável, mas há algum tempo cheguei a uma situação bastante crítica, acometido por dores terríveis e muito sono, que me levaram a ter ânsia de vômito, tonturas e vertigens. Foi muito, muito bravo, muito forte. Espero que esse resto de disposição me permita chegar ao albergue.

Entrei enfim em Mansilla de las Mulas. É uma cidade moderna, com calçadões e um supermercado relativamente grande, com fachada de vidro. As pedras do calçamento em alguns trechos de rua aparentam ser muito antigas, mas bem conservadas. Estou seguindo as setas amarelas para chegar ao albergue.

São 19h15. Acabei de entrar no quarto de um pequeno hotel. É um quarto simples, mas limpo e com banheiro privativo.

Para avaliar a minha etapa de hoje, eu diria que foi uma verdadeira violência física. A atendente do hotel me disse que o trecho que percorri perfaz 41km, mas parecem ter sido muito mais. Além disso, fui até o albergue – que para variar estava lotado – e voltei, e isto significa pelo menos dois quilômetros a mais.

Foi um desafio pesado. E como me doem os pés e as panturrilhas! Joguei a roupa toda no chão. Amanhã terei de lavá-las, mas hoje só quero comer alguma coisa e dormir. Estou sentindo a boca amarga e o estômago embrulhado, com ânsia de vômito. E a coceira nos pés está terrível. Parece que é algo que ocorre por dentro da pele, nos músculos e ossos da perna. Não adianta coçar com as unhas, porque não resolve. E quanta dor! Mas tenho de relaxar um pouco.

São 22h20. Acabei de jantar no próprio hotel, no restaurante do andar térreo. Felizmente havia boa comida desta vez: uma sopa de mariscos deliciosa e duas postas de peixe frito, que para mim foram uma maravilha. Eu estava precisando comer comida de verdade.

A dor nos pés aumentou enquanto estive sentado no restaurante, esperando a comida, mas agora vou tentar dormir, sem compromisso de horário para levantar. Amanhã terei de passar alguma coisa nos pés. Não é possível continuar sentindo tanta dor. E essa situação já vai para o terceiro ou quarto dia, e a cada dia pior. Não melhorou nem depois que tomei banho e relaxei.

Depois que tomei banho, tentei cochilar antes do jantar, mas não consegui, tamanha era a dor.

Saída do povoado de El Burgo Ranero (León/Espanha)

De Mansilla de las Mulas a León

São 8h23 da manhã, dia 18 de agosto de 2001, sábado. Acabei de acordar num hotelzinho no povoado de Mansilla de las Mulas, que se localiza a poucos quilômetros depois de León. Dormi bem durante a noite, apesar de ter acordado várias vezes, por causa da dor nas pernas e nos pés. Mas em comparação com o estado de ontem, estou bem: já consigo colocar o pé no chão e caminhar, e as áreas que estavam muito inchadas ontem parece que estão melhores. Não dá pra perceber nada preocupante, nenhuma inflamação ou hematoma.

Hoje pretendo caminhar apenas 13 quilômetros até León, se o tempo deixar. Abri a janela e vi que choveu muito à noite. O tempo ainda está fechado, apesar de alguns espaços com céu aberto, mais ao longe, no horizonte.

Vou enfrentar a minha décima quinta etapa do Caminho. Pela minha avaliação, ultrapassei ontem a metade. Portanto, já andei mais de 400 quilômetros. Anteontem meus pés doeram muito durante o dia todo e ontem a dor retornou no fim da tarde, nos últimos doze quilômetros, sob um sol muito quente. Eu fiz esse trecho sozinho, sentindo muito o peso da mochila, e cheguei aqui quase pondo a alma pela boca, de tanta dor. Acho que nunca senti uma dor tão intensa: ela começava na planta dos pés e depois tomava conta de todo o pé, atingia a parte anterior das pernas, músculos e tudo mais... A minha insistência em caminhar fazia com que ela se refletisse nas costas e nas laterais do abdômen muito intensamente.

Levantei um pouco mais tarde do que o normal, mas ainda assim resolvi dar uma organizada na mochila antes de sair. Enquanto isso, fiquei a observar o tempo, pra ver se choveria forte ou não. Como o trecho de hoje até a cidade de León é curto, posso sair mais tarde, sem problemas.

São exatamente nove da manhã. Saí do hotelzinho. Coloquei as fitas gravadas e os filmes fotográficos num saquinho de plástico e enfiei no fundo da sacola, onde costumo colocar os lanches. Estou mancando um pouco, mas espero que seja apenas coisas de início de caminhada, até aquecer os músculos. O joelho parece meio estranho e acho que há uma bolha no pé, mas nada fora do normal. Está frio, mas não vesti casaco, pois o tempo deve esquentar a qualquer hora, apesar de neste momento estar bastante nublado. A dona do hotel estava convencida de que não iria chover. Então, como ela deve conhecer bem o clima, isso me deixou mais tranquilo.

Tive uma ótima noite de sono, depois de ter jantado muito bem no restaurante do próprio hotel, no andar térreo, onde comi uma sopa de frutos do mar a que eles chamam de "pescado", com vários tipos de mariscos e um caldo grosso, muito gostosa, acompanhada de duas postas de peixe frito à milanesa, com muito ovo. Não sei se a fome e o desgaste físico contribuíram, mas achei uma maravilha.

Devo ter desfrutado de uma refeição normal (tipo sentar à mesa e comer bem, com gosto) no máximo umas três vezes em todos os 14 dias anteriores em que estive caminhando. Tem sido difícil conciliar o horário dos restaurantes. E além disso, é raro encontrar comida que preste. Os hábitos deles são diferentes, e por mais que os espanhóis elogiem, geralmente eu não gosto.

Há dois dias, procurei um bom restaurante, mas acabei me aborrecendo. Além de a comida ser ruim, tipo coisa de geladeira requentada, um bifinho "sem vergonha", um arroz com massa de tomate crua, sem tempero, ainda me trataram mal e acabei me desentendendo com os donos do restaurante. Valeu a pena no dia em que comi a *paella* e, talvez, no jantar oferecido pelos italianos em San Nicolás. O resto é porcaria e sanduíche duro, quando se encontra.

São 9h40. Só agora estou pegando o Caminho na saída de Mansilla de las Mulas. Passei antes na mercearia e comprei uns biscoitinhos e uma garrafinha de iogurte e vinha trazendo. Na saída, porém, depois de uma ponte sobre um belo rio, com água muito limpa, resolvi sentar numa pedra à margem da correnteza e tomar ali mesmo o meu café da manhã, com os lanches recém-comprados. Depois disso, já que o tempo estava bom, sem sinal de chuva, e o calo do pé que me incomodava de manhã dera uma trégua, segui em frente. Já estou avistando adiante algumas torres, é possivelmente a área urbana de León.

São 10h20. O tempo resolveu se fechar um pouco, porém sem muitas nuvens carregadas, nada que preocupe muito em relação à chuva. Pelo contrário, está um clima bom para caminhar, sem sol forte e com um ventinho frio soprando sempre. Desde que saí de Mansilla de las Mulas, o Caminho segue ao lado de uma rodovia de asfalto.

Eu caminhei por um tempo com um belga que eu avistara a comprar coisas numa mercearia em Mansilla, mas não imaginei que fosse peregrino, pois os peregrinos, a esta altura do Caminho, já estão todos queimados de sol, principalmente os de pele mais clara. E ele não estava tão queimado.

Ele me disse estar impressionado por encontrar tantos brasileiros. Havia conhecido dois outros poucos dias antes e se dizia admirado de virmos de um país tão distante. Eu comentei que havia visto até uma chinesa, e ele exclamou: "Não acredito! Como é que pode?!". Expliquei que o Caminho de Santiago é muito conhecido dos brasileiros especialmente por causa do livro de Paulo Coelho, mas também pelo fato de ser o Brasil um país católico e ter sua história muito ligada ao Caminho. Ele disse que não lera o livro, mas ouvira falar a respeito.

Pelo jeito, na Bélgica não se tem muita informação sobre o Brasil.

Ontem conversei com uma finlandesa que iniciara o Caminho com a mãe, mas esta, logo nos primeiros dias, tivera problemas nos pés. Por isso, a filha vinha caminhando, enquanto a mãe seguia de táxi até cada uma das paradas onde a filha pernoitava. Ao contrário do belga, essa moça conhecia muito do Brasil, onde já estivera a passeio. A Finlândia é um dos últimos Países Baixos, bem no extremo norte da Europa.

*

Atravesso um pequeno trecho pelo acostamento da rodovia, ao lado de um riacho, um ribeirão, no meio da mata. A estrada é de pista dupla muito bem demarcada, bastante movimentada, com trânsito intenso, mas acabo de descobrir por quê: é que já estou praticamente na área urbana de León.

Ao seguir o trecho pelo acostamento, eu já vinha sentindo há um bom tempo um cheiro familiar, que me lembrava o do parque de exposições da minha cidade, Carmo do Paranaíba: um cheiro de galpão de parque de exposições. Senti de imediato saudades das festas de peão de boiadeiro, com exposição de gado.

Agora percebo que a origem do cheiro é um grande confinamento de gado, com milhares de bois, a maioria a comer nas cocheiras, e um trator a servir fardos de feno para eles. Que cheiro bom! Um cheiro familiar.

São 10h45. Estou passando sobre a ponte do rio Porma, à entrada de Villarente. Talvez já seja a metade do caminho entre Mansilla de las Mulas e León. Esse rio, muito bonito, deve ser o maior, em termos de volume de água, entre os que já vi aí para trás. Água limpa, corrente, de correnteza forte. Muito bonito.

O trecho que andei nos últimos dias é árido, à exceção dos canais artificiais de irrigação. Dizem que quanto mais o viajante se aproxima da Galícia, mais a região se torna verde, com muito mais água e matas.

A ponte sobre o rio é antiga, feita de pedra, mas a pavimentação superior é de asfalto. O problema é que ao passar a gente precisa dividir o espaço com os carros. É complicado. A ponte tem pista dupla e não há passarela de pedestres.

São 10h55. Continuo a caminhar por Villarente, num trecho que se parece com a região metropolitana de grandes cidades: avenida larga, muito comércio na rua etc., só que a sinalização que indica o Caminho praticamente não existe e me senti inseguro. Perguntei a um vendedor de peixes e ele acha que é por aqui mesmo. Apesar de ficar ressabiado com a pouca convicção dele, sigo adiante, porque vejo a silhueta de uma pessoa que me parece o finlandês, um quilômetro e meio à frente.

Atrás de mim, a uns 200 ou 300 metros, vem um casal de peregrinos. Se estiver errado, não estou sozinho. Isso me consola. Andei um pouco mais e vi uma seta amarela num poste. Agora estou seguro.

Os meus pés já começam a dar sinais de que vão doer hoje também. Bom, pelo menos o caminho é mais curto, mas tenho de parar vez ou outra pra aliviar a dor. Então parei um pouco e deitei na grama.

Vim observando desde que saí de Mansilla que a cada 100 ou 200 metros, em média, há um canal de irrigação. Aqui os canais são mais estreitos, mas muito mais frequentes, um após o outro. Fico a imaginar como seria o mapa dessa região, mostrando os canais. Deve ser tipo uma teia de aranha.

Muitos dos canais têm vazamento, razão pela qual deve haver muito desperdício de água.

O galego com quem conversei outro dia estava me dizendo justamente isso: que nos tempos em que surgiram as primeiras cidades, coisa de mil anos atrás, toda a região era coberta de mata e repleta de rios caudalosos, como conta a lenda de Santo Domingo de la Calzada, que mencionei há alguns dias. Hoje se veem apenas uns poucos rios com um simples filete de água a correr no fundo do leito, ou simplesmente sem nenhuma gota d'água.

O tempo está incerto, ora indica risco de chuva, ora aparece o sol, porém no mais das vezes está nublado, com vento frio. Quando eu vinha com o finlandês, ele tirava e colocava o casaco a cada três minutos. Era um tal de tira e põe paletó que já estava me enchendo a paciência. Eu o deixei ir embora e ele sumiu de vista, e o casal que vinha atrás também desapareceu, talvez tenham parado na entrada da cidade, em algum bar por ali.

Ontem à noite eu telefonei para minhas filhas no Brasil. Estavam de saída para a faculdade; depois da aula, disseram, iam comer comida japonesa. Achei bom, pois as duas pareciam estar bem, demonstrando alegria. A Camila disse que as coisas que ela ficou de olhar para mim estavam todas dando certo, e a Cíntia está toda animadinha. Mas hoje estou pensando muito nelas e isso acaba me causando preocupação, pois nessas distâncias há sempre o medo de que possa acontecer alguma coisa ruim com elas: um problema de saúde, um acidente, ou talvez elas possam necessitar de alguma coisa que caiba a mim resolver. Enfim, resta se conformar e pedir a Deus que dê tudo certo, pois a gente estando lá ou estando fora, os riscos são praticamente os mesmos. Por mais que haja esse instinto, a gente não tem o poder de proteger os nossos entes queridos tanto quanto gostaríamos. Só nos resta entregar nas mãos de Deus.

Quando chegar em León, assim que der um horário apropriado, vou ligar de novo para conversar com elas. Espero que Deus as proteja muito e que sejam felizes sempre, por toda a vida. No que depender de mim, quero fazer a minha parte, com dedicação exclusiva. A minha meta de vida se resume a isso: viver para elas até que elas estejam realmente seguras e encaminhadas na vida. E, daí, se for o caso, se tiver condição de ter uma velhice mais digna, eu vou voltar os meus cuidados para mim mesmo. Acabou de passar à minha frente o casal que ficara para trás e agora segue logo adiante.

Hoje é 18 de agosto, aniversário do meu amigo Dark, companheiro de violão e de festas. Na saída de Mansilla, quando eu estava caminhando ao lado da estrada, fiz como ele me recomendou: peguei o envelope que ele me entregou lacrado na véspera de eu sair de viagem e só o abri agora, no dia 18 de agosto. Ele disse que se em algum momento de dificuldade eu o quisesse abrir, que o fizesse, mas embora tenha me ocorrido o propósito de fazer isso em outras ocasiões, imaginando que pudesse ser alguma palavra de força ou coisa assim, acabei me contendo e preservando o mistério até hoje de manhã.

Eu não sabia que era o aniversário dele e fiquei surpreso com tudo o que ele havia escrito para mim: uma oração maravilhosa. Eu nunca vira uma coisa tão encaixada, tão pertinente ao momento. Além da oração, palavras que me deram uma força muito grande.

A emoção tomou conta de mim e eu não quis gravar no momento, por causa da própria emoção e também devido ao barulho, pois naquele instante eu estava ao lado de uma estrada muito movimentada. Mas quis deixar esse episódio registrado, até porque os originais da mensagem eu vou deixar em Santiago de Compostela, como homenagem ao Dark, pelo aniversário dele, e ainda para consagrar essa lembrança, esse ato tão bacana, a me dar força num momento tão oportuno.

Eis o texto:

"Deus nosso Pai, que tendes poder e bondade, dai força àquele que passa pela provação;

Dai luz àquele que procura a verdade. Põe no coração do homem compaixão e caridade;

Deus, dai ao viajante a Estrela Guia; ao aflito, a consolação; ao doente, o repouso;

Pai, dai ao culpado o arrependimento; ao espírito, a verdade; à criança, o guia; ao órfão, o pai;

Senhor, que a Vossa bondade se estenda sobre tudo o que criaste. Piedade, meu Deus, para aquele que não Vos conhece, esperança para aquele que sofre, que a Vossa piedade permita aos espíritos consoladores derramarem por toda parte a paz, a esperança e a fé;

Deus, um raio de luz, uma centelha de Vosso amor pode abrasar a terra. Deixai-nos beber na fonte dessa bondade fecunda e infinita, e todas as lágrimas secarão, todas as dores acalmar-se-ão;

Num só coração, num só pensamento, subirão até Vós como um grito de reconhecimento e amor. Como Moisés sobre a montanha, nós Vos esperamos com os braços abertos;

Oh, poder! Oh, bondade! Oh, perfeição! E queremos de algum modo alcançar a Vossa misericórdia.

Deus, dai-nos a força de ajudar o progresso, a fim de subirmos até Vós.

Dai-nos a caridade pura, dai-nos a fé e a razão. Dai-nos a simplicidade que fará de nossas almas o espelho onde se deve refletir a Vossa imagem."

Muito bonita a oração, uma maravilha. Embaixo, o Dark ainda escreve: "Faça essa oração e você terá muito conforto nas preces, Deus ouvirá suas súplicas.

27 de julho de 2001.

Dark".

E aqui junto, fechadas num envelope interessante, também lacrado, estavam as páginas da agenda do Dark, dos dias 17 e 18 de agosto. No dia 17, ele escreveu:

"Marcio, há dificuldades? Sim. Mas não abstenha o sofrimento, ele engrandece sua alma e dará experiência para toda a eternidade. Não abaixe a cabeça diante da dificuldade, o peso da cabeça pode fazer com que você desanime ou deixar você fraco diante da labuta, que se torna fácil e pequena frente a sua rigidez e fortaleza. Boa-sorte!

Dark, 27/7/2001."

Maravilha. E no dia 18, virando a página, ele assinalou: "Aniversário do Dark! Faça uma mentalização positiva para mim, obrigado!"

Com certeza, já fiz; já rezei muito por ele depois de ter lido a mensagem hoje pela manhã, e vou fazer mais pelo Caminho. Abaixo, ele ainda escreveu:

"Vá buscar, siga o caminho que o fará dono dos seus passos. A busca é sempre uma surpresa. É a ilusão que nos faz vivos e fortes, o pensamento derruba até a morte e nos faz sentir vivos para contar as histórias. Hoje é dia do meu aniversário, portanto quero te deixar essas palavras que te farão otimista e conquistador da aventura que pode engradecer e enriquecer tua alma. Que você encontre o real e o mais verdadeiro ego dentro de você.

Abraços, Dark, 27/7/2001".

Realmente, muito bom. Muito bom. Valeu, Dark. Que maravilha. De onde você tirou isso? Muito bom. E vai comigo até Santiago, pelos próximos treze ou quatorze dias, ou quinze, sejam lá quantos forem, e será deixado aos pés do apóstolo Tiago.

São 13h10. Estou entrando na área urbana de León, numa cidade da periferia chamada Puente Castro, segundo me informou um senhor, um velhinho meio chapado que veio bater papo comigo aqui na pracinha onde parei para descansar um pouco. O pé está doendo bastante... Como encontrei muitos outros peregrinos na entrada da cidade e vim conversando com eles, acabei me distraindo e forçando o corpo mais do que deveria. Parei nesta praça para conferir no mapa a minha posição e para relaxar um pouco, a fim de aliviar a dor no pé.

São 14h10. Acabei de chegar ao albergue de Las Monjas, em León. É uma espécie de convento muito grande, e a parte adaptada para ser o albergue é a de um antigo salão de teatro, com o palco acima e a área antes reservada às cadeiras da plateia cheia de colchões no chão. Não há beliches. Os colchões ficam estendidos lado a lado. Pelo menos, há um ponto positivo: quando há beliches, sempre aparece algum parceiro que se mexe muito e fica incomodando o sono do outro.

A minha surpresa foi a hospitaleira que recebeu os peregrinos na chegada, juntamente com algumas freiras idosas, ser uma brasileira, chamada Joana. Ela me contou que o marido dela está trabalhando na Espanha, na cidade de Vitória, e como ela já havia feito o Caminho de Santiago, resolveu aproveitar esse tempo para atuar como voluntária nos albergues. Ela me atendeu muito bem e me levou rapidamente para escolher o melhor lugar, antes de chegarem outros peregrinos.

Eu tinha a intenção de enviar os filmes fotográficos para o Brasil hoje, mas como é sábado à tarde, informaram-me que os correios estariam fechados. Então farei isso na próxima cidade, que fica a uns dois ou três dias daqui. Vou descansar um pouco e depois sair à rua pra comer alguma coisa.

Considerando-se os lugares por onde passei, a cidade de León revelou ser muito bonita, com arquitetura moderna, avenidas largas e praças encantadoras e bem cuidadas. O convento onde fica o albergue, porém, situa-se numa parte antiga da cidade, próximo à catedral, onde há prédios de pedra. Mais tarde, vou até a catedral tirar umas fotos.

Logo que cheguei ao albergue, encontrei ao lado da mesinha de recepção os três rapazes portugueses que conheci em El Burgo Ranero, ontem. Conversamos um pouco, enquanto atendiam outros peregrinos, e soube que iriam pernoitar aqui também.

São 15 horas. Estou num pequeno restaurante, perto de um albergue. Saí à procura de um telefone público para telefonar para casa e decidi parar num *cybercafé* para acessar a internet. O primeiro que encontrei estava fechado. Disseram-me que havia outros dois não muito longe daqui. Vou ver se tenho a sorte de encontrá-los abertos. Muita coisa do comércio da cidade está fechada. Não foi um bom dia para chegar em León.

O cheiro da comida do restaurante é bom e há muita gente comendo. Acho que pelo menos em relação a comida vou resolver meu problema. Depois, vou sair à procura de um telefone e um supermercado para comprar pilhas e filme fotográfico. Daí, é voltar para o hotel, dormir e pegar a estrada logo cedo. Amanhã, por ser domingo, não vou ter muito o que fazer aqui. Não vou achar nada aberto. Posso tentar ir até Astorga, a uns 40 quilômetros, e amanhecer por lá; na segunda-feira, faço o que tiver de fazer.

Na continuação da área de mesas externas do restaurante, existe uma bela praça, de formato triangular, arborizada, rodeada de prédios. Há pouco trânsito na rua e pouquíssima gente. O restaurante mantém muitas mesas abertas e banquinhos num calçadão, embaixo das árvores.

É um ambiente gostoso de ficar.

São 16h10. Almocei e telefonei para casa. Estava preocupado com as minhas filhas desde cedo, pensando nelas a toda hora, mas está tudo bem: Cíntia foi para a faculdade e Camila estava em casa, quietinha. Agora procuro outro *cybercafé*. Uma senhora na rua me indicou um deles e estou indo atrás.

Incrível: a mulher me explicou em detalhes como chegar ao *cybercafe*. Eu andei, andei, rodei, rodei e vim parar no mesmo lugar no qual já estivera – e que estava fechado! Então vou apenas tentar comprar filme, pilhas e sabonetes, que já não os tenho mais na mochila, e depois vou embora.

Estou muito cansado.

Passei em uma loja enorme chamada El Corte Inglés, localizada numa praça muito bonita, ao lado do hotel Luiz de León, onde comprei o que precisava. Estou voltando ao albergue para tomar banho e dormir.

Aproveitei para telefonar a alguns amigos. Liguei para o meu primo Fernando Morais. Foi bom falar com ele. Contei da mensagem do Dark e ele disse que vai encontrar nossos amigos hoje, inclusive com o Dark, e vai dar a ele o meu retorno sobre a emoção que tive ao ler a mensagem dele.

São 18h30. Tomei um bom banho e estou relaxado no meu colchão, no albergue. Quando cheguei da rua, parei um pouco nos jardins ao lado da entrada para conversar com o pessoal que conheci pelo Caminho. Logo depois chegou a hospitaleira Joana, e ficamos então numa rodinha de conversa. Em seguida, apareceu o espanhol que tocou gaita comigo no albergue de San Nicolás, e dali a pouco também o Matt, com aquele conhecido pijama infantil. É o mesmo Matt com o qual estive perdido na madrugada de dois ou três dias atrás. Ele é engraçado. Parece esses meninões mimados cheios de manias: ao chegar nos albergues, toma um banho, veste aquele pijama de flanela com desenhos de bichinhos coloridos, um camisão folgado e uma calça que vai até o meio da canela, e sai a caminhar com aquele jeitão esquisito, ou então fica a meditar sobre uma pedra ou num tronco de madeira, com as pernas cruzadas em posição de ioga.

Desta vez, porém, ele me perguntou se era possível encontrar alguma loja aberta para comprar sapatos. Eu indiquei o El Corte Inglés e disse que, com certeza, lá ele encontraria sapatos para todo gosto. Dei a ele a sacolinha do estabelecimento e mostrei-lhe, num mapa que alguém tinha oportunamente em mãos, a rota a percorrer, e ele saiu à procura da loja ainda de pijamas.

Voltei ao albergue e estava sentado no meu colchão, que é um dos primeiros, próximo à porta, quando Joana entrou para acomodar uns peregrinos e parou para conversarmos; sentou-se no meu colchão e me contou a sua história em relação ao Caminho de Santiago.

Disse-me que fez o Caminho em abril – portanto, há menos de quatro meses –, e logo depois de ter feito o Caminho, sentiu-se motivada a fazer o trabalho voluntário nos albergues – e está aqui há apenas três dias. Mostrando ser uma mulher espiritualizada e realista, ela me contou que nesses três dias viu muita coisa que a tocou emocionalmente e psicologicamente. Viu pessoas com sofrimento de todo tipo e de toda a intensidade possível, viu pessoas eufóricas, gente estressada e nervosa, até agressiva, chorões e até fanáticos. Mas que é uma atividade gratificante, apesar do trabalho que dá. Ela se levanta antes das cinco da manhã e às vezes dorme muito tarde, por volta de onze horas, meia noite... Quando menos espera, chegam ciclistas querendo um espaçozinho pra estender um saco de dormir, e ela tem de estar disponível para atendê-los.

Contou de sua experiência ao fazer o Caminho, lembrou da Cruz de Ferro, um monumento simbólico que tem adiante, onde os peregrinos deixam pedras, simbolizando a retirada de pesos excedentes da vida. Eu mostrei a ela as pedras que eu levara do Brasil para deixar lá: uma a ser deixada por mim mesmo, uma para cada uma das minhas filhas, e outras para as pessoas com que eu convivo mais, que eu gosto mais. E ela recomendou:

– Não esquece: faz uma oração pra cada um e joga a pedra correspondente naquele monte de pedras. Isso vai te ajudar muito e vai ajudar a todos aqueles que fazem parte das suas intenções. Com certeza, você vai tirar cargas desnecessárias da vida de todos vocês.

Ela comentou sobre detalhes da sua experiência no Caminho, o que me fez refletir sobre como cada um sente essa experiência de modo totalmente diferente do outro. Muito embora haja sempre alguns aspectos que são comuns a quase todos os peregrinos, como as coisas inesperadas que nos surpreendem ou que nos assustam, pessoas que encontramos e com as quais interagimos... Eu comentei com ela sobre o rapaz que eu conheci na igreja em Grañón, que estava lá há dois dias, rezando e fazendo penitência; comentei da ritualística de San Nicolás, que me emocionou muito; e falei sobre o bilhete que o Dark me mandou, que só abri hoje pela manhã, surpreendendo-me não só com o conteúdo da mensagem, como também pelo fato de ser a data do aniversário dele.

Então, ela me chamou a atenção para um aspecto interessante, relacionado aos efeitos que essa experiência pode nos trazer para a vida: disse para eu me preparar, pois "a caminhada não se encerra em Santiago de Compostela; ela continua para a vida toda". Lembrei-me de que o hospitaleiro Maurício, de San Nicolás, disse algo mais ou menos assim: "A nossa caminhada não vai chegar ao fim quando chegarmos a Santiago". Mas Joana foi além:

– Depois que chegar a Santiago, você vai começar um outro caminho, para o qual deve estar preparado, só que com algumas características diferentes, que você precisa observar: em casa e na sua vida cotidiana, tudo vai continuar do mesmo jeito, as pessoas são as mesmas, com os mesmos problemas, as mesmas dificuldades... Tudo vai continuar como era antes. Mas você vai começar a ter algumas concepções diferentes, possivelmente vai se tornar mais tolerante, mais flexível diante dos problemas. É que essa experiência aqui vai te fazer mais sábio e vai te dar mais discernimento sobre as coisas com as quais, de fato, vale a pena se preocupar. Na pior das hipóteses, suas reações diante das adversidades serão mais amenas, pois você terá aprendido que a vida, assim como acontece no Caminho, continua e há novos trechos a serem percorridos.

Eu gostei muito de ouvir isso, pois uma das poucas coisas que me faltam na vida é um pouco mais de tolerância diante de alguns problemas, para os quais, muitas vezes, eu dedico demasiada energia, desnecessariamente, só pela ânsia de vê-los resolvidos, mesmo que a solução não me traga nenhum resultado positivo.

Saí um pouco pelo pátio do albergue – lembrando que isso aqui era um convento de monjas, que tem um pátio enorme na frente. Estou pegando um restinho de sol que ainda há por sobre o prédio do convento e observando a quantidade de aviões que passam sobre a cidade, deixando rastros de fumaça no céu. Os raios amarelados do sol do fim de tarde e o céu totalmente limpo provocam um efeito visual interessante, ao deixar brilhantes as trilhas de fumaça dos aviões. Uma bela imagem.

Nas mesas ao lado da recepção, um grupo de peregrinos conversa. São quase sempre os mesmos, que parecem estar ali desde que cheguei, além de umas poucas pessoas novas. Sopra um vento forte frio e estou com minha toalha nas costas, não só para me proteger, mas também para que ela seque mais rapidamente. Na verdade, depois do banho, senti bastante frio, pois o chuveiro não é muito quente. Agora, porém, com esse solzinho, está mais confortável.

Estava me lembrando da conversa que tive com o Fernando, por telefone, pensando que, como hoje é sábado, os meus amigos de Brasília devem se encontrar à noite para tomar cerveja. Certamente devem comentar sobre a minha aventura aqui. É sempre bom saber que temos bons amigos. Lembrei-me do nosso último encontro no meu apartamento, antes de eu viajar. Além do Fernando e do Dark, estavam também o Totonho e o Lalado, e suas famílias. Eles, lá, devem se lembrar de mim, enquanto eu, aqui, estarei pensando em todo mundo também.

São 20h52. Acabei de entrar no salão do albergue onde estão os colchões. Estava lá fora, depois do pátio, ao lado da recepção, onde há uma cobertura com várias mesas onde os peregrinos ficam conversando e lanchando. Ali trabalham a hospitaleira Joana e mais outros dois voluntários. Antes de entrar, fui ao supermercado comprar iogurte e biscoitos; depois, sentei-me ali, à mesa, e conversei com a Joana e outros peregrinos. Daí chegou o Matt exibindo o sapato novo que havia acabado de comprar na loja que recomendei.

A Joana me dizia que é membro da Ordem Rosa Cruz. Isso, para mim, confirma o quanto ela é uma senhora especialmente dedicada às causas humanitárias e filantrópicas. Enquanto conversávamos, ela corria de lá pra cá e atendia com simpatia e presteza todo mundo que aparecia, mas logo voltava, sem perder a sequência da conversa.

Disse que depois desta temporada voluntária no Caminho de Santiago, a intenção dela era continuar a atender em outros albergues ou em hospitais de peregrinos.

Enquanto conversávamos, chegou o Jader, que se hospedara em um hotelzinho próximo dali e passava apenas para carimbar a credencial peregrina. Combinamos de nos encontrar na próxima parada, a 32 quilômetros. Eu disse que se estivesse bem, iria até lá, senão a gente se encontraria mais adiante. Como eu estava de bermuda e o tempo começava a esfriar demais, tive de deixar todo mundo lá fora e entrar. Neste momento, estou enfiado no saco de dormir. Ainda é cedo. Por isso o salão está praticamente vazio: a maioria das pessoas está fora, comendo, passeando pela cidade ou conversando no pátio e na recepção. Mas vou ficar aqui, quietinho, pra ver se chega o sono, pois quero dormir mais cedo hoje.

Cidade de León (Espanha)

Na região de Hospital de Órbigo (León/Espanha)

De León a Hospital de Órbigo

Hoje é dia 19 de agosto de 2001, domingo, seis e meia da manhã. Estou saindo do albergue em León para fazer a décima sexta etapa da viagem a Santiago de Compostela. A saída da cidade é por uma rua calçada, sem trânsito de automóveis. Há ruas bonitas que ontem eu não havia visto, pois andei em outra direção. Aqui é uma área comercial, com prédios antigos.

Esta noite, apesar de ter-me deitado cedo, demorei a pegar no sono: só consegui adormecer por volta de meia-noite, e assim acabei dormindo pouco. Apesar de tudo, meu sono foi pesado e espero que tenha sido suficiente para eu me recuperar e ter condições de andar bem hoje. O que aconteceu foi que em algumas das vezes em que consegui cochilar, acabei sendo acordado por peregrinos que entravam. Há pessoas sem discernimento, que entram nos albergues conversando alto, e outras que ficam a remexer em malditas sacolas de plástico que fazem um ruído muito chato. Com isso, depois de uma certa hora, comecei a sentir o estômago enjoado.

Numa dessas cochiladas, acordei sentindo náusea e precisei me levantar para vomitar. Era quase meia-noite. Vomitei muito e depois me deitei; embora estivesse sentindo dor de cabeça, consegui pegar no sono. Não creio que tenha sido nada que comi que tenha me feito mal. Acredito que a causa foi o cansaço, mesmo. Depois disso, acordei de novo por volta das quatro da madrugada, pois a dor de cabeça havia aumentado bastante. Tomei um Excedrin. A dor de cabeça passou, mas o sono não voltou. Após tentar dormir novamente por quase duas horas, desisti, ajeitei as coisas e resolvi caminhar. Apesar do horário, ainda é noite escura e faz frio. Estou quase arrependido de não ter tirado a blusa da mochila e vestido, mas daqui a pouco é bem provável que o tempo venha a mudar.

Estou passando perto da catedral e vejo que há movimento, pessoas ainda em barezinhos, muito animadas, e outras voltando de alguma festa... Pelo jeito, esta área deve ser o *point* da rapaziada.

São 7 horas da manhã, mas ainda sem sinal de que vai de fato amanhecer. Depois de cometer alguns erros na saída da cidade, acho que agora peguei o caminho certo. Estou passando em frente à praça de São Marcos, onde se destacam dois belos edifícios: de um lado, há o que parece ser um hotel de luxo ou uma grande loja de departamentos; do outro lado, um de arquitetura antiga, que será talvez uma igreja. Em seguida, uma ponte atravessa o que teria sido um rio extenso, mas com apenas um pouquinho de água no leito. Com certeza estou no caminho certo, porque estão vindo atrás de mim mais dois grupos de peregrinos.

Hoje pela manhã, eu estava sentindo os pés doloridos, mas agora não sinto mais nada. Pode ser o efeito do comprimido pra dor de cabeça que tomei. Por via das dúvidas, irei bem devagar.

Quando acordei hoje de madrugada, fiquei um tempo quieto na cama, tentando dormir outra vez. Depois, quando abri os olhos, a primeira figura que pude destacar na penumbra foi o Matt, nas meditações dele. Ali ele permaneceu o tempo todo. Enquanto eu arrumava a mochila, ia ao banheiro e escovava os dentes, ele não se mexeu.

Na saída da cidade, quando eu estava perdido, pedindo informações, encontrei um dos portugueses que conheci anteontem, também perdido, a pedir informação a um motorista de táxi; daí a gente seguiu juntos até encontrar a trilha de saída.

Estou passando ao lado de uma área com terrenos fechados por grades na frente. Pareceu-me de imediato um parque, mas vendo que há um galo garnisé a cantar lá dentro, creio que deve ser uma área privada, algum tipo de chácara na periferia da cidade.

Ontem, enquanto eu confabulava com a Joana, no *hall* de entrada, um pouco antes de Matt chegar das compras com seu sapato novo, várias pessoas conversavam nas mesas próximas. O hospitaleiro que os atendia veio então por entre as mesas e perguntou se alguém ali sabia falar inglês.

Eu esperei um pouco pra ver se alguém se voluntariava, mas como ninguém se manifestou, mesmo com meu inglês precário resolvi acompanhar o rapaz até a recepção. Era um casal de alemães que acabava de chegar a León com a intenção de começar o caminho de Santiago a partir dali, só que não sabiam falar uma palavra sequer em espanhol. Então, servindo de intérprete, repassei ao hospitaleiro o que eles pretendiam; informei que queriam saber se podiam ficar no albergue aquela noite e também conseguir as credenciais de peregrinos. Conversei ainda um pouco mais com eles, até que fossem encaminhados ao alojamento.

Logo depois, chegou o Matt e se sentou à mesa, como sempre muito engraçado, a nos divertir com os papos dele. O inglês dele é bastante compreensível para mim, então apontei para um ninho de cegonha, no topo de uma torre do convento, e perguntei:

— Matt, você conhece aquele pássaro?

— Sim.

— Pois é, quando você nasceu, foi ele que trouxe você pra sua mãe.

Ele disparou uma gargalhada e perguntou:

— No Brasil também é esse bicho que traz os bebês?

— Dizem que sim, mas eu não tenho certeza disso, pois quando me levaram para minha mãe, eu era muito pequeno e não lembro.

Aproveitando-se do fato de eu ter dezessete irmãos, como já havia comentado a ele, Matt disse:

– Mas depois que você nasceu, deve ter visto chegar muitos desses pássaros trazendo seus irmãos.

Rimos muito e respondi:

– Não, eu sempre estava dormindo quando chegava um irmão novo.

Matt comentou que no interior da Inglaterra os pais contam que as meninas nascem dentro de um repolho, e que só os meninos são trazidos pelas cegonhas. Eu aproveitei para revidar a piada:

– Então as meninas são colhidas em repolhos lindos e os meninos são trazidos por esse bicho feio... Isso explica porque você é assim...

Todo mundo riu.

Esse episódio me fez lembrar uma história de minha irmã Rosangela: quando minhas filhas eram criancinhas, ela contava que elas tinham nascido dentro de uma rosa que a mãe foi abrindo, tirando pétala por pétala, e lá no meio estava aquela bebezinha linda. Quando a Cíntia descobriu a verdade, porque alguém contou pra ela: "Você nasceu na vagina da mamãe", ela desatou a chorar, revoltada: "Por que que só eu nasci nesse lugar e a Camila nasceu numa flor?"

Hoje pela manhã, quando saí do albergue de León, Joana ainda não havia se levantado. Era mais de meia-noite quando fui dormir, e ela ainda estava a receber e a acomodar os peregrinos retardatários que chegavam, principalmente os ciclistas, que costumam aparecer tarde da noite. Então fiz questão de deixar uma mensagem a ela no livro de visitas, além de um bilhetinho de agradecimento, juntamente com uma das pedras de ágata que eu trouxe de Cristalina, no Brasil, que ela achou bonitas quando mostrei ontem.

Eu acabei me distanciando dos peregrinos com os quais saí da cidade e os perdi de vista. Depois de bastante tempo a caminhar pelo acostamento lateral de uma via expressa, sem ver sinalização, comecei a me sentir inseguro.

Para meu alívio, encontrei uma longa passarela de pedestres em rampa, atravessando para o outro lado da rodovia, em cujo início há uma seta indicativa do Caminho.

Para fazer o Caminho completo, seja uma peregrinação espiritual, religiosa ou apenas uma aventura radical de turismo cultural ou histórico, seria necessário dispor de muito mais tempo para desfrutar de tudo o que há por aqui. O ideal seria ter o dobro do tempo, para poder parar em todas as cidades e apreciar as atrações turísticas, às vezes fazer alguns desvios da rota tradicional. León, por exemplo, é uma cidade incrível, muito bonita. Fiquei impressionado ontem, quando vi em alguns postais da cidade a quantidade de atrações que não tive tempo de visitar, de fotografar, e que sequer cogitei conhecer. Um dos rapazes que saiu da cidade comigo me disse que visitou a Praça de São Marcos e que ela é um monumento espetacular, uma obra arquitetônica maravilhosa. Eu apenas a vi por fora, de passagem, portanto não conheci esses detalhes. Como o meu tempo é dedicado exclusivamente a caminhar e caminhar, no máximo faço rápidas paradas para tirar fotos e acabo muitas vezes ficando com um certo pesar de não ter desfrutado mais, de não haver conhecido outras atrações que seguramente seriam muito interessantes e valeriam a pena.

A avaliação que faço agora, rapidamente, é que pelo menos em quatro cidades eu deveria ter parado por um dia para conhecer melhor. Enquanto esperava que os pés melhorassem, podia pegar um táxi ou um ônibus de turismo e aproveitar para fazer um giro pela cidade.

A primeira delas é Saint-Jean-Pied-de-Port, ainda na França, uma cidade que achei incrível; pequena, mas com um estilo arquitetônico que a gente chama no Brasil de "europeu medieval", linda, localizada aos pés da maravilhosa Cordilheira dos Pirineus.

Depois, Santo Domingo de la Calzada, repleta de lendas, uma cidade que também não deu para conhecer o suficiente. Em seguida, Burgos, famosa no mundo inteiro por suas obras de arte e pela história de El Cid, um dos heróis libertadores da Espanha, além da catedral, que é uma atração turística emblemática do país.

A quarta cidade que lamentavelmente eu devia ter explorado melhor é León. Imagino que outras atrações ainda virão pela frente e devem deixar essa mesma espécie de remorso, pois não creio que terei tempo de conhecê-las melhor.

Além de usufruir de lugares e atrações, seria interessante também conversar mais com as pessoas nativas, interagir com elas, conhecer-lhes a cultura e a história e sua relação com o Caminho e os peregrinos. Ao longo da rota do Caminho, existem ainda nações distintas, como os bascos, os navarros, os catalães, os castellanos e os galegos, cada um com sua história e sua cultura, com convicções políticas distintas, cada qual mais nacionalista que o outro, provocando-se mutuamente com piadas e alfinetadas, como se fossem torcidas de futebol rivais.

Seria interessante poder abstrair essas particularidades, até para aprender um pouco mais da história da Espanha, que na prática é muito diferente do que a gente estuda na história e na geografia apresentadas nas escolas.

Além das cidades que mencionei como importantes para se conhecer, eu acrescentaria ainda Pamplona, que tem uma cultura bastante interessante. É nessa cidade que acontece o polêmico Festival de São Firmino, em que se soltam touros nas ruas e as pessoas provocam os animais.

São 7h27 e já estou me sentindo inseguro, pois não sei se estou no caminho certo. As setas indicativas são raras e não existem plaquinhas orientadoras, como as que se encontram em toda Pamplona.

Às 7h33, o dia pelo menos já está amanhecendo. Tudo indica que estou saindo da cidade, apesar de inseguro de novo sobre estar ou não no Caminho. Passei ao lado de um terreno baldio, com lotes vagos que se estendem por todo o quarteirão, e já não vejo as setas indicativas desde lá atrás. Encontrei uma estradinha de cascalho e pedras soltas e entrei por ela. Pelo hábito, sempre que vejo uma estradinha de pedras, vou me enfiando por ela. A maioria das trilhas é assim.

E de fato eu estava certo. Bastou subir um pouco por essa trilha e encontrei uma seta amarela num muro. Embora seja uma sinalização precária, ao lado de uns terrenos esquisitos, na penumbra, acho que está certo. Não me perdi ainda.

Pouco mais adiante, encontrei sinalização melhor, num trecho iluminado. Estou ganhando o alto da cidade, quase fora da área urbana, e há placas e setas no chão. Olhando para trás, vejo a cidade de León ocupando todo o vale. Do outro lado, consigo avistar as montanhas por onde cheguei ontem, meio na penumbra. Olhando para a frente, tenho a impressão de que devo ganhar a margem da rodovia logo ali. Eu sei que daqui até a próxima cidade o Caminho segue pela margem da rodovia, assim como foi ontem.

Saio em uma ruazinha estreita ao lado da qual há construções que parecem catacumbas. É como se fossem construções subterrâneas; algumas têm uma mureta de concreto do lado, aparentemente muito resistente, e uma chaminé ou respiradouro em cima, tais como os *bunkers*. Não sei o que representam, mas é curioso: são várias delas ao longo de centenas de metros, ao lado da trilha.

Adiante avistei um peregrino e não demorei a reconhecê-lo: é o Matt, que segue com um turbante indiano na cabeça. Alcancei-o e ele cantava um mantra que eu não entendi muito bem, numa língua que se parecia com o inglês. Cumprimentei-o e ele só respondeu com um gesto. Então comecei a gravá-lo falando algo como "morning light there is come...".

São 8h20. Acabei de encontrar três peregrinos a discutir sobre qual seria a melhor entre duas alternativas possíveis a seguir. Prosseguir pela margem da estrada resultaria em uns três quilômetros a menos, ao passo que o caminho original, ao qual eles chamam de "caminho histórico", seria um pouco mais longo, porém mais pitoresco. Eu decidi por este último, afinal prefiro antes andar pelo mato do que pela beira do asfalto.

Estava aqui a refletir sobre as palavras dos hospitaleiros Mauricio, de San Nicolás, e Joana, de León, em relação à forma como a gente deve ver a vida, depois de passar por uma experiência tão marcante quanto esta caminhada solitária.

Essa história de que "o Caminho não se encerra em Santiago de Compostela" é repetida por quase todos os escritores que narram suas experiências e dizem que a partir deste momento a vida passa a ser vista como uma sucessão de trechos a vencer, numa espécie de caminhada metafórica. Por isso, creio que a gente deve estar preparado para voltar ao convívio das pessoas e para reassumir as nossas rotinas, inserindo-se no cotidiano novamente, para não ficar frustrado.

Há casos de pessoas que têm dificuldade em se readaptar aos antigos ambientes e até gente que largou tudo para viver aqui, dedicando-se a ajudar os peregrinos.

Pensando sobre tudo isto, refletindo sobre o que pode haver mudado em mim depois de passar por tantas provações e tantos sofrimentos (só para ficar restrito ao aspecto físico), considerando que nada disso faz diferença ou tem importância para quem não viveu esta experiência, será que não me sentirei deslocado?

Acho então que desde já é oportuno estar preparado para bem discernir os valores das interpretações, e reconhecer a importância de cada coisa, pois pode ser que eu tenha alterado minhas concepções, mas meus amigos e familiares, não. Pode ser que muitas das coisas hoje significativas para mim não façam sentido para as outras pessoas, e vice-versa.

São 11h50. Venho caminhado há um bom tempo com o Elies, de Valencia, na Espanha. Ele é o rapaz sobre o qual o Jader me falou dias atrás, cuja noiva teve uma profusão de bolhas nos pés e não pôde continuar o Caminho, tendo de interromper a jornada, indo embora triste e deixando o noivo igualmente chateado. Hoje de manhã, logo depois que me adiantei ao Matt, alcancei-o e ele me reconheceu. No primeiro momento, não me lembrei dele, mas ele comentou:

– Desde Los Arcos que não mais nos encontramos pelo Caminho!

Então me lembrei de tê-lo avistado com o Jader em Los Arcos. Elies comentou que a partir de lá eles passaram a caminhar lado a lado por alguns dias. No dia do problema com a noiva, eles até prosseguiram juntos após embarcar a moça de volta para casa.

Ontem, quando vi o Jader de passagem pelo albergue de León, ele me falou que hoje é o aniversário do Elies, e por isso estava planejando fazer uma homenagem ao amigo na próxima parada, em Hospital de Órbigo, provavelmente.

Conversei com Elies sobre várias coisas e ele me adiantou que era o aniversário dele, mas agi como se não soubesse. Ele me confirmou que as montanhas que avistávamos ao longe eram a Cordilheira Cantábrica e que esta região está localizada num planalto que é parte da chamada Meseta Espanhola. É uma região mais árida, com pouquíssima chuva, e estes canais de irrigação conduzem águas que provêm de rios que nascem na cordilheira, no extremo norte do país, cujas montanhas avistamos desde quilômetros atrás. Contudo, o que se vê daqui é somente a pré-cordilheira, pois a sua parte mais alta, que fica coberta de neve durante todo o ano, está além do horizonte que enxergamos.

Muitos dos rios que abastecem as cidades e os canais de irrigação por onde passamos são formados pelo degelo dessas cordilheiras; a maioria deles é no início caudalosa, com um grande volume de água, mas ao longo do curso cede parte da água a diques e canais de distribuição.

Caminhamos juntos por várias horas, conversando sempre. Elies é um rapaz inteligente e de boa índole. Contou-me que está fazendo o Caminho pela segunda vez. Disse-me que é natural de uma cidade chamada Ontinyent, em Valência, onde atua como técnico têxtil, profissão que envolve alta tecnologia, numa fábrica com 150 funcionários, cuidando da manutenção das máquinas e da produção.

Seguimos por um longo trecho de topografia plana, com retas intermináveis, primeiramente por uma estradinha de terra com cascalho; depois, nos últimos quilômetros, por uma estrada de asfalto, mais estreita, com uns cinco metros de largura, por onde praticamente não passam carros e na qual raras vezes vimos outros peregrinos. Atravessa-se uma imensa plantação de milho com muitos canais ao longo desse trecho. É uma plantação experimental, cujos trechos são separados entre si – uns mais altos, outros mais baixos; alguns de coloração verde mais clara, outros mais escuros, cada qual com placas a informar as diversas variedades de milho, tudo muito bem organizado.

*

Hoje são 19 de agosto, domingo, 11h57. Estou fazendo o meu décimo sexto dia de viagem. Saí de León pela manhã, e depois de andar por várias horas com o Elies, parei para relaxar à beira da estrada e sentei-me na grama, ainda na área da plantação de milho.

Passamos por diversos povoados e em um deles havia peregrinos em um chafariz – que aqui eles denominam de "fuente" – enchendo os cantis e conversando. Paramos um pouco e aproveitamos para também encher os cantis e fazer um lanche rápido. Comi com sal os tomates que trazia na bolsa e seguimos em frente. A partir desse ponto, caminhamos sem parar. Ao longo de um largo trecho, porém, enfrentamos um chuvisco persistente, que enfim passou sem muito transtorno.

Há poucos minutos, senti uma ameaça preocupante de dor no pé, aí resolvi me sentar um pouco e deixei o Elies seguir em frente. No ritmo em que ele seguiu, logo estará em Órbigo, mas eu vou ter cautela; creio que em menos de duas horas chegarei lá também.

O meu guia indica que há uma outra rota possível adiante, cujo percurso seria um pouco maior, embora por um trecho com menos trânsito de veículos e mais contato com a natureza. Entretanto, acho que não vale a pena arriscar, pois o meu pé começou a doer.

Ontem eu era o único brasileiro registrado no albergue de León, embora outros tenham passado por lá apenas para encontrar amigos ou carimbar o passaporte peregrino, como foi o caso do Jader. Entre os mais de oitenta hospedados, eu era o único brasileiro. Talvez por isso a Joana tenha me dedicado atenção especial. Ela comentou que ficou feliz quando me viu entrar com o nome "Brasil" inscrito no boné e a bandeira brasileira fixada na sacola. Isso possibilitou que ela identificasse de onde eu era imediatamente. Quando fez o Caminho de Santiago, ela não usou nenhuma peça de roupa ou acessório que a identificasse como brasileira, e se arrependeu disso, pois a gente sente orgulho de nossa nacionalidade quando as pessoas de tantos outros países nos perguntam curiosidades sobre o Brasil.

Eu caprichei nesse aspecto. O boné, eu comprei no aeroporto de Guarulhos, numa loja que vende produtos de marca "Brasil", com inscrição bordada em alto relevo nas cores verde e amarelo. Nele eu ainda fixei um broche com a bandeira brasileira, ao lado de uma Cruz de Santiago vermelha. Há algumas semanas, quando estava indo a Foz do Iguaçu, comprei nessa mesma loja uma bandeira de uns cinco ou seis centímetros, para costurar na lateral da mochila.

A ideia desta vez era comprar apenas o boné, mas quando vi a sacola, não resisti. Ela é do tipo alforje, com várias alças reguláveis, e traz o desenho da bandeira em ambos os lados, muito bonita. Mas eu nem imaginava que além de bonita ela me seria tão útil quanto tem sido. Ela vem à tiracolo, por fora da mochila, de maneira que tenho acesso fácil, mesmo quando estou caminhando, para pegar lanche; depois que está vazia, posso colocar nela sacolas plásticas e embalagens vazias, dentre outros descartes. Se eu tivesse de parar a toda hora, colocar a mochila no chão e desabotoá-la para procurar coisas, seria muito complicado.

Com esta sacola, fica fácil. Além disso, a bandeira tem bom tamanho e é visível a distância. De longe, as pessoas já me identificam, e volta e meia um brasileiro me conclama ou algum estrangeiro se aproxima para falar de futebol ou perguntar curiosidades sobre o Brasil. Já estou ficando conhecido por aqui como "o brasileiro da sacola de bandeira". E alguém sempre comenta: "Olha, lá está o brasileiro!"

O Jader já havia elogiado a bandeira da sacola. Ontem, quando eu estava conversando com a Joana, comentamos sobre isso: é uma tradição os peregrinos brasileiros fazerem o Caminho de Santiago identificados como brasileiros. Isso é notório. Eu li a respeito. Nem que seja uma simples bandeirazinha costurada na mochila ou na bermuda.

Outro fato interessante sobre os peregrinos brasileiros é que no ano 2000 fomos a quarta nacionalidade, em número de pessoas, a fazer o Caminho de Santiago. Os primeiros são os próprios espanhóis, naturalmente; depois os franceses, devido à proximidade e ao fato de que o início do Caminho se dá na França; aí aparecem os alemães e em seguida os brasileiros, que superam os italianos, um povo historicamente ligado a tradições religiosas.

Este ano, em comparação com o ano passado, há menos peregrinos. Talvez por razões econômico-financeiras: a moeda brasileira está desvalorizada e isso faz com que a viagem se torne onerosa. Mas ainda assim, creio que sejamos hoje a quinta ou sexta nação em número de peregrinos no Caminho.

*

Estou deitado numa estreita faixa de grama que há entre a trilha de peregrinos e o canal principal de irrigação. A trilha segue paralela a uma estrada secundária de asfalto que liga León a Astorga, mas não há movimento algum, não passam carros nem peregrinos já há algum tempo. Com a cabeça sobre a mochila, apoiada no saco de dormir, que é bem macio, posso avistar longe, mas não vejo vivalma à frente, nem atrás.

A faixa de grama tem uns dois metros de largura; à minha esquerda, está o canal com água quase parada, sem correnteza. De ambos os lados das margens, onde a terra é mais úmida, uma faixa de arbustos vistosa, com uns 60cm de altura, carregados de pequenas flores de cor rosa intensa, segue pela beira d'água até onde consigo enxergar. Adiante há uma arvorezinha com a copa quase toda encoberta de flores amarelas, num contraste muito bonito.

Observando essa paisagem, fico a imaginar quantos universos diferentes existem em torno da gente e muitas vezes nos passam despercebidos. Quantos cenários e dimensões eu consigo perceber agora, que muita gente nunca percebeu? À medida que não há interesse das pessoas ou esses cenários passam a fazer parte da paisagem cotidiana, ninguém percebe mais nada. É uma pena tanta beleza desperdiçada. E que cores! A planta que tem as flores rosas abre acima de cada cacho uma espécie de algodão muito branco, que chega a brilhar. A outra árvore, coberta de flores amarelas, lembra-me o nosso ipê amarelo do Brasil.

Observando essas cores intensas, sou tomado por uma certa forma de abstração ou transe hipnótico que me faz revivenciar a sensação de quando eu enxergava cores iguais a essas na minha infância. A forma como estou percebendo as cores neste momento não se compara com o modo como eu costumo ver as coisas cotidianamente. É muito diferente. O brilho e a intensidade são outros, mais fortes, mais bonitos, e me transmitem aquela mesma sensação de encantamento infantil que eu experimentava ao ver as cores e as luzes intensas.

O tempo está nublado, mas às vezes deixa passar uns poucos raios de sol. Logo em seguida, porém, as nuvens tudo encobrem e sopra uma brisa suave, fria, que transmite sensação de conforto à pele do rosto. Permaneço deitado, sentindo a brisa trazer até mim o cheiro do mato e o perfume das flores. Sinceramente não sei se dormi e sonhei ou se fui transportado a uma outra realidade, fora do tempo e do espaço. Parece que acabei de voltar de um sonho, mas tudo é muito real, nítido.

Eu me senti transportado à minha infância na Fazenda Barreiro, e novamente tive a percepção de ter visto e ouvido pessoas, mas dessa vez de uma forma muito mais real. Vi e falei com a Tôca, desci até onde havia os pés de coité, no quintal da fazenda. Passei pelo primeiro pé de jabuticaba e vi o outro, que ficava emparelhado com um dos pés de coité. Vi também o outro pé de coité com os galhos misturados aos galhos do segundo pé de jabuticaba. Vi os bichinhos-de-coité com suas pintinhas cor-de-rosa e outros vermelhos.

Ali perto, ali mesmo no quintal, depois dos pés de jabuticaba, estavam os pés de marmelo. Mais embaixo, vi os dois pés de jabuticaba mais novos, que não costumavam dar muitas frutas. No fundo do quintal, vi a capoeira de mata, com uns ramos de unha-de-gato...

É muito nítida e muito estranha a sensação de ter estado lá.

Lembrar disso tudo seria normal. Mas, não... Eu não me lembrei, eu estive lá! Eu vi a torneira do lado de baixo da casa, que a gente chamava de bica, perto daquela prancha de bater roupas. E a Tôca estava lá, conversando com uma outra mulher, que certamente conheço, mas de quem não lembro agora. Ela já esteve lá outras vezes. Acredito que seja uma de minhas primas ou alguém ligado à família. Talvez seja a minha madrinha Clara ou uma de suas irmãs. Essa mulher me olhou do jeito como se olham as crianças, com carinho, e me chamou de "Toquinho". Eu fiquei com vergonha e saí correndo; usava uma calça curta e estava descalço, com os joelhos sujos.

Depois disso, vi-me à porta da cozinha, olhando o pastinho dos bezerros, e percebi que o muro da frente estava quebrado, com uma parte caída. Atravessei essa passagem do muro quebrado e andei na direção dos pés de manga. Voltei ainda mais no tempo e vi o pedreiro construindo o muro. Ele se chamava Amadeu e estava assentando tijolos e colocando reboco. Vi e ouvi a voz do Amadeu, um sujeito magro, de nariz fino. Ao lado dele, misturando massa de reboco com uma enxada, estava o Jair Moema, risonho e brincalhão. Ele era negro retinto e usava um chapéu de palha velho, rasgado e encardido. Os dois trabalhavam na construção do muro, bem no canto, depois da casinha das abelhas. É estranho, porque eu não me lembrava dessas pessoas. Eu sei que elas existiram, mas não trazia nenhuma delas na memória. E agora as lembranças estão nítidas, como se eu tivesse estado com elas minutos atrás.

Eu observei que embaixo do telhado da casinha das abelhas, ali ao lado, estava o forno de barro arredondado, em forma de iglu, com uma "boca" de acesso na frente. Vi outra mulher que varria o interior do forno através dessa boca, usando uma vassoura de ramos de assa--peixe. Parece que a Ti-Guta também estava lá, conversando, pronta para assar biscoitos. Eu não a vi, mas ouvi a voz dela, e sabia que estava lá. Ao lado do forno, uma trempe de barro trazia um tacho de cobre assentado sobre ela. Havia lenha embaixo, mas não sei se havia fogo.

Cada uma das colunas de madeira que sustentava a estrutura da casinha de abelhas tinha a base fixada numa caixa quadrada de cimento, cheia d'água. Uma dessas caixas era maior e as outras três, pequenas.

Estava ali do lado o pé de Tamarindo, bem próximo ao muro amarelo que divide o quintal. Ao lado dele, no muro, um pequeno portão de grade de madeira, que dava acesso ao quintal, com algumas partes meio quebradas, com aspecto de madeira velha, desgastada pelo tempo. Eu vi o meu irmão Pedro voltar por aquele portão. Ele costumava sair por ali todos os dias de manhã para "fazer xixi" atrás do muro, bem ao lado do pé de Tamarindo.

Logo à frente, também encostado no muro, estava o pé de laranja velho, com alguns galhos secos. Eu me vi passando por ali, por fora do muro, e vi detalhes. Logo abaixo do pé de laranja, tinha uma pequena horta – vi um pé de tomate com tomates verdes, pequenos.

Depois da horta, uns matinhos com marrojo florescendo e algumas abelhas pretas pequenas voando em torno das flores do marrojo. E havia também um beija-flor, que passou pelas flores, e uma abelha amarela muito grande, que ficava passando de uma flor para outra. Eu conheço essa espécie de abelha. Elas não têm ferrão, por isso não me assustaram.

Eu caminhei na direção do engenho velho de madeira abandonado. A madeira das peças do engenho estava apodrecida, caindo; as engrenagens de madeira, soltando partes, e uma das moendas gigante, meio pendida para um lado, já quase a cair.

Logo abaixo do engenho, vi as ruínas da casinha de garapa. O piso é rebaixado. Mas tudo estava abandonado. Dentro da casinha, no nível mais baixo, estavam duas tachas grandes de cobre sobre as trempes cheias de poeira. Essas tachas eram onde se cozinhava a garapa da cana para fazer rapadura e melado.

A balança do engenho, onde eram amarrados os bois pra puxar e fazer girar o engenho, estava quebrada e inclinada, com a ponta quase tocando o chão. Mas ainda existe a marca da trilha por onde os bois andavam, formando um círculo em volta do engenho. Ainda não cresceu capim ali.

Subindo do engenho velho, vi o parapeito lateral do alpendre, acima da escada, onde as pessoas costumavam se sentar; e no parapeito da frente, os canteirinhos de coroa-de-cristo, com flores vermelhas espinhentas. Abaixo da escada do alpendre, a antiga casinha de queijo amarela de tijolo, que depois virou armazém de tranqueiras; ao lado dela, rente à cerca do curral, uma outra casinha de queijos, de tábua.

Aproximei-me da cerca do curral e por entre as tábuas vi minha mãe no alpendre, chamando alguém. Não deu para saber quem ela chamava. Ela sempre chegava ali para chamar as pessoas de quem precisasse ou para falar com meu pai, quando ele estava nos currais ou no barracão, cuidando do gado ou dos cavalos. Dali também, do alpendre, ela costumava chamar para saber de alguma das crianças, quando sentia falta.

Bem ali, do outro lado, vi o barracãozinho dos bezerros novos, com as telhas coloniais escurecidas pelo tempo, e antes do barracãozinho, junto à cerca, o cocho de água do gado. À minha frente, junto da mesma cerca do curral, estava o cocho comprido, cavado na madeira maciça, com um resto de sal grosso no fundo. Na frente desse cocho, ainda havia um resto de lama com algumas pedras. Foi justamente nessas pedras que o cavalo Zélopão caiu com o César e ele quebrou a perna.

Entre a porteira de saída do curral e o barracão principal, onde se tirava leite nos dias de chuva, havia uma gameleira grande. Lembro-me de que à noite a gente evitava se aproximar muito dessa gameleira, pois diziam que gameleiras dão azar e que na sombra escura delas costuma aparecer assombração. Algumas noites ficavam muitos morcegos voando em torno da copa da gameleira, e a meninada tinha um certo medo desses bichos. Mas às vezes a gente pegava uma vara de marmelo e a agitava com bastante velocidade, fazendo-a produzir zumbidos, na tentativa de acertar os morcegos. Acreditava-se que os morcegos seriam atraídos pelos zumbidos e por não enxergarem seriam atingidos. Eu nunca vi ninguém acertar nenhum morcego com a vara de marmelo, mas a gente tentava.

Essa visita inusitada me trouxe muitas outras memórias, que me vêm nítidas como se tudo tivesse acontecido ontem. Nessa mesma fazenda, além dos vários irmãos, quase sempre estavam por ali também, nos fins de semana, muitos primos que moravam na região, e os filhos de pessoas que trabalhavam e viviam na própria fazenda. Assim, a turma quase sempre era grande e animada. Eram muitas brincadeiras. Uma das mais divertidas, de que me lembro agora, era fazer fogueira, à noite, no curral. Depois ficava todo mundo ali, assando batata doce e milho verde nas cinzas da fogueira, colocando bambus no fogo pra provocar estouros.

Num desses dias, enquanto a turma estava ali, em volta da fogueira, para nossa surpresa, meu pai e minha mãe chegaram de uma das demoradas viagens que costumavam fazer a Goiás. Só que dessa vez veio junto o Pedro, meu irmão, com a sua noiva Dora. Nenhum de nós conhecia a Dora, mas todos já sabiam da fama de sua beleza e de seus cabelos pretos muito grandes. Por isso, foi uma euforia. E a curiosidade tomou conta da turma. Quando eles entraram, os menores, como eu, ficaram ali pelos cantos, morrendo de vergonha, reparando disfarçados a beleza da nova cunhada, enquanto os grandes, mais falantes, faziam perguntas.

Nesse dia, em volta da fogueira no curral, estavam o Donizete da Julieta, o Joãozinho da Narcisa, o Divininho e outros de que não me lembro. Mas depois que os viajantes chegaram, todo mundo entrou pra casa da fazenda e a fogueira ficou abandonada.

*

Eu caminhei por vários quilômetros no meio da roça experimental de milho. Por fim, vi a placa que indicava se tratar de uma propriedade empresarial. Deve ser uma empresa muito grande. A maior parte da estrada que atravessa a área é asfaltada, depois que o asfalto se acaba, entra-se numa parte mais estreita, de terra, com uma camada de areia grossa e pedras arredondadas soltas sobre a pista. O trecho é plano, com ramificações de canais de irrigação saindo do canal principal para os lados, proliferando pelos campos.

Venho há vários dias avistando a Cordilheira Cantábrica a distância. E pelo que vejo daqui, parece que mais à frente ela se aproxima do Caminho. Por isso, pressuponho que a minha rota deve atravessar partes da cordilheira, adiante.

Já venho caminhando há um bom tempo sem encontrar ninguém. Creio que as pessoas com quem eu estive devem estar à frente. A única exceção foi um casal que estava lanchando debaixo de uma árvore, alguns quilômetros atrás.

Adiante avista-se a plantação de milho até onde se pode enxergar a estrada. Mais além, surgem colinas de vegetação bastante diferenciada. É impressionante a quantidade de canais de irrigação e de água canalizada. Ao longo dos últimos três ou quatro dias, os canais têm sido a coisa mais comum por aqui, mas neste trecho da plantação de milho, é realmente incrível: um após o outro.

São 14h21. Estou à beira de um riacho que pode ser na verdade um grande canal artificial. Apesar da vegetação antiga nas margens, com árvores adultas frondosas, tenho a impressão de que este cenário é resultado de uma construção antiga. Não resisti ao clima fresco e à presença da água por perto, tudo muito verde e tranquilo, e parei para fazer um lanche à sombra. Na beira do riacho, um pouco acima, via-se uma fazendinha com vacas holandesas. Vinha de lá um cheiro familiar de fazenda. Essa vegetação muito verde, o barulhinho da água correndo, tudo me lembrou de quando eu parava nas beiradas de córregos com meu pai, nas caçadas, para fazer o lanche que a gente chamava de matula. Comi uma lata de atum com uns biscoitinhos e segui em frente, a ver além uma estrada de ferro e as montanhas da Cordilheira Cantábrica.

Depois de um longo tempo andando sem ver ninguém e sem qualquer indicação do Caminho, cheguei a uma estradinha asfaltada e vi uma seta amarela, o que me deixou bastante aliviado. Desde que saí das proximidades da fazenda onde fiz o lanche, estive preocupado, sem saber se seguia na direção certa. Após uma curva e uma descida, avistei um povoado, uma cidadezinha. Não sei se é o destino que havia planejado para hoje, mas creio que sim, pois à minha direita está a estrada asfaltada, também chegando ao mesmo povoado.

Depois dele, um pouco mais além, vejo as montanhas que afirmei ter avistado antes, agora bem mais próximas. Na verdade, são colinas altas, onduladas, cuja vegetação indica ser uma região mais seca do que os vales por onde cheguei. Aqui o clima é generoso, fresco, e todo o lugar é arborizado.

No horizonte, depois das cordilheiras, o céu parece estar nublado. Dizem que a partir desta região o tempo fica bem mais chuvoso, pois os ventos úmidos do Oeste, vindos do Atlântico, provocam chuvas até as montanhas. A partir de lá, porém, o relevo se torna uma barreira e as chuvas não chegam até aqui. Deve ser mais uma razão pela qual se usam tantos canais de irrigação. De fato, dá pra perceber depois das serras o céu nublado e o topo das montanhas com bastante neblina.

São 18h50. Finalmente cheguei ao povoado Hospital de Órbigo. Na entrada, vê-se a famosa Puente de Órbigo, construída pelos romanos no início da Era Cristã, quando mantinham as províncias da região da Galícia. Por ser uma região próspera, exigia grandes movimentações de produtos, suprimentos e tropas militares. A ponte é extensa, ao contrário do rio, que é estreito, com pouca água. É provável que ele tenha sido mais largo e mais caudaloso na época da construção da ponte. A própria topografia do leito e das margens indica que já passou volume de água muito maior por aqui.

Segundo a história local, na Idade Média havia um cavaleiro muito apaixonado por uma dama, e para mostrar sua coragem e assim conquistar a moça, ele resolveu desafiar todos os cavaleiros e guerreiros do mundo a enfrentá-lo sobre essa ponte. Disse ainda que permaneceria lutando durante trinta dias, sem parar, e que venceria a todos. E assim aconteceu!

Cavaleiros de todas as regiões do mundo fizeram fila à entrada da ponte para enfrentá-lo. E ele os venceu um a um. Não se sabe, no entanto, se conseguiu conquistar o coração da moça. Até hoje resta a dúvida sobre se valeu a pena tanto esforço. Na minha opinião, acho que deve ter perdido o tempo dele com essa bobajada. Afinal, que mulher iria querer se casar com um maluco desses?

A ponte é uma obra de engenharia interessante. Nem dá para acreditar que essa estrutura, com pedras tão pesadas e bem encaixadas, possa datar de uma época tão remota. Mas de fato a engenharia romana, em alguns aspectos, superava as técnicas de hoje em dia. É impressionante... Há ainda uma peculiaridade: a ponte não tem vão reto, mas curvaturas, possivelmente para reforçar a resistência da estrutura frente à força da água ou para aproveitar a topografia original do terreno. Talvez por ambas as razões.

O albergue funciona numa casa de estilo medieval e é administrado por um padre da cidade. São vários quartos com beliches. Eu fiquei num quarto pequeno com dois beliches. O Jader chegou algum tempo depois de mim e já não havia vagas. Conversei com o hospitaleiro, falei que era aniversário do Elies e ele enfim arrumou um colchão reserva para acomodar o rapaz. Daqui a pouco vamos sair para jantar com o Elies, como estava combinado.

Tentei cochilar antes de sair, mas o sono não veio. Já são quase sete e meia da noite e o sol continua forte. Então aproveitei para ver se minha roupa no varal já estava seca. Como ainda estava úmida, deixei para recolhê-la somente quando voltássemos. Só espero não esquecer. Há casos de peregrinos que deixam roupas no varal dos albergues e vão-se embora.

Bosque da região de Astorga (León/Espanha)

Entrada do povoado de Rabanal del Camino (Castilla y León/Espanha)

De Hospital de Órbigo a Rabanal del Camino

Hoje são 19 de agosto, oito e dez da manhã. Estou saindo do albergue do povoado Hospital de Órbigo para a minha décima sétima etapa no Caminho de Santiago. Ontem tive dificuldade pra dormir e acordei algumas vezes de madrugada, demorando depois a pegar no sono. Mesmo assim, acho que estou bem recuperado, pois dormi até mais tarde. Pela primeira vez fui acordado pelo hospitaleiro do albergue, que estava começando a limpeza do quarto. Só havia outros três peregrinos, prontos pra sair. Então me levantei e saí rapidinho, envergonhado.

Descobri que estava hospedado nesse mesmo albergue o padre Bernardo, que eu havia encontrado antes em outros albergues. É um jovem muito bem-humorado, que vem fazendo o Caminho em acompanhamento a um grupo de seminaristas que se preparam para ser ordenados em breve. Ontem, enquanto conversávamos na copa, o padre me informou que iria celebrar a missa. Eu disse que assistiria à missa e, aproveitando a oportunidade, contei que era aniversário do Elies. Comentei que o rapaz estava bastante chateado porque a noiva dele teve de interromper a peregrinação por causa de bolhas nos pés, deixando-o prosseguir sozinho.

Padre Bernardo concordou em homenagear o aniversariante durante a celebração e coube a mim e ao Jader convidá-lo a ir, sem estragar a surpresa. No início da missa, o padre anunciou que ela seria celebrada em homenagem ao Elies, ali presente, pela passagem de seu aniversário, e também pela intenção de breve recuperação de sua noiva, que fora forçada a deixar o Caminho. Elies, assustado e muito envergonhado, olhou para mim e para o Jader como quem diz: "Foram vocês, seus malvados", mas logo se emocionou e reagiu agradecido, nos emocionando a todos também.

Depois da missa, ele convidou a mim, ao Jader e a outros três peregrinos para ir a um restaurante jantar e tomar vinho, para celebrar. Sentamo-nos em um bar que não servia jantar, mas mesmo assim resolvemos ficar e pedir vinho, pedaços de salaminho e queijo. Fiquei um pouco com eles, tomei um copo de vinho e voltei para jantar direito, pois havia me alimentado mal durante todo o dia. Entrei num restaurante que me pareceu mais convidativo e lá encontrei um basco e um rapaz holandês que eu havia conhecido. Comemos um macarrão com frutos do mar muito bom. Os dois já haviam tomado duas garrafas de vinho quando eu cheguei. Eu os acompanhei então em duas taças, que tomei junto com o jantar, na expectativa de que isso fosse me ajudar a pegar no sono quando voltasse para o albergue, mas o efeito foi o inverso.

O tempo amanheceu claro, com céu limpo e sol brilhando, apesar de estar bastante frio. Neste momento, estou subindo as colinas que avistei ontem, quando chegava à cidade pelo outro lado. A vegetação é diferente, lembrando um pouco o cerrado brasileiro, com relva seca embaixo dos arbustos. Olhando para trás, ainda vejo o povoado de Órbigo sob o sol claro, e me consola saber que não fui o último peregrino a sair: há outros dois vindo atrás. Ou dormiram mais que eu, em algum hostal, obviamente, ou fizeram hora pela cidade antes de sair.

São 9h10. Estou descendo por um vale e avisto um pequeno povoado e uma série de colinas adiante.

Na entrada do povoado, encontrei um senhor bem velhinho próximo à estrada, afiando um machado numa bancada portátil de serviços de mecânica, com várias ferramentas muito bem organizadas. Ele usava uma boina italiana e roupas boas, muito alinhado. Parei um pouco para conversar e ele ficou todo prosa, animado, contando detalhes sobre o equipamento de manutenção dele, e depois fez questão de contar que o terreno ali era dele mesmo, herança de família de muitos anos, do qual ele cuida com dedicação.

Ontem, depois que jantei e tomei as duas taças de vinho, saí pela rua sentindo uma certa leveza, um bem-estar gratificante, e em vez de ir diretamente para o albergue, caminhei um pouco na direção da ponte (o restaurante era bem ao lado da ponte). Parei próximo ao parapeito daquela construção de uns dois mil anos e imaginei quantas vidas haviam passado por ali, quantas pessoas conquistaram realizações. Tanta história, tanto tempo ancestral me fez sentir uma espécie de êxtase. Eu me sentei e fiquei a imaginar como seria viver num lugar daqueles para o resto da vida, desfrutando de paz e sossego, meditando e refletindo sobre os mistérios da vida.

Subo agora as colinas por entre uma plantação de feno já colhida. Parece que estão preparando o terreno para plantar outra coisa. E como quase sempre, a trilha também é coberta de uma espécie de cascalho grosso de pedras arredondadas. Eu tenho a impressão de que essas pedras são colocadas de propósito, para aumentar o nível de dificuldade dos peregrinos. E quando é descida ou subida, torna-se extremamente difícil caminhar.

Agora consigo avistar nitidamente as cordilheiras à frente, no horizonte. A trilha é visível a quilômetros, uma imagem bonita. A cerca de quatro quilômetros, alguns peregrinos seguem em três grupos distintos, distanciados um do outro por um quilômetro, mais ou menos. Nessa mesma direção, vejo sinais de urbanização. Pode ser a cidade de Astorga. Vou acelerar um pouco o ritmo para alcançá-los. Quem sabe haverá algum conhecido nesses grupos. Provavelmente há.

São 10h50. Acabei de entrar em San Justo de la Vega, um povoado de ruas bem pavimentadas que fica a uns quatro quilômetros de Astorga, seguindo pela trilha que margeia a estrada principal.

Vim comendo uns biscoitos que não são nem de doce nem de sal. É uma mistura feita de massa bem macia: são os *croissants* deles, mas me lembram a *media luna,* de Buenos Aires.

Após quarenta minutos de caminhada, entro em Astorga. Passei numa pequena padaria e comprei um picolé e nectarinas, praticamente sem parar, mas estou com a sensação de que posso vir a ter uma recaída em relação à dor nos pés.

Vejo daqui as torres da Catedral de Astorga, no centro da cidade, a um ou dois quilômetros. Vejo também muralhas, que devem ser as conhecidas construções romanas que datam do início da Era Cristã.

Fiz fotos da parte externa da Catedral de Astorga. Ao lado da entrada principal, fotografei também um sítio arqueológico onde foram escavados painéis com belos mosaicos da época da colonização romana. Apesar de ser segunda-feira, haverá missa – e deve estar para começar.

Na catedral, já havia muita gente, a maioria pessoas idosas, mas continuavam a chegar fiéis e optei por entrar pela porta lateral, que estava entreaberta. Uma senhora idosa tentou abri-la antes de mim, mas como a porta estava emperrada, adiantei-me e forcei a entrada. A senhora fez um amável gesto de cortesia para que eu entrasse primeiro, mas recusei, e colocando a mão no ombro dela, sorri e pedi: "Por favor, a senhora primeiro". Ecoou nessa hora um estrondo enorme na igreja e ela se assustou, fazendo menção de se agarrar a mim para se proteger, mas logo vimos que tinha sido apenas uma peça de madeira que havia caído e estava tudo bem.

Assim que me sentei, vi que havia um padre no confessionário, onde algumas pessoas se confessavam. A última vez que vivenciei esse ritual católico foi na minha adolescência; depois entrei para o grupo de jovens e passei a fazer parte dos cantores e músicos amigos do padre, e nunca mais entrei num confessionário. Ali, no entanto, naquele clima, achei que seria interessante encarar essa experiência de novo, até mesmo para saber se o processo da confissão ainda era igual ao de tempos pretéritos.

Ajoelhei-me diante da pequena janelinha com grade de madeira e logo reparei que o confessor era um padre muito idoso. Pedi a bênção e contei a ele que estava a caminho de Santiago, a pé. Ao contrário do que vivi em outros tempos, ele não se mostrou interessado nos pecados que eu pudesse ter cometido; foi logo dizendo que a peregrinação me fazia digno da graça de Deus, que era sacrifício bastante para deixar a alma limpa e preparada para fazer o bem, assim como aconteceu com Jesus Cristo, e já mudando de assunto quis saber onde eu havia iniciado o Caminho e qual era o meu país de origem. A confissão virou um bate-papo descontraído. Ele perguntou meu nome e orgulhosamente me disse que se chamava Jesus, "el nombre del maestro mayor". Em seguida, me abençoou, pedindo a proteção divina ante os perigos e sacrifícios que eu iria enfrentar.

Sentei-me novamente no banco da igreja e fiquei por um tempo a meditar, às vezes de olhos fechados. Sentado na primeira fileira de bancos à minha frente, reparei que havia um homem sem ambas as pernas, com um par de muletas de metal colocado sobre o banco; estendido a sua frente, um par de próteses de pernas rústicas, parecendo algo precário. Apesar do aspecto surrado, muito empoeirado, ele rezava demonstrando muita fé. Isso me fez refletir sobre as habilidades das quais a gente dispõe e nem sempre dá valor. Como deve ser difícil a vida para quem não tem as pernas. Saí sem esperar a missa acabar.

São vinte para as duas e estou deixando Astorga. Fiquei injuriado por não conseguir achar sequer uma loja para comprar filmes fotográficos e baterias, nem uma unidade do correio para despachar as fotos para o Brasil. Aliás, este é o terceiro dia em que procuro essas coisas e não encontro nada aberto, nenhum serviço público funcionando, e as lojas de equipamentos eletrônicos estão sempre fechadas. Em todos os lugares por onde passei, havia as tais festas e o povo estava na farra. Isso tem sido comum desde os meus primeiros dias de caminhada: desde Pamplona; depois Puente la Reina, onde encontrei o aviso: "Fechado até 27 de agosto" (e era início do mês); e ainda Estella. Tudo fechado! Carrión de los Condes, festa, e muitas outras cidades por aí... Festa, festa e mais festa... Ontem, em Órbigo, festa. Tudo fechado, nada funcionando. Hoje chego a Astorga e há festa também. Ninguém faz nada. Simplesmente estão em festa! Mas por que tanta festa? Em honra de quem? Seria dia do padroeiro ou data de fundação da cidade? É festa demais e nem imagino por quê.

Quando peguei a rua de saída de Astorga, um senhor sentado num banco de madeira, do outro lado, na calçada, acenou descontraído:

– Olá, peregrino, faça um bom caminho!

Vendo o entusiasmo dele, de chapéu novo e blazer, muito bem vestido, atravessei a pista e fui conversar com ele.

Domingos Garcia, apesar dos oitenta anos de idade, revela uma vitalidade e um humor impressionantes, e prontamente foi-me convidando a sentar:

– Tome assento aqui para descansar um pouco.

Eu aceitei e me sentei ao lado dele, enquanto ele falava, e pedi para gravar nossa conversa. Tentando esconder o rosto, envergonhado, ele dava gargalhadas e repetia:

– Pode, sim, mas eu não falo muito bem.

Depois, mais descontraído, disse-me que sempre teve vontade de fazer o Caminho, mas não conseguia tempo, pois trabalhava muito. Agora tinha tempo, mas não tinha disposição, pois estava velho e sem forças para caminhar tanto, levando nas costas uma mochila como a minha, que segundo ele devia ser muito pesada. Eu disse que ela pesava uns dez quilos e ele se impressionou. Então, aproveitei para explorar o bom humor dele e comentei:

– Agora está fácil; difícil foi quando tive uma inflamação na perna que doía muito.

Ele exclamou:

– Hombre!!!...

E eu continuei:

– Além de doer demais, a perna inchou e ficou assim, ó (e mostrei um diâmetro meio exagerado).

Ele, dando risadas, sentenciou:

— Hombre, que brasileño valente!

E fez questão de sentir o peso da mochila, que entreguei na mão dele.

— Hombre, que bravo!

¡Es demasiado pesado! ¿Y nadie lo llevó por ti?

— Algumas pessoas se ofereceram para carregá-la, mas eu recusei, pois se não levasse minha própria mochila, não seria um peregrino de verdade.

Isso arrancou dele outras boas gargalhadas, e mais uma vez ele exclamou:

— Que brasileño valente!

Eu comentei então que ainda faltavam mais de trezentos quilômetros para chegar ao meu destino.

Tentando me animar, ele disse que não eram mais que duzentos. Eu contestei, mas ele insistiu e me propôs voltarmos à praça, na cidade, para ele me mostrar uma placa que indicava duzentos quilômetros até Santiago.

Eu aleguei que estava cansado para voltar lá e ele me convidou para descansar por um tempo na casa dele, tomar um café, uma água e comer uns biscoitos, antes de prosseguir. Disse-me que estava gostando de conversar comigo, pois eu contava coisas divertidas e falava bem o espanhol, ao contrário de outros peregrinos que falam outros idiomas que ele não entende.

— Mas eu falo galego também — emendou e me perguntou:

— Os brasileiros falam galego, não é?

Então me levantei, colocando a mão no ombro dele, em sinal de despedida, e falei em português, pausadamente, pra ver se ele entendia:

— Não, no Brasil nós falamos português, que é muito parecido com o galego. Quem entende galego, entende português também. Então a gente pode conversar assim: eu falo em português e você fala em galego.

Dando risada, ele misturou galego com espanhol, dizendo:

— Mas hombre, eu hablo mointas cousas!

Despedi-me e segui em frente. No meio de tanta conversa, ele comentou que viu passar um peregrino de muletas. Na hora, acreditei que ele tivesse confundido cajado ou bengala com muleta e não dei importância a essa história.

Mas qual não foi minha surpresa quando, ao atravessar o pequeno povoado de Murias de Rechivaldo, avistei à minha frente o mesmo homem sem pernas que havia visto na catedral de Astorga. De longe, notei-lhe o caminhar distinto, ao mudar os passos com dificuldade sobre as próteses rústicas. Alcancei-o mais ou menos no meio do povoado, que àquela hora estava deserto, com as casas fechadas.

Caminhei um pouco com ele e o ouvi dizer que saíra da cidade de León para ir a Santiago, mas caminharia somente até onde conseguisse. Falou-me que pretendia ficar naquele povoado ainda por algum tempo, pelo menos até o calor da tarde aliviar, mas não encontrara nenhuma casa aberta onde pudesse pedir água, caso precisasse.

Ofereci-me para verificar até mais adiante, na última quadra ou nas ruas laterais, se havia algum albergue, comércio ou residência aberta que lhe pudesse servir de apoio, enquanto ele descansava, mas não encontrei nada nem ninguém que pudesse ajudá-lo. Voltei e expliquei a ele a situação. Então ele decidiu parar à sombra de uma árvore para esperar que as pessoas do povoado terminassem a sesta e aparecessem nas ruas.

Saí sensibilizado com a coragem e a determinação daquele homem. Por alguns momentos, senti-me até envergonhado por reagir de maneira impetuosa e impaciente, às vezes até blasfema, quando estive com a perna inflamada. A gente não tem ideia do esforço que uma pessoa às vezes faz para dar alguns poucos passos. Mesmo assim, ele estava disposto a superar um desafio que muita gente saudável não consegue enfrentar. Que força de vontade, que coragem!

Ele estava encharcado de suor e não parou de caminhar enquanto eu estive por perto. Não pude deixar de reparar a extrema força que ele fazia para dar cada passo, apoiando as muletas no chão e jogando o par de pernas mecânicas para frente. O ruído das próteses batendo no asfalto mostrava que aquela não era uma peça leve, e cada vez que seu corpo descia sobre as próteses, antes do próximo passo, exigia-lhe um esforço extra para se equilibrar.

São três e quinze da tarde. Estou passando por uma parte mais alta de onde ainda posso avistar a cidade de Astorga, bem longe, no horizonte. Passei pela cidade sem procurar lugar para fazer uma refeição completa e já estava com bastante fome quando atravessei o povoado de Castillo de los Polvazares, onde comprei quatro bolos madalena e um litro de suco de pêssego em caixinha, que consumi enquanto caminhava por uma trilha estreita coberta de britas, sob muito sol e calor. À exceção de um casal de namorados que passou por mim acelerado, eu não via nenhum peregrino há algum tempo.

Ontem, no final da missa em Hospital de Órbigo, o padre Bernardo leu a Oração do Peregrino, que eu já conhecia, mas desta vez as palavras me tocaram de forma diferente e me atingiram como nunca antes. É que a mensagem da oração guarda muita semelhança com aquela escrita pelo meu amigo Dark, lida por mim somente ontem como forma de celebrar o aniversário dele com as bênçãos especiais do Caminho.

Mas veja só que coincidência: o mesmo 18 de agosto registrou também o aniversário do Elies, quando então o padre conduziu a Oração do Peregrino, que caiu feito uma luva, pois praticamente repete a essência da mensagem que eu havia lido pela manhã, escrita pelo Dark.

Numa mesma data – a da celebração do aniversário de dois amigos de lugares tão distantes –, chegaram-me também duas mensagens de origens distintas, falando de coisas tão iguais. É mais um dos tantos mistérios que acontecem no Caminho, que não se pode explicar. Isso tudo me impressionou e emocionou muito.

Um quilometro e meio atrás, passei pelo povoado de Santa Catalina de Somoza, um dos mais originais do Caminho, por ser construído quase que totalmente em pedras, num estilo de arquitetura de idade remota, muito bonito. Há algumas ruínas, mas no geral as construções estão preservadas e bem cuidadas.

A partir de Santa Catalina, a estrada de asfalto atravessa uma região de vegetação parecida com a do cerrado brasileiro, com árvores baixas retorcidas e terreno pedregoso. Caminhando sob um sol abrasador, com um mormaço intenso a subir do chão, não observei a presença de vivalma. A exceção foi um carro que vinha em alta velocidade, mas que desacelerou à medida que se aproximava, assim como fazem todos os motoristas por aqui, chegando quase a parar, em atitude tão respeitosa com o pedestre que, para nós brasileiros, desacostumados com essas gentilezas, chega quase a constranger. Quando passou ao meu lado, vi que o veículo era uma luxuosa BMW série 5 conversível, conduzindo um casal bastante jovem. Ambos me cumprimentaram e a moça, com uma câmera fotográfica na mão, acenou como quem pede autorização para fotografar. Eu fiz sinal positivo e ela bateu a foto, agradecendo-me em seguida e desejando-me "bom Caminho".

Logo adiante, o Caminho toma uma estradinha de terra e cascalho que acompanha a estrada de carros ao lado. Meu pé até agora está resistindo, com raros sinais de que aquela temível dor pode voltar, mas eu diminuo um pouco a marcha e melhora. Seguramente, a minha condição física hoje está melhor do que nos últimos dramáticos quatro dias.

Faltando dez minutos para as cinco da tarde, saio do povoado de El Ganso, que embora seja bem menor, tem arquitetura parecida com a de Santa Catalina. A peculiaridade que me chama a atenção é um bar denominado Caubói Maison, de ambiente agradável, à beira da estrada, praticamente fora da área urbana. Na parte externa, detrás do bar, há uma área aberta com mesas e cadeiras, decorada com objetos antigos e coisas alusivas ao Velho Oeste americano. À porta da entrada principal do bar, tremula uma bandeira do Brasil. Embora seja pequena, ela ocupa posição de destaque e não há como passar despercebida; dentro do bar, há uma outra bandeira brasileira maior.

Logo que entrei, a dona do estabelecimento veio ao meu encontro e me ofereceu um pratinho de torresmo delicioso. Lembrei-me dos torresmos que costumo comprar, vindos da cidade de Unaí, feitos pela minha prima Geni, viúva do primo Zé Geraldo. Sou fascinado por torresmo e este foi um dos melhores afagos que recebi por estas bandas. Macio, crocante e saboroso. Eles o chamam de "corteza", em referência ao corte da barriga do porco. Eu disse que o petisco era uma iguaria tradicional muito apreciada na minha região, no Brasil. Simpático, o proprietário me disse que sabia dessa peculiaridade, e justamente por isso fazia questão de oferecê-lo a todos os brasileiros que passavam por ali.

Declarou que tinha uma simpatia muito grande pelo Brasil e pelos brasileiros, e que o escritor Paulo Coelho estivera no Caubói ao fazer o Caminho de Santiago, descansando quase um dia inteiro na área externa, escrevendo e cochilando algumas vezes.

Dona Pilar, a esposa, sempre ajudada por uma sobrinha também simpática e atenciosa chamada Marilu, oferecia suco, água e café, falando muitas palavras em português. Disse-me que também adora o Brasil e tem muita vontade de conhecer o país. Não somente as bandeiras, mas também outros brindes que os brasileiros lhes deixam são sempre guardados com muito carinho em sua coleção.

Dona Pilar me disse que Santiago é o padroeiro do povoado, por isso mantém dele uma imagem antiga, uma peça sacra de valor histórico reconhecida e abençoada pela igreja local, uma relíquia de família que eles guardam com muito cuidado e raramente a liberam para visitação. Sugeriu-me entrar no povoado para conhecer a igreja local, que embora pequena é uma construção datada dos primeiros séculos da Era Cristã, construída pedra sobre pedra e sem argamassa, um componente que não existia na época.

Enquanto conversávamos no bar, um dos italianos do grupo com o qual caminhei nos primeiros dias chegou ao local. Fiquei surpreso, pois há dias não recebia notícias deles no Caminho. Já de longe, ele gritou: "Brasiliano! Brasiliano!", e veio se sentar à minha mesa. Logo chegaram também duas espanholas, de Valência, que eu conhecia de encontros atrás.

Brinquei que aquele era o bar mais bonito de todo o Caminho, por causa da decoração (e apontei as bandeiras). O italiano, com aquele jeito típico exaltado, fazendo gestos de comemoração, levantou os braços e gritou:

– Ah, Brasil, Brasil!

Uma das espanholas comentou que achava bonito o orgulho brasileiro pelo próprio país. Ela achava que se devia sobretudo ao entusiasmo com o futebol, mas expliquei que o futebol brasileiro já não era lá essas coisas e que independentemente do esporte a gente possuía um jeito muito próprio de manifestar o nosso afeto pelas coisas que faziam parte da nossa cultura — e que o povo brasileiro ostenta muito calor humano nas relações. Endossado pela Pilar, todos concordaram que os brasileiros em geral são muito simpáticos e bem-humorados, onde quer que estejam, e que todo o mundo admira isso.

Segui adiante, apesar da hora avançada e do calor intenso, pretendendo chegar o mais rápido possível a Rabanal del Camino, que segundo o meu guia estava sete quilômetros adiante.

Estou me sentindo muito bem, sobretudo porque, depois de vários dias passando pelos severos danos da tendinite, minha perna estava desinchando e quase sem dor. Aquela dor no pé, apesar de algumas ameaças, não estava incomodando tanto. Além disso, considerando-se que o trecho de hoje irá corresponder a duas etapas que serão vencidas num único dia, sem sofrimentos graves, isso é bastante animador.

O meu estado físico indica que devo ter atingindo aquele estágio no qual os peregrinos se acostumam com o esforço e já não sofrem tanto. É também um indicativo de que vai dar pra continuar adiantando outras etapas mais à frente. Tudo vai depender de três fatores: saúde, dedicação e fé.

Mais adiante, fui alcançado pelo Elies, que eu não havia visto desde o jantar de ontem, em Órbigo, e que também pretende ir até Rabanal. Ele e o Jader estavam justamente no povoado de El Ganso quando eu passei por lá, mas o Jader saiu na frente. Pelo nosso ritmo de caminhada, devemos chegar lá ainda durante o dia.

São dezenove horas e estamos caminhando por uma estradinha de asfalto estreita, sob um sol abrasador que nos atinge e queima um único lado do rosto. A vegetação é constituída de uma única espécie de árvore, que o Elies me explicou se chamar roble. Todas parecem ter a mesma idade. Aparentemente são podadas e as ramas crescem novamente, formando copas bem definidas, mas estranhamente não há novas árvores da mesma espécie crescendo no terreno. Da parte alta de uma colina, avistamos o povoado de Rabanal, a uns dois quilômetros. Apesar do calorão, tudo indica que chegaremos logo e bem.

São 19h50 e acabamos de chegar no albergue sob um calor insuportável. Nos últimos dois quilômetros, meus pés foram severamente afetados pelo calor do asfalto e passaram a doer terrivelmente. O primeiro albergue não tinha vagas, então tivemos de voltar e procurar um segundo que, por sorte, dispunha de vagas. Logo na recepção, ouvimos que alguém tocava a música brasileira "Assum Preto" numa gaita, e comentei com o Elies: "Opa, música brasileira, bom sinal!".

Quem tocava era o próprio hospitaleiro do albergue, um brasileiro de São Paulo chamado Mirkos, que veio nos atender, muito bem-humorado, e nos conduziu às últimas camas vagas. Eram beliches e colchões novos, assim como todo o albergue, que tinha um aspecto muito bom. Voltei para saber se o Jader havia dado entrada, mas o Mirkos não esteve com ele. Eu era o único brasileiro a chegar naquele dia.

Tratei logo de me preparar para ter uma noite mais agradável, pois na noite passada, além do beliche que parecia estar prestes a se desmanchar, balançando a cada pequeno movimento do colega de baixo, o colchão exageradamente macio acabou por me comprometer o sono.

Relaxando aqui no beliche, enquanto espero pra ver se a dor no pé dá uma trégua, o Elies me explicou que o povoado de Rabanal del Camino não era apenas este pequeno aglomerado de casas no entorno do albergue. Havia também uma grande área comercial e residencial mais moderna, fora da nossa rota. Desde a última vez em que passara ali, há seis anos, ele notou que o povoado crescera bastante.

Além daquele albergue, que era novo, Elies avistara pelo menos dois hotéis na entrada, que não existiam. Possivelmente o lugar estava se transformando em uma área turística. Eu supus que era por causa da proximidade com outros pontos famosos, como a Cruz de Ferro, as ruínas de Foncebadón e o albergue de Manjarin.

A Cruz de Ferro é um cruzeiro colocado na ponta de uma torre de madeira, a uns poucos quilômetros adiante, onde os peregrinos deixam as pedras trazidas dos seus países de origem ou aquelas apanhadas ao longo do Caminho.

Da entrada da cidade até chegar no albergue, a dor nos pés ficou insuportável, a ponto de eu quase não conseguir ficar de pé. E quando eu estava aqui, ainda bastante mal, o Mirkos chegou para conferir o meu estado:

— Como é que estão os pés?

— Doendo muito.

— Vamos colocar na água morna com sal.

— Daqui a pouco eu vejo isso – respondi, considerando que era apenas uma sugestão da parte dele, mas pensando no fundo: "Não vou mexer com isso é nada". Mas ele logo voltou com um balde pela metade de água morna e um monte de sal grosso no fundo.

— Enfia os pés aí dentro; quando esfriar, me chama!

Fiquei ali com o pé de molho um bom tempo e realmente me senti melhor. Depois tomei uma boa ducha e fui à lavanderia, onde o Elies estava lavando roupa, e logo em seguida apareceu o Jader, que havia se hospedado num hotel próximo e foi à recepção procurar por nós. Enquanto terminávamos, ele buscou duas taças de cerveja e ficamos bebericando.

Em seguida, Mirkos chegou e ficamos a conversar. Ele nos contou que era formado em Arquitetura e trabalhava com materiais de acabamento em São Paulo, já há vários anos. Ao tirar férias, decidiu fazer o Caminho no Inverno, entre novembro e dezembro, quando havia neve em vários trechos. Ainda assim, percorreu tudo muito rapidamente e por isso achou que não havia desfrutado tanto quanto poderia. Então voltou neste ano, entre abril e maio, e fez o Caminho novamente, mas levou muito mais tempo e aproveitou tudo o que tinha direito. Foi quando pediu demissão do emprego.

Depois de reviver toda a experiência do Caminho, assimilando todos os ensinamentos, aproveitando e vivenciando tudo o que o Caminho oferece, ao chegar a Santiago fez todo o trecho de volta até Rabanal, onde se radicou. Agora reside no povoado, onde estuda teologia e cantos gregorianos com uma congregação de monges católicos que vivem numa abadia local, e nas horas vagas trabalha no albergue como voluntário.

Segundo ele, a satisfação e a sensação de realização que sente aqui não têm comparação com nenhum outro sonho de realização profissional que tenha acalentado no Brasil. Nada, segundo ele, se compara ao prazer de ajudar alguém que chega com sofrimento e dor, de participar dessa dinâmica, realizando essas atividades. Portanto, ele não pretendia voltar, mas se dedicar integralmente ao Caminho de Santiago.

Eu comentei com ele o episódio de San Nicolás, o ritual pelo qual passamos e as coincidências envolvendo o violão, e ele observou:

– Eu preciso urgentemente trazer meu violão. Meu violão está em Santiago de Compostela e eu tenho de providenciar um jeito de buscá-lo logo, para poder propiciar esse tipo de clima e de situação que você viveu.

O albergue tem uma área bem grande, com espaços variados. Na recepção, há alguns bancos, cadeiras e mesas onde estava o Mirkos, tocando, quando chegamos. Após o portão, há um grande pátio com jardins; à esquerda, ao fundo, os tanques de lavar e os depósitos; e à esquerda de quem entra, um barzinho com várias mesas é usado também como refeitório; depois há um balcão onde se vendem lanches e bebidas. Mais adiante, ficam os banheiros e sanitários, com ótimas duchas, tudo muito limpo e bem cuidado. Depois dessas duchas é que há a entrada de acesso aos quartos.

De fato, com toda essa infraestrutura, seguramente um violão faria sucesso e proporcionaria um clima diferenciado. Ele tinha razão.

Retornei então pra cama, onde voltei a ficar com os pés no balde de água com sal, desta vez gelada, por uns trinta minutos. Depois, atendendo à recomendação do Mirkos, iremos assistir a seus colegas monges católicos fazerem uma apresentação de canto gregoriano às 21h30. Segundo ele, é uma performance linda, que vale muito a pena. E após vamos sair pra comer, porque estou varado de fome. Comi muito pouco ao longo do dia e estou me sentindo fragilizado. Quero comer alguma coisa normal.

A sombra do peregrino no Alto de O Cebreiro, na fronteira entre Castilla y León e Galícia (Espanha)

Na emblemática Cruz de Ferro, próximo a Foncebadón (León/Espanha)

De Rabanal del Camino a Ponferrada

Hoje são 21 de agosto, 7h52. Estou saindo do povoado de Rabanal del Camino para fazer a minha décima oitava etapa. Mais uma vez, não dormi bem, a despeito de todo o conforto da cama. Fui dormir tarde e acordei um pouco depois das quatro da madrugada, sem conseguir dormir mais.

Saímos – Elies, Jader e eu – para ver o recital de canto gregoriano que, para mim, foi uma surpresa. Uma apresentação sensacional, que superou todas as minhas expectativas. Eu tinha ficado meio descrente, pensando comigo: "Que graça vai ter ver alguns padres cantando?" Mas minha emoção foi intensa quando eles soltaram a voz. São apenas três que, por serem chamados de monges, eu imaginava fossem velhinhos, mas são padres jovens e com um talento musical incrível.

A apresentação totalmente à capela, se inicia num volume muito baixo e vai crescendo, nos envolvendo com uma acústica interessante, naquele clima proporcionado pela penumbra do templo. É algo definitivamente espetacular. A ermida toda de pedra, uma construção milenar, com iluminação muito suave, e os monges vestidos com trajes que mais lembram a gala dos cavaleiros templários completam o cenário. Tudo muito bonito, emocionante.

De lá, fomos jantar no restaurante do hotel onde Jader estava hospedado. A comida, ótima! Resolveu o meu maior problema, que era ter uma refeição de verdade, coisa que eu não encontrava há dias. Pedimos um cordeiro assado e sopa de mariscos. Tudo muito bom. Para acompanhar e celebrar à altura o aniversário do Elies, tomamos alguns vinhos também muito bons.

Depois do jantar, voltamos ao albergue, o Elies e eu, só que nos descuidamos do horário. Mirkos havia alertado que o horário de fechamento era às onze da noite – e ainda reforçou, em tom de brincadeira, mas como alerta, que se passássemos das onze, dormiríamos na rua. Quando chamamos na portaria, ele demorou muito até acender uma luz lá dentro, e ao chegar até nós ainda nos pregou uma peça dizendo que não tinha a chave, e que por termos desobedecido o horário não poderíamos entrar. Minutos depois, ele abriu a porta e entramos, pé ante pé.

Tem uns caçadores por aqui dando tiro pra tudo quanto é lado. Estou até com medo. Já é a terceira vez que esse tipo de coisa me amedronta. Eles costumam caçar javalis e coelhos nas áreas livres de caça. Embora não existam casos de acidentes, a situação preocupa um pouco quem não está acostumado.

Ontem, durante a nossa conversa no restaurante, cada um comentou sobre a vida em seu país de origem. Deixou-me muito bem impressionado a história de vida do Jader, que apesar de ter nascido numa família de posses, tornou-se um empresário de sucesso ainda muito jovem. Parece-me que ele tem grandes negócios de distribuição de insumos, equipamentos e máquinas para agropecuária, tais como sistemas de irrigação e defensivos agrícolas, tendo clientes inclusive na minha região de Carmo do Paranaíba. E tem ainda uma firma de limpeza industrial que atende empresas na região de Ribeirão Preto. Teria também interesse em atuar na região de Brasília. Eu disse que seria uma ótima ideia, pois a gente poderia tirar o atraso desta jornada e fazer uma boa farra sem ter de se levantar de madrugada no dia seguinte para sair caminhando.

Ontem, enquanto tomávamos vinho, o Jader brincou que estava se sentindo discriminado, pois todos os brasileiros andavam identificados com bandeiras no boné, na mochila e na roupa, e ele não tinha nenhuma identificação; então dei a ele de presente uma bandeirinha do Brasil, como a que costurei na mochila. O Elies também elogiou essa tradição e comentou sobre a bandeira na minha bolsa, a que chamei de alforje, e explicou que esse tipo de acessório também é conhecido por aqui como "al forja", uma palavra de origem árabe que identifica um tipo de sacola usada nas arreatas dos cavaleiros de antigamente.

A saída de Rabanal del Camino, assim como ocorreu na chegada, dá-se por uma estrada estreita de asfalto sem acostamento. Subindo as colinas rumo ao alto da serra, avista-se o povoado lá embaixo. E só agora noto o quanto é pequeno. São algumas poucas casas em umas duas ou três ruas. Ao longe, avistam-se os vales por onde passei ontem, sob um céu totalmente limpo, sem nenhuma nuvem. Agora os raios de sol já começam a alcançar o ponto onde estou, mas ainda faz muito frio, com uma brisa gelada a soprar o tempo todo. À minha frente, a cerca de uns dois quilômetros, vejo peregrinos subindo, mas não dá para reconhecer ninguém.

Depois de alcançar a metade da serra pela estrada asfaltada é que fui perceber que há uma trilha paralela mais apropriada e bem mais tranquila por onde estão seguindo os outros peregrinos. Atravessei então um trecho de arbustos e peguei essa trilha. De fato, ela é mais confortável para se caminhar, além de mais pitoresca. Parece mais um trilheiro de gado no meio dos arbustos, uma espécie de vassoura à altura dos ombros, com largura suficiente apenas para uma pessoa, com os galhos a arranhar a mochila de ambos os lados, dando a impressão de que estamos caminhando no meio do mato.

Quando se abriu uma clareira à frente, pude ver que vão adiante cerca de oito peregrinos, caminhando em fila indiana, nessa mesma trilha. Às vezes se avista apenas a cabeça deles e o topo das mochilas acima dos arbustos; às vezes eles são encobertos totalmente.

A trilha me lembra um caminho que fazíamos pelo chapadão que havia entre a Fazenda Barreiro e um lugarejo chamado Sossego. Atravessava-se uma floresta de samambaias que tinham a mesma altura e a aparência destas daqui. Saía-se pela fazenda do "Noque", passando próximo de onde morava uma prima do meu pai, chamada Nara, e se subia pelo chapadão. Como eu era criança, a samambaia me encobria totalmente e me fazia sentir como se estivesse andando numa floresta grande e fechada – uma aventura! Mas a trilha não era mais que uma picada no meio do mato. Eu fiz esse trecho pelo menos uma vez com a Tôca e outras mulheres de quem não me lembro, e outra vez com minha mãe, minha avó, Mãe Neca e Tia Augusta. Íamos visitar a minha madrinha Aída, que naquela época morava no Sossego. Mais tarde, essa área, que era tomada pela samambaia, tornou-se uma plantação de arroz, no alto do chapadão.

A travessia por aquele cenário nunca mais havia retornado à minha memória, mas agora me vêm lembranças muito nítidas daqueles momentos e daquele lugar. E veja que coincidência: a partir deste ponto da trilha, a vegetação passa a ser justamente de samambaias, a nossa velha e conhecida samambaia da canela comprida, a mesma espécie lá do chapadão do Barreiro.

Embora quase não haja alternativas de caminho para se perder por aqui, não há sinalização alguma. Só tenho certeza de que não estou perdido porque vejo outros peregrinos à frente. É uma trilha espremida no meio das samambaias muito fechadas, com as pessoas às vezes passando por debaixo das ramas com a mochila a ralar no mato, dos dois lados; às vezes tendo de abrir os ramos com o peito ou agachar-se para evitar os galhos mais fortes.

No meio dessa subida pelo matagal fechado, alcancei uma moça que dava dois ou três passos, parava e resmungava; dava mais dois ou três passos, parava e resmungava... Vista de baixo, enquanto eu subia atrás dela, pareceu-me uma moça corpulenta, mas apesar da aparência forte, não estava conseguindo subir. Quando me viu, deu um "buenos días" ofegante e, séria, encostou-se de lado nas ramas da samambaia, abrindo espaço para eu passar.

Pouco tempo depois, alcancei uma japonesa que também caminhava sozinha. Ela me pareceu mais bem-humorada, e por isso venci um certo trecho da subida com ela, conversando. Ela me disse que era de uma região urbana de Osaka, no Japão. Estudante de Arquitetura, fazia especialização em Madrid. Quando soube do Caminho, ficou curiosa e resolveu viver essa aventura. Logo depois que a deixei para trás, cheguei novamente à estradinha de asfalto. Um pouco mais adiante, alcancei as mitológicas ruínas da cidade de Foncebadón. Trata-se de um conjunto de casas ruinosas muito antigas, em estilo medieval, construídas unicamente de pedras. Algumas, ao que parece, ainda são habitadas.

Foncebadón é um povoado fantasmagórico. À primeira vista, tudo parece abandonado, mas depois se percebe que algumas das casas ainda abrigam pessoas.

Entrei por uma trilha em meio aos escombros e encontrei um morador. Ele me disse que apenas quatro casas estão habitadas. No mais, são apenas restos de paredes de pedra ao lado de escombros. A impressão que se tem é a de que essas ruínas são preservadas apenas como testemunhas de algum fato histórico, mas eu acho mesmo é que o povoado foi abandonado em consequência da crise econômica que a Espanha sofreu e que levou grande parte da população dos lugarejos a procurar outros meios de sobrevivência nas cidades grandes.

As trilhas entre as casas são bem profundas, indicando que aqui andou muita gente por muitos e muitos anos. Entrei um pouco pelo meio do que restou das construções e notei que há sinais de que havia muito mais casas, algumas bem grandes, com vários cômodos, das quais agora só restam escombros e marcas dos alicerces sobre o terreno. Tudo muito antigo, com ar de abandono, o que nos causa uma sensação um tanto aterradora.

São 9h30. Estou chegando ao ponto mais alto da subida, depois de Foncebadón, de onde, olhando para trás, avisto um panorama espetacular, um horizonte fantástico, a sumir de vista, com uma luminosidade intensa mostrando as camadas da atmosfera em cores diferentes: nas camadas mais baixas, um tom acinzentado brilhoso; e quanto maior a altitude, mais azulado é o céu. Maravilhoso. A distância que se pode enxergar é incrível! Acho que daqui posso avistar as regiões por onde caminhei nos últimos oito ou dez dias. Ficar observando esse vasto horizonte é gratificante, talvez em razão dos desafios vencidos.

Acabo de avistar, cerca de um quilômetro à frente, o que eu acredito ser a Cruz de Ferro. Há várias pessoas saindo de um monte, que deve ser o tão falado Monte de Pedras. Eu não consigo avistar a cruz, mas só pode ser ali. Daqui consigo destacar o meu amigo Elies pela cor da mochila vermelha.

A Cruz de Ferro é um dos pontos mais emblemáticos do Caminho e um símbolo relacionado a muitos enigmas e lendas. Nos últimos dois dias, pelo menos três pessoas comentaram sobre esse lugar. Hoje de manhã, quando saía, conversei com dois italianos que falaram, entusiasmados, que hoje alcançariam a Cruz de Ferro e deixariam lá as pedras que vinham trazendo na mochila. Eu também tenho minhas pedras aqui, mas não comentei nada com eles naquele momento.

Não há como o peregrino evitar a ansiedade e uma certa emoção ao se aproximar, pois a Cruz de Ferro é um dos monumentos sobre os quais a gente mais ouve falar, citado por todos os livros sobre o Caminho. Isso causa uma certa expectativa, mesmo sem a pessoa saber muito bem que mistério é esse que envolve o lugar. Agora já consigo ver um monte de pedras em forma de cone, muito alto – de seis a oito metros de altura –, com muita gente em cima, uns subindo, outros descendo, além de outros sentados sobre as pedras, a maioria na parte mais alta, perto do topo. Há também grupos de pessoas à margem da pista e do outro lado da estrada.

No topo do monte de pedras, há um poste de madeira bem alto com uma cruz fixada na ponta. À medida que me aproximo, ouço um som que me parece o de gaitas de fole escocesas, tocando uma melodia envolvente, muito bonita. Cheguei ao pé do monte de pedras e fiquei a observar, emocionado, os dois rapazes que trocavam as gaitas de fole, sentados sobre as pedras no topo, junto ao pé da cruz, enquanto as pessoas assistiam e aplaudiam em volta, de pé ou sentados sobre as pedras.

Subi o monte de pedras e pedi à jovem japonesa estudante de Arquitetura que acabava de chegar:

— Tira uma foto minha, por favor, ao lado dos músicos escoceses.
Imediatamente um deles parou de tocar e explicou:
— Não, eu não sou escocês, sou galego. E pode falar em português, por favor. Eu gosto de falar português.

Encabulado por causa da gafe, deixei escapulir uma gargalhada e pedi desculpas. Ele, simpático, deixou o parceiro tocando sozinho pra me contar que costumava ir ao Brasil e que inclusive tinha uma namorada em São Paulo. Depois, retomou a sequência da melodia, tocou mais um pouco e parou de novo para conversar comigo, insistindo:

— Eu falo e entendo tudo em português. Eu gosto muito do Brasil e das músicas brasileiras, mas o meu parceiro não sabe nenhuma.

Aliás, todos os galegos que eu encontrei até agora fazem questão de dizer que gostam da música brasileira.

Depois ele voltou a tocar entusiasmado as típicas melodias galegas. Até então eu não sabia quase nada sobre a fantástica música da Galícia e suas gaitas de fole, que embora sejam muito parecidas com as gaitas escocesas, têm particularidades.

Aproximei-me mais um pouco dos músicos para gravar melhor a melodia, e enquanto me extasiava com a música e com aquele timbre emocionante, fiquei a observar como era o funcionamento das gaitas. Os músicos sopram o ar por algo que parece um canudinho, enchendo um saco de couro sobre o qual fazem pressão com o antebraço, para que o ar passe pelo conjunto de palhetas sonoras.

O som é espetacular.

Os italianos, meus velhos conhecidos desde os primeiros dias de caminhada, pediram para eu aparecer na foto deles. Houve até competição entre eles para serem fotografados ao meu lado, segurando ou apontando para minha bandeira brasileira.

Atravessei a pista para observar um pouco mais a vista panorâmica daqui. É fantástica.

São 10h15. Estou saindo do local da Cruz de Ferro até emocionado por causa do tratamento das pessoas. Foi gratificante.

Os italianos insistiram, quase em coro, e abriram espaço entre eles pra eu me posicionar na hora da foto. Pessoas da equipe deles com câmeras fotográficas profissionais fizeram várias fotos; depois pedi para baterem uma com a minha câmera. Eu já ia descendo o monte de pedras quando os músicos galegos me saudaram e um deles se despediu com um "tchau, brasileiro!"; o outro com quem falei mais tempo, imitando o sotaque brasileiro, completou: "Beleza! muito bom! Um abraço para os brasileiros!", e voltaram a tocar.

Enquanto eu descia, os italianos faziam questão de se despedir, me chamando pelo nome. Vale lembrar que os italianos falam "tchau" para cumprimentar na chegada e para se despedir na saída. Interessante.

Antes de sair, deixei as minhas pedras bem encaixas no meio das outras, como havia planejado. Fiz questão de enterrá-las em uma fresta profunda, colocando outras pedras por cima, porque entre tantas pedras feias seria bem provável que alguém pudesse querer levar as minhas, que são cristais muito bonitos, coletados da cidade de Cristalina, no Estado de Goiás, e se destacavam muito no meio das outras. Uma delas teimava em ficar à vista, então movimentei outras pedras maiores fazendo com que ela sumisse no fundo. Enquanto isso, fiz uma breve oração, pedindo ao Apóstolo que depositasse ali, incrustadas em cada pedra, todas as cargas negativas que estivessem programadas para o meu futuro, assim como para o de minhas filhas e das demais pessoas que amo, para que não nos atormentassem jamais. Agora, vamos lá: Santiago de Compostela, me aguarde! Serão mais oito ou dez dias, talvez.

Após a descida da Cruz de Ferro, a estrada é estreita, mas pelo menos há pouco trânsito. Raramente se vê algum carro a circular. Cerca de meia hora depois, passei pelo famoso albergue de Manjarin, com suas várias placas a indicar as distâncias daqui até os centros de peregrinação mais famosos do mundo. Tem a distância até Roma, Jerusalém, México etc. Para Santiago, são 222km.

Preferi não parar em Manjarin. Logo na descida, fui alcançado por alguns italianos e começamos a conversar. Por algum tempo, fui tomado por uma sensação gostosa, uma alegria à toa, uma espécie de euforia. Tive até vontade de correr. E corri. Disseram-me que uma moça do grupo – salvo engano, a dona da máquina fotográfica profissional, que ia caminhando a uns duzentos metros a nossa frente, poderia colocar minhas fotos no correio, já que iria despachar as coisas dela. Então dei uma ajustada nas cintas da mochila, segurei bem o gravador e a máquina fotográfica nos bolsos do colete e saí correndo até alcançá-la. Depois de combinar o envio com ela, voltei também correndo para me juntar aos outros que vinham atrás. Cheguei tranquilo, sem estar ofegante, e eles riram da minha disposição inusitada, mas eu não revelei que estava eufórico por nada; apenas comentei que era habituado a fazer corridas de rua e que às vezes correr era mais fácil para mim do que andar. Eu mesmo achei estranho, pois além de ter ficado muito mal ontem no fim do dia, ainda senti bastante dor durante a noite.

São 11 horas. Depois de ter deixado os italianos para trás, sigo por uns trilhos de gado no meio de invernadas de pastagens, acompanhando os espigões, seguindo as curvas de nível. Lembram-me um pouco os espigões lá da fazenda Invernada, porém muito maiores e mais extensos. Estou agora a mais ou menos um terço do topo de um espigão que não é dos mais altos, e lá embaixo, no pé do morro, vejo uma casinha simples, rústica, na beira de uma restinga de floresta. Do lado de lá, as montanhas são muito mais altas.

À minha esquerda, longe no horizonte, avisto cordilheiras que devem ser enormes. Pelo jeito, devem ter os picos cobertos de neve mesmo nesta época. No meio das pastagens, encontrei um cocho d'água abastecido por um cano de PVC preto que vem da parte baixa do espigão, possivelmente bombeado de algum ribeirão que passa no meio das restingas de mata. A água não é abundante – corre apenas um filete –, mas me pareceu limpa e bem gelada, mais gelada do que todos os chafarizes que há por aí. Parei para beber um pouco e abastecer o cantil, e nesse tempo os italianos me alcançaram.

Depois de passar por todos aqueles espigões, alguns com vistas panorâmicas muito bonitas, segui pelos trilhos até encontrar novamente a estradinha de asfalto. Agora realmente estou ganhando o topo dos montes mais altos. Desde que achei pela primeira vez que estava chegando ao cimo, subi muito mais ainda, e desvendei novos espigões. Como eu supunha há alguns dias, acho que aqui neste ponto estou atravessando uma parte periférica das Cordilheiras Cantábricas. Certamente, mais adiante devo desvendar novos horizontes nessa barreira de montanhas. À minha esquerda, há picos bem mais altos e uma longa descida talvez de vários quilômetros, bastante íngreme. Atrás de mim, uma placa indica que os próximos 15 quilômetros serão de descidas muito fortes.

Assim que começo a descer, enxergo adiante um extenso vale por entre a cadeia de montanhas, a sumir de vista no horizonte. O sol está às minhas costas, iluminando os cimos sob um céu azul intenso e bonito. Não se vê uma nuvem sequer.

As cordilheiras estão à minha esquerda, e quanto mais distantes, mais altas, talvez com milhares de metros de altitude acima do ponto em que me encontro, embora aqui também seja bastante alto. Apesar do sol intenso e muito claro, faz frio. Sopra uma brisa gelada. Se eu não estivesse andando com esforço, não suportaria estar sem agasalho. Eu creio que esteja bem ao norte da Espanha, numa região que deve ser coberta de neve durante todo o Inverno.

No fundo do vale, à minha frente, avista-se uma extensa área urbana. No começo, percebem-se apenas construções dispersas, porém mais à frente parece haver mesmo uma cidade, com uma concentração maior de edificações. Na verdade, ao longo de todo o vale há casas dispersas. Não sei se é uma região rural ou área suburbana. Mais ao fundo, no horizonte, vejo as torres de uma usina atômica soltando um pouco de fumaça clara. Bem ao lado dela, uma chaminé estreita lança no ar uma faixa de poluição que se espalha pelo vale e atinge vários quilômetros.

Resolvi pegar uma trilha alternativa, na expectativa de cortar caminho, mas não me dei bem. São subidas e descidas íngremes, com piso de cascalho solto, muito difícil. Consultei o guia e constatei que a cidade que eu tinha avistado era Ponferrada. Até lá, serão cerca de 12 quilômetros ainda; duas horas e meia de caminhada, aproximadamente. Mas é uma cidade grande e talvez eu fique por lá hoje.

Eu vinha descendo por uma trilha que fazia ziguezague no meio de umas pedreiras escarpadas e deixei cair o tripé da minha máquina fotográfica morro abaixo. Ele se quebrou e fiquei muito chateado, pois era o que me permitia fazer boas fotos com estabilidade e ainda aparecer no meio dos cenários.

Vou tentar comprar outro em Ponferrada.

Depois de descer uma imensidão de serras por entre as pastagens, cheguei a um povoado com casas em estilo diferente de tudo o que já vi. Todos os telhados são pretos! As telhas parecem feitas de lâminas de pedra, semelhantes a telhas de ardósia, só que pretas. É bonito e diferente. São pedras da região, pois vi várias delas aí para cima, por onde andei. O vale lá na frente mostra cada vez mais paisagens ainda mais bonitas.

O povoado se chama El Acebo de San Miguel. Bem que eu poderia fazer boas fotos aqui, mas sem o tripé não tem muita graça. Não vou me aborrecer por essa perda, porém, afinal devo conseguir outro tripé ainda hoje, caso haja comércio aberto em Ponferrada.

Quando eu estava entrando em El Acebo, ouvi alguém gritar atrás de mim:

– Hei, andarilho, tá pensando que Carmo do Paranaíba é por essas bandas ou tá perdido?

Era o Jader, que descia as ladeiras no meio das pedras a caçoar com o nome da minha cidade natal, no interior do Estado de Minas Gerais. Como nenhum de nós tinha nada na mochila pra comer, atravessamos El Acebo em busca de algum boteco, mas não havia nada aberto nem pessoas na rua.

A partir de El Acebo, praticamente todas as residências têm essa mesma telha de pedra preta, independentemente do padrão da casa. As mais simples têm telhas de pedras brutas, simplesmente lascadas e aparadas, enquanto as casas maiores e mais sofisticadas têm telhas usinadas por máquinas.

Nesse trecho, o assunto foi apenas sobre comida, cada qual querendo provocar mais o outro, comentando em detalhes as delícias da culinária brasileira.

Chegamos ao povoado de Molinaseca, cortado por um rio sobre o qual se estende uma ponte de pedra antiga, em estilo romano, muito bonita, ao lado da qual há uma praia onde várias pessoas tomam sol, sentadas na grama. Num pequeno boteco depois da ponte, pedimos um bocadilho de queijo duplo e refrigerantes, que devoramos enquanto andávamos. Logo após a saída do povoado, entramos num albergue à beira da estrada apenas para encher os cantis, e seguimos em frente.

São 16h8. Continuamos a caminhar, o Jader e eu, rumo a Ponferrada, sob um sol forte, mas a temperatura agora está agradável. No albergue de Molinaseca, indicaram-nos uma rota que, além de mais rústica, reduz também o Caminho em cerca de dois quilômetros. Nessa rota, atravessamos a ponte do povoado de Campo, a dois quilômetros do destino programado, por isso seguimos direto, sem parar.

Passamos por esse trecho contando casos da vida pessoal e falando sobre o trabalho de cada um, e quando dei por mim já entrávamos em Ponferrada. Em Molinaseca, o Jader me deu uma pomada para passar nos pés que me proporcionou bastante alívio, tanto que não senti qualquer dor nas últimas horas. Vou tentar comprar outra aqui na cidade. Antes de entrar na área urbana, tem-se uma bela vista. Batemos fotos e observei que se trata, de fato, de uma cidade grande, com edifícios altos, ruas modernas, avenidas largas bem pavimentadas e trânsito intenso. Daqui até o centro da cidade serão ainda cerca de seis quilômetros. Muito chão pela frente.

São 17h45. Estou numa lanchonete no centro de Ponferrada. Atravessamos a cidade até aqui à procura de uma loja aberta para comprar os componentes necessários à máquina fotográfica, além de um novo tripé, mas não encontramos nada. Depois dessa esticada forte, a fome deu sinais novamente, então entramos numa lanchonete do tipo McDonalds, bem aconchegante, com ar condicionado, mesas muito limpas e atendentes simpáticos. Pedimos dois sanduíches completos com maionese, *bacon* e ovos. O pão lembra o bocadilho, mas é bem mais macio, mais recheado, muito gostoso. Tomamos um sorvete como sobremesa, e enquanto o Jader foi ao gramado da pracinha para "esticar o corpo e tirar um cochilo", fiquei ouvindo música na lanchonete.

A música que toca no rádio é agradável e de ótimo gosto: vários clássicos do rock americano dos anos 1970 e 1980, e para minha surpresa até uma canção de Toquinho e Vinicius em inglês. A música ambiente é relaxante, típica de um bar sossegado e confortável. A lanchonete está praticamente vazia. Enquanto comíamos, apenas dois casais de namorados lanchavam. Quando saíram, permanecemos somente nós.

São 19h5. Já deveria ser noite, mas o sol ainda está forte. Enquanto Jader cochilava no gramado da praça, deixei minha mochila ao lado dele e saí para dar uma volta na região, em busca de efetuar as minhas compras. Encontrei tudo: tripé, pilhas, filmes fotográficos e microfitas de gravação. Depois avaliamos a possibilidade de seguir em frente, até Cacabellos, a cerca de 14 quilômetros. Embora seja uma aventura, devido ao horário, resolvemos seguir adiante.

Ainda que a noite aqui chegue de fato lá pelas nove horas, ainda teremos de andar bastante, pois a previsão seria chegar em Cacabellos por volta das 23 horas. Na saída, seguindo a avenida principal, com pista dupla e muito movimento de carros e caminhões, fiquei um pouco apreensivo, inseguro quanto à nossa decisão de caminhar mais. Mas seguimos. Já deixamos Ponferrada para trás, há uns dois quilômetros daqui.

São 19h50. Logo na saída de Ponferrada, depois de uns dois quilômetros de estrada, acabei mudando de ideia. Sentamos um pouco num naco de praça e tentei convencer o Jader a voltar, mas ele estava decidido a prosseguir, pois tinha um encontro marcado com a noiva, que viria de Roma. Além disso, estava bem mais descansado, uma vez que dormira um bom tempo no gramado, enquanto eu continuei andando e me cansando mais pela cidade.

Na esquina, havia um pequeno hotel e resolvi ficar, enquanto ele se foi, decidido a andar mais uns nove ou dez quilômetros. Talvez nos encontremos num outro trecho à frente.

Eu vou ficar e relaxar, sobretudo porque meu pé já está ameaçando doer novamente. Vou dormir, descansar bastante e amanhã levantar sem hora marcada, pra dar tempo de me recuperar.

Fiquei com um pouco de remorso de deixar o companheiro seguir em frente sozinho, mas o Caminho é assim. Cada um faz o seu. Além disso, já foram 38km até aqui e não posso deixar de considerar o risco de vir a ter dores muito fortes, ainda mais à noite, e também o fato de que há poucas chances de encontrar vagas em albergues às onze horas da noite. Isso, depois de mais de 50km caminhados, seria grave. Vou descansar, tentar dormir bem e seguir seguro amanhã.

Chafariz na subida da Serra do Courel, na região de Valcarce (Castilla y León/ Espanha)

De Ponferrada a Vega de Valcarce

São 7h45 da manhã, dia 22 de agosto, quarta-feira. Estou saindo para minha décima nona etapa. O dia ainda não amanheceu totalmente, mas faz bastante frio, com céu limpo, sem nenhuma nuvem acima, embora as montanhas adiante, que ontem estavam bem visíveis, agora estejam cobertas por uma névoa branca.

O hotelzinho onde dormi está localizado na cidade de Cuatro Ventos, na área metropolitana de Ponferrada. Ao contrário do que eu esperava, não dormi bem, não tirei o atraso de sono que eu gostaria de ter tirado. Ontem à noite, saí pra ver se encontrava uma farmácia aberta, para comprar os cremes sugeridos pelo Jader, mas eram mais de oito horas da noite e não havia nada aberto na região. Quando retornei, passei pelo bar anexo ao térreo do hotel e pedi um sanduíche de queijo com ovo, que eles chamam de tortilha, mas quando subi, demorei muito a dormir.

Depois, acordei por volta de 1h40, com muito calor. Eu havia fechado as janelas do quarto para não ser incomodado pelo ruído dos carros na avenida em frente, mas como o quarto era pequeno, esquentou muito. Tive de levantar, abrir as janelas e deixar entrar o ar fresco. Com isso, porém, o barulho da rua e dos carros começou a me perturbar. Voltei a fechar a janela e consegui dormir um pouco mais, até agora de manhã e acabei levantando mais tarde do que eu pretendia.

Ontem planejei sair bem cedo e tentar fazer o que o Jader sugeriu, mas com esse atraso, não sei se vou conseguir. Contudo não vou me preocupar; vou caminhar devagar e ver se os pés vão estar bem. Conforme for, estico a caminhada.

Observando o tripé que comprei ontem em Ponferrada, concluí que ele não é o ideal; não tem a mesma qualidade do outro que se quebrou ontem. Este aqui é um modelo bem mais simples, sem movimento horizontal, e isso restringe demais a utilidade do equipamento, pois não se pode fixá-lo numa superfície irregular, como uma pedra, por exemplo, e focar o objeto a ser fotografado com liberdade de movimento, como ocorria com o outro. Mas vou levá-lo. Pode ter alguma utilidade

Fiquei chateado também por não ter encontrado o correio aberto. Desta vez, foi por minha culpa. Quando me lembrei de procurá-lo para despachar os filmes e as fitas que venho trazendo há dias, já era tarde.

Esta noite, sonhei que estava num ambiente festivo, num espaço amplo, no qual havia várias casas, todas integradas à mesma festa. Lá estavam meus irmãos – lembro-me de ter visto quase todos, e sempre vinham um de uma casa; outro de outra, e transitávamos todos por ali, encontrando-nos, fazendo brincadeiras. Às vezes alguns trocavam abraços, todos muito alegres. Além da família, parece que estava também por ali a maioria das pessoas com as quais eu tenho mais convivência e afinidade.

Não me lembro de cada um individualmente, mas pareceu, pela sensação que eu tinha, que todos os meus amigos estavam ali. Além de vários dos meus parentes e amigos, lembro-me também do meu primo Adão; do irmão dele, Mário; do Levi e outros de quem não me lembro agora. Era um clima bom, agradável, uma interação muito boa e alegre com todos.

Eu via várias pessoas naquela festa: uns que já estavam há algum tempo, outros que chegavam, outros que saíam, mas todo mundo descontraído e alegre. Depois o grupo ficou cada vez mais reduzido, porque algumas pessoas se despediam e iam embora, e o ambiente começou a ficar vazio e nostálgico.

No fim, já não havia quase ninguém. De repente, estávamos eu, minha mãe e meu pai, e a minha irmã, Laís, num quarto da casa em que havia uma cama larga e alta. Eu estava chateado com as despedidas e por ter de ir embora também. Então subi na cama para organizar e fechar a minha mochila, que estava aberta (era esta mesma mochila aqui). Lembro-me de que eu subia com cuidado, de joelhos ou me sentando meio de lado, para não pisar nos lençóis.

Antes de acabar de organizar a mochila, deitei-me de costas e minha mãe se aproximou olhando meus pés; pegou-os com as duas mãos e disse: "Estão muito machucados!", fez uma carícia e me perguntou se estavam doendo muito. Nisso, meu pai parou ao lado, pôs a mão no ombro dela, abraçando-a como costumava fazer, e também tocou os meus pés.

Em seguida, aproximou-se uma moça que eu não sabia quem era, mas ali, no sonho, tratava-se de uma pessoa próxima e de confiança da família, alguém que eu conhecia bastante, mas com quem nunca havia conversado muito, e não sabia detalhes da vida dela. Era como se fosse uma pessoa dessas que a gente está sempre vendo e com quem mantém contato indireto, como a amiga próxima de um irmão, que eu via, mas com quem não convivia. Sei que eu tinha alguma admiração por essa pessoa e a achava muito bonita. Realmente era uma moça linda.

Tentando interpretar o sonho agora, sei que se tratava de pessoa íntima, amiga de todos da família. Só que, talvez pelo fato de eu sempre estar fora, quase sempre afastado, estudando fora desde muito cedo, eu era o único que não tinha intimidade com ela. Enfim, era como se fosse alguém "de casa" para os meus irmãos, mas que não tinha quase nenhuma convivência comigo.

No sonho, essa pessoa se aproximou falando com meus pais, descontraída, e começou a fazer massagem nos meus pés, enquanto comentava que adorava a convivência com a minha família e se sentia como se fizesse parte dela. Eu fiquei mais à vontade e deixei que ela fizesse a massagem.

No momento seguinte, a moça já não estava mais lá e eu ficava muito triste por ter de partir. Ajoelhei-me novamente sobre a cama, de costas para os meus pais, e voltei a arrumar a mochila. Percebi então que meu pai se aproximou, também muito triste por eu ter de ir, fez um afago nas minhas costas com a palma da mão e ficou me olhando organizar a mochila. Depois se afastou.

Quando eu já estava pronto pra sair, lembrei-me de repente de que eu não precisava mais ir embora; que naquele momento não era para eu ir. Era como se eu estivesse chegando de longe e desfazendo a mochila para ficar com as pessoas que amo. A sensação mudou radicalmente de uma despedida triste para a alegria da chegada, do reencontro. Senti um alívio enorme, uma grande alegria, uma euforia.

Meu pai então entrou de volta no quarto e eu disse: "Olha, não é hora de ir; é hora de chegar!", e comecei a brincar e rir, falando com ele, radiante de alegria:

— Eu acho que estava com a cabeça "avoada", perdi o juízo. Onde já se viu? Estou arrumando a mochila pra sair, mas não é nada disso: eu estou é chegando.

E rimos os dois. Inicialmente meio inibidos, com sorrisos sutis; depois fomos nos soltando e começamos a dar risadas cada vez mais descontraídas, chegando às gargalhadas, contagiados por uma alegria enorme, não sei se pela alegria da minha "volta" inusitada — sem ter ido —, ou pelas minhas falas, tentando ser engraçado com ele. Talvez mais pelo fato de estar ali e não ter de partir, por causa daquela gostosa sensação de que ali era o meu lugar e eu poderia permanecer lá sem ter de ir embora, sem ter de viajar pra longe, como todo mundo acabara de fazer.

Acordei no momento daquelas risadas, sentindo-me como se estivesse disparando gargalhadas descontraídas, eu e meu pai. Acordei muito bem por isso, por estarmos ali, juntos, nos divertindo tanto. Acordei com um astral muito bom, afinal acordar rindo é sempre bom, né?

Por sorte, foi um sonho com final feliz. Geralmente eu tenho sonhos parecidos com esse, que começam num ambiente festivo e alegre, mas as pessoas começam a se despedir e fico só. Em alguns casos, ao contrário do sonho de hoje, tenho mesmo de ir embora solitário, deixando todo mundo. Aí acordo triste, melancólico, tomado pelo sentimento de separação ou de perda, como nos momentos de despedida das pessoas que a gente ama. Sinto nesses momentos a mesma sensação que sentia nas despedidas de minhas filhas, quando eu morava em Brasília e elas em Belo Horizonte.

Em outras vezes, a sensação de melancolia me remetia ao período em que eu estudava em Belo Horizonte e passava os fins de semana na cidade de Carmo do Paranaíba. Durante os dias que eu passava ao lado dos amigos e da família, era só alegria: muita cantoria nas serenatas e nos ensaios do grupo de jovens da igreja, as comidas gostosas de minha mãe etc. Quando chegava a hora de ir embora, no domingo à noite, a carga daquela triste "hora da despedida" caía sobre mim, especialmente quando eu me despedia de minha mãe. Muitas vezes, ela me acompanhava até a rodoviária para pegar o ônibus da meia-noite. Enquanto a gente caminhava, eu costumava reclamar do fato de ela estar acordada até aquela hora, dizendo que ela estava me tratando como se eu fosse uma criança. Mas quando o ônibus saía, quase sempre me vinham as lágrimas. Um certo remorso por não a ter tratado melhor se acumulava com a saudade de tudo. Isso se agravava muito quando, não raro, eu percebia que ela se virava chorando e ia embora, enquanto o ônibus arrancava. Isso me toca muito emocionalmente até hoje.

Em relação às minhas filhas, mesmo vivendo com elas atualmente, resta-me o trauma pelos vários anos de sofrimento em que estive distante delas, pelas despedidas naquelas fatídicas noites de domingo. Era muito dolorido para mim quando eu entrava no ônibus em Belo Horizonte e via a Cíntia lá fora, chorando nos braços da mãe, pedindo para eu não ir. Eu me sentia como se o coração estivesse sendo cortado, a alma sendo rasgada. Isso dói até hoje. A Camila ficava de pé, olhando e dando tchauzinho, tentando fazer de conta que não estava triste, mas a expressão de seu rostinho não escondia a tristeza daquele coração. Eu viajava muitas vezes por cerca de 10 horas de ônibus até Brasília sem conseguir dormir, de tanta tristeza.

Acho que esses sentimentos da "hora da despedida" me marcaram muito. Por isso é comum eu ter esses sonhos que acabam de forma triste, quando sinto essa mesma sensação, e no dia seguinte fico depressivo. Em consequência disso, as tardes de domingo são sempre tristes e depressivas para mim. É o dia das despedidas.

*

São 10h37. Estou saindo do povoado de Cacabello, que seria o meu destino de ontem. Até que enfim encontrei uma agência de correios aberta e despachei os filmes e as fitas para o Brasil. Sem ter notícias do Jader, saí da cidade caminhando com o espanhol David, da região de Madrid, que começou o Caminho em Ponferrada e por isso segue bem disposto.

Agora são 12h6. Cheguei em Villafranca del Bierzo. Logo atrás conheci o casal de brasileiros Fernando e Ritome, de São Paulo, descendentes de japoneses. Eles estão há dois meses andando pela Europa. Foram primeiro a Madrid, depois fizeram outros roteiros de turismo pra não sei onde, e a última etapa é o Caminho de Santiago. A moça, Ritome, torceu o pé logo no primeiro dia, entre Saint-Jean-Pied-de-Port e Roncesvalles, onde passou quatro dias se recuperando. Depois disso, ainda teve outros problemas: teve tendinite, problemas com bolhas e sei lá mais o quê. Mas dizem que vão até Santiago. Deixei-os para trás. Vou apenas comer alguma coisa e seguir em frente.

São 13h12. Saio de Villafranca del Bierzo sem ter almoçado direito como pretendia. Deixei para almoçar no último restaurante na saída da cidade, mas quando cheguei lá o estabelecimento estava fechado. Voltei a um pequeno supermercado e comprei um Danone de morango de um litro, bolo, uma latinha de atum e biscoitos, e parei num banquinho à beira da estrada, com uma boa sombra. Deu até pra relaxar um pouco. Tomei o Danone e comi o bolo e estou fazendo uma horinha deitado no banco, antes de ir. Aqui encontrei alguns conhecidos do grupo de italianos que me disseram que vão se hospedar na cidade. É mais um motivo para eu seguir em frente, pois eles ocupam todas as vagas dos albergues. Encontrei também o inglês Matt na entrada, junto com dois conterrâneos dele, mas os deixei na cidade. Quando eu acabava de lanchar, eles passaram e me convidaram a seguir, mas pedi que seguissem em frente, pois iria relaxar ainda mais uns dez minutinhos e adiante os alcançaria. Um morador da casa em frente onde estou, do outro lado da rua, desceu e veio conversar comigo, perguntando coisas sobre o Brasil; depois se foi, subindo a estrada.

 O meu plano é ir até Vega de Valcarce, onde possivelmente o Jader e o Elies devem se hospedar hoje. Fica a cerca de quinze quilômetros daqui. Depois disso, são mais onze quilômetros até O Cebreiro. Acho, porém, que ir até O Cebreiro hoje seria exagero. Vou avaliar mais adiante, mas ficar em Vega de Valcarce já estaria de bom tamanho. Saindo daqui às 13h30, chegarei lá por volta das 18 horas.

 Matt e seus dois amigos disseram-me que houve uma festa de aniversário de uma peregrina em Ponferrada que tinha sido uma grande celebração, com muitos dos peregrinos que vinham sendo convidados pelo Caminho já há alguns dias. Disseram também que o peregrino mais famoso da temporada, segundo os comentários da festa, era o brasileiro com a bandeira do Brasil na sacola, que andava sozinho a gravar narrativas da viagem e tocava violão. Perguntei se me criticaram muito, mas eles disseram que, pelo contrário, praticamente todos me conheciam e falavam bem de mim, alguns até lamentando o fato de eu não estar na festa. O comentário geral era que eu conversava com todo mundo, com peregrinos, com nativos, com camponeses, e que fazia amizades por onde passava. Pode até ser que eles tenham aumentado um pouco essa história, mas não deixei de ficar lisonjeado com a notícia.

 Quando me falaram quem era a aniversariante, lembrei-me dela, pois a conheci em Órbigo, no restaurante onde tomamos vinho para celebrar o aniversário do Elies. Acho que naquele dia ela havia comentado sobre o seu aniversário próximo, mas não me lembro se chegou a nos convidar. Creio que a festa deve ter sido decidida depois. Lembro-me também de que ela estava no mesmo albergue, conversava muito e falava alto. No dia seguinte, quando a vi na saída do albergue, ela me deu bom-dia e eu respondi ironizando que o dia não estava muito bom, pois tinha gente falando alto no albergue até tarde da noite, atrapalhando o nosso sono. Não sei se ela entendeu a indireta.

São 13h37, hora de pegar a estrada para Vega. A saída é pelo asfalto sem acostamento. Ainda bem que há pouco trânsito, mas é uma subida forte e longa, que vai margeando uma serra que tem um barranco de pedras de um lado e um precipício do outro. Se uma pedra se soltar lá do alto, devasta tudo por aqui. Lá embaixo há um rio, um curso d'água. Não dá pra vê-lo por causa da vegetação, mas ouço o ruído da água. O sol está bastante quente, e como comprei alguns lanches extras, isso aumenta o peso da sacola. A situação não está fácil na subida. É uma lata de atum, um litro de suco de pêssego, algumas nectarinas, além do cantil cheio. Quase três quilos de excesso de carga, que fazem diferença especialmente na subida. Mas tenho de suportar, pois não há nenhum comércio nos próximos quilômetros.

Passo agora por um trecho horrível, caminhando por uma estrada de carros com muito movimento. Ando por uma estreita faixa de cascalho entre a pista dos carros e uma ribanceira de dez a quinze metros de altura. Lá embaixo, há o pequeno rio. Além de estreita, a faixa é cheia de "amorinhas-capeta". Do outro lado da rodovia, não há espaço. Os carros passam rentes a um barranco enorme, uma pirambeira escavada na montanha, com centenas de metros de altura. Do outro lado do rio, há a construção de uma autoestada que vai dar em num túnel adiante, por baixo da serra. Parece uma grande obra. Vou tentar seguir por entre as moitas de espinhos e o *guard-rail* da pista. É um trecho pesado, sob sol forte, e às vezes me preocupa não saber se estou no caminho certo. Por aqui, não vi nenhum peregrino a pé, apenas três ciclistas passaram acelerados pela rodovia, mais nada, nenhum sinal a indicar o Caminho.

A estrada segue o curso do rio, espremida entre o próprio rio e uma serra de montanhas altas escarpadas. A minha trilha – se é que isto aqui pode ser chamado de trilha – é cada vez mais estreita, entre o barranco repleto de espinheiros e a pista de carros. O rio não tem grande volume de água, mas é caudaloso, com o leito cheio de pedras enormes formando grandes poças; entre elas, muita correnteza. O trânsito continua intenso. Quando é possível, ando um pouco pela faixa de trânsito, para evitar os espinheiros e o cascalho solto, mas passam muitos caminhões. É um trecho horrível.

São 14h25. Até que enfim saí daquele trecho suicida. Entro por uma estradinha antiga e estreita que sai no povoado de Pereje. Não vou parar aqui. Depois desse povoado, vou procurar a primeira sombra tranquila, em um lugar sossegado, e parar para relaxar um pouco da tensão deste último trecho. Parece que até Vega são mais oito quilômetros, pelo menos.

São 15h34. Estou saindo de Pereje, um povoado constituído de apenas uma fileira de casas de ambos os lados da estrada, nada mais. Parei um pouco no albergue para encher o cantil e ver o livro de visitas, mas acabei encontrando alguns conhecidos, entre os quais o padre Bernardo, além do Matt e seus dois conterrâneos. Descansei um pouco e tomei um suco oferecido pelo hospitaleiro, enquanto conversava com eles. É um albergue pequeno, porém aconchegante. Havia vagas, mas resolvi seguir em frente.

A estrada estreita, embora tenha acostamento mais seguro que o trecho lá de trás e um movimento de veículos infinitamente menor, às vezes ainda nos prega sustos, pois nela vêm enormidades de carros que, com tantas curvas, nos surpreendem quando já estão muito próximos. Sigo pelo acostamento da esquerda, como manda a regra, mas mesmo assim, quando vêm caminhões em ultrapassagem, fica perigoso, pois passam muito próximos da gente.

São 16h25. Estou no meio da mata, literalmente, a cerca de duzentos metros da estrada, ao lado de uma cachoeira. Acabei de cometer talvez o maior ato de coragem desta viagem: tirei a roupa e me enfiei no rio, numa água estupidamente gelada, que chega a doer os ossos, mas fui até onde a profundidade alcançava o meu peito, afundei algumas vezes, mergulhando até sentar no fundo, desafiando o gelo da água, batizando-me pela primeira vez num rio europeu. Depois saí gritando para recuperar a respiração, quase bloqueada pelo choque térmico. Não aguentei ficar muito tempo lá.

O sol e o calor estavam fortes. Quando avistei a cachoeira, não pensei duas vezes: procurei um lugar onde fosse possível descer os barrancos e caminhar até lá, depois de me certificar de que não seria visto por quem passasse pela estrada, tirei a roupa e entrei. Apesar de ter sido surpreendido pela temperatura congelante da água, foi muito bom, revigorante. Agora estou aqui curtindo o ruído relaxante da cachoeira, sentado numa grande pedra à margem do poço, um poço enorme, com água limpa e transparente.

A estrada segue o leito do rio há algum tempo. Eu já havia percebido que o rio é limpo, embora seu curso seja sempre debaixo da mata ciliar. De ambos os lados, montanhas enormes, com morros íngremes. No espaço ao lado do poço, há uma clareira. Parece até que já houve alguma obra aqui, retirada de pedras... Estou esperando os pés ficarem totalmente secos, pois não é bom calçar as botas com a pele úmida. A pele úmida fica frágil e suscetível a bolhas e fissuras que, se se agravarem, podem inviabilizar tudo. Vou trocar as meias e retornar ao Caminho. Foi muito bom enquanto durou. Pelo menos estou mais refrescado, depois de um bom banho.

São 17h30. Continuo a seguir pela estradinha que margeia o rio. Vi que se trata do rio Valcarce. Agora, bem mais aliviado, a despeito do sol forte e do tempo limpo, sopra uma brisa fresca; o trecho por onde ando é praticamente sob as árvores. Passei pelo povoado de Trabadelo, onde me disseram que são seis quilômetros até Vega, mas não importa: estou seguindo firme e logo estarei lá. Resolvi fazer uma pequena pausa à sombra de uma árvore à beira da estrada para providencia o meu "jantar". O mergulho na cachoeira me provocou muita fome. Além disso, já é hora de reduzir o peso extra que está me atormentando. Eu costumo exagerar na hora de comprar lanches e acabo colocando peso demais, desnecessariamente. Preciso parar com isso.

O problema é que fico preocupado com as distâncias e com medo de não achar o que comer. E já me ocorreu mesmo de ficar quase o dia todo sem encontrar algo pra comer. Com certeza, porém, essas coisas vão me incomodar menos no estômago do que na sacola. São quase três quilos! Mas vou "jantar" e reduzir bastante esse peso... Além disso, vou seguir sem fome e não precisarei chegar morto de cansaço ao meu destino e ainda ter de sair em busca de lanche. No albergue, vou apenas lavar minha roupa – se houver como – e dormir.

São 19 horas. Faz bastante calor, com o sol forte ainda alto no horizonte. Estou chegando no albergue de Vega de Valcarce. Vamos torcer para que haja vaga, pois estou muito cansado e não quero nem pensar em sair à procura de acomodação improvisada.

São 20h16. Já me acomodei no albergue. Ao contrário do que eu esperava, Jader e Elies não se hospedaram aqui. Por mais incrível que possa parecer, não há um único peregrino aqui que eu conheça. Isso só aconteceu nos primeiros dias.

Acho que deixei todo mundo para trás, com exceção do Jader, que pode ter ido para a próxima etapa, O Cebreiro, outro povoado depois de uma subida pesada que toma de quatro a seis horas de caminhada. Dizem que é mais ou menos no estilo das subidas após Saint-Jean--Pied-de-Port.

O albergue é razoável. Tomei um banho tranquilo e numa pequena máquina de lavar automática lavei minha roupa, inclusive a toalha.

Fiquei preocupado com a bolha que infeccionou em cima do dedão do pé direito. Vou aplicar a pomada cicatrizante antes de dormir e ver como ela vai estar pela manhã. Se se agravar, pode ser que haja alguma farmácia nos povoados à frente e eu possa tratá-la antes que se inflame demais. Considerando-se que andei cerca de 38 quilômetros, estou relativamente bem.

Comentei com dois peregrinos que havia saído de Saint-Jean-Pied--de-Port no dia 4 e que tive tendinite intensa, o que me forçou a fazer duas ou três caminhadas mais curtas; depois tive problemas de dores intensas nos pés... Os caras se entreolharam com jeito de que não acreditavam no que eu dizia. Então perguntei quantos quilômetros eles costumavam fazer por dia. Eles me disseram que faziam 14, 18 ou pouco mais de 20. Eu não comentei nada e saí de perto.

Estive verificando o meu guia e me surpreendi com os muitos quilômetros que caminhei, o que me deu a impressão de que estou próximo do fim. Até pensei: "que pena!". Passou-me pela cabeça uma série de episódios que ficaram para trás e comecei a me lembrar de muitos momentos com saudade. Enfim, há dias eu não parava pra pensar no que tinha sido feito e no que estava por vir. Estou surpreso. Realmente a minha meta não está longe, e isso me causa uma certa ansiedade.

Para chegar ao albergue, fiz uma caminhada bem puxada. Por cerca de uma hora e meia, andei sem pausas pelo acostamento da rodovia. Felizmente os meus pés estão bem, apenas com a dor normal que advém do cansaço, mas não com a intensidade que senti nos dias anteriores. Acho que tudo está indo bem, à exceção da bolha, que ainda não perturba quando ando.

São 21h15. Só agora o sol está se pondo e começa a escurecer. Fui lá fora e peguei a minha roupa. Embora ainda não estivesse seca, eu a trouxe e improvisei uma espécie de varal no próprio beliche onde vou dormir. Pode chover à noite. Isso me complicaria a vida. Estou ocupando a parte de baixo do beliche e pendurei as roupas na grade da parte de cima. Estou deitado como se estivesse embaixo de um varal de lavanderia. Isto me fez lembrar o dia de minha fatídica chegada a Hornillos del Camino, encharcado de chuva, quando tive de me deitar debaixo da escada e dependurar minhas roupas molhadas acima, pois não havia espaço. Pelo menos aqui está confortável e não está pingando em mim. Enganchei as cuecas e meias diretamente nas réguas da grade; e a calça, o colete e as camisas dependurei com um pequeno cabide de plástico que trago na mochila para essas eventualidades. Ficou ótimo. O quarto é enorme, com vários beliches, e muitos peregrinos que entraram vieram ver de perto o meu arranjo. Alguns até copiaram a minha ideia.

Talvez por causa da queda de temperatura, meus pés começaram a doer mais forte. Por isso, vou ficar quietinho, tentando dormir, torcendo para que ninguém entre depois fazendo barulho. Não vou inventar de sair para comer nada, pois a única mercearia que existe nas proximidades fica a algumas quadras, e o retorno é por uma ladeira íngreme.

Povoado O Cebreiro (Galícia/Espanha)

De Vega de Valcarce a Triacastela

São 6h23 do dia 23 de agosto. Estou saindo de Vega de Valcarce para a minha vigésima etapa da viagem a Santiago de Compostela. Esta noite, dormi muito bem e me levantei sem sensibilidade alguma nos pés, pelo menos por enquanto. A minha única preocupação é a bolha na parte superior do dedão do pé direito, que está infeccionada, e por isso sinto um pouco quando a bota toca nesse ponto. Ainda está longe de amanhecer o dia, mas sigo alguns peregrinos à frente. Acabei de encher o cantil numa fonte à margem do Caminho, pois dizem que adiante há só subida de serra, forte e longa.

Para minha surpresa, e ao contrário do que encontrei em praticamente todos os outros povoados, aqui há bares abertos a esta hora da manhã, um logo depois da esquina e outro, com várias mesas abertas, na calçada adiante. Vou dar uma paradinha neste outro, que parece ser maior e mais bem equipado. Vou comer algo, pois a fome já deu sinais. Ontem não jantei, além de ter feito uma alimentação irregular durante todo o dia. Preciso estar bem preparado para a subida. A atendente do bar estava disposta, cantarolando a música do rádio, mas não havia peregrinos no estabelecimento.

Depois de comer três bolinhos madalena e tomar um copo grande de chocolate quente engrossado, sigo a viagem. O dia começa a clarear e posso divisar as montanhas sob o céu azul turquesa. Montanhas por todos os lados, todas muito altas, e a rua principal de saída, por onde estou caminhando, segue nessa direção. Daqui a uns dois quilômetros, pega-se uma estradinha secundária à esquerda, aí a subida começa pra valer. Saindo da proteção das casas da rua, recebe-se um vento frio.

Sigo margeando um pequeno riacho. O albergue de Vega é simples, porém grande e bem equipado. Há uma parte no andar superior onde nem cheguei a subir. E felizmente não fiquei lá, pois havia uma rapaziada do tipo que arruma cantoria e fala alto. Era bem tarde quando subiram fazendo um estardalhaço danado. No piso inferior, por sorte, o pessoal estava muito bem-comportado, todo mundo sossegado, e mal se ouviam os cochichos de um ou de outro. Dormi cedo e não fui acordado hora nenhuma durante a noite. Só fui acordar agora pela manhã.

O albergue fica no fim de uma ruazinha estreita, com uma subida tão íngreme que acredito ser difícil subirem carros ali. Pareceu-me que a hospitaleira estava sozinha, sem ajudantes. Era uma moça seca nas respostas, por isso não conversei quase nada com ela. Cheguei, apresentei minha credencial e ela, mais gesticulando do que falando, mostrou-me a cama, o banheiro, uns utensílios de cantina, a lavanderia... e voltou pra recepção. Depois a procurei para pedir ajuda sobre como usar a máquina de lavar, ela deu as explicações, virou as costas e foi-se embora. Agora pela manhã não havia ninguém e a sala dela estava fechada.

São 7h30. Acabo de sair da área urbana. A margem da estrada é arborizada, como uma capoeira de mata, e ouço o rio à minha esquerda. Está frio, mas a sensação térmica é muito diferente de quando eu caminhava por entre os prédios da rua. A cidade toda parece constituída de prédios de três andares, de arquitetura moderna, sem nada a ver com os demais povoados antigos dos primeiros dias de viagem.

A partir de um certo ponto, a estrada foi tomada por uma neblina densa, gelada a ponto de provocar dor nas mãos. Talvez eu tenha de tirar mais um casaco da mochila. Uma pequena clareada na neblina me permitiu ver que o vale segue por vários quilômetros e que a trilha será como o trecho de ontem: espremida entre as montanhas e o rio. Só que aqui a subida é bem mais íngreme. A outra diferença é que do outro lado do rio a obra da autoestrada está bem adiantada, como pude constatar há pouco. É uma obra gigante que atravessa toda a região montanhosa, com vários túneis e viadutos enormes. Ontem passei por um viaduto cuja altura e formato das estruturas me impressionaram. Uma construção fabulosa.

A obra me parece a sequência de uma autopista supermoderna que ligará Madrid a La Coruña, a maior cidade da Galícia. Aqui se situa o trecho que atravessa as cordilheiras que separam os altiplanos da Meseta Espanhola e as terras da Galícia. As obras lembram a rodovia dos Imigrantes, em São Paulo, embora pareça algo mais grandioso. A estrada passa pelas cordilheiras em linha reta, sem subidas, sem descidas, apenas por túneis e pontes enormes. É a engenharia vencendo obstáculos. Passando por aqui a pé, tendo de subir e descer tantos morros ou ziguezaguear seguindo o curso dos rios por entre os vales, nem dá pra imaginar o quanto ficará mais fácil passar de carro lá em cima, sobre a pista pavimentada, depois que ela estiver concluída.

Sinto uma certa ansiedade por estar próximo de alcançar a Galícia. É muito comentado que os brasileiros se sentem muito bem quando entram nessa região, não só pela semelhança do idioma – o galego é praticamente como o português de Portugal, mas também por causa de muitos outros aspectos da identidade cultural. Eles têm uma certa afinidade natural com os brasileiros, conhecem e acompanham o nosso futebol, a música... tanto que todos os galegos que encontrei até agora, sem exceção, pediram "por favor, fala em português".

Há quem diga que esta subida para O Cebreiro é até mais pesada do que a Cordilheira do Pireneus, depois de Saint-Jean-Pied-de-Port, entre a França e Espanha; considerando-se, porém, que já estou com vinte dias de estrada, talvez eu esteja com um condicionamento físico melhor agora e não sinta tanto o desafio. A moça que me atendeu no café da manhã me aconselhou a não pensar na subida, apenas me concentrar e caminhar. Falou isso num tom de intimidação.

Por um certo tempo, não consegui gravar a minha narração. A gravação ficava entrecortada e não dava para entender nada. Agora está normal outra vez. Subi bastante pela margem esquerda do riacho, depois atravessei para o outro lado por uma pequena ponte, ao lado da qual há duas casinhas de camponeses, muito simples, mas bem bonitinhas, com hortas e plantações de frutas.

Depois passei por um pequeno povoado – na verdade, algumas casas próximas umas das outras, à margem da estrada e à beira do riacho. Logo depois dessas casas, há uma pequena área de pastagem muito bem cuidada; mais adiante, uma floresta cerrada de árvores altas. Ao longo de todo o povoado segue um rego d'água que serve de canal de irrigação aos moradores. Os terrenos particulares de cada uma das casas são pequenas áreas, como os quintais no Brasil, divididos por cercas retas de madeira que vão até o riacho. A maioria deles tem uma grama muito verde caprichosamente aparada à altura de uns vinte centímetros. O povoado é uma fileira de casas com talvez a extensão de dois quilômetros ou mais. O nome do lugar é Las Herrerias.

São 8h15. O dia já é bem claro e a cerração da neblina se dispersou. Acabo de ver lá embaixo um casal de peregrinos, uns 500 metros atrás de mim, mas não os reconheci. Apesar de ter atingido uma altitude considerável, a vegetação continua verde. Pelo menos até aqui, a subida é uma rampa contínua, seguindo a lateral de uma grande serra. Ainda não alcancei nenhum trecho muito íngreme. Vejo os raios do sol atingirem o topo das montanhas. Daqui até onde posso avistar, há uma grande diferença de altitude. Isso significa que há muito o que subir.

Fiquei surpreso ao verificar que falta pouco para eu concluir a minha caminhada. No ritmo que venho mantendo nos últimos dias, pode ser que eu chegue a Santiago em cinco ou seis dias. É tudo tão surpreendente e interessante! Passaram-se tantas coisas, tantos dias se sucederam, tantas etapas, uma após a outra, e cada uma absolutamente diferente da outra, cada dia totalmente diferente do outro, cada parte da estrada diferente da outra... Sem contar as pessoas que encontramos e com as quais conversamos, com peculiaridades, problemas específicos, interesses próprios, metas individuais exclusivas – e cada um à procura de algo diferente do outro.

Como bem disse o padre Bernardo ontem: "O Caminho é exatamente igual à vida: um dia após o outro". É a mais pura verdade: cada dia é uma etapa diferente, com um grau de dificuldade próprio, com obstáculos e desafios diferentes a serem vencidos. E depois de cada subida pesada, quando atingimos o topo, sempre se desvenda um novo horizonte, ainda que alguns mostrem novos desafios, mais subidas íngremes cheias de pedras para nos atrapalhar e nos desafiar; e outros sejam repletos de belezas e paisagens que nos enchem os olhos e nos atraem.

É a vida! É o próprio destino. Muitas vezes as dificuldades estão a milhares de quilômetros de nós, como, por exemplo, as pedras ali paradas há milhões de anos. E lá vem a gente, sei lá de onde, desafiá-las, tropeçar nelas. Pelo menos a experiência humana mostra que os eventos que acontecem alheios à nossa vontade, externos ao nosso controle, acabam se conciliando de alguma forma com nossas ações, e no fim tudo se resolve. Eu não sei se o nosso subconsciente contém alguma informação acerca dessa sincronia de coisas. Ao que me parece, porém, ainda que possamos nos qualificar como seres conscientes e inteligentes, não sabemos coisa alguma. Por isso não somos protagonistas de nada. Somos feito bolas de pingue-pongue, mas não sabemos quem está com a raquete nas mãos, apenas sentimos os impactos que nos lançam de um lado para outro – e nossa função não vai muito além disso.

Nos primeiros dias, talvez nas primeiras semanas, tive momentos de medo, sensações estranhas. Nada relacionado ao fato de estar sozinho pela primeira vez num país estranho, tampouco ao estar desprovido de quase tudo; não é isso. Foram sensações que no fundo eu imaginava, mas das quais não tinha convicção. Hoje sei que elas têm origem na seara espiritual. Eu não entendo nada disso, sempre fui cético em relação ao que se diz sobre a espiritualidade, até desdenhei de coisas dessa natureza muitas vezes, mas hoje, por falta de explicação lógica para muitos dos sentimentos e eventos que me aconteceram, não há como não atribuir essas coisas a essa dimensão. Tem sido assim, por exclusão. Se não pode ser explicado por meio de nada que a gente entende; se não se sujeita aos aspectos da lógica, da razão e da física, então sobra para o universo espiritual.

Reitero que nada sei sobre isso que estou falando, e talvez não tenha parâmetros suficientes para analisar e entender essas coisas. Só sei que tive sensações e visões que foram reais, isso é inquestionável, mas que não têm explicação. E não posso admitir ter vivido algum delírio, pois as minhas faculdades mentais, cognitivas e de percepção lógica estavam em pleno funcionamento, tanto que os fatos me impressionavam e eu questionava se o que se passava era normal. Pode ser que alguém depois venha me dizer que foi uma espécie de alucinação decorrente do cansaço (sempre aparece alguém com argumentos de cunho científico para propor esse tipo de avaliação impertinente). Mas só quem viveu sabe o que é. Eu me nego a acreditar que simples reações químicas no meu cérebro possam determinar o que eu estou vendo e criar situações que envolvem outros seres ou pessoas. Portanto, tem de haver uma dimensão espiritual.

Aqui as duas cadeias de montanhas que delimitam o vale são tão altas e destacadas que formam uma espécie de garganta gigantesca, um cânion com o riacho no meio, lá embaixo, coberto pela mata. A estrada serpenteia e sobe pela montanha do lado direito. Do outro lado, o sol começa a atingir os cimos. O cânion não é retilíneo, segue o curso do riacho, e à medida que subo, descortinam-se outros cimos de montanhas. Pude perceber por entre uma clareira que o rio lá embaixo tem um razoável volume de água, com grandes cachoeiras. Pude ouvir o ruído daqui.

São 8h40. Acabo de passar por uma fonte à margem da estrada, construída em pedras rústicas, o que indica ter sido feita muitos anos atrás, por onde corre uma água cristalina gelada e deliciosa. Bebi o que pude e descartei o resto que ainda havia no cantil para enchê-lo novamente com a água nova. Adiante vejo morros e montanhas a não acabar mais. É interessante como numa altitude desta ainda brota tanta água. É um mistério.

A estrada em grande parte é uma rampa contínua, mas há trechos com curvas sucessivas de 180 graus para um lado, depois para o outro, tamanha é a inclinação da montanha. Do outro lado, vejo casas muito boas. Aparentemente são chácaras com jardins e hortas, em terrenos grandes, com reservas de mata nos arredores. Parece até uma comunidade rural. São casas distantes umas das outras, mas todas construções modernas e bonitas.

Ultrapassei um senhor francês de cerca de 70 anos ou mais que eu havia visto no albergue ontem. Desde a primeira vez em que o vi, achei o cara meio chato. Quando o alcancei, cumprimentei-o e ele, sem olhar para mim, apenas murmurou alguma coisa em francês e fez um gesto que, no meu entender, era algo como "não quero conversa". Ultrapassei-o e segui sem dar a mínima.

São 9 horas. Embora o sol ainda não esteja me atingindo, o esforço da subida me fez suar muito; sinto-o a escorrer pelas costas, encharcando-me a camisa, as cintas da mochila e a parte superior da calça, do mesmo jeito que vem pingando nas lentes dos óculos, escorrendo pela barba e pingando no colete. Suor precioso que faz bem e que que me trouxe à mente um salmo bíblico importante: "Oh, quão bom e quão suave é que os irmãos vivam em união! É como o óleo precioso que desce sobre a barba de Aarão e escorre pela orla de suas vestes".

À minha frente vejo picos muito altos, com torres de transmissão instaladas no topo. Deve ser a parte mais alta dessa cadeia de montanhas. Depois de fazer uma curva de 270 graus, a estrada segue pela lateral de outra grande colina. O sol agora me vem pelo lado esquerdo. Um bando enorme de andorinhas – centenas, talvez milhares delas – saiu voando do meio da mata no fundo do vale e subiu fazendo evoluções. Agora as aves fazem voos rasantes à frente de onde estou. Parecem em festa, a apreciar os raios do sol. E continuam chegando cada vez mais andorinhas, juntando-se ao bando. Um espetáculo!

Consigo avistar quilômetros do caminho por onde passei e não vejo nenhum peregrino subindo. Adiante, percebem-se cadeias de montanhas que se sucedem, umas após as outras, com o cimo coberto de neblina. O sol está maravilhoso nascendo acima das montanhas, do outro lado do desfiladeiro, agora com milhares de andorinhas fazendo malabarismos acima de mim. São andorinhas muito pequenas, em uma quantidade que nunca vi em toda a minha vida.

A subida de O Cebreiro é um dos trechos mais marcantes do Caminho. Acho que estou alcançando o topo. É mais uma etapa. Emociona-me e provoca uns arrepios, uns calafrios. É muito bom sentir o gosto do desafio vencido, da conquista realizada. Tenho a impressão de que saí lá de baixo hoje pela manhã sob o efeito de uma espécie de magia: do nada, vi-me contemplado com uma capacidade de esforço extraordinária que me surpreendeu. Depois de beber daquela fonte, então, não percebi os obstáculos. Tudo pareceu muito fácil, embora a frequência cardíaca e o suor em bicas durante todo o tempo tenham sido inusitados. Mas em nenhum momento me senti fragilizado ou cansado.

Ganhei finalmente o topo da serra de O Cebreiro e me emocionei ao ver se descortinar esse horizonte gigantesco, diferente de tudo o que avistei até aqui, muito verde e montanhoso até onde a vista pode alcançar. Daqui vejo os dois lados: para trás, a aridez das montanhas que delimitam os planaltos da Meseta Espanhola; para a frente, as belezas das matas e montanhas da Galícia; a Galícia que encanta povos de todas as origens desde a época do Império Romano. Que maravilha! O lugar merece que se dê uma pausa para relaxar e tirar boas fotos da paisagem. São muitas e variadas emoções! A experiência do Caminho de Santiago é única.

Costumo dizer que esta aventura é comparável à própria vida, numa escala reduzida. A cada dia, a cada momento, tudo se renova, e a estrada segue sem que a gente saiba o que haverá no próximo passo. Conversei com um espanhol que fazia o Caminho pela décima quarta vez e ele me disse que a cada caminhada é tudo diferente, em cada dia, em cada trecho. Toda vez que se olha para uma determinada paisagem, observam-se aspectos que não tinham sido vistos antes. Tudo é novidade. Os desafios e as sensações jamais se repetem. E se tivermos sensibilidade e um pouco de interesse em absorver os ensinamentos que o Caminho nos oferece, pode ser muito enriquecedor. Se tivermos a capacidade de absorver tudo aquilo pelo que passamos e converter em ensinamentos práticos; se pudermos abstrair cada lição e projetá-la na própria vida, teremos um resultado positivo importante.

Agora, alcançado o alto de O Cebreiro, depois de vinte dias nesta estrada, caminhando, caminhando e enfrentando desafios, um depois do outro, as reflexões que faço me levam a crer que aprendi muito. Ainda não sei como vou aplicar esse aprendizado na minha vida, mas pelo menos sei que cresci como ser humano. Sei que posso viver apenas com o que consigo levar nas próprias costas e que na essência não há diferença significativa entre mim e qualquer outro. Na verdade, o Caminho nivela todo mundo. Aqui somos essencialmente peregrinos, nada mais. Não existe rico, pobre, negro, patrão, empregado, contribuinte, paciente, empresário, doutor, peão. Somos iguais – todo mundo é peregrino.

O sofrimento, as dificuldades que todo mundo passa não distinguem ninguém. Eu vi pessoas chegarem alquebradas nos albergues, constatarem que não havia vagas e saírem humildemente à procura de um ginásio de esportes para lá estenderem de qualquer jeito seus sacos de dormir e passar a noite, sem reclamar. Depois soube que uma delas era um empresário abastado da região de Barcelona. Aqui, no entanto, ele era só mais um peregrino a dormir ao relento sob a cobertura do ginásio de esportes.

Desde o meu primeiro dia na estrada, nada se repetiu: cada paisagem nova, cada novo dia com o Sol e a Lua nascendo e se pondo de maneira única, cada pessoa diferente que conheci, cada experiência que vivi, cada dificuldade que enfrentei, cada pedra em que pisei ou tropecei e que tenha me machucado, cada a subida ou descida foi uma experiência particular e única.

São 10h16. Estou contornando O Cebreiro por detrás. Acho que há uma rua pelo outro lado, mas entrei errado. O povoado é pequeno, mas vou ver se encontro um barzinho para comer alguma coisa e seguir adiante. Encontrei dois italianos do grupo que conheci no primeiro dia e conversamos e rimos um pouco das brincadeiras deles. Lembramos das músicas italianas que faziam sucesso no Brasil nos anos 1960 e 1970, cantei uns trechinhos de uma música do Roberto Carlos daquela época e eles gostaram muito. Até aplaudiram.

Diante do povoado, vislumbra-se a paisagem espetacular das montanhas da Galícia. Este território tem sido objeto de ambição de muitos povos desde a época da Roma Antiga, há dois mil anos. Por essa razão, tratava-se de uma das províncias mais valorizadas do Império, cujo governo era confiado apenas aos maiores generais. A partir da Idade Média, com as histórias e lendas que motivaram as peregrinações pelo Caminho de Santiago, ele continuou cada vez mais sendo o destino de pessoas de todo o mundo.

Os galegos são um povo pacífico. Dizem que descendem de uma linhagem específica de povos celtas que viveram aqui desde muito antes de os romanos chegarem, sem nunca terem necessitado de guerras e conquistas para sua subsistência, pois as terras são férteis e o oceano que circunda a península é rico em peixes. Além disso, têm uma familiaridade muito grande com o Brasil e os brasileiros, a começar pelo idioma, que é praticamente igual ao português.

São 11h7. Estou deixando O Cebreiro. Fiz uma pequena pausa com a intenção de fazer um lanche, mas não encontrei nada que me agradasse na única lanchonete que encontrei aberta. Então me sentei num banco de praça, ao lado de uma pequena pousada à saída do povoado, e comi quatro tomates com sal e um pêssego, que eu trazia na sacola.

Depois de subir menos de um quilômetro, após a saída do povoado, a trilhazinha estreita de cascalho adentra um bosque de araucárias. Assim que ganhei o topo, avistei à minha frente um grupo de peregrinos caminhando devagar à sombra das árvores. Parece uma floresta natural com arbustos altos embaixo e algumas poucas clareiras gramadas, muito aconchegantes. Dá até vontade de parar pra deitar na grama e descansar.

Há pessoas que preferem caminhar pelas estradas asfaltadas, muitas vezes dividindo espaço com carros e caminhões. Eu prefiro alternativas como esta aqui; quanto mais selvagem, melhor. Fujo das estradas asfaltadas, mesmo que tenha de andar trechos mais longos. Isto sim é o autêntico Caminho, especialmente com esta sombra deliciosa, fresquinha, andando sob a floresta.

Depois de quase uma hora a caminhar pelo bosque, num chapadão plano, atravessei a estrada asfaltada, numa área mais acidentada, por uma trilha que sobe no meio da mata, com árvores altas e samambaias embaixo. À minha direita, há um precipício, um barranco quase vertical, muito alto. Quase não dá pra ver lá embaixo. Adiante avista-se novamente a estrada de asfalto, que passa por um ponto de altitude maior que a do próprio O Cebreiro. Eu vi uma placa que indicava: "Alto de São Roque, 1.270m". A vista é maravilhosa: vejo a Cordilheira Cantábrica ao norte, agora bem mais nítida, por estar mais próximo e sem neblina. Há mais além uma estátua enorme em homenagem ao peregrino. Vou bater uma foto aqui.

A estátua gigante de São Roque é um belo monumento ao santo e a todos os peregrinos, uma vez que, pelo traje, São Roque foi um peregrino. Há um número grande de santos da Igreja Católica que foram peregrinos. A estátua, aparentemente feita em aço, com mais de dois metros de altura, retrata um peregrino típico, portando cajado, trazendo a concha de Santiago presa na roupa e segurando um chapéu, como se o vento forte o estivesse ameaçando levar.

Disseram-me que não há fonte além daqui, e minha água está praticamente no fim. Tenho de economizar e evitar suar muito. Pelo menos é descida agora. Uns quinhentos metros depois, encontrei pela terceira vez um grupo de espanhóis com idade em torno dos setenta anos ou mais. Há casais, mas há também quem siga sem par. Assim que os alcancei, uma senhora fez questão de puxar papo e começou a me perguntar um monte de coisas sobre o Brasil. Disse que fez uma viagem maravilhosa pelo país e conheceu Foz do Iguaçu, Belo Horizonte, Viçosa e São Paulo.

Passei por uma fazendinha de gado inusitada, típica não só desta região, mas também comum em outras áreas por onde andei. Se fosse avaliar segundo os conceitos do Brasil, seria apenas um pequeno quintal ou um lote de área urbana. Aqui, no entanto, esse tipo de terreno é considerado terra produtiva. É muito bem cercado e com pastagem formada, aproveitando cada metro quadrado, tudo muito verde e vistoso, com tanto capricho que até parece uma horta, tamanho o zelo. Eu não identifiquei a variedade do capim, mas é um tipo de gramínea interessante, pois dá uma espécie de pequeno pendão verde. Outra diferença é que o gado não anda pelo pasto. Obviamente que pelo tamanho da área não dá para deixar o gado pisotear o capim. O gado fica nos estábulos, confinado, e o capim é cortado e empacotado em silos.

São 13h30. Ao contrário do que pensei, há muita subida. Iniciei um trecho de morro bastante inclinado, longo e cheio de cascalho solto na pista da trilha. Incrível: quando a gente pensa que vai ser moleza, a surpresa sempre vem, o Caminho sempre surpreende.

Depois de atingir o topo, cheguei ao povoado Alto del Poio, onde o Caminho encontra outras alternativas à peregrinação. Aproveitei para beber água o quanto pude, encher meu cantil e comer um chocolate. Uma das minhas bandeirinhas do Brasil havia rompido a alça que eu usava para dependurá-la na mochila e então a deixei no bar, junto com outros *souvenirs* deixados por peregrinos. Deixei também uma mensagem no livro de visitas e segui em frente, rumo à próxima cidade, que se chama Triacastela, a cerca de 12 quilômetros. Daqui se avistam belíssimas paisagens à minha esquerda, compostas de colinas suaves, cobertas de florestas verdes, típicas da Galícia, muito diferentes dos picos e cordilheiras escarpadas que eu avistava até pouco tempo atrás. Vejo alguns povoados a distância, abaixo do ponto em que estou, além de fazendas com belas pastagens muito verdes e restingas de matas preservadas.

A estradinha segue estreita por uma vegetação parecida com os chapadões de samambaias, porém de espécie diferente. Sopra uma brisa úmida e fresca vinda da direção desses vales, trazendo um cheiro bom de mato. Tanta beleza traz esta sensação de tranquilidade que talvez tenha sido um dos motivos que levaram os romanos a se interessarem tanto por esta região, há dois mil anos.

Eu apenas atravessei a estrada estreita de asfalto e continuo na mesma trilha, no meio dos pastos, que é o Caminho original. Como é uma descida contínua e estou mantendo velocidade acelerada, o peso da mochila tende a me jogar para a frente. Com isso, sinto-me confortável para dar corridinhas. Às vezes prefiro correr em ritmo de marcha do que andar, pois meu corpo tem condicionamento melhor para correr. Embora eu esteja há vários dias andando, corridas eu faço há pelo menos quinze anos, então minha estrutura ortopédica está mais treinada para correr.

Peguei uma descida mais inclinada e preferi seguir fazendo a minha "carreirinha". Se algum peregrino me vir por aqui, certamente vai duvidar da minha sanidade mental. Mas enquanto não há ninguém por perto, vou seguir correndo. Está me fazendo bem e parece evitar o cansaço.

O passo rápido da corrida faz com que eu não fique tanto tempo com o meu peso sobre a sola dos pés. Isso evita a dor que tem me atormentado tanto. Caminhando com passadas normais, sinto que a pressão sobre a sola dos pés incomoda mais. A minha expectativa é chegar a Triacastela por volta das 17h30. Se conseguir alguma loja de computadores aberta, vou verificar minhas caixas de *e-mail*.

São 15h15. Saí do último povoado aborrecido e chateado com os caras do boteco. Por isso acabei me perdendo no meio dos pastos. O dono do bar, um magrelo preguiçoso, com bigodão horrível, fica sentado o tempo todo num banco do lado de fora, fumando, sem fazer nada. Cumprimentei-o, entrei no bar e ele nem se mexeu. Como ninguém apareceu para me atender, pedi a ele. Em vez de agir, ele apenas gritou a um moleque de dentro da casa para me atender. O outro, preguiçoso como o pai, pareceu não ter interesse em vender nada. A algumas coisas que perguntei, ele nem se deu ao trabalho de responder e sequer me olhava. Sem paciência, saí de novo e falei com o velho. Disse que o rapaz parecia meio indisposto e perguntei se ele podia me ajudar, pois eu queria alguma coisa pra comer. Por incrível que pareça, o cara nem se tocou e simplesmente respondeu que não podia me atender; que eu resolvesse com o rapaz lá dentro. Diante de tanta preguiça (ou falta de educação), saí xingando baixinho, para não me estressar ainda mais.

Contrariado, peguei a primeira estradinha e vim descendo. Só que essa estradinha foi ficando cada vez mais estreita, fazendo bifurcações sem qualquer indicação. Tentando deduzir qual seria a direção que poderia me levar de volta à rodovia asfaltada que enxergara lá do alto, segui adiante, mas a trilha foi-se fechando. Quanto mais eu descia, mais ficava estreita, até virar trilheiros de gado no meio do pasto. Daí a pouco, nem trilheiro havia mais, apenas pastagens secas e cheias de moitas de espinhos, até chegar num ponto em que não havia mais picada a seguir, tendo adiante apenas uma cerca de arame farpado. Segui à margem da cerca, mas sempre em frente. Não sei o que me fez teimar em continuar, mesmo sabendo que a estrada se acabava aos poucos e eu passava a entrar no mato. E o pior é que desci exatamente na direção da mata.

Depois de andar muito, subindo e descendo o espigão pelo meio dos pastos; depois de me arranhar todo e desfiar minha calça nos espinheiros, tendo de voltar a cada vez que não encontrava saída pelo matagal (ou a cada vez que me deparava novamente com a cerca de arame farpado), consegui chegar à estrada de asfalto. Entretanto, não tinha a menor noção de qual seria a direção certa a seguir. Dei tantas voltas e fiz tanto vai-e-vem que perdi o rumo. E do meio da mata não dava para ter ideia de por onde avançar.

Vou apostar na sorte. Se esse asfalto realmente for a estrada que vai a Triacastela, tenho 50% de possibilidade de acertar. Se lá na frente eu descobrir que peguei a direção errada, não terei alternativa a não ser voltar e torcer para não me ter atrasado demais, a ponto de ficar sozinho à noite neste mundão aqui. E torcer também para encontrar adiante algum sinal que indique o Caminho, pois já não tenho a mínima noção do rumo que estou seguindo; estou definitivamente perdido e preocupado com o tempo de que disponho até anoitecer.

Andei bastante e não vi nenhuma indicação, nenhum sinal, mas vou continuar. Quem sabe passa um carro ou alguma pessoa. A estrada é estreita e sem acostamento, e este trecho é literalmente no meio da mata. Mais adiante há uma descida e depois uma curva fechada, além da qual não dá para saber o que vem após.

A TRIACASTELA

Fiz uma curva de 180 graus e por entre a clareira enxerguei telhados a uns cinco quilômetros daqui, no horizonte, mas não dá pra saber se a estrada segue nessa direção, pois estou no meio da mata, fazendo curvas, subindo e descendo a toda hora. Parece um povoado ou pelo menos algumas casas próximas umas das outras, com telhado bem escuro. Queira Deus eu esteja no caminho certo e seja Triacastela, porque se eu tiver de voltar isso tudo, estarei enrolado. Tento comparar o cenário com as imagens dos mapas do guia, mas confesso que não sei para qual direção estou seguindo.

Estou serpenteando: ora parece que estou em um sentido, ora parece que estou em outro. Além do que, nenhuma alma viva passou por aqui para me dar orientação. Ando o tempo todo olhando para trás, tentando avistar o mais adiante possível, mas não passa gente aqui, não passa carro, não passa moto nem carroça, nada! O problema maior é que as pessoas não costumam caminhar a esta hora. Elas param, comem e vão dormir.

Acabei de avistar uma pessoa depois da curva, a uns quinhentos metros. É ao que parece um velhinho fazendo caminhada. Vamos lá. Vou acelerar o passo para alcançá-lo e saber para que lado está a cidade. Se eu estiver indo na direção errada, vou ter de retornar todo o percurso que andei no meio da mata e retomar a rota a partir do alto daqueles espigões. Passou um carro, mas o infeliz não parou. Tenho de correr e alcançar a pessoa que vai adiante. Na verdade, percebo que é uma senhora.

Que alívio: a mulher disse que é essa a direção mesmo e que falta sinalização no trecho, mas a estrada leva a Triacastela! Antes de chegar, há outros dois pequenos povoados, mas a cidade está a oito quilômetros, no máximo.

Com o fato de ter-me desorientado, acabei perdendo muito tempo. Não vou chegar no horário que planejei, mas creio que ainda chegarei de dia. Conferi o guia e já me localizei. Agora ficou fácil saber onde estou e para onde vou: abaixo está o povoado de Vilar, depois Pasantes e... Triacastela! Isso quer dizer que o outro povoado onde estive, o do bigodudo preguiçoso, chama-se Casa Xato ou Quiroga. Talvez seja

Xato de Quiroga, um nome bem apropriado, que em português seria "Chato de Que-droga".

Caminhei bastante depois da orientação da senhora, e embora não tenha passado por nenhuma bifurcação, estou me sentindo inseguro, pois não vi sinal do Caminho de Santiago, nenhuma sinalização. Talvez eu esteja traumatizado, mas seria bem mais tranquilo se tivessem colocado umas marquinhas de vez em quando, para nos orientar. Passei um sufoco grande, com medo de ter de voltar todo aquele trajeto pela estrada íngreme.

Eu realmente já havia descido muito. No primeiro momento, o mato, os espinhos e o arame farpado; depois o asfalto quase a ferver e meus pés a doerem muito; e para completar, a mata a me deixar cada vez mais desorientado. Isso tudo me causou insegurança. Cheguei a pensar em pegar uma carona. Se de fato eu estivesse caminhando na direção errada, eu pediria carona ao primeiro carro que passasse, iria até a próxima cidade, dormiria e voltaria de táxi ao mesmo ponto onde errei o Caminho, para continuar a partir de lá.

Embora haja duas pistas, a estrada é estreita e sem acostamento. Se vierem carros na mesma faixa em que estou caminhando, terei de pular no mato. Este trecho é uma floresta de eucaliptos com macegas de arbustos espinhentos por baixo. Quando se abrem clareiras, vejo fazendas com pastagens. Em alguns pontos, no meio dos arbustos sob as árvores, há amoras-capeta maduras, cachos e mais cachos delas. Venho pegando algumas e comendo-as, para matar a fome.

Voltei um pouco para apanhar uns cachos grandes de amora que eu vira lá atrás e nesse momento apareceu um carro velho, dirigido por uma senhora que parou preocupada para me alertar que eu estava indo na direção errada. Depois de andar tanto tempo precisando de alguém para me dizer a direção certa, justo agora que voltei só um pouquinho para colher amoras, aparece-me alguém. Mas tudo bem. A senhora foi simpática e me senti acolhido com a atenção dela. Agradeci e comentei que há pouco eu estivera realmente perdido, sem saber a direção, e que ela deveria ter passado antes. Ela riu, desejou-me sorte e boa caminhada, e se foi.

Conferindo os mapas, deduzi o que me fez ficar perdido, batendo cabeça por essas estradinhas no meio da mata: é que logo depois que saí do boteco do bigodudo preguiçoso, deveria ter entrado à esquerda, mas segui em frente. Só havia essas duas possibilidades e peguei o caminho errado, bem na frente do velho, que nem se deu ao trabalho de me avisar.

Toda aquela longa extensão que desci no topo da colina era uma estrada na direção de Lamas do Biduedo, totalmente fora da rota. Do alto eu avistava trechos da estrada aqui embaixo, e por instinto desci pelo meio do pasto, tentando alcançá-la, e acabei me enfiando na mata, por essa estrada que não tem nada a ver com o Caminho, e por isso não tinha sinalização alguma. Enfim, mesmo arranhado, com a calça nova desfiada e morrendo de fome, tive sorte de encontrar a rota certa ainda durante o dia.

A partir daqui, encontrei o Caminho, devidamente marcado com as setas amarelas. Apenas atravessei o asfalto e desci pela trilha. Quando cruzava o asfalto, vi um ciclista que eu conhecera há alguns dias. Comentei com ele sobre o meu "extravio" e ele riu muito, mas disse que se eu não tivesse saído da estrada de asfalto, poderia ter seguido em frente até o outro povoado; de lá, poderia pegar depois a estrada para Triacastela. Só que são pelo menos oito quilômetros a mais. Alguns ciclistas fazem essa via por ser um trecho sem movimento, atravessando o meio da mata.

São 16h25. Estou saindo do povoado de Pasantes. O que mais impressiona nessa região é que a estrada é uma cava profunda num chão de pedras. As árvores ao lado têm raízes expostas nos barrancos, mostrando que este caminho vem sendo usado há centenas de anos. As casas e os estábulos são uma construção só, feitos em pedra bruta, como tem sido visto em alguns lugares por onde passei. Algumas têm o estábulo no primeiro nível e a residência acima; outras têm o estábulo ao lado. Mas em quase todas elas, as vacas estão lá, comendo sua ração nas cocheiras, e as galinhas ciscam nos quintais.

Contrastando com isso tudo, no meio do povoado encontra-se uma indústria metalúrgica moderna, em alvenaria moderna, com cheiro de tinta a óleo, bem ao lado de uma estrada rústica secular, talvez milenar. É a modernidade dividindo espaço com a antiguidade.

Daqui consigo ver os sinais de uma concentração urbana com casas maiores, alguns edifícios pequenos e antigos, lá no fundo do vale. Deve ser Triacastela. A estrada indica que se trata de uma rota pela qual já passaram milhões de pessoas ao longo de séculos ou milênios. De tanto as pessoas passarem, o leito da estrada foi sendo aprofundado, deixando visíveis nos barrancos as raízes das árvores que estão acima. Em alguns pontos, há sinais de que havia muros de pedra antigamente, que ficaram debaixo das raízes crescidas acima dos barrancos. Esses trechos antigos são chamados de "Caminho Original".

São 16h53. Estou chegando ao albergue de Triacastela, na entrada do povoado, um pouco afastado da estrada, porém, com um grande campo gramado à frente. Vou verificar se há vaga, mas pelo movimento que se vê em frente, pode estar lotado a esta hora. Há peregrino esparramado para tudo quanto é lado, barracas de *camping*, som tocando... Parece mais um acampamento de farra. Não estou gostando nada do que vejo aqui.

Como eu temia, o albergue está lotado. Apenas me ofereceram lugar no chão, sem colchão. Agradeci e perguntei se haveria outra alternativa na cidade. Ele me disse que só teria o ginásio poliesportivo ou a igreja, esta depois das 20 horas, quando acabasse a missa. Porém, em nenhum desses lugares também haveria colchão. Fiquei desiludido. Como estava muito cansado, deitei-me um pouco na grama em frente ao albergue, para refletir um pouco e cogitar o que fazer. Afinal, dormir no chão duro depois de um dia como este, acho que é dose pra leão.

Ir até o próximo povoado, que é Samos, seria puxado. São mais de dez quilômetros. Além disso, está tarde e não sei se tenho energia para mais esse trecho. Seria uma boa adiantada. Eu queria, porém, acessar meus *e-mails* ainda hoje, e seguramente não vou encontrar internet por lá. Vamos ver, vou pensar.

Este albergue em que estou fica num lugar muito bonito. São dois blocos distintos construídos em estilo moderno, porém em pedra rústica. Pelo menos no que se refere ao material, eles preservaram a tradição. Há esse enorme campo gramado na frente, onde muitos armam barracas e outros permanecem como se estivessem fazendo piquenique. De um lado, há um museu ou espaço para exposição de artes; e entre o albergue e esse museu, um bosque convidativo, com árvores frondosas. Uma bela área verde. Ao fundo, um riacho com uma vasta área de mata ciliar; do outro lado, uma grande mata fechada que vai até o alto de uma serra enorme, além do rio.

Por incrível que pareça, não vi nenhum peregrino conhecido, mas está um clima gostoso. E apesar de tudo, estou me sentindo bem, deitado aqui, relaxando e vendo o povo se movimentar. Preciso resolver se espero até as oito da noite para ir dormir na igreja ou se como alguma coisa e tento chegar a Samos, para adiantar um pouco mais a minha etapa de hoje. Se eu for pra Samos, serão 46km a mais e terei encurtado a etapa de amanhã, mas em compensação hoje ficaria muito puxado, e ainda sob o risco de eu chegar lá e ter de dormir ao relento, pois se não há lugar aqui, que é um grande povoado, imagine em Samos. Vou pensar enquanto relaxo.

Uma moça com o som ligado toca música galega, com a inconfundível sonoridade das gaitas de fole. É uma música alegre e animada que lembra aquela melodia que os rapazes estavam tocando na Cruz de Ferro. Uma linda música.

São 18h35. Resolvi ir até um bar da esquina e comer um bocadilho, mas foi uma luta. O pão do bocadilho geralmente é duro, mas este aqui quase me quebrou os dentes. Pedi uma faca e um garfo, mas mesmo assim não deu certo. Não consegui destrinchar o danado do pão. Tive de pegar meu canivete na mochila e, usando o garfo como apoio, consegui comer, mas o garfo ficou torto. Depois voltei ao albergue, aproveitando a brisa e o ambiente confortável do bosque para ver se encontrava algum conhecido, enquanto avaliava a possibilidade de ficar e tentar dormir no chão duro, mas acabei largando mão dessa ideia.

Entrei na cidade para ver se arrumo outra alternativa. O rapaz do bar me disse que há um albergue pequeno próximo à saída do povoado, embora quase sempre fique lotado antes deste maior, e que há ainda dois pequenos pensionatos. Também comentou que algumas pessoas do lugar costumam oferecer pernoites a peregrinos em suas próprias casas. Não custa ver. Aliás, custa muito, pois estou cansado em demasia. Se não conseguir nada, em último caso vou para a igreja; espero a missa acabar e me ajeito por lá.

São 19h40. Acabei não conseguindo vaga no outro albergue também, assim como nos pensionatos. Eu já estava a ponto de me desesperar só de pensar em dormir no chão de novo, mas soube de uma senhora, Dona Lolita, que tem um quarto de casal muito bem arrumado e espaçoso que ela costuma alugar, bem próximo daqui. É minha última esperança, é tudo o que eu mais quero agora: uma espaçosa cama de casal para dormir esparramado.

Encontrei a Dona Lolita numa mercearia. Ela me disse que havia prometido alugar o quarto a uma moça que fora fazer compras, mas estava demorando muito. No entanto, estava disposta a resolver o meu problema: se a moça tivesse voltado, ela improvisaria um colchão para mim no andar de baixo, na sala. Voltei com ela e, para minha sorte, a moça não estava. Dona Lolita nem quis esperar e logo me acomodou num quarto limpo e espaçoso. E ainda me deu desconto. Ela disse que costumava alugá-lo por quatro mil pesetas, mas iria fazer para mim por duas mil e duzentas, com uma condição: se a moça voltasse e quisesse compartilhar o quarto, ela colocaria um colchão para ela num canto, perto da janela. Depois me emprestou uns baldes para eu lavar a roupa. Lavei minha camisa, um par de meias e a cueca, e nem sei se a moça apareceu. Fiquei sozinho no quarto. Estou deitado, confortável, num colchão macio. Que delícia! Eu mereço isso hoje.

Segundo o que verifiquei, hoje fiz 39 quilômetros. Minha expectativa para amanhã é fazer quarenta. Não será difícil, pois sei que não há subida longa no início da manhã, como hoje. Também não deverá acontecer de novo o estresse que tive quando me perdi. E se por acaso encontrar o Jader e o Elies, poderemos sincronizar os planos de chegar em Santiago juntos e tomar o vinho que a gente vem se prometendo há dias.

Hoje bateu uma saudade enorme das minhas filhas. Não comentei durante o dia, mas desde cedo estou pensando muito nelas, com vontade de vê-las, de pelo menos saber como estão, se não tiveram nenhum problema. Embora o povoado de Triacastela seja pequeno – uma longa faixa de casas ao longo da margem da estrada –, conta com uma boa infraestrutura comercial, com lojas, restaurantes e bares, e pode ser que até haja internet, mas não estou em condição física de sair e procurar. O melhor a fazer é relaxar e aproveitar o conforto do quarto. Amanhã levanto mais cedo, antes do horário de elas dormirem. Como lá no Brasil são cinco horas a menos, quatro e meia da manhã aqui serão onze e meia da noite lá, horário em que elas estão chegando da faculdade. Uma boa hora pra ligar.

Apesar de tudo, hoje foi um dia produtivo: caminhei um bom trecho, mesmo andando sozinho o tempo todo. Vi muita coisa interessante, paisagens muito bonitas, como a emblemática Serra de O Cebreiro e esta região montanhosa da Galícia. Depois que cheguei, ainda me dei ao luxo de fazer hora, relaxar.

A propósito, no bar onde comi o sanduíche duro, havia um computador, mas estava com problemas. O dono do bar até me deixou tentar acessá-lo, mas não funcionou. Então, lembrei-me de que algum tempo atrás eu havia enviado uma mensagem ao escritor e fotógrafo Guy Veloso, autor de um dos mais sensacionais livros sobre o Caminho de Santiago, e ele me respondeu dizendo que estava justamente em Triacastela, fazendo o Caminho pela segunda vez. Talvez venha por aí um novo livro dele, e por coincidência pode ter sido daquele mesmo bar Considerando-se a distância que caminhei hoje, cheguei razoavelmente bem. Se não houver contratempos, a manter esse mesmo ritmo dos últimos três dias, é possível que eu chegue em no máximo cinco dias. Estou na reta final.

É interessante registrar que a residência da Dona Lolita, onde estou hospedado, é uma casa construída no século XIII e já foi um hospital de peregrinos. Por isso os cômodos são tão grandes. A estrutura da casa é a original, mas as paredes foram cobertas com argamassa. Em vários pontos, contudo, é possível ver a parede grossa de pedra bruta com até um metro de espessura. Embaixo há um porão enorme, onde se veem os arcos de pedra construídos nos mesmos métodos da arquitetura da Idade Média. Há alguns assoalhos muito antigos que, segundo ela, são do século XVI, e embora a madeira esteja muito corroída e desgastada pelo tempo, ainda estão lá.

É uma pena terem recoberto as paredes com argamassa. Por isso é que do lado de fora não se percebem essas características originais da construção. Entretanto, ela fixou uma placa na porta onde se lê "Antigo Hospital de Peregrinos – Construída no século XIII". Mas quem não entrar para ver os detalhes pode até pensar que essas informações não procedem. Os fundos da casa ainda preservam bem esses aspectos de antiguidade. Eu pedi a ela para bater uma foto minha onde aparece a parede antiga, enquanto eu lavava minha roupa. Disseram-me que eles cobrem as paredes originais com reboco e depois pintam porque a manutenção no estilo original, de pedra, acaba ficando mais cara.

São 21 horas e ainda não anoiteceu. Acabei indo às ruas, voltei ao bar e tomei um suco, comprei uma garrafa de água com gás e aproveitei para ir próximo à saída do povoado, para me certificar da direção certa a tomar, caso decida sair de madrugada. No bar, conversei com um grupo de galegos que tocava gaitas de fole, todos morenos de olhos azuis muito claros. A música deles é realmente muito boa e todos gostam das canções brasileiras. Até tocaram um pedacinho de um clássico da MPB do qual não lembro o nome.

O melhor foi que encontrei um telefone público e liguei para as minhas meninas. Conversei muito com a Camila e depois com a Cíntia. A Camila me disse que o meu irmão Ronan teve um problema de infarto ontem. Fiquei preocupado, mas ela acrescentou que falou com ele por telefone e que já estava tudo bem, fora de risco. Recomendei a elas que entrassem em contato com o Tomé e adiantassem alguns procedimentos para que a gente fizesse um encontro de família no feriado de 7 de Setembro, lá no Carmo do Paranaíba, para celebrar o meu retorno do Caminho de Santiago. Comentei com elas que estou andando bastante, tentando ganhar tempo, mas ao invés de antecipar o meu retorno, como eu havia cogitado, estou pensando em ficar algum tempo a mais por aqui, conhecer Madrid, Toledo e, quem sabe, algum outro país da Europa.

Ter saído um pouco me fez bem. Antes de deixar o bar, tomei uma taça grande de vinho que vai me ajudar a pegar no sono mais rapidamente. Ter falado com as minhas filhas e saber que estão bem, perceber que estão se sentindo seguras e em paz me deixou mais aliviado, e isso também me ajudará a dormir mais tranquilo.

Trecho do Caminho na região de Triacastela (Galícia/Espanha)

Trecho do Caminho na região de Portomarín (Galícia/Espanha)

De Triacastela a Portomarín

São 7h22 da manhã, dia 24 de agosto, sexta-feira. Deixo a cidade de Triacastela para fazer a minha vigésima primeira caminhada. Ao contrário do que eu esperava, o sono demorou a chegar. Quando finalmente dormi já eram mais de duas ou três da madrugada, e acordei pouco depois das cinco. Devo ter dormido então pouco mais de duas horas. Isso é insuficiente para quem passou um dia como eu passei ontem. Contudo, aparentemente estou bem, sentindo-me descansado e sem dores fortes nos pés.

Acredito que ter tomado vinho antes de dormir não foi uma boa ideia. Geralmente isso me ajuda a dormir, mas ontem foi o contrário, parece que me alertou e o sono desapareceu. É a segunda vez que esse efeito inverso acontece. Pode ser o tipo do vinho, o teor da cafeína, sei lá. Depois te tentar dormir, sem sucesso, acendi o abajur, sentei-me na cama e fiquei a escrever. Quando não tenho nada pra ler, escrever é a melhor forma de não me aborrecer com a falta de sono. Por sorte, eu estava psicologicamente bem depois de ter conversado com minhas filhas. Falei até demais e gastei todo o meu estoque de pesetas, que eu vinha juntando há dias, mas valeu a pena.

Ainda é noite escura. O tempo está fechado e úmido, com a cidade coberta por uma neblina densa que reduz a visibilidade a uns poucos metros. À minha frente segue um grande grupo de peregrinos, talvez uns vinte ou trinta, que devem ter saído do albergue principal. A rapaziada mais nova está subindo a estrada na maior animação, divertindo-se.

A saída sobe a estrada de asfalto por uns oitocentos metros e depois toma uma variante de terra à direita, uma trilha estreita pela mata. Não encontrei bar aberto na cidade, por isso saí em jejum e com fome, com a esperança de encontrar o mais breve possível algum bar ou uma bitaca qualquer pela estrada.

O dia começa a amanhecer, mas a neblina continua fechando a visibilidade quase que totalmente. Ultrapassei uma parte do grupo de peregrinos e agora à minha frente vai apenas a turma mais animada. Estão se distanciando – talvez não sejam companheiros. Parecem dois grupos diferentes, embora sejam todos espanhóis. Passou por nós um carro que parou e praticamente saiu da pista até que todos os peregrinos passassem. Deve ser de alguma fazenda das redondezas.

São 7h35. Acabei de deixar para trás também o grupo mais animado. De fato, são grupos diferentes que saíram do albergue no mesmo horário. Na turma da frente, seguiam dois casais de namorados de Valência, que começaram o Caminho em Ponferrada há dois dias.

Depois de muito descer, passei por algumas casas antigas da área rural, no fundo de um vale onde a neblina parece ainda mais fria e fechada. Em seguida, depois dessas casas, há uma subida íngreme em que a trilha apresenta o mesmo aspecto daquela da chegada a Triacastela, antiga e profunda, devido à passagem de pedestres e cavaleiros ao longo dos séculos.

São 8h25. O dia está claro, a neblina se dispersou e o sol aponta muito bonito no topo da serra. A trilha atravessa a montanha e desce pelo outro lado sempre cercada de uma floresta de eucaliptos de folhas pequenas. À medida que desço, o sol nascente vai ficando outra vez escondido pela serra atrás de mim e a umidade do ar e o frio aumentam. Adiante vislumbra-se um horizonte extenso, embora embaçado pela neblina; não dá para enxergar detalhes, apenas as silhuetas das serras.

Pela rota que estou fazendo, serão 39km até Portomarín, e não 42 quilômetros. De qualquer forma, o meu plano é o de ir até lá hoje. Uma das razões pelas quais quero chegar lá é que isto seria condição para sincronizar a minha chegada com a do Jader e a do Elies. Hoje faz três dias que me desencontrei do Jader e quatro do Elies. Não sei se isso vai dar certo. Ainda continuo a descer pelo flanco da serra, fora do alcance dos raios do sol, que ficou do outro lado da montanha, com mata fechada dos dois lados da trilha.

São 8h40. A partir daqui a trilha atravessa uma vegetação baixa, do tipo cerrado. Nesse trecho, tenho alcançado e passado por alguns grupos de peregrinos, como de uma família de espanhóis – pai, mãe e três filhos adolescentes, o mais novo com cerca de treze anos de idade, mancando muito e reclamando, mas tendo atenção plena dos outros. Ontem, quando entrava em Triacastela, eu os vi com essa mesma dinâmica: o garoto a reclamar e os outros exercitando a paciência.

Pouco mais à frente, comecei a receber os raios do sol novamente, pelas costas, com o seu calorzinho confortável. Pouco abaixo, avista-se um povoado. Tomara que tenha algum bar ou lanchonete aberta, pois só de imaginar umas madalenas com leite e chocolate engrossado, enche-me a boca d'água. Durante todo o dia de ontem, tive a alimentação muito irregular. Primeiro, não consegui ser atendido no boteco e tive de comer amora silvestre no meio da mata para matar a fome; depois, encarei aquele bocadilho de pedra (ou seria de ferro?), do qual comi quase que somente o recheio, pois o presunto cru mais parecia chiclete.

Normalmente eu gosto muito do presunto cru. Eles o chamam de "crudo", que na verdade é o pernil inteiro do porco curtido no sal por vários meses, ou até anos, quando se trata dos mais sofisticados. Quando é de boa qualidade, é uma delícia, mas o de ontem estava um desastre.

Abriu-se uma longa reta e posso avistar três grupos de peregrinos à minha frente, ao longo dos próximos dois ou três quilômetros. Este trecho tem muita gente andando por ele – talvez porque o número de peregrinos pelo Caminho vai aumentando à medida que se aproxima de Santiago. Isso faz sentido e coincide com outra observação que faço: quanto mais próximo de Santiago, menor é o número de peregrinos que fazem o Caminho completo. Muitas pessoas começam aqui e vão fazer apenas os trechos finais, tanto que há dias não vejo alguém que, como eu, tenha saído de Saint-Jean, na França. Pelo contrário, praticamente todos com os quais conversei nos últimos dias, inclusive essa família espanhola que vem atrás, ficam admirados e perguntam um monte de coisas, curiosos pra saber como é a aventura de andar tanto. Alguns, quando digo a data em que saí e o quanto andei, fazem cara de descrédito, como se eu não estivesse falando a verdade. Mas quando duvidam, eu me calo e encerro o assunto. Depois de tanto tempo e tantos quilômetros na estrada, esse tipo de especulação se torna tão irrelevante que não vale a pena dar ouvidos, e o meu propósito aqui não é competir, muito menos ostentar nada. Só vim para caminhar.

Comecei o Caminho sem saber por quê. Aliás, continuo sem saber disso até hoje. Só sei que apesar de todas as dificuldades pelas quais tenho passado, não me arrependo. Confesso que a proximidade do fim está até me entristecendo, mas também não sei o motivo. Acho que caminhar faz parte do meu estilo de vida. Eu sempre fiz corridas sozinho, e quanto mais isoladas as trilhas, melhor; e caminhar não é muito diferente disso. Aqui, cada um faz o seu caminho, e ao contrário da imensa maioria que vem para cumprir promessa religiosa, agradecer a Deus, rezar, fazer penitência, reflexão espiritual etc., eu não me propus a nada disso, embora tudo isso tenha se tornado parte do meu Caminho em algum momento. De qualquer forma, fazer o meu próprio Caminho desse jeito, sem compromisso, está sendo edificante e também gratificante. Além disso, como já comentei antes, sinto-me orgulhoso e honrado de passar a merecer o título de peregrino. Na verdade, creio que sempre fui um peregrino, já nasci com esse selo; só me faltava passar por essas provas e esses rituais de iniciação para ostentá-lo.

A maioria dos europeus, principalmente os espanhóis, têm o habito de fazer a tal "ciesta". Depois de almoçarem, param para descansar. A maioria dorme e não caminha mais na parte da tarde; ficam no albergue e pernoitam. Muito raramente, quando há um albergue ou povoado próximo, alguns deles ainda caminham um pouco mais no fim da tarde, depois que o sol está mais fraco. Eu, não; não tenho paciência para ficar quase um dia inteiro parado, simplesmente esperando o dia seguinte para continuar. Se fosse para fazer turismo, conhecer lugares ou ver alguma atração, tudo bem. De fato, alguns lugares, como eu disse, tenho pesar de não os ter conhecido melhor, visitado as atrações. Já que não me planejei para isso e via de regra, no fim de cada trecho, estou muito cansado e sem disposição, nem penso nisso.

Se eu não tenho disposição e paciência sequer para sentar e comer com calma, que dirá fazer sesta ou turismo. Na maioria das vezes – ou quase sempre –, tenho comprado um lanche numa lanchonete qualquer ou numa mercearia e vou comendo pelo Caminho. No máximo, sento-me ao lado de uma fonte, pego um queijinho suíço, abro uma lata de atum, corto um tomate com sal ou um sanduíche e, mal acabo de mastigar, pego a estrada. Não tem ninguém comigo, caminho sozinho, e por isso não tenho de parar para esperar quem quer que seja, ao contrário dos outros.

Além disso, ao contrário dos europeus, eu não me importo em caminhar ao sol. O sol da tarde para a maioria deles é um castigo, uma penitência que eles não conseguem enfrentar, mas para mim isso não importa. Esse é o motivo de o meu braço esquerdo, que sempre fica mais exposto ao sol, estar bem mais moreno que o outro; já está trocando a pele pela segunda vez. Há alguns dias, descascou todo, bronzeou de novo, e agora está começando a soltar a pele uma outra vez. O nariz também já descascou algumas vezes e está um pouco vermelho, mas tento proteger o rosto na medida do possível com a aba do boné.

São 9h3. A partir daqui começa-se a descer por aquelas cavas antigas que me causam tanta admiração, por ser o sinal mais evidente da passagem de tantas pessoas ao longo dos séculos, desgastando e aprofundando a terra. Aqui a cava já atingiu a camada de pedra natural a uma profundidade de uns três ou quatro metros, mas bem estreita, com no máximo dois metros de largura. Lá em cima a gente vê árvores antigas com as raízes expostas no barranco. São os trechos originais do Caminho. Observando-se os dois lados do barranco, na parte mais baixa, percebe-se claramente que o desgaste aconteceu na pedra, que foi sendo desgastada ao longo do tempo. E é interessante ver como tudo isso é tão bem preservado.

Passei por um pequeno povoado, um pequeno agrupamento de casas antigas na beira da trilha, mas parece que não há comércio, nenhuma lanchonete aberta. Em seguida, abriu-se um vasto horizonte à minha frente, embora muito embaçado pela neblina densa. Porém, confirma que adiante existe um vale profundo. Estou descendo na direção desse vale e não sei bem o que há além. O sol atinge a neblina, desenhando no céu uma imagem linda.

À medida que desço, embrenho-me cada vez mais na neblina e a visibilidade vai se reduzindo a poucos metros, mas ainda é possível ver que além da cava da estrada há uma área de pastagens muito verdes, com pequenos canais de irrigação ou de abastecimento das residências de camponeses. Ouvi vozes e em seguida alcancei um grupo peregrinos que tirava fotos. Bati uma foto para eles na estrada e segui adiante.

Esta é uma região com muita água; há nascentes e olhos d'água por todo lado. Isso me lembrou a fazenda Barreiro, onde nasci. Naquele tempo, quando era época de chuvas (a gente chamava de "tempo das águas"), brotavam olhos d'água por todos os lados, nos barrancos das estradas, nos trilhos, no meio do pasto. Por onde se andava, havia reguinhos e filetes de água corrente vindos das pequenas nascentes.

Aqui também, neste trecho, está assim: reguinhos atravessando a estrada, outros margeando a trilha, e as pastagens muito verdes. Depois de ter caminhado um pouco lá no alto da serra, com o sol nascente tão claro, agora, depois de descer e mergulhar na neblina fechada, sob uma cerração intensa, a umidade predomina seja no ar, seja na terra...

São 9h15. Acabei de retomar a estradinha de asfalto. À medida que se desce, a cerração fica mais fechada. Já não vejo sinais nem ouço o grupo de peregrinos atrás. Encontrei uns pés de amora carregados e enchi umas quatro mãozadas, que me quebraram o galho. Essas amorinhas têm sido a minha salvação. Até esta hora em jejum, tendo acordado perto das cinco da madrugada, a fome já estava sendo um problema. Como se não bastasse ter me alimentado mal nos últimos dois dias, especialmente ontem, sem almoço e sem um jantar decente, agora não há o que comer por aqui também, a não ser amoras do mato. Enquanto eu estava colhendo amoras no meio da capoeira, o grupo que estava atrás de mim passou. Logo depois, passaram também duas garotas num falatório danado, em alemão, mas não as reconheci. Acho que nunca as vi, mas com tanta neblina não dá para distingui-las bem. Elas nem me notaram e seguiram em frente.

Com tanta neblina, só consegui ter certeza de que havia um povoado quando me deparei com um muro de pedra onde havia uma placa branca, meio enferrujada, com a inscrição: "Bocadilho, café, fritas, gelados". Que alívio! Peguei uma ruazinha com calçamento de pedras, com muros de pedras dos dois lados e finalmente... comida! Vi peregrinos à frente e vou segui-los.

O povoado é minúsculo e não tem lanchonete, apenas alguns barracões e estábulos. Parece mais um lugar abandonado. Num barracão, um rapaz tratava do gado e uma senhora ordenhava uma vaca lá no fundo. Adiante, paramos num casarão onde uma senhora atendia num balcão que não passava de uma abertura de janela para a rua, apenas para carimbar credencias de peregrinos. Nem me dei a esse trabalho, pois já tenho carimbos demais. Vi que lá dentro, numa prateleira velha, havia uns biscoitos esquisitos.

Contrariado, comprei duas madalenas e fui embora. Deixei para começar a comer depois que saí do povoado, e me arrependi de não ter comprado um monte delas, pois estavam uma delícia. O meu aborrecimento naquela hora me embotou o raciocínio.

A cerração continua fechada e a saída do povoado segue pelo mesmo beco de muros de pedra. A umidade é tanta que as pastagens e o mato estão cheios de orvalho gotejante, a encharcar a terra debaixo das arvores, como se houvesse chovido por muitos dias. Enquanto eu falava, caíam gotas de orvalho no meu gravador. Tomara que isso não cause problemas.

São 9h40. A neblina densa não permite visibilidade além de trinta ou quarenta metros. Ouço vozes à frente, mas não dá para enxergar ninguém. A trilha é novamente pelas cavas antigas e noto uma obra de concreto aparentemente feita para conter enxurradas e evitar erosões na estrada original. A umidade do ar é impressionante, a tal ponto que o meu cabelo e a pele dos braços e do rosto estão sempre molhados, como se eu estivesse sob garoa, mas não está chovendo.

Aparentemente há sinais de urbanização. Espero que seja um povoado. Entro numa ruela de pedras com no máximo três metros de largura. Vejo a seguir uns casarões de pedra e, para minha alegria, a movimentação de pessoas. Ouço o bater de latas e vozes – e o barulho de latas vem de dois rapazes que da janela de um casarão jogam pedaços de madeira na carroceria de um caminhão-caçamba. Para minha desilusão, disseram-me que não há mercearias aqui, lanchonetes, nada. Vou-me embora.

É apenas um velho povoado de casarões abandonados, um tanto fantasmagórico, onde até os passarinhos fazem um som estranho, como um ronco de corvos de filmes de terror. E com essa neblina, então, dá medo!

Um cachorro preto enorme, feio, parou do outro lado da ruazinha e ficou me olhando. Deu-me um arrepio na nuca, que me desceu pela coluna e me gelou as pernas. Sem acelerar o passo, para não o provocar, mirei a estrada à frente de maneira a andar e poder enxergar o vulto dele na margem do meu campo visual. Continuei a andar, pensando: "Se ele latir ou rosnar, estarei em apuros".

Felizmente estou saindo do povoado ileso, pela mesma trilha que mais parece um beco estreito de pedras, pavimentado com calçadas de pedra no estilo das calçadas romanas. A visibilidade continua reduzida, e apesar de eu não enxergar ninguém, por algum tempo ouvi vozes de mulher e um batido de cajado nas pedras atrás de mim. Acredito que são as duas que me ultrapassaram antes do penúltimo povoado e que depois encontrei carimbando credenciais enquanto eu comprava os meus bolinhos. Depois de um tempo, não ouvi mais nada. Devem ter parado.

Eu estava sentindo um cheiro bom, familiar, mas não tinha conseguido identificar o que era. De repente, deparei-me com uma roça de milho ao lado da trilha, depois do muro de pedra, com as espigas soltando bonecas de cabelos coloridos e aquele cheiro típico da minha infância. Senti saudades da época de pamonha na roça, de colher milho granado, entrando pela roça com as ramas molhadas para quebrar e colher o milho verde. Era bom tudo aquilo. E aqui está tudo muito parecido: além do cheiro, a umidade do ar, o capim molhado, as gotas pingando das arvores.

Atravessei a estrada de asfalto e continuo pelo beco de pedras. Um pouco mais adiante, alcanço uma passarela com corrimões de madeira que protegem e dão segurança a quem a atravessa, por causa dos barrancos ao lado. É um trecho de descida íngreme, escorregadio. Lembra-me as descidas pelas quais se chega próximo às cachoeiras das Cataratas do Iguaçu, no Brasil. Só que aqui os corrimões e as cerquinhas ao lado da trilha são bem rústicos. O lugar deve ser muito bonito, pena que não dá para enxergar claramente o cenário. Atravessando esse trecho, vi que a trilha faz um ziguezague pela floresta, descendo numa forte inclinação.

Cheguei à estrada de asfalto, a um trevo em que uma placa indica três nomes de cidade, inclusive Sarria, que é maior, com albergue e infraestrutura de apoio a peregrinos. Vou seguir adiante, ainda sob neblina intensa, com a roupa totalmente úmida, os pelos do braço molhados, o cabelo e a barba pingando água e os óculos embaçados, o que compromete ainda mais a minha visibilidade. Daqui do trevo, vejo um albergue ao lado da estrada, isolado, parecendo abandonado. Nem vou passar por lá, vou seguir adiante.

São 10h20. Passei por outro povoado chamado Aguiada, ao qual cheguei na maior expectativa, mas não havia um boteco sequer aberto, nem gente na rua. Um lugar ermo, deserto. Só ouvi vacas mugindo e muito esterco ao longo da única ruazinha de pedras que atravessa o lugar, além de um galo que desanda a cantar por achar que agora amanhece. Ao lado de uma única mercearia, que também parece abandonada, há uma dessas máquinas automáticas de vender refrigerantes, mas eu decretei inimizade a elas e não quero saber disso. Não funcionam bem. Até agora, todas as máquinas nas quais coloquei meu dinheiro ficaram com o dinheiro e não me entregaram o que eu queria comprar. Além disso, o que eu quero é comer alguma coisa, não tomar refrigerante.

Pouco depois do povoado, havia uma pequena plantação de maçãs, com as maçãs ainda pequenas, verdes. Olhei para um lado, olhei para o outro, e como não havia ninguém por perto, pulei o muro e roubei a que achei maiorzinha, a que pude alcançar e agora estou tentando comê-la. Mas é como comer marmelo verde: dura, azeda, sem gosto quase nenhum, e aperta a língua feito banana verde. Mas com a fome que eu estou, qualquer coisa serve. Um pouco mais à frente, vi que havia maçãs maiores que começavam a ficar vermelhas, mas muito próximo de uma casinha, e tive medo de ser surpreendido apanhando a maçã. Parei à altura da casa, olhei pra ver se havia alguém a quem eu pudesse pedir uma das frutas, mas não vi ninguém. Achei melhor andar. A maçã que comi já dera uma trégua ao estômago.

Passei ao lado de outra roça de milho e o cheiro que exala me fez acreditar que as espigas estavam granadas, prontas para serem colhidas para fazer pamonha. Lembrei-me das pamonhas de sal e das pamonhas de doce feitas na fazenda, na minha infância, e enchi a boca de água. A fome só aumentou. Do outro lado da estrada, há uma fileira de pés de maçãs carregados, com maçãs bem maiores e quase totalmente vermelhas. Peguei uma bem grande e nem tive o trabalho de apanhá-la, porque já estava no chão, sobre a grama. Uma delícia!

São 10h32. Caminho devagar sob a neblina fechada, a degustar minha maçã, ouvindo uma juriti cantar. Encontrei no meio dos arbustos outro pé de amora carregado com frutos bem grandes, mais doces e menos secos do que aqueles que comi lá atrás. A terra parece mais fértil e as amoras são mais suculentas. Colhi um punhado e me sentei na grama para completar meu lanche improvisado. Tirei o canivete para cortar a maçã e comê-la com sal, pois estava um tanto verde e ácida, e vou complementar com as amoras.

Enquanto eu lanchava, um peregrino solitário passou; creio que era espanhol. Apenas me cumprimentou e foi-se embora. Como sempre acontece, os peregrinos que vejo pela manhã, logo depois da saída, dispersam-se e somem. Depois de um certo horário, não se vê mais ninguém. Eu continuo a apreciar minhas frutas e a ouvir a juriti, além do uivo de um bicho que não reconheço pelo som. Parece um animal acuado. O tempo fechado e úmido daqui é incomum para mim. É um clima que não se vê no Brasil.

Quando peguei a maçã, fiquei preocupado se não seria de uma plantação particular; até fiquei atento para me justificar, caso o dono aparecesse, mas pelo jeito como os pés de maçã estão dispostos, devem ter sido plantados de propósito dessa forma, para os peregrinos pegarem. À margem do caminho não há cerca nem nada, o que indica que estão livres para serem comidas. À minha direita, há outra roça de milho. O cheiro do pendão das bonecas está uma delícia; é muito peculiar, muito íntimo para mim.

São 10h55. Estou chegando a um outro povoado. Uma placa anuncia quarto confortável, comida e café da manhã – Hotel Alfonso IX. Isso era tudo o que eu mais queria, mas é apenas propaganda. O hotel não deve ser próximo. Estou me sentindo fraco, novamente sendo tomado por uma sonolência intensa, com a diferença de que agora ela vem acompanhada de tonturas e da sensação de falta de energia para caminhar; por isso caminho devagar. Preciso encontrar algo para me alimentar o mais breve possível, sob o risco de a falta de alimentação trazer consequências que venham a prejudicar a minha viagem.

São 11h45. Aproximo-me de Sarria. Logo à entrada finalmente encontrei uma lanchonete ampla e bastante movimentada, cheia de peregrinos e pessoas da região. Entrei e me esbaldei com um supersanduíche de omelete com muito queijo derretido, a que eles chamam de bocadilho de tortilha de queijo, e mais dois copos grandes do clássico leite com chocolate engrossado.

Quando entrei, havia acabado de chegar um grande grupo de ciclistas, à minha frente, no caixa, fazendo pedidos, mudando pedidos, trocando ideias com o atendente. Enquanto eu conversava com um dos últimos da fila, comentei, por acaso, que estava sem café da manhã, vindo a pé de Triacastela. Ele fez o maior barulho com os amigos que estavam à frente, em tom de brincadeira, dizendo que tinha de salvar um brasileiro que morria de fome, e me fez ser atendido antes de todos. Enquanto eu comia, dois deles se sentaram à minha mesa, muito simpáticos, e fizemos piadas.

Como quase sempre, o sanduíche não estava lá essas coisas, mas eu estava definitivamente necessitado. Estava morrendo de fome e nem me importei com o fato de que o pão era tão duro que me machucava o céu da boca quando eu mastigava. Da mesma forma que ontem, usei faca de mesa e garfo; deu bastante trabalho comer aquele pão duro, mas valeu a pena. Só espero não ter feito uma confusão muito grande no estomago, comendo tanta coisa diferente.

Embora Sarria seja uma cidade de porte médio, com ótima infraestrutura, vou seguir adiante, pela rua lateral. O tempo continua nublado, embora com visibilidade bem melhor, de tal forma que se pode ver a cidade com clareza. Atravessando uma avenida larga que vai em direção ao Centro, percebe-se que é uma cidade grande, com prédios de cerca de oito andares, bastante trânsito e muitos estabelecimentos comerciais.

Resolvi virar uma quadra ou duas na direção do Centro para conhecer melhor a cidade; subi a escadaria de pedestres que dá acesso à praça e, por incrível que pareça, encontrei dois italianos que retornavam de um passeio pelas lojas. Como esse povo anda! Por mais que eu pense que os deixei para trás, volta e meia lá estão eles, à minha frente. Disseram-me que estão planejando chegar a Santiago na terça-feira, ou seja, estão com planos mais ou menos equivalentes aos meus.

Caminhando em direção à igreja, no fim da escadaria, passei por um albergue de peregrinos com várias pessoas em frente, formando uma fila, esperando o estabelecimento abrir para se hospedar; e há ainda uns tantos outros num barzinho. Daqui posso reconhecer alguns que encontrei nos últimos dias.

São 12h26. Estou saindo da cidade de Sarria. Antes, entrei na igreja e visitei os espaços do templo. É uma construção bonita e muito antiga. Na parte interna, há um amplo átrio com jardins, tudo bem cuidado.

Esta noite, sonhei que entrara num show em que um grupo tocava músicas antigas, clássicos do rock que foram sucesso há alguns anos. Era uma banda completa, que tocava muito bem. De repente, vi-me a conversar com o meu amigo de adolescência Vandinho Rocha, e o pessoal da banda o chamou para tocar no palco. Não era um palco como o dos grandes shows, mas apenas um espaço só um pouco mais alto do que o piso onde estávamos. Ele foi lá, pegou a guitarra e começou a tocar de maneira espetacular; as pessoas aplaudiam calorosamente. Não sei qual música ele tocou no começo, mas a partir de um certo momento, Vandinho passou a tocar "O Milionário", da banda Os Incríveis.

Quando éramos adolescentes, Vandinho e eu tocávamos numa banda em nossa cidade natal, da qual participavam também o meu irmão Aluísio e os irmãos Marquinho e Hernani Gomes Barbosa, e essa música, solada pelo Vandinho na guitarra, era o nosso maior sucesso na época. No sonho, no momento em que ele começa a tocá-la, até os caras da banda começaram a aplaudir entusiasmados. No meio da música, ele me passou a guitarra e dei continuidade a ela na mesma sequência, sem interromper nenhuma nota da melodia, tocando tão bem quanto ele – e as pessoas que aplaudiam se empolgaram ainda mais. Eu tocava impecavelmente, com uma facilidade fantástica, uma perfeição! Mas de repente, no próprio sonho, veio-me um sentimento de melancolia, uma coisa estranha, oposta ao clima daquele momento; a própria melodia me causava nostalgia, uma tristeza inusitada. Eu não quis mais tocar, devolvi a guitarra ao Vandinho e saí de perto. Não me lembro se ele voltou a tocar, mas acordei em seguida.

Na chegada à catedral, antes do cemitério, conheci duas francesas, uma das quais morou em Portugal e falava relativamente bem o português. Conversamos um pouco, elas perguntaram coisas sobre o Brasil e depois retornaram para dentro da igreja. Eu segui em frente, por uma estradinha de asfalto estreita que leva para fora da cidade. Daqui avistam-se paisagens muito verdes, como as da região por onde passei ontem, mas é pouca a visibilidade, por causa da neblina que ainda não se dispersou totalmente, apesar de ser quase uma hora da tarde.

Atravessei uma ponte de pedras em estilo romano e a trilha, em seguida, passa por debaixo de um verdadeiro túnel de pés de maçãs, aparentemente plantadas para o deleite dos peregrinos. Porém, como já estou satisfeito com o superlanche, não quero mais maçãs. Os pés estão carregados de frutos e há maçãs de diferentes variedades, algumas muito grandes, outras menores, muitas já amadurecendo. É muita maçã; muito bonito.

São 12h45. Sigo por um caminho embaixo da floresta, depois de atravessar uma pinguela de madeira rústica sobre um córrego. A mata é frondosa, repleta de cipós e arbustos que fecham densamente a parte mais baixa da mata, muito bem conservada com vegetação nativa. Nos barrancos cobertos de musgo, vê-se a água brotar e escorrer pelo chão. É um ambiente sombreado e úmido, ermo e solitário, mas mesmo assim aconchegante.

Enfrentei depois um longo trecho de subida íngreme, ziguezagueando morro acima, ainda pela mesma trilha debaixo da floresta. Em alguns trechos lamacentos, a bota escorregava, exigindo de mim um esforço muito grande, ainda que eu me apoiasse o tempo todo no cajado; no fim da subida, alcancei uma planície com plantações de milho e pastagens. É possível sentir o calor do sol, embora o tempo esteja fechado. Depois de ter subido em ritmo acelerado, a roupa encharcada de suor, o mormaço e o ar úmido me causam um grande desconforto.

Vou aproveitar o corpo aquecido para manter o mesmo ritmo acelerado até encontrar um ponto tranquilo onde possa descansar um pouco, de preferência onde haja algo para comer. Para concluir a etapa que pretendo fazer hoje, em Portomarín, seriam cerca de umas cinco ou seis horas de caminhada. Antes disso, porém, é melhor dar uma pausa. Caso chegue bem a Portomarín, pode ser que eu tente adiantar mais uns cinco quilômetros até um povoado à frente, principalmente se não encontrar vaga no albergue ou uma boa pousada, um hostel ou coisa assim. Bem, isto é coisa a avaliar quando eu chegar – se chegar.

Entrei por uma estradinha de asfalto que sobe por longas colinas no meio das pastagens, com cercas de arame dos dois lados. Passei lá atrás por um grupo de pessoas uniformizadas que trabalhavam à entrada de um cemitério, alguns capinando, outros escavando, aparentemente fazendo reformas. Do outro lado da pista, um sujeito de braços cruzados, com cara de mau, ficava o tempo todo só olhando enquanto os outros trabalhavam. Tive a impressão de que eram prisioneiros fazendo trabalhos forçados. Alguns deles pareciam estar em horário de descanso, parados próximo ao muro, fumando, e me encararam de maneira estranha quando passei perto deles. Havia pelo menos umas oito ou dez pessoas, dentre as quais duas moças, uma delas com pouco mais de vinte anos, de traços bonitos, todos de calça azul e camiseta branca com um emblema no peito que eu não consegui identificar. Alguns dos rapazes estavam sem camiseta.

Logo adiante, um albergue à beira do caminho abria as portas e uns vinte ou trinta peregrinos esperavam para fazer o *check-in*. Apenas cumprimentei um deles, que conheci pela manhã na entrada de Sarria, e segui direto, sem parar. O sol começou a aparecer detrás das nuvens, o solado das botas está esquentando um pouco e o suor escorre muito, molhando a roupa, a mochila, tudo... Estou bebendo bastante água para repor a perda de líquido, mas parece que isso faz com que a intensidade do suor seja maior. Ainda sem ver algum peregrino a andar por aqui, continuo a subir sozinho e vejo que nas partes mais baixas do vale ainda há neblina. Ela cobre totalmente a cidade de Sarria.

São 13h40. Vou pela mesma estradinha de asfalto, de aclive suave mas constante, agora cercada dos lados não mais por arame, mas por muros de pedra antigos, com pastagens ao longo de todo o trecho. Passei anteriormente por um gado caracu, composto de vacas leiteiras muito bonitas, de pelagem amarelo-escura, a descer devagarinho. Atrás, na curva da estrada, apareceu então a vaqueira: uma moça de uns vinte e poucos anos, de os olhos muito azuis, cabelos pretos e rosto muito bonito. Uma típica galega. Ela veio alegre, tocando as vacas educadamente, como se conversasse com elas.

As regiões por onde passei nos últimos dias são predominantemente de pecuária, à exceção de algumas plantações de frutas e cereais, como o milho, que deve ser cultivado para o tratamento do gado. Aqui não é diferente: as áreas dos terrenos são pequenas, com divisas muito bem delineadas e "fazendinhas" de um, dois ou três hectares, ou até menos do que isso, tipo lotes de mil metros quadrados, mas com a terra totalmente aproveitada. Ao contrário do que acontece no Brasil, onde as áreas são extensas, aqui o gado não pisa nas pastagens e é mantido nos estábulos, em miniconfinamento. Às vezes esses estábulos são anexos à própria residência: embaixo, o estábulo; em cima, as pessoas. Geralmente são casarões de pedra muito antigos. Pelas estradas, há esterco de gado por todo lado, em alguns casos com um cheiro muito ruim. Imagino que o gado seja tratado com ração industrializada. Dá para perceber que isso acontece justamente onde há fazendas maiores e mais sofisticadas. Nas pequenas propriedades, o cheiro é natural e até agradável, especialmente para mim, que fui criado em fazenda, sentindo esse cheiro a vida toda.

Depois que a trilha atravessa para o outro lado da rodovia, entra-se num setor com casas residenciais modernas, muito bonitas por sinal. Pode ser que eu esteja me aproximando da área urbana. Adiante há uma lanchonete ou restaurante com o nome "La Maison"; e um outro, "O Chestel". Vou passar direto e ver se acho um lugar mais tranquilo para descansar um pouco.

São 14h25. Estou entrando num povoado relativamente bem estruturado, ao que parece. Se encontrar lanchonete, paro pra comer; se não, vou procurar uma boa sombra para descansar, porque minhas pernas estão precisando de uma trégua. Já venho andando há cerca de sete horas, quase continuamente, sem parar, e o corpo dá sinais de que pode entrar em estado de exaustão: as pernas bambas e o suor intenso a escorrer pelo rosto e pela barba, o que causa um desconforto enorme, além da roupa encharcada. Abri o colete para que entrasse um pouco de ar, a fim de evitar que o gravador e a máquina fotográfica ficassem encharcados de suor.

Estou quase saindo do outro lado do povoado, que tem meia dúzia de casas antigas de pedra, algumas típicas de fazenda, com os estábulos embaixo. Já percebi que não há comércio aqui, então vou procurar uma sombra à frente. Na saída, um beco estreito com muros de pedra dos dois lados apresenta um aclive suave. A estrada é desgastada e também forma uma cava, com árvores à margem.

Passei por uma família – pai, mãe, filho e, aparentemente, a namorada do filho sentados na grama, falando alto. Devem ser navarros, porque traziam um lenço vermelho no pescoço. Eu sei que navarros não dão muito papo a espanhóis de outras etnias e muito menos a estrangeiros; por isso, dei "buenas tardes" sem olhar para eles e segui em frente.

DE TRIACASTELA A PORTOMARÍN

Eu vim acompanhando os marcos de cimento que indicam a quilometragem no Caminho e acho que não conferem com o meu guia, não estão corretos. Acabei de passar por um que marca a distância que falta até Santiago em 102km, mas pelos meus cálculos não pode ser só isso. Posso estar enganado, mas mesmo assim verificar esse número me causou calafrios, uma reação estranha, pois eu não pensava no fim do Caminho já há algum tempo. De repente, constatar que não está longe me assusta um pouco. É como se eu estivesse na reta final de uma longa maratona. Preciso tomar cuidado para não me empolgar e entrar na euforia da contagem regressiva – nem para andar muito, nem para me sentir triste pelo fim da jornada.

São 14h35. A subida pelo beco de pedras tornou-se íngreme. Seria impossível subir por outro meio que não fosse a pé – nem a cavalo, nem a carro de boi, só mesmo peregrinos com seus cajados abençoados. A vantagem é que a trilha é pelo meio do bosque, totalmente sombreada pelas copas das árvores. Vou rompendo "despacio, paso a passo", como dizem os espanhóis, ou seja, "devagar, passo a passo". A trilha de pedras grandes irregulares torna tudo muito mais difícil, e cada pedaço, cada metro é muito pesado, sobretudo com a mochila nas costas. É um trecho longo de quase dois quilômetros de subida forte, passando por trechos em que é difícil achar um ponto para apoiar os pés e dar um passo com segurança, sem o risco de torcer o pé ou cair; e um tombo aqui, morro abaixo, seria o fim do Caminho.

O cajado ajuda bastante para dar mais apoio, mas ainda assim é difícil. Se eu soubesse, teria feito uma pausa lá embaixo, para descansar e me preparar para esse desafio. Mas vamos tentar manter o ritmo e seguir firme, pois o morro é alto e preciso chegar lá em cima. Aqui mais uma curva e adiante mais pedras soltas, enormes, de três, quatro, cinco quilos, umas sobre as outras, totalmente instáveis, de tal modo que não dá para pisar nelas com segurança.

Até que enfim cheguei ao emblemático marco de 100km. Fiquei emocionado, fragilizado pelo desgaste físico deste último trecho. Pensando no que ficou para trás e no pouco que faltava pela frente, não pude conter as lágrimas. Vou parar um pouco, relaxar, fazer uma oração e agradecer a Deus pela minha vida e por tudo o que faz parte dela; agradecer aos meus pais pela participação deles em tudo, mesmo depois de não estarem mais presentes nesta vida, pois sei que estiveram ao meu lado, ajudando-me e viabilizando tantas coisas e conquistas até aqui; agradecer também pelas minhas filhas, minhas maiores realizações, por tantas alegrias e pelo orgulho do que elas me proporcionam até hoje.

São 14h53. Estou saindo do marco de 100km, depois de fazer a foto clássica. Após ter vencido uma jornada tão longa, cem quilômetros é muito pouco. Mas a proximidade do fim dá um certo medo. E a euforia por concluir aquilo que me exigiu tanto esforço vai dando lugar a uma certa apreensão pela expectativa do fim. Como será depois que o meu caminho acabar? No começo, não há outra vontade senão chegar ao destino. Agora, confesso que não sei se chegar será melhor do que estar no Caminho.

É impossível não fazer essa comparação, criando um paralelo imaginário entre esta jornada e a nossa própria vida. É a chamada "metáfora do Caminho". A gente luta tanto para conquistar nossos sonhos, nossos projetos, e quando os conquista, eles se tornam banais. Assim é o Caminho, assim é a vida.

Ali eu refleti um pouco, agradeci a Deus e a Nossa Senhora da Abadia, minha protetora, por tudo de bom que conquistei, pela Camila e pela Cíntia, minhas joias mais preciosas. Agradeci ao meu pai e à minha mãe pela proteção e pela ajuda que, com certeza, eles me têm dado lá de cima; e agora vou andar, que é o que me compete.

São 15h12. Cheguei a um botequim de beira de estrada onde quatro peregrinos degustavam um baita sanduíche bocadilho, cada um. Mas como já estou enfadado desse sanduíche, pedi uma caneca de chocolate e um pedaço de bolo bem grande.

Vou recostar à sombra de um pé de maçã frondoso aqui ao lado, tirar a bota e relaxar um pouco. É sempre um alívio tirar as botas. Elas são extremamente confortáveis, mas é que não tenho muita tolerância com calçados nos pés. Aqui está um clima fresco, com uma brisa gostosa, sem mosquitos para atormentar. É um pé de maçã bem idoso, pelo que vejo; o tronco, desgastado. Quase não tem frutas. As poucas que há são muito pequenas. Nos fundos do boteco, parece existir um quintal grande, com pés de manga, pés de castanha e outras árvores que não reconheço.

Vou tentar relaxar um pouco.

São 16h45. Acabei de cochilar por uns quinze minutos e comecei a organizar a mochila com calma, fazendo hora para aquecer os músculos. Um rapaz se aproximou e brincou: "Aí, cruzeirense!!" (eu estou vestindo uma camisa do Cruzeiro). Começamos a conversar enquanto fui me levantando e saímos. Ele é brasileiro.

Fábio mora em Valência, onde está estudando, juntamente com os pais e uma irmã. Caminhamos devagar até um albergue, uns dois quilômetros à frente, onde encontramos um outro brasileiro, de São Paulo. Este está aqui pelo Caminho há muito tempo; começou a jornada no dia 16 do mês passado, mas não tem compromisso com data de chegada. Disse que gosta muito de cozinhar e ficamos por ali, um pouco. Depois fui encher meu cantil para seguir adiante.

Na saída, ainda ao lado do albergue, havia duas alemãs numa pequena barraca de *camping*, uma delas deitada sobre uma tábua, lendo um livro. Enquanto eu passava, comentei com a outra: "No mínimo sua amiga está lendo Paulo Coelho, para aprender sobre o Caminho". E de fato estava mesmo. Ela se levantou e fechou o livro para eu ver a capa. Era uma edição em alemão de *O diário de um mago*.

Eu fiz bastante hora, conversei bastante, mas acho que ainda consigo chegar bem a Portomarín. Creio que não são mais do que seis ou sete quilômetros até lá, e embora o sol esteja forte, vou continuar.

São 18h55. Atravesso a ponte da entrada da cidade de Portomarín. A altura e as dimensões da ponte são impressionantes, mas o mais curioso é o rio, cujo leito parece ter sido um dia enorme, de uma largura gigantesca, mas que agora está praticamente sem água, um simples rego a correr num leito cheio de pedras. Daqui vejo uma pessoa de pé onde já foi o leito do rio e imagino que ele teria então uns duzentos metros de largura. Talvez haja alguma barragem acima, para provocar um esvaziamento tão grande.

São 19h50. Depois de passar por um albergue lotado e ter a informação segura de que no outro também não haveria vaga, acabei de chegar ao ginásio poliesportivo para me acomodar e dormir. Não há infraestrutura para acomodação dos peregrinos, apenas um espaço para que cada um coloque o seu saco de dormir no chão, nas arquibancadas, na quadra, onde quiser, além dos banheiros dos vestiários. Já há vários peregrinos aqui, mas não reconheci ninguém até agora.

Coloquei meus apetrechos na beirada da quadra, ao pé da arquibancada, e tomei uma ducha quente; agora estou dando um tempo para refrescar – está fazendo muito calor –, e vou tentar dormir. Não sei como vai ser isso, pois ainda está chegando gente, e com as conversas a reverberarem na acústica do ginásio, não deve ser nada tranquilo. Por outro lado, o espaço é enorme e posso escolher um canto mais adequado. Eu não poderia encerrar minha viagem sem uma experiência diferente como esta. Vou arriscar e encarar o desafio. Disseram-me que qualquer hotelzinho aqui vai me custar pelo menos cinco mil pesetas, e já gastei dinheiro demais nesta viagem.

Um céu enigmático acolhe o peregrino

De Portomarín a Ribadiso

São 6h15 do dia 25 de agosto, sábado. Estou saindo para a vigésima segunda etapa de minha viagem. A minha noite no ginásio poliesportivo foi complicada. Eu acreditei que fosse dormir logo, pois estava há duas noites muito mal dormidas e chegara extremamente cansado depois de caminhar 39km, mas me enganei. Deitei-me cedo, tapei os ouvidos com os tampões que tenho, para evitar ser incomodado por conversas de outras pessoas no ginásio, coloquei máscara para não ver a claridade, acomodei-me da melhor forma possível e tentei dormir em vão, até que desisti. O sono não vinha. Parecia até castigo.

Devia ser próximo de meia-noite quando ouvi pessoas tocando violão, levantei-me e fui atrás. Pensei: "Já que não tenho sono, vou perambular pelas ruas. E nada melhor do que topar com uma turma de farra". Lá estavam, do outro lado da rua, na entrada da praça, umas seis ou sete pessoas tomando cerveja ou vinho, e um espanhol que tocava. Juntei-me a eles e, depois de uma certa hora, alguém reclamou do som. Com isso, alguns foram embora, mas ficaram o espanhol violeiro e um italiano, além das duas moças alemãs que eu havia encontrado a ler Paulo Coelho. Então fomos para a praça da igreja, um lugar mais afastado das áreas residenciais. Até então, eu estava apenas fingindo que bebia, com uma lata de cerveja na mão, mas depois desceu um senhor que costuma dar apoio aos peregrinos e trouxe uma garrafa de vinho, e resolvi beber com ele. Esse senhor era justamente o que me deu as primeiras informações quando entrei na cidade, orientando-me sobre os albergues lotados e sobre a alternativa do ginásio. Peguei o violão, toquei e cantei algumas músicas antigas do Roberto Carlos, das quais alguns conheciam a melodia. O vinho acabou, mas o senhor buscou outro, e quando voltei ao ginásio já eram quase duas horas da madrugada.

Acomodei-me no meu canto improvisado, pensando: "Dessa vez foi muito vinho e com certeza vou apagar". Que nada! Depois de me virar e teimar até me cansar de esperar o sono, desisti. Na última vez em que me levantei para ir ao banheiro eram por volta de quatro e meia da manhã. Tentei ainda mais um pouco e vi que o sono não vinha. Sabia que de manhã muito cedo o ginásio teria de ser desocupado para os estudantes, então me levantei, enfiei as coisas na mochila de qualquer jeito e saí feito um zumbi à procura da saída da cidade.

Depois que caminhei um pouco, passei a me sentir melhor – pelo menos não tenho dores fortes e não estou me sentindo mal fisicamente, parece que está tudo normal, apenas sinto um pouco de fraqueza nos músculos das pernas e a respiração ofegante por quase nada, mas isso não me preocupa. À medida que o corpo se aquecer, isso vai passar. O problema maior após tantos dias sem dormir bem é justamente a revolta por não ter dormido. Isso estressa mais do que o próprio cansaço físico. Então, vou me conformar, aproveitar que o corpo está se aquecendo novamente e andar enquanto conseguir ficar de pé, pra ver se à noite finalmente durmo. Vou desafiar o sono.

É noite fechada; a cidade tem uma iluminação ruim por onde estou passando. Parece uma área periférica, com a maioria das lâmpadas faltando. Adiante parece não haver mais iluminação pública. Vou ter de me virar com a lanterninha.

Acredito que hoje o tempo vai ficar totalmente coberto, mas espero que seja apenas neblina e que não chova. Por aqui há uma nebulosidade intensa e a visibilidade está reduzida. Procurei a passarela de pedestres por onde se atravessa o rio, mas não achei sinalização. Avistei uns peregrinos adiante e vou segui-los. Pouco depois eles atravessam a passarela. Apesar de bastante escuro, dá pra ver que é bem alto, incrível. Os caras que passam lá parecem minúsculos. Mas deve ser seguro.

Depois de descer uma trilhazinha de terra cheia de pedras, alcancei a cabeceira da passarela. Está muito escuro e dá um certo medo, apesar de haver uma lateral de proteção de uns oitenta centímetros de altura e um corrimão. Mas a passarela é muito comprida e a altura é apavorante. O piso é de chapa de aço e a estrutura balança um pouco.

Assim que ganhei a cabeceira da passarela do outro lado, tive de descer a mochila para pegar minha lanterna, pois a partir dali estava totalmente escuro. Alcancei pouco adiante os peregrinos que estavam à frente, parados numa encruzilhada, em dúvida sobre qual direção seguir. Cheguei com a lanterna e conseguimos ver a seta amarela, para pegar a rota certa, mas os deixei para trás e vou seguir em passo mais firme. Não os enxergo há algum tempo, mas pelas vozes sei que vêm logo atrás de mim. Estou subindo por outra estrada na cava, com barranco de uns dois ou três metros dos lados. Acima, a mata é fechada.

A trilha passa sobre uma pedreira: pedras enormes que parecem mais entulho de mineração ou restos de avalanche. Só acreditei que o caminho é mesmo por aqui porque há setas indicando, mas isso não é lugar de gente caminhar, muito menos numa madrugada escura dessas. É uma cava profunda. O chão, porém, que deveria ser o pavimento por onde se caminha, é formado de pedras grandes, de meio metro a um metro de largura, amontoadas a esmo. É perigoso, totalmente inseguro atravessar isto aqui.

Olhando para trás, vejo as luzes da cidade por entre a neblina no céu. Estou caminhando firme, mas temo que hoje venha a ser um dia pesado, pois dormi pouco nas últimas noites, e nesta noite em especial não dei sequer um cochilo.

São sete horas da manhã. Estou subindo ainda pela cava no meio da mata e está totalmente escuro, sem sinal de que o dia possa amanhecer por agora. Só por curiosidade, apaguei a lanterna numa parte em que o terreno é mais plano, e de fato não é possível enxergar um palmo à frente dos olhos. No momento em que apaguei a lanterna, senti uma coisa leve cair sobre o meu calcanhar e imaginei que fosse uma folha de árvore, mas acendi a lanterna e vi que era o envelope do Dark. Ao retornar para apanhá-lo, caíram vários outros papéis. Eu tinha deixado aberto justamente o zíper onde guardo as coisas mais importantes, como o meu caderno de anotações, os mapas e o guia do Caminho. Então desci a mochila, recolhi tudo e fechei o zíper.

Ontem foi um dia fatídico, para não o dizer trágico. Depois de chegar muito cansado após percorrer um trecho grande sem ter dormido quase nada nas noites anteriores, ter tomado umas três ou quatro garrafinhas de cerveja e bastante vinho, ter feito farra com violão e tudo até altas horas da madrugada, por incrível que pareça, o sono não veio.

A garrafinha de cerveja deles é uma embalagem plástica com no máximo 250ml. É pequena, mas com o vinho que tomei em seguida, fiquei bem leve, tocamos e cantamos bastante. O pessoal gostou muito. O rapaz de Madrid disse que tocava *blues* numa banda e que eles costumavam tocar em bares, à noite. Realmente, quando cheguei, ele estava tocando *blues* acompanhado pelo italiano. Porém, depois que peguei o violão, todo mundo achou o meu estilo mais animado e disse que eu tocava melhor. Rimos muito, mas continuei a levar o meu repertório antigo. O madrilenho perguntou-me se eu era profissional e me elogiou muito.

Toquei algumas músicas italianas antigas – as mesmas que eu havia tocado em San Nicolás, e algumas brasileiras do Roberto Carlos. Surpreendeu-me o quanto o violonista de Madrid e o italiano conheciam o repertório de Roberto Carlos. Ao contrário do que eu pensava, o dono do violão não era o madrilenho, mas duas moças que tinham ido antes para o ginásio, deixando o violão com ele, além de um caderno de músicas cifradas com várias músicas boas, incluindo The Beatles, Nirvana, Elton John e outras mais que eu acabei me arriscando a tocar. Uma das alemãs, que ficou até mais tarde, chamada Anna, cantava muito bem, e eu a acompanhei em algumas músicas, inclusive em uma do Nirvana que ela interpretou lindamente. Toquei também uma música de Ney Matogrosso em estilo espanhol, com uma batida flamenca, além de outra argentina de estilo parecido, bastante antiga, também gravada por Roberto Carlos.

Contudo, depois de tomar uns tragos e farrear tanto, ao contrário de tudo o que eu imaginei, não tive nem vestígio de sono.

Os caras se deitaram ali perto de mim, um deles se estirou mais ou menos sobre a mochila, e logo começaram a roncar. Eu não creio que o meu problema foi o chão duro. Eu dormi outras vezes em situações parecidas, sem problema. Creio que é uma fase dessas nas quais a insônia me ataca e dura dias.

*

Adiante avistei uma luz muito fraca e logo alcancei duas mulheres, mãe e filha (que eu já havia visto antes). Apenas as cumprimentei e passei à frente. O piso da trilha agora é mais confortável e parece não haver bifurcação que apresente risco de desvio.

Já caminhei pelo menos uns quatro quilômetros e só agora começam a aparecer no céu sinais de que amanhece. Tudo indica, porém, que será um dia nublado.

Há agora alguns reflexos de luz; embora seja muito pouco, já é possível apagar a lanterna, pois aqui o chão é plano e o piso, de areia branca. De ambos os lados, há cercas de arame; e depois delas, plantações de milho.

São 7h29. Está quase amanhecendo. Peguei uma estradinha com piso de areia fina que segue acompanhando uma rodovia relativamente larga, de pavimentação muito boa, mas sem acostamento. O tempo está fechado, mas espero que não chova. Pelo menos aqui não há aquela cerração brava que enfrentei ontem, quando não se enxergava quase nada à frente. Posso avistar os vales um pouco mais abaixo, ainda que sob a neblina dispersa.

Estou caminhado por entre as árvores de um bosque de araucárias no momento em que passa um avião voando muito baixo. Isso indica que há um aeroporto próximo daqui. A trilha é estreita e limpa, e forma um verdadeiro túnel sob a copa dos pinheiros.

Em comparação com os problemas que tive nos primeiros dias, eu até poderia dizer que estou relativamente bem. Mas estou fragilizado por causa das noites mal dormidas e da má alimentação dos últimos dias. Além disso, estou afetado psicologicamente também. Sem dormir, não é fácil; fica a sensação de revolta latente, pronta a reagir a troco de nada, e uma certa insegurança.

São 8h5. Felizmente o tempo amanhece limpo e não há risco de chuva, pelo menos por enquanto. Lá embaixo, avisto belas colinas, com vegetação muito verde. Sigo pela trilha à margem da rodovia, mas não passa carro nem gente. Depois de tanto tempo sem ver vivalma, consegui avistar dois peregrinos. Achei que além dos poucos que vi à saída de Portomarín, eu fosse o único aventureiro a encarar a madrugada por essas bandas.

Hoje estou suscetível a sentir solidão, muito embora ver ou não ver outros peregrinos no Caminho não vá interferir nesse sentimento. Isso é muito íntimo, e do jeito que estou me sentindo hoje, acho que tanto faz estar com um monte de gente ou sozinho no meio da mata. Os fatores que levam a gente a se sentir solitário não depende da quantidade de pessoas próximas.

O meu estomago não está nada bem, está queimando. Quando bebo água, sinto pontadas agudas muito fortes. Hoje não vai ser fácil! Queira Deus eu mude essa expectativa ou ela não se realize e eu esteja enganado. Vou continuar devagar – estou num ritmo lento – e vou seguir assim, sem programação. Estou com os mapas das últimas etapas todos aqui na mochila. As minhas únicas funções aqui seriam caminhar, comer e dormir, e já que "dormir" não tem dado certo, então me restam caminhar e comer – comer quando houver jeito, porque também isto eu não tenho feito direito há dias.

Que situação degradante: um ser humano na minha idade se limitar a fazer apenas três coisas simples, que qualquer criança é capaz de fazer, e no fim das contas não conseguir nem isso e ter de reduzir a sua existência a apenas caminhar. Sem comer direito e sem dormir, sobrou a mim andar e andar... Talvez eu tenha mesmo ficado doido quando inventei de vir para cá.

Passei por uma ponte sobre um pequeno córrego cuja água tem um gosto forte de ferrugem. Mesmo assim, coloquei um pouco no cantil, por segurança. Lá atrás, passei próximo a um grande galpão, à direita da estrada uns 150 metros, de onde se ouvia um ruído contínuo que pareceu o de centenas de porcos gritando, como se estivessem matando 200 ou 300 porcos ao mesmo tempo. Uma gritaria louca. Isso me fez lembrar de um caso da época em que eu morava numa pensão na rua Curitiba, em Belo Horizonte. Morávamos lá o meu primo Fernando, os meus irmãos Aluísio e Tomé, além dos colegas Jésus Morato e Hamílton, que eram da cidade de Patos de Minas, vizinha à nossa, Carmo do Paranaíba.

O Jésus gostava muito de contar vantagens de Patos, dizendo que era uma cidade muito moderna, muito evoluída, com muito progresso industrial e tal, aquela típica provocação em torno da rivalidade entre cidades vizinhas do interior.

Num desses dias, depois que ele falou das maravilhas industriais de Patos, eu contei que na minha cidade o progresso era tão avançado que o nosso frigorífico municipal era todo automatizado. De um lado do edifício, uma fila enorme de caminhões-gaiolas trazia porcos, e uma outra, de caminhões boiadeiros e carretas, trazia bois para o abate, descarregando dia e noite, sem parar, um caminhão atrás do outro. Esses caminhões apenas encostavam a traseira num portão grande, levantavam a carroceria e despejavam a carga toda de uma vez lá dentro. Ali só se escutavam os berros dos bois e a gritaria dos porcos sendo despejados e de imediato processados.

Enquanto isso, do lado oposto do edifício, várias filas de caminhões eram carregadas, um atrás do outro, saindo com suas cargas já embaladas: uns com carne de primeira para exportação, outros com couro especial para fabricação de sapatos, outros com pentes de chifres, latas de salsicha, salame, farinha de ossos para adubo etc. Havia até um guichê onde eram vendidas fitas K-7 com a gravação de berros de boi e gritaria de porcos que eram usadas em estúdios de efeitos especiais de filme de terror. E era assim: dia após dia, animais entravam de um lado e saíam produtos acabados do outro.

Mas ele não se continha. Num outro dia, depois de ouvir as histórias dele sobre Patos, eu disse que em Patos havia muito carro velho na rua, atrapalhando o trânsito, e que no Carmo esse problema fora resolvido, pois a prefeitura havia comprado uma máquina que dava um jeito nisso: todo carro velho deixado nas ruas ou abandonado em lugar impróprio era comprimido por essa máquina, que vinha com um gancho, levantava o carro e, em seguida, com o uso de duas mãos gigantes de aço, uma de cada lado, apertava-o com tanta pressão até ao ponto de transformá-lo numa chapa fina, como uma tábua de compensado. Depois, um funcionário da limpeza recolhia essas chapas e as jogava num caminhão-caçamba, que as levava para o lixão. Essas minhas "histórias" se tornaram clássicas nas nossas rodas de amigos e nas farras de boteco, quando o Hamílton as contava ou me pedia para contá-las.

O Hamílton era um cara muito inteligente que chegou a ser candidato a deputado, mas creio que não foi eleito. Essas histórias são chamadas no interior de Minas de "causos". Geralmente envolvem algo muito fantástico ou algum progresso extraordinário e fantasioso. Sempre foi assim. O meu primo Geraldo da Raquela era um mestre desses causos. Ele contava que antigamente, na fazenda Barreiro, tinha um parente nosso chamado Cazeca que viajava muito pelo mundo. De vez em quando, ele sumia por muito tempo; depois reaparecia, cheio de histórias pra contar. Numa dessas viagens, ele contou que esteve num lugar tão adiantado onde já não existia mais essa coisa de carregar o caixão nas costas, quando a pessoa morria. Essa trabalheira de carregar caixão de defunto gordo, morro acima e morro abaixo, era coisa do passado.

Quando alguém morria, eles passavam um preparado nas juntas do defunto e na hora do enterro o morto mesmo se levantava e ia caminhando para o cemitério, com as pessoas seguindo atrás: a viúva e os parentes chorando e os outros amigos rezando e cantando para se despedir. Quando chegava à beira da cova, o defunto parava, acenava dando "tchau" a todos os parentes, fazia o sinal da cruz e se deitava na posição certa, e pronto. Daí, era só jogar terra em cima.

Eu imagino que ele deve ter inventado essa história durante o enterro de alguém lá na própria fazenda Barreiro, pois o único cemitério da região fica no povoado de Pimentas, a uns oito quilômetros de distância, com muita subida de serra.

São 9h50h. Devo ter andado quase 15km desde Portomarín. O tempo está bom para caminhar: o sol não apareceu ainda e está um nublado não muito carregado, sem ameaça de chuva. Venho observando paisagens muito bonitas, que lembram um pouco as paisagens de quando se atravessa o Rio Grande pela estrada que vai de Araxá a São Paulo, na região próxima à represa de Furnas. O ecossistema e a topografia são bastante parecidos, com muitas reservas de florestas e de bosques nas áreas ciliares de cursos d'água, separadas por colinas verdes.

A Galícia realmente é um lugar peculiar e interessante. Os galegos têm origem ancestral na etnia celta, por isso há uma grande parcela da população que tem cabelos pretos e olhos azuis. Esse é o biotipo original deles.

Estou caminhando ao lado de um bosque que mistura pinheiros de araucária com outra arvore que creio ser uma variedade de eucalipto. Isso indica que pode não ser floresta nativa, pois o eucalipto é originário da Austrália. Embaixo, uma relva uniforme mistura samambaias com plantinhas carregadas de flores de um cor-de-rosa intenso, muito bonitas, além de outras flores miúdas amarelas, mais dispersas. Vendo esse cenário, lembrei-me de que essa é a região onde nasceu a lenda da Camila, uma personagem da mitologia latina que deu origem ao nome da minha primeira filha. Depois que essa região passou a pertencer a Roma, vindo a ser uma das províncias mais valorizadas do Império, desenvolveu-se aqui uma cultura muito rica, com histórias fascinantes como a fábula da Camila.

Conta a lenda que Camila era uma moça muito bonita que vivia nas florestas da Europa e tinha sob seu domínio centenas de belíssimos cavalos. O pai dela, que havia sido rei, fora destronado e teve de fugir para as montanhas, levando a filha ainda bebezinha. Lá a alimentou com leite de éguas selvagens, e por isso os cavalos a respeitavam e se comunicavam com ela. Depois de adulta, a moça teria se transformado numa guerreira invencível, que tendo seus cavalos como aliados ajudou o pai não só a retomar o reino, mas também a dominar a Grécia. Dizem que foi por causa dela que a Roma antiga conseguiu anexar a Grécia a seus domínios. Daí é que surgiu o nome que escolhi para a minha primeira filha. Saudades das minhas filhas.

Daqui se avista uma paisagem linda no horizonte. O vento soprando forte na copa das árvores produz uma espécie de assobio com notas simultâneas. Se a velocidade do vento aumentar e aumentar também a intensidade desse som, deve ficar muito parecido com uma forte tempestade. Não sei se está dando para gravar.

Os últimos quilômetros foram por uma estradinha asfaltada que passa por várias vilas e pequenos povoados residenciais. Agora estou numa espécie de chapadão com pastagens parecidas com o cerrado. Pouco tempo atrás, passei por uma mina cuja água nasce na pedra. Lembrei-me de um lugar muito parecido com este, na fazenda Barreiro, que ficava justamente na estrada improvisada que vai do Barreiro ao Sossego, sobre a qual falei há alguns dias, que atravessava o chapadão das samambaias e subia perto do pasto da prima Nara, da mata do "Noque". Lá também, ao lado desse caminho, na subida, já no meio das samambaias, havia uma fonte que brotava água na pedra, onde fora escavado, na própria pedra, um reservatório no formato de uma caixa d'água quadrada. A água era conservada sempre muito fria e muito limpa. Era onde a gente enchia o carote para beber, quando ia trabalhar no arrozal, no alto do chapadão, e também onde se bebia água diretamente da fonte, quando se fazia essa rota entre a fazenda e o lugarejo do Sossego.

A mina daqui é muito parecida com aquela, com um reservatório cavado na pedra, que fica cheia de água muito limpa e muito fria. Perguntei a algumas pessoas do lugar, mas ninguém sabe informar a verdadeira origem nem a idade da fonte. Percebe-se, porém, que a pedra foi cavada com ferramentas muito rústicas, para acumular a água, que mina muito devagar.

Lembranças daquela região dos chapadões da Serra do Barreiro sempre me vêm à memória. Quando éramos crianças, ali era considerado um lugar místico, em especial os chamados "pés da serra", onde havia grandes árvores de gameleira, e também os pontos mais altos da serra, a que chamávamos de "tupirote". Ali havia pedras gigantescas e encostas escarpadas muito altas, impossíveis de serem escaladas mesmo pela molecada, que costumava se arriscar nesse tipo de aventura. Havia também locas sob as pedras, no barranco, que a gente acreditava serem entradas de grandes grutas.

Numa pequena baixada, ao pé dessa encosta principal, sempre se formava um pequeno lago na época das chuvas, que ficava repleto de sapos e girinos. Para a criançada, era um lugar misterioso. Não raro, algum irmão mais velho ou um dos trabalhadores da fazenda contava histórias de assombrações, como a Mãe do Ouro, o Lobisomem e o Homem do Corpo Seco, que quase sempre desciam das bandas do "tupirote" ou desapareciam indo naquela direção.

São 12h30. Estou passando pela cidade de Palas de Rei. Em frente ao albergue, já havia uma fila enorme esperando para fazer o *check-in*. Segui direto pelo outro lado da rua, atravessei o Centro da cidade e cheguei à rua de saída.

Depois de 2km pelo asfalto, entrei novamente numa trilha pelo chapadão. Passei distraído por uma encruzilhada e voltei para ver se havia seta amarela a indicar a estrada correta, mas não havia indicação. Há três alternativas possíveis no cruzamento, sem sinalização! Vou tentar a sorte e usar o meu *feeling*. Daqui até a próxima cidade com alguma condição de comer e se hospedar, com restaurante, pensão e albergue, são 23 quilômetros. Seria uma etapa de 50km desde Portomarín. Para quem está transnoitado, sem dormir nada, é uma loucura, mas não me resta outra coisa a fazer, já que não tive paciência para procurar onde dormir em Palas de Rei. Agora é andar! Se for da vontade de Deus, eu chego lá.

São 13 horas. Estou caminhando por estradas antigas, do tipo cava, no meio do chapadão ermo. Não vi ninguém por esse mundão. Vou apenas ouvindo o batido do meu cajado na terra seca, sempre no mesmo ritmo, e o rangido da minha mochila. De um tempo para cá, a mochila passou a fazer um rangido chato que parece arreata de cavalo, naquelas viagens sem fim debaixo de sol. Além disso, o cheiro dela está parecendo o de cela de cavalo que nunca foi lavada.

O ritmo do meu passo marca um compasso que lembra a musiquinha que minhas filhas cantavam quando eram pequenas: "A dona aranha subiu pela parede, veio a chuva forte e a derrubou...". Eu só sei este pedaço, porém, e o trecho da música se repete na minha cabeça como se um disco furado o retomasse eternamente. Eu o ouço nitidamente, num mesmo ritmo: "A dona aranha subiu pela parede, veio a chuva forte e a derrubou...", que se repete, se repete...

O sol está quente; o suor me ensopa e o trote do meu passo, com o rangido das correias da mochila e a batida do meu cajado no chão, penetra na minha cabeça. Um monte de grilos cantando lá fora, no mato... Só escuto isso e parece que esse som está há dias nos meus ouvidos: o rangido de correias, o trote do pisoteio, os grilos cantando... Igualzinho a quando eu fazia as intermináveis viagens a cavalo da fazenda Barreiro para o Lenheiro. Era o dia inteiro de viagem, sob sol quente... Pegava o chapadão do Araçá e o assunto acabava de tanto cansaço e calor. E eu ia: "toc, toc, toc...", "nhec, nhec, nhec...", "prii-prii, prii-prii, prii-prii..." Só restava virar o chapéu de lado para proteger a orelha do sol forte, e continuar... E eu continuo aqui a ouvir o mesmo som. Às vezes, a toada varia um pouco, o som muda e mudam as lembranças. Lembra-me de quando eu voltava das caçadas com meu pai, vindo do Cedro, passando pelo chapadão do Selado. E aqui vão as correias a ranger...

Naquela época, com meu pai, porém, sempre se ouviam muitos passarinhos a cantar nas árvores, à beira da estrada, no meio das samambaias, e especialmente com ele sempre havia assunto. Volta e meia, ele começava outro caso: "Numa ocasião, eu fiz uma caçada com o 'cumpade' Fulano de Tal, lá no sertão do São Pedro da Ponte Firme...". Outras vezes: "Lá nos chapadão do Taquaral – e apontava o chapadão no horizonte –, perto do Estreito, eu busquei uma tropa de burro pra amansar...".

Aqui, sozinho, sem canto de passarinho, sem ninguém pra me contar casos, a mim só me resta andar. Os pés estão ameaçando doer, aquela dor fina, e eu querendo deixar para parar um pouquinho mais à frente. Peguei então um caminhado no estilo do Tataco do Lazinho, levantando o peso do corpo na ponta dos pés antes de dar a passada. Parece que me aliviou um pouco. Às vezes acelero, fazendo uma corrida curta no estilo marchinha... Estou inventando coisas que me permitam adiar a minha parada, pois sei que se eu parar, vai ser difícil recomeçar. Depois que os músculos esfriarem, acho que vai travar tudo.

Aqui é um povoado, mas não há um boteco sequer, ninguém nas ruas... E aqui vou eu, num "andar de urubu", passando pelo meio do povoado. Se tiver alguém me vendo pela fresta da janela, vai ficar com medo de abrir a porta para me oferecer algo; vai pensar que eu sou algum doido, andando desse jeito.

Passei na frente de um bar e vi que estavam lá uns três ou quatro peregrinos. Nem dei a mínima e segui direto. Agora estou numa subida forte e longa, quase alcançando o alto, pensando que não dá para entender o quanto o organismo da gente é estranho: há dois dias eu dormi pouco e andei mais de 40km; depois, dormi quase nada em Triacastela e andei 39km; ontem, não dormi nada e já estou indo para os trinta e lá vai cacetada, correndo o risco de ter de andar 52km ou 53km hoje... Não sei de onde sai essa energia, porque não estou me alimentando bem nem dormindo direito. Vamos ver até onde isso vai chegar. Eu disse que hoje andaria até o sono aparecer.

Eu vi lá atrás o marco que indica o Km 59; portanto faltam mais 19km para chegar à próxima cidade. Assim, amanhã eu faria 40km. Vi agora o marco 59 e meio (aqui os marcos são de 500 em 500 metros). Saio novamente do asfalto e pego a estradinha de cava. Vou andar de novo com a passada do Tataco do Lazinho. Quando é descida, é Tataco do Lazinho; quando é subida, é "andado de urubu"; e para caminhar na baixada plana, inventei outro estilo: o do "Miro dos Pimentas", que é correndo e levantando poeira, que nem fazia o Miro quando ia pelo chapadão do Selado. Mas para encarar subida muito forte, do tipo do Morro do Tio João Camilo, vou no modelo "urubu coxo", mancando.

Eu estou completando agora sete horas de caminhada praticamente sem parar. Ainda perto da saída de Portomarín, de manhã, eu parei muito rapidamente para beber água e tomar café; tomei também duas canecas de leite com chocolate e biscoitos. Em algum lugar aí para trás, de que não lembro, peguei um refrigerante.

Aqui se tem uma cava profunda e longa, bastante arborizada dos lados com árvores altas. Adiante está escuro, a indicar que as árvores cobrem totalmente a estrada. À minha direita, no alto, há uma colina bem alta com moinhos de vento de energia eólica, como os que vi na saída de Pamplona. Vejo três moinhos no alto do morro e a pá de um outro que está meio encoberto. Alcancei a parte totalmente sombreada da cava e a temperatura ficou mais confortável. Refrescou bastante, mas ainda assim o suor encharca a minha camisa e me escorre pelo corpo todo, às bicas pelas costas. A partir daqui, começa a descida suave, ainda na cava, e mesmo com muita pedra na estrada, desço meio correndo, porque esse modo de descida alivia bastante a dor nos pés. Se eu for passo a passo, deixando o peso do corpo cair todo sobre os pés, é bem mais dolorido.

São 13h47. Eu tinha planejado parar quando encontrasse o marco de 60km, mas ele já ficou para trás e estou à procura de sombra num lugar mais limpo, pois aqui há muito mato e estou com medo de cobras. Já vi duas aí para trás. Uma delas estava parada, tomando sol na areia à beira do Caminho. Vínhamos eu e o Elies, vimos a danada e passamos longe. Essa era bem pequena, talvez um filhote. A outra, vi quando estava lanchando, sentado na grama com as pernas esticadas. Ela veio do lado do córrego e fiquei quieto, vendo-a passar próximo às minhas botas. Peguei meu cajado devagarinho, apoiei a ponta dele na grama e o segurei firme com as duas mãos, na intenção de levantar de um salto e fugir dali, mas por sorte ela passou direto e entrou no mato.

Outra coisa que ainda existe nessas matas, com o que é bom ter cuidado ao se caminhar de madrugada sozinho, são os lobos selvagens. Dizem que a população de lobos desta região da Espanha se multiplicou nos últimos anos. Eu vi uma notícia no jornal nesse sentido, não sei se em Burgos, segundo a qual o governo pensava em liberar a caça como forma de controlar a proliferação dos lobos, que já estavam matando o gado e outros animais domésticos. E como atacam em bandos, torna-se perigoso encontrarem uma pessoa sozinha no meio da estrada ou na mata. Por enquanto, não há caso registrado de ataques a humanos. Se isso acontecer (ou se já aconteceu), não creio que irão divulgar na imprensa, porque isso faria os turistas sumirem. De qualquer forma, é bom tomar cuidado, pois o pobre coitado de um peregrino andando sozinho de madrugada pode ser um bom petisco.

Faz algum tempo que estou no Caminho sem ver ninguém. Aliás, vejo muito poucas pessoas desde Palas de Rei. Passou por mim só um casal de ciclistas, depois passei por outro casal de peregrinos a pé, que estavam deitados à sombra, num lugar bonito, arborizado e fresquinho – e mais ninguém!

Vejo agora um grande trecho do Caminho, numa descida longa até embaixo. A partir daqui, são pastagens limpas, sem as árvores que faziam sombra. Ao longe, nem sinal de peregrinos. Isso quer dizer que quem iria fazer o trecho de Palas de Rei até Melide ou Arzúa já se foi – e isso quer dizer que os albergues dessas duas cidades devem estar lotados.

O que acontece é que estou fazendo duas etapas de uma vez só, totalizando num único dia o que os outros peregrinos fazem em dois dias. Os guias todos indicam que de Portomarín se deve ir até Palas de Rei, a cerca de 25km, e depois fazer uma outra etapa de Palas de Rei até Melide ou Arzúa. Mas vou continuar e torcer para que em alguma dessas cidades eu encontre um pensionato ou hotel.

O sol está forte e o calor, insuportável. Encontrei uma sombra confortável embaixo de um pé de maçã (eu pensei que fosse um pé de goiaba), com uma graminha rala e seca, mas não deu para resistir. Dei uma paradinha. Após deitar, olhei para o lado e vi uma maçã bem madura na grama, ao alcance do meu braço, e a estou comendo. Uma maçã docinha, bem vermelha.

Aqui é uma encruzilhada. O Caminho é um trecho poeirento que desce fazendo meia curva à direita, sempre por um beco cercado. Nas margens, há fazendinhas com plantações ou pastagens, como se veem desde lá de trás. Esta região tem muita fazendinha de área minúscula, com o gado confinado nos estábulos, que em alguns casos são o próprio andar térreo das residências. Há estábulos até na área urbana dos pequenos povoados. Quase todos esses casarões de pedra têm os barracões cheios de feno ou capim ao lado e o estábulo anexo. Eles cortam o capim, enrolam-no em fardos e depois tratam o gado dentro dos estábulos. É raro se ver vacas soltas pisoteando o pasto. Eles têm um ciúme danado do pasto.

Dias atrás, saindo de O Cebreiro, tive a intenção de fazer um atalho pelo meio do pasto. Uns meninos estavam pastoreando vacas ali perto. Quando me viram pisar na grama, um deles me chamou a atenção: "Por que você passou no meio do pasto?" Eu disse: "Porque é mais perto". E ele: "Não, no meio do pasto não pode". Só me restou pedir desculpas, envergonhado. Mas eu não sabia!

Enquanto eu relaxava, um peregrino entusiasmado disse que me viu no segundo ou terceiro dia, só que teve problemas e parou. Depois pegou um ônibus até Portomarín, onde encontrou seus amigos ontem, mas como estavam todos cansados, vindo devagar, e ele descansado, deixou-os para trás. Disse que começou a peregrinação em Roncesvalles no dia 5, justamente no dia em que eu passava por lá. Ele me reconheceu pela bandeira do Brasil e por ter-me visto gravar a minha narrativa. Ao me ver aqui, deitado na grama com o gravadorzinho na mão, não teve dúvidas.

São 14h14. Fui tomado por um sono violento, impossível de ser controlado. Não posso ficar parado, pois se eu dormir, dificilmente serei acordado, e corro o risco de ficar aqui até anoitecer. Ainda mais agora, que estava a me lembrar das cobras. O sono está vindo forte demais e chega a me fazer delirar, num transe esquisito, meio dormindo, meio acordado, meio sonhando, sofrendo estranhos apagões Depois do peregrino que mencionei, não há sinal de mais ninguém aqui. Não sei se vou resistir e se vou conseguir me levantar. Basta colocar o boné sobre os olhos que passo a sofrer os apagões.

São 14h45. Estou retomando o passo bem devagarinho, meio travado. Dei um cochilo involuntário. Sem perceber, apaguei e, por sorte, acordei uns quinze ou vinte minutos depois, meio assustado, tamanho o sono, pesando uma tonelada.

São 15h20. Acabei de sair de um povoado muito pequeno, com apenas algumas casas. Numa delas, havia um armazém semelhante às vendas do Álvaro e do Alcides, na fazenda Barreiro – coisa muito simples, de roça mesmo. Mas o dono me disse que tinha telefone público e me levou a uma espécie de depósito cheio de sacos de mercadorias e engradados velhos. Lá no canto, estava o telefone público. Liguei em casa e ninguém atendeu.

Minhas filhas devem ter ido à casa da mãe.

Consegui falar com o Valério, porém, e ele me disse ter feito a peregrinação de Brazlândia até Muquém, uma caminhada de cerca de 200km, e disse que todo mundo gostou muito.

Logo que saí do povoado, alcancei um peregrino chamado Rick, de Houston, no Texas (EUA). Ele é médico especializado em pulmão e também gosta de *rock'n roll* e de música *country*. Está caminhando desde Burgos, há 17 dias. Disse que deixou de fazer a barba desde que começou o Caminho, assim como eu, só que ele já era cabeludo, com o cabelo alcançando o meio das costas.

Agora estou avistando uma cidade relativamente grande, bem embaixo, depois da descida. Espero que seja Arzúa. Eu vou rumar direto para o albergue, para ver se encontro o Elies ou o Jader. É possível que hoje eles pernoitem aqui, já que certamente eu não vou encontrar lugar pra dormir a esta hora. Se por um acaso eu tiver sorte e houver vaga, bem; se não tiver, também não tem problema, pois pretendo procurar um quarto onde eu possa dormir sozinho. Eu preciso dormir direito. Estou tendo tonturas e apagões estranhos. Talvez eu esteja atingindo um grau de estresse perigoso. Mas não vou me preocupar com isso, pois sei que uma boa noite de sono deve resolver, e no estado em que me encontro agora, seria impossível não dormir. Estou quase apagando de pé, mesmo caminhando. Estou sentindo uma dor fina que passa por todos os músculos do corpo, principalmente os mais volumosos – das pernas, das coxas, da panturrilha, e até dos braços, bíceps. Vou atribuir isso também à provação de sono e me despreocupar. Afinal, já estou acostumado com crises de insônia e sei que todos esses sintomas somem depois de uma única noite bem dormida.

Estou avistando o americano Rick lá na frente. Ele deu uma esticada, enquanto reduzi meu ritmo por causa dessas dores e também para conferir os mapas do meu guia. O cara vai andando firme, carregando um cajado improvisado que mais parece um pau de lenha grosso, que deve pesar uns 3kg, uma verdadeira tora de madeira, que dá pra acender um fogo e fazer um café de manhã cedo. Se ele precisar cozinhar na estrada, tem lenha de sobra.

Estava observando que daqui pra frente o relevo se torna suave: são colinas e vales, planícies com muito verde e vegetação muito densa. Lá atrás, quando pensei que já estivesse entrando na área urbana da cidade, de repente me vi numa estrada de terra batida poeirenta, que continuava por outra cava profunda e estreita no meio do mato.

Não sei se foi algum delírio, mas não vejo mais sinal da cidade na qual achei que estivesse entrando. Vi um marco ali em cima indicando que ainda faltam 13km para Arzúa, onde pretendo pernoitar. Então não pode ser Arzúa, pois treze quilômetros ainda é muito longe, mas juro que vi prédios muito próximo e ainda estou no meio da floresta, com muitos cipós. Será que vi uma miragem?

Acho que estou ficando meio gagá. Além de avistar cidades que não existem nem no mapa nem no mundo, toda vez que vou desligar o gravador, já de um bom tempo pra cá, despeço-me dele falando "tchau" ou agradeço ao gravador, como se estivesse falando com alguém ao telefone. Às vezes sofro umas tonturas, por ficar sem dormir e pelo grande esforço físico.

Quando falei dos cipós, não quis dizer que a floresta é fechada, de modo a impossibilitar a pessoa de andar, não. Eu não estou andando no meio da mata, mas pela estrada. O cipó a que me referi é um cipó fino, de muitas folhas, que sobe pelo tronco das arvores e o cobre completamente.

Até que enfim, estou entrando num povoado, mas este é de verdade. Atravessei uma ponte de pedra muito antiga, em estilo romano, que dá acesso à parte histórica da cidade, que aparentemente se localiza nos fundos do povoado. As casas também são em arquitetura antiga, de pedra, como os povoados todos aí para trás, e as ruas e meios-fios são calçados de grandes lajes de pedra. A cerca de uns dois quilômetros daqui há uma parte comercial mais moderna.

Vou precisar dar uma parada, pois aquela dor terrível na planta dos pés está ameaçando voltar com força. Pensei que ela havia desaparecido por completo, mas acho que o esforço que fiz, ao correr e fazer trotes naquelas caminhadas aceleradas, pode ter forçado demais os músculos da sola dos pés. Ainda faltam uns doze quilômetros até Arzúa; nem que eu precise dar umas três paradas, chegarei lá.

Passando por Melide, pedi informações a um rapaz na rua, mas ele não era do lugar e não conhecia muita coisa, além de não demonstrar boa vontade. Vieram então duas moças, muito simpáticas, e depois uma terceira, que cuidava de uma horta ali ao lado, e fizeram questão de me ajudar. Falando um galego quase tão claro quanto o português, abriram junto comigo o meu mapa e me mostraram a direção da saída. De fato, eram mais 12km, cerca de três horas, até Arzúa, talvez mais; pois vou ter de fazer muitas paradinhas para tentar combater a dor dos pés. No fundo, era mais ou menos isso que eu calculava.

Sigo a rota indicada por elas, que atravessa Melide. Já localizei as setas amarelas e envered0 por uma rua relativamente movimentada, com trânsito e comércio, que deve ser a via principal. Já vi peregrinos de bicicleta na frente da "Pizzaria Xoudra".

O galego utiliza muito o som "x" (ch), inclusive em substituição ao "j". É "xunta de galícia", "xoelho", "xanela", "xantar". O interessante é que "xantar" é comer qualquer coisa, não só o jantar propriamente dito, como o conhecemos. É um pouco estranho, mas dá para entender muito bem.

Só agora me lembrei de que hoje é sábado, por isso os bares e lanchonetes estão tão movimentados. Passando na frente de um boteco, havia pelo menos uns dez peregrinos a beber nas mesas do lado de fora, rindo e falando alto. Estão numa farra arretada, mas eu passei do outro lado da rua e segui em frente. Afinal, não conhecia nenhum deles. Melhor assim, não vou perder tempo aqui.

Em outro barzinho adiante, uma moça conversava com um casal. Ela, tipicamente galega, de olhos azuis e cabelos pretos longos, meio gordinha e com um rosto lindo, um sorriso muito bonito, acenou pra mim e disse: "Olá, olá! Estás indo a Santiago?". Eu respondi: "Sim, estou tentando!" Ela completou: "Ah, que bueno. Força, faça um bom caminho!". Animado, o casal também desejou "bom caminho", como é o costume por aqui. A moça, toda faceira, disse ainda: "Vós sois muy guapo. Eu também queria ir com você até Santiago", brincando, fazendo farra, obviamente! Eu ri muito e disse: "Pois vamos, está perto".

A cidade está contagiada de alegria, com muita gente alegre nas mesas de bar e pelas ruas. Aqui, uma praça com vários bares, com mesas na calçada e a rapaziada a beber e a cantar; ali mais adiante, uma outra esquina cheia de mesas da "Xusco Confeiteria". No meio de tanta euforia de fim de semana, eu não vi mais as setas amarelas. Será que estou na direção certa?

São 16h35. Deixei Melide para trás e avisto pequenas casas lá embaixo. Deve ser um povoado da região, na área metropolitana. Perto da saída, passei próximo ao albergue, mas nem cogitei parar. Enquanto eu passava, outro brasileiro me identificou pela bandeira e veio falar comigo. Ele se chama Francisco e é de São Paulo; começou o Caminho em León, há doze dias.

Estou descendo por um beco típico de periferia de cidade: sujo, com cacos de vidro, muito feio, além de ser uma descida forte, com pedras soltas. Com isso, meus pés voltaram a doer muito. Mas agora, já que teimei em seguir, tenho de administrar esse contratempo e continuar. Para piorar, o tempo está se fechando. Pode ter chuva. Vi atrás o marco do Km 50. Ainda faltam, portanto, 10km até Arzúa.

Eu não parei na cidade para comprar nada. Tive até a intenção de comprar umas frutas, mas a única frutaria que vi estava fechada. Era hora da maldita "ciesta", em que todas as mercearias, padarias e frutarias fecham. Na verdade, não estou sentindo tanta fome, mesmo a esta hora. De qualquer forma, se encontrar alguma coisa aberta, vou tentar beliscar alguma coisa, por precaução. Contudo, a distância que me falta é coisa para se fazer em três horas, com uma certa tranquilidade, embora a sola dos pés esteja doendo muito, o que vai me obrigar a fazer uma pausa em breve. Na travessia da cidade, eu já sentia bastante dor, mas acho que acabei me empolgando com o clima de festa, com tanta gente animada nas ruas, uns tocando violão, dando risadas, e isso camuflou a dor naquele momento. Agora, porém, estou sentindo muita dor, outra vez.

São 17 horas. Acabei de ser ultrapassado por dois casais de ciclistas espanhóis. Eles fizeram questão de parar para me cumprimentar, e depois de atravessar a passarela sobre o córrego, desceram das bicicletas para conversar um pouco. Um deles, admirado, exclamou: "Mas como você já está aqui? Você aqui? Saiu de Portomarín... e são 43km!". Eu disse: "Estou andando devagar, mas sem parar. Está dando pra ir". Eles disseram ter-me visto ontem tocando violão na praça em Portomarín, mas eu não me lembrava da fisionomia de nenhum deles.

Deixei os ciclistas na passarela e segui. Estou caminhando a um bom tempo e eles ainda não me ultrapassaram. Devem ter ficado no córrego, a se divertir no poço de água. Desde lá, venho pelo meio da mata de eucaliptos e alcancei neste momento o marco do Km 48. Isto quer dizer que faltam ainda 8km até Arzúa.

São 17h17. Tive de parar para dar alívio aos pés. A dor está intensa e estou com a impressão de que a articulação dos ossinhos que formam o pé esteja com problema. Quando piso ao andar, sinto uma dor aguda em toda a extensão da sola do pé. É aquela dor antiga, que me ameaça há dias. Além disso, sinto pontadas nos músculos da coxa, às vezes nas costas, na panturrilha... Quanto tudo isso dói, é insuportável!

São 17h35. Eu estava deitado a apreciar um tomatinho com sal quando passou um ciclista espanhol que estava ontem na praça em Portomarín. O nome dele é Sebastian, um sujeito muito engraçado. Ele fazia improvisos, cantando paródias sobre o drama dos peregrinos no Caminho de Santiago, em que aparece "gente mancando", "procurando a próxima fonte", e alusões a "como doem meus pés...", sempre rimando. Todo mundo ria muito. Eu ria menos, porque ele tem uma pronúncia carregada e eu entendia pouca coisa. Ele é de Valência, muito criativo, um artista.

Conversamos um pouco e ele também ficou admirado de eu ter vindo até aqui, depois de beber na véspera. E quando eu disse que não tinha conseguido dormir nada, ele, rindo muito, disse que eu não era um brasileiro normal, que tinha de prosseguir rumo ao hospital, não rumo a Santiago. Depois, montando na bicicleta pra sair, disse que ia compor uma música sobre minha "aventura louca", pra gente cantar juntos, tomando vinho, em Santiago. Eu disse que se sobrevivesse, cantaria em segunda voz com ele.

As árvores de eucalipto aqui têm uma altura incrível. São muito bonitas, com troncos grossos e copas frondosas. Eu acho que nunca vi um eucalipto desse tamanho no Brasil. Olhando bem à frente, vejo que há uma clareira onde acaba o bosque de eucaliptos. O tempo está fechado e sopra um vento esquisito, muito úmido. Estou com medo de que de repente venha a cair água. Não posso ficar muito tempo parado porque o sono ameaça me surpreender e me fazer apagar. Está sendo uma luta braba contra o sono. Por que esse sono não me atacou ontem à noite? O que mais me revolta é isso. Mas se Deus quiser, hoje tiro esse atraso, quando encontrar uma boa cama.

Estou retomando a caminhada devagarinho, passo a passo, mancando muito. Tem de ser muito lentamente, até os músculos se aquecerem. O sono está fora do meu controle, e se eu ficasse mais tempo ali, haveria um risco grande de "apagar" sem perceber. Sendo quase seis horas da tarde, dificilmente eu acordaria em tempo de chegar a algum lugar ainda de dia. Dormir no meio de uma mata dessas arrisca o peregrino a virar banquete de lobos ou, na melhor das hipóteses, a acordar debaixo de um toró de chuva. Isso não seria nada bom.

Há uma cobra pisoteada no meio da estrada. Alguém passou por cima dela. É uma cobra pequena, mas uma demonstração bastante convincente de que não dá nem pra pensar em dormir no mato. Não posso parar. Se parar, posso "apagar", como num desmaio, e não acordar tão cedo. Se eu tiver de parar de novo, terá de ser em algum bar ou numa lanchonete pela frente.

Estou sentindo uma dor intensa nas laterais externas das coxas. Cada hora dói numa região diferente. Acabei de passar pelo marco do Km 47.

Se eu mantiver esse ritmo, chego em duas horas, lá pelas oito, mas tudo bem, já que só escurece às nove ou nove e meia. Pior foi quando cheguei em Viana por volta das dez horas da noite, na outra vez em que fiz essa esticada de dois trechos no mesmo dia. Contudo, aqui nesta região, escurece um pouco mais cedo do que lá, pois estamos bem mais a oeste. É pouco provável que haja vaga em albergues – eu diria improvável, impossível –, mas espero arrumar uma pensão, um hotelzinho onde possa dormir, sem hora para levantar amanhã. Quero dormir muito.

São 18h5. Estou passando pelo pequeno povoado de Boente – são unicamente seis casas de cada lado da pista, e acabou-se! Não tem nada aqui, além de uma vendinha pequena que, pra variar, está fechada. Acho que serão mais cinco quilômetros até Arzúa. Eu imaginava que nas duas ou três últimas etapas o Caminho estaria cheio de peregrinos, uma fila gigantesca de gente lotando a pista, como acontece na chegada da peregrinação a Romaria, lá em Minas Gerais. Mas aqui, não. Andei sozinho por muitos lugares ermos, sem ver ninguém. Hoje encontrei pouquíssimas pessoas, na maioria ciclistas. Pode ser que em função do horário, fim de tarde, não tenha gente caminhando. Porém, amanhã, por ser a última ou a penúltima etapa – a depender de quem a faz – pode ser que a coisa mude de figura.

Estou precisando comer alguma coisa, mas não tem nada aqui. Aquele sono incontrolável está quase me derrubando. Às vezes sinto uma tontura forte e me vêm os apagões, fazendo-me entrar no mundo dos sonhos – delirando, como já aconteceu há alguns dias, mas hoje com muito mais razão, pois tenho um débito de sono grande na minha conta.

Na saída do povoado, havia duas senhoras de idade bem avançada, no auge dos seus setenta e tantos anos – uma encostada numa cadeira muito confortável, com a cabeça caída de lado, dormindo (passei devagar e levantei o cajado para não bater nas pedras, não fazer barulho, para não a acordar); e outra na porta, com uma expressão tão doce, tão suave... Quando passei, ela acenou com a mão e disse baixinho: "Buen camino, peregrino", com um sorriso tão meigo, uma expressão tão doce, que me senti até abençoado; irradiou-me paz, tranquilidade...

Venho subindo por uma colina longa, numa pista de terra poeirenta, sob o sol quente, com bastante dor nos pés. No começo da subida, alcancei um senhor que fazia caminhada. Ele me contou que teve um infarto e depois disso faz caminhada todo dia. Acompanhei-o um pouco, conversando, mas logo o deixei para trás, porque ele caminha aos poucos e para. Segui em frente, reagindo, mas me vêm pontadas sucessivas insuportáveis na planta dos pés, na parte inferior, onde fica aquela curvatura da sola do pé. São dores internas muito agudas, como se fossem centenas de agulhadas nos músculos.

Estou para completar uma etapa de 51km depois de uma arrancada bastante dura, meio que uma estupidez, mas estou quase lá. Apesar do desgaste, acho que se conseguir chegar e, obviamente, descansar bem, amanhã posso tirar um tempo para conhecer um pouco mais da cidade. E se está para terminar, melhor que termine logo, pois quanto mais dias eu ficar pelo Caminho, submetendo-me a tanto esforço e me alimentado tão mal, pior para mim, pois acabarei violentando mais ainda o meu organismo. Eu não tenho conseguido dormir nem me alimentar regularmente, pois não me adaptei aos horários dos restaurantes e dos albergues; também não tenho me acertado com a comida que se encontra por aí – quase que só venho comendo bolo com leite e chocolate. Tem sido muito complicado.

Hoje estou insistindo num esforço excedente, mas pelo menos terei cumprido o que me propus. Amanhã vou tentar me recuperar, procurar comida de verdade pra comer; aliás, disso eu preciso ainda hoje, pois nos dias anteriores, quando vinha a fome, eu não encontrava nada. Só fui quebrar o jejum quando encontrei a primeira lanchonete, e já era quase meio-dia. Além disso, veio-me um pão duro demais, como é esse pão de bocadilho deles aqui, que eu mal consegui mastigar. Sem contar que já era o segundo ou terceiro dia nessa mesma rotina de fome. Na noite anterior, além de ter comido mal ao longo do dia todo, quase não dormi. Hoje está sendo tudo igual ou pior, beliscando uma coisinha ou outra, tomando leite com bolo ou comendo qualquer porcaria de beira de estrada, além de frutas do mato. Também não tenho bebido água como deveria. Com tanto suor o dia inteiro, creio que deveria beber o dobro da água que tenho bebido. Mas nem sempre venho tendo disposição para procurar água, pois evito carregá-la, para não adicionar peso.

Estou em vias de completar 12 horas de caminhada contínua, praticamente sem parar, e creio que estou a cerca de dois quilômetros e meio de Arzúa, meu destino previsto para hoje. Sinto muita fome e mesmo caminhando estou me debatendo bravamente para não ser dominado pelo sono. Vêm-me ondas de sonolência tão intensas que chego a misturar a realidade de agora com sonhos ou pesadelos. Pode até ser que eu esteja cometendo uma violência contra meu próprio corpo, mas vou insistir, por saber que são danos que vão ser recuperados facilmente – basta uma boa noite de sono e amanhã estarei firme e bem disposto para chegar a Santiago de Compostela.

Nos últimos quilômetros, venho passando por vários povoados muito próximos uns dos outros, mas nenhum deles tem um comércio sequer, nenhuma bituca de rua, muito menos uma lanchonete para vender pão, sanduíches, nada... Até Arzúa, creio que terei de enfrentar ainda uma serra e alguns morros longos que já posso avistar daqui. Não está perto, não.

São 18h55. Eu tive de parar e me deitar um pouco, porque não estava suportando a dor nos pés. Aproveitei um cercadinho onde havia mesinhas, na saída de um pequeno povoado, mas preferi me deitar no chão, sobre a grama fresca, à sombra de uma árvore. Numa das mesas, um peregrino estava lanchando e, ao me ver gemer tanto, perguntou se eu havia sofrido algum ferimento, mas eu expliquei que não, que era apenas uma dor muscular que vinha me incomodando há algum tempo e estava se intensificando. Joguei a mochila no chão e me deitei sobre ela. É muita dor! Tirei as botas e coloquei as pernas pro ar, levantadas.

Estou suando em bicas. Mesmo depois de haver deitado aqui, o suor não para. Talvez seja em razão da dor intensa, que não passa... Ainda faltam pelo menos dois quilômetros, e adiante vejo uma subida enorme. Não é uma subida forte, mas é muito longa. De repente, comecei a sentir frio. A temperatura está baixa, está ventando muito, e quando relaxei o corpo, fui tomado por um resfriamento súbito que está se tornando insuportável porque minha roupa ficou encharcada de suor, suor gelado, congelante. Abrir a mochila agora e pegar um agasalho seria um sacrifício terrível, pois a dor se espalha pelos membros e ameaça me provocar cãibras na parte de trás do joelho.

São 19h10. Tento retomar a caminhada. Não há como negar que isto seja uma violência contra o corpo. Quando o vento gelado atingiu a sola do meu pé, gritei de dor. Nunca vi uma coisa dessas. Havia um rapaz em um pequeno trator bombeando água para uma pipa. Quando tentei me levantar e soltei um baita de um gemido, ele desacelerou o trator e perguntou se eu estava bem. Deitado ali, mesmo sem fazer movimentos e mesmo antes do vento frio, a dor era a pior que eu já havia sentido. Uma loucura! Consegui me aquecer um pouco e volto a caminhar, porém muito devagar. Passou por mim uma dupla de peregrinos, pai e filho, levando o cachorro junto. Embora estejam indo lentamente, adiantaram-se à minha frente.

São 19h25. Como por milagre, alcancei o alto da primeira subida e caminho agora no meio de um chapadão. Pelo menos está sombreado. No início, lá embaixo, foi muito difícil dar cada passo, mas agora, apesar de continuar sentindo muita dor, consigo manter um ritmo um pouco melhor. Com os músculos aquecidos, a dor se reduz um pouco.

A fome é muita. Só de pensar em comida, qualquer comida normal, a boca se enche d'água. Pode ser miojo, arroz puro... Mas agora o que mais me sacrifica é pensar numa macarronada, daquelas com frango caipira apimentado, bem gorduroso, de caldo grosso; aquela macarronada com bastante queijo e cebola... Delícia! Esse modelo de macarronada que estou imaginando agora é uma coisa irresistível e poucas pessoas fazem exatamente igual. Podem até fazer parecido, mas com sabor original, eram só as da minha mãe e das minhas cunhadas Dora e Célia.

O meu miojo também é bom demais! Se eu fosse fazer um miojo agora, ia fazê-lo sem atum e colocar de tudo o mais a que tivesse direito: palmito, queijo ralado, muito queijo... A quantidade de queijo seria pelo menos a mesma do miojo, um queijo bem curadinho, daquele ralado fininho, sem atum, porque o que eu tenho comido de atum ultimamente! Quase todo dia eu como atum; já não está me apetecendo mais, não.

E a cidade não aparece... Comecei a descer pela mesma estradinha de terra cascalhada e passei o marco do Km 41. Sendo assim, pelas minhas contas, deveria faltar apenas um quilômetro, mas não pode ser! Não há cidade nenhuma um quilômetro à minha frente. Aqui o bosque cobre praticamente toda a estrada, com a copa das árvores a formar um túnel, mas não há cidade alguma.

Os corvos ficam acompanhando e rondando a gente enquanto caminho. Parece que estão a me seguir, soltando gritos horríveis. Esse bicho tem um som muito feio e apavora a gente. Além disso, são feios e muito bicudos. Lembro do dia em que caminhei sob neblina fechada e eles ficavam assim, a gritar e a me seguir. Credo!

Está vindo ali o senhor com quem conversei alguns quilômetros atrás. Ele me deu uma informação que não batia com o que eu tinha visto no guia, por isso não acreditei nele. Depois, quando eu estava deitado, ele passou na estrada, tomou a dianteira e foi-se embora. Mas agora ele está voltando. Acho que o cara não sabe de nada, não deve ter um guia nem mapa, e sai por aí batendo cabeça e dando informações erradas para os outros. Ainda bem que não fui na conversa dele.

Estou atravessando um viaduto pela passarela de pedestres que há ao lado da pista de veículos. Embaixo, uma autoestrada supermoderna. Pelo que imagino, devo estar no Km 40. Se for isso, segundo os meus cálculos, devo ter andado 52km até aqui. Mas alguma coisa pode estar errada. Talvez eu não esteja raciocinando bem, por causa do cansaço e da exaustão física. Eu imaginava que o Km 40 seria praticamente a entrada de Arzúa, só que não. Ela está pelo menos mais quatro ou cinco quilômetros adiante.

Depois de alcançar o alto de uma colina, em vez de ver a cidade bem ali, como eu imaginava, destaca-se à minha frente um vale longo, com uma estradinha que desce e sobe do outro lado, a perder de vista. Há casas dispersas ao longo do vale e talvez alguns povoados ao longe, mas nada de cidade! Pode até ser que Arzúa esteja depois do topo da próxima colina.

Antes daquela subida longa que estou vendo ao longe, parece haver um albergue, segundo me disse um senhor lá atrás. Se tiver comida, vou ficar; se não tiver, continuo até a cidade, onde chegarei por volta das oito e meia da noite. Como demora a escurecer, poderá estar claro, mas ainda há muito chão pela frente.

*

São 21h30. Estou no albergue que o senhor me indicou. É um lugar bonito, com um grande espaço arborizado em torno das instalações, com muito verde e muita natureza, à beira de um rio de água limpa e corrente. Não entendo porque esse albergue não está indicado no meu guia.

Como era de se supor, não há vagas para pernoitar. Até na recepção há peregrinos se ajeitando nos poucos espaços nos quais ainda é possível improvisar um jeito de se acomodar. Depois de conversar com a moça que estava atendendo e insistir em vão, saí desolado, sem saber o que fazer. Dei uma volta pelos pátios, fui à porta do galpão onde ficam os banheiros, para ver se havia algum conhecido, mas não vi ninguém. Não dá pra perder tempo aqui. Tenho de arranjar disposição para ir até Arzúa.

Perguntei na recepção se não havia pelo menos um boteco por perto, onde eu pudesse comer alguma coisa, e uma moça que estava se acomodando me disse que havia um estabelecimento a mais de um quilômetro, descendo pela estradinha que margeia o rio.

Eu desisto. Um quilômetro pra ir e outro pra voltar era um martírio. O próximo albergue ou hotel, só na cidade. Voltei a insistir com a hospitaleira, disse que eu poderia dormir até embaixo da mesa, da marquise do lado de fora, mas ela lamentou muito e disse que não poderia aceitar, até mesmo pela minha segurança. Quando eu disse que havia saído de Portomarín e também tivera problemas para dormir lá, estando no limite da exaustão, ela não deu muito crédito a isso. Uma outra moça chegou a fazer cara de ironia para um rapaz que estava ao lado. Deve ter pensado que eu inventava essas histórias para conseguir vaga.

Eu conversava com dois rapazes na frente da recepção quando chegou um casal de ciclistas que conheci ontem em Portomarín. Eu os tinha visto também hoje pela manhã, quando tomava leite com chocolate na lanchonetezinha. Ao me ver, desde lá da entrada da ponte, o rapaz veio falando alto:

– Olá, brasileiro! Mas você veio de bicicleta? Eu achei que estivesse vindo a pé.

E eu disse:

– Mas eu vim a pé!

Ele começou a rir e falou na maior altura, eufórico:

– Mas você é louco! Veio de Portomarín até aqui a pé! São quase 60km!

Com a euforia barulhenta dele, até um dos rapazes que conversava comigo comentou:

– Eu achei que você estivesse de brincadeira.

E eu disse:

– Nós bebemos e tocamos violão ontem lá até as duas da madrugada.

E ficamos ali a comentar sobre a farra da véspera. Eu disse que tinha visto o "improvisador engraçado" no Caminho e que a gente havia cogitado tomar outro vinho e fazer outra farra em Santiago.

Quando eu já ia saindo, a hospitaleira me chamou dizendo que havia uma cama para mim. Eu não acreditei. Que maravilha! Muito ágil, ela me ajudou a levantar a mochila e saiu à frente, comentando que havia improvisado uma solução após conversar com algumas pessoas que haviam chegado cedo e caminhado pouco.

Levou-me então a um quarto no segundo pavimento da parte principal do albergue, numa área tranquila e longe do movimento dos outros peregrinos, onde só havia dois beliches. Eu mal acreditei! Silencioso, com camas limpas e confortáveis. Perguntei sobre onde comprar alguma coisa pra comer e ela me indicou a mesma mercearia a um quilômetro, mas disse que ela já poderia estar fechada. De qualquer forma, com tanta dor nos pés, eu não me animaria a ir lá. Entretanto, a hospitaleira, prontamente, disse-me que fosse tomar um banho, pois iria ver na cozinha o que poderia ser feito para eu comer, e que depois do banho eu passasse na recepção.

DE PORTOMARÍN A RIBADISO

Tomei uma bela ducha. Ao voltar do galpão dos banheiros, a hospitaleira me disse que havia um lanche preparado para mim à mesa, lá no bosque. Estava lá um pessoal que havia feito um lanche ao lado do rio, num lugar muito bacana, debaixo das árvores. Um piquenique completo.

Era um casal de mexicanos, um casal de espanhóis de Barcelona e um rapaz uruguaio, que estão caminhando juntos. Havia torta de batatas com ovos e uma salada de tomate, azeitona e cebola com muito azeite no fundo, formando aquele caldinho grosso; um pão macio e muito gostoso, diferente dos pães duros de bocadilho; duas bananas, maçãs e uma banana assada, tudo pronto, me esperando. Eles já haviam acabado de comer e deixaram essa parte reservada para mim, depois que a hospitaleira lhes contou da minha travessura, de ter andado quase 60km sem dormir e sem comer direito. A sensação foi a de que eu nunca havia comido nada mais gostoso em toda a minha vida.

Depois de comer, voltei à recepção para agradecer novamente à hospitaleira, que se chama Mercedes e é de Madrid, uma pessoa muito dinâmica, dotada de uma desenvoltura impressionante para fazer as coisas e para falar com todo mundo com simpatia.

Disse-me ela que o pai dela era músico profissional, violonista clássico, e que iria ligar pra ele para que me ajudasse a comprar o violão que eu pretendia comprar em Madrid. Ela me explicou que para providenciar minha acomodação realojara duas moças que estavam bem descansadas para um outro espaço, e que a cama onde eu iria dormir era a cama da filha dela, que naquela noite iria dormir com ela na mesma cama, naquele mesmo quarto, que parecia reservado aos hospitaleiros.

Antes de deitar, tomei um comprimido para dor, pois não estava sendo suportável a dor nos pés e nos músculos das pernas.

Hoje, creio que o sono virá, não é possível!

Enquanto eu estava comendo e conversando com o pessoal lá no bosque, chegou o casal de ciclistas que conheci ontem em Portomarín e que fez a algazarra acerca dos meus 60km a pé. Aí ficaram fazendo brincadeiras a respeito do assunto, dizendo: "Você precisa ir com mais calma, senão passa de Santiago, atravessa o litoral do "Fim do Mundo" e dá umas braçadas até o México ou o Brasil!".

Segundo a Mercedes, serão mais 40km até Santiago. Amanhã, se Deus ajudar e eu dormir bem, e se meus pés se recuperarem, farei essa jornada com tranquilidade, mas preciso esperar pra ver. Eu nunca senti essa dor antes, por isso tenho medo de que seja algo mais grave, que possa deixar algum dano. Na verdade, há alguns dias eu senti uma dor parecida, mas a intensidade era muito menor. O Elies e o Jader previam chegar amanhã ou depois de amanhã. É bem provável que a gente se encontre neste último trecho.

Deitado aqui, a refletir sobre o que passei hoje e me lembrando de que talvez amanhã seja o meu último dia no Caminho, bateu-me uma certa melancolia. É estranho: ao mesmo tempo que tenho uma ansiedade enorme de chegar e voltar pra casa, para reencontrar minhas filhas e rever meu ambiente, meu espaço, sinto também um vazio, uma ameaça depressiva, por saber que vou deixar tudo isto aqui. Parece que me tornei parte do Caminho ou o Caminho se tornou parte de mim. Só sei que a iminência de me separar deste mundo meio louco está me deixando triste.

*

Mas se Deus quiser, chegarei amanhã a meu destino, e quero procurar um hotelzinho confortável para lavar toda a minha roupa e a mochila, que já está com ranço e cheiro de toalha velha molhada, encardida (tem hora que lembra o cheiro de sela de cavalo). Pelo menos esta minha última noite está sendo gratificante sob muitos aspectos: fiquei num lugar bonito, fui recebido de maneira tão acolhedora e afetuosa que cheguei a me emocionar. Quando estava retornando do banheiro, agora há pouco, dei uma volta pelos pátios e voltei ao bosque onde lanchamos – ainda estavam lá algumas pessoas bebendo vinho e comendo.

Depois passei por trás da recepção a observar a paisagem, a Lua Crescente muito clara a iluminar o topo das colinas de onde eu vim, lembrando-me de todo o drama que passei esta tarde, a recepção calorosa da Mercedes e o grupo que me ofereceu comida, e fui tomado por uma emoção forte, meio eufórica, uma alegria súbita que me encheu os olhos de lágrimas. Acho que estou muito emotivo, talvez por causa de estar tão abalado fisicamente, fragilizado pelas lutas que travei para chegar até aqui.

Mas, enfim, o lugar é lindo, parece até um clube de *camping* muito bem organizado. Há um galpão anexo com vários banheiros em unidades separadas para mulheres e homens, o que não é comum de se ver por aqui, onde os banheiros são mistos, além de vestiários amplos, uma área de serviço com lavadora de roupa automática e uma cozinha ampla com muitas pias e mesas de serviço, e mesas de jantar em diversos lugares, inclusive no bosque, ao lado do rio. São diversas construções em estilo antigo, feitas de pedra.

O quarto em que estou é confortável; o colchão, macio, com lençóis e cobertores muito limpos. Geralmente, na maioria dos albergues públicos, há no máximo um lençol sobre o colchão. Há os que nem isso tem, apenas o colchão limpo; então a gente estende a esteirinha térmica sobre ele, coloca o saco de dormir por cima, enfia-se no saco e dorme. Mas aqui estou me sentindo como num hotel muito confortável. Ainda não chegou ninguém para se deitar, por isso posso gravar minhas narrativas à vontade.

Enquanto observava a noite e a lua, sentado num banco de madeira ao lado do rio, rabisquei umas palavras no meu bloco de anotações, que estou tentando gravar, mas a emoção está me impedindo:

"Amanhã eu chego a Santiago de Compostela.

Até agora foram 20 dias de alegria, dor, saudade, muito esforço e determinação.

E lembranças, quantas lembranças!

França, País Basco, Navarra e La Rioja – inesquecíveis!

Castilla, encantadora, apesar do sol e dos desertos sem fim que pensei que queriam me matar.

Na Galícia, eu renasci e voltei a ter contato com as origens culturais do meu passado mais longínquo.

Amanhã chego a Santiago.

Eu deveria estar feliz, porque estava ansioso para chegar, mas não... Estou triste, como se estivesse me despedindo de algo ou alguém que amo muito.

Estou confuso e não sei mais se quero chegar.

Por que será que tantas lágrimas insistem em cair pelo meu rosto? Por que estou soluçando em prantos? Eu deveria estar feliz com minha chegada, mas eu não sei se estou...

Finalmente, amanhã, quando esta minha jornada terminar, espero saber como continuar, espero ter coragem de seguir em frente, espero poder caminhar sem as setas amarelas que indicaram minha direção e meu caminho a cada dia.

Que Santiago Peregrino me ajude a seguir em frente.

Hoje só lamentei não ter ânimo de ir a um telefone público para ligar às minhas filhas. Estou com muita saudade e pensei nelas a toda hora, imaginando se não estariam com algum problema. Seguramente terei uma boa noite de sono. Então vou chegar a Santiago amanhã e ligar para elas. Estou com a sensação de que elas estão bem, e afinal eu também estou muito bem, melhor do que o esperado.

Entrada da cidade de Santiago de Compostela
Monumento ao Papa João Paulo II

Plaza de las Platerías (Santiago de Compostela)

De Ribadiso a Santiago de Compostela

São 7h45 da manhã, dia 26 de agosto, domingo. Estou saindo do albergue municipal de Ribadiso, a menos de dois quilômetros de Arzúa, para fazer a minha vigésima terceira etapa – possivelmente a última – com destino a Santiago de Compostela. Está bastante nublado, com neblina intensa, mas não há sinal de chuva por ora. Estou com os músculos das pernas bastante doloridos, por causa dos exageros na etapa de ontem. Esta noite eu não dormi como gostaria; esperava dormir oito ou nove horas contínuas, mas as dores me fizeram acordar várias vezes durante a noite.

Eu me preparei ainda cedo para dormir: coloquei a venda escura nos olhos e os abafadores de ouvido, mas o sono não veio fácil. Do nada, vinham-me pontadas fortes nos músculos das pernas, nas costas e uma dor terrível na sola dos pés... Acabei dormindo talvez depois da meia-noite. Percebi a movimentação sutil de pessoas entrando e se deitando nas camas ao lado, talvez a Mercedes e a filha dela, e continuei quietinho ali, acordado, por um bom tempo. Mas o parceiro que dormiu na parte de cima do meu beliche se mexeu muito, balançando a cama a noite inteira. Acredito que seja o avantajado ajudante de cozinha. Qualquer movimento dele me acordava.

Quando acordei, eram quase sete horas da manhã. Tirei a mochila com as minhas coisas para organizá-la fora do quarto, saindo sem acender a luz, bem devagar, para não acordar quem ainda dormia. Quando mexi na mochila, encontrei um bilhete da Mercedes desejando-me boa-viagem. No bilhete havia também o endereço da loja de instrumentos dos amigos do pai dela, em Madrid, o nome e o telefone dele e ainda a mensagem: "Meu pai te ajudará a comprar um bom violão".

Desci à recepção, onde vários sacos de dormir ainda estavam no chão. Havia por todos os lados uma grande movimentação de peregrinos se arrumando pra sair. Uma senhora da cozinha me confirmou que a Mercedes ainda estava dormindo, pois costumava esperar o pessoal sair para só então começar a organizar o local.

Entre as pessoas com quem conversei, nenhuma tinha planos de chegar a Santiago hoje, com exceção dos ciclistas. Como eu disse, esses 40km restantes, para eles, correspondem a duas ou três etapas, além do fato de a maioria dos peregrinos que estão por aqui haver começado o Caminho há poucos dias, a partir de O Cebreiro, de Ponferrada... E como agosto é mês de férias escolares na Espanha, muitos estão fazendo esses pequenos trechos como se fossem férias, em etapas curtinhas, descansando nos albergues, passeando pelas cidades e pelos povoados históricos. Com isso, obviamente lotam os albergues, em prejuízo de quem vem de longe, como eu. Aqui mesmo estava cheio dessa rapaziada nova, estudantes, ciclistas, que fazem o Caminho por aventura, como se fosse um acampamento com os amigos.

O meu caso é bastante diferente: eu vim de muito longe, viajei oito mil quilômetros para chegar a este país e estou fazendo a rota tradicional completa. Parece que esse tipo de peregrino "autêntico" é muito raro nas proximidades de Santiago. Tanto que ontem muitos vieram conversar comigo, admirados, perguntando sobre como é caminhar tanto, desde tão longe. Fizeram perguntas sobre como são as cidades por lá e admiraram-se mais ainda quando eu disse que havia começado na França, ainda mais tendo vindo do Brasil para essa finalidade. Umas mocinhas que me ouviam só diziam: "Uau!... Bárbaro!".

Então esses albergues todos lotados por aqui são, em sua maioria, ocupados por espanhóis que vêm para caminhar ou fazer de bicicleta trechos curtos; a imensa maioria são estudantes se divertindo e se aventurando. Para eles, fazer o Caminho completo é algo quase impossível.

Encontrei alguns quilômetros atrás dois casais de espanhóis que me convenceram a ir pela estrada carreteira – de asfalto –, mas acho que não foi uma boa ideia. Confesso que me arrependi de ter ido na conversa deles (aqui há muito movimento de carros), muito embora eles tenham dito que logo depois da área urbana vou retomar uma estradinha de terra muito tranquila, pela floresta. Como a neblina está ofuscando tudo e não estou vendo quase nada adiante, vou seguir torcendo para que esse outro trecho não seja longe.

A considerar o estrago da maratona de ontem e as dores que senti durante a noite, posso dizer que estou bem. Confesso que durante a noite houve momentos em que eu fiquei apavorado, com medo de não conseguir andar nem levantar hoje, tamanha era a dor que eu sentia. Mas por incrível que pareça hoje estou normal. Espero que a dor não se intensifique tanto quanto ontem quando os músculos se aquecerem.

Ontem, conversando com um grupo de peregrinos na recepção do albergue, eu comentava sobre como o Caminho revela a essência das pessoas. É a clássica "Metáfora do Caminho", a que sempre me refiro: esta jornada acaba se tornando um modelo de nossa própria vida, transposta para uma escala menor. O dia a dia aqui expõe a essência do que a gente é na vida cotidiana, só que de maneira muito mais clara. Nossos defeitos se tornam mais expostos, as qualidades ficam mais apuradas e o nosso modelo de personalidade fica mais evidente. Tudo fica mais fácil de se observar.

Eu, particularmente, considero-me meio impetuoso em certas circunstâncias, e isso às vezes me torna intolerante – coisa que eu tento controlar, mas ainda me falta aprendizado para conseguir. Por outro lado, sempre fui muito determinado. Lembro-me de que desde muito pequeno meu pai comentava isso: quando eu dizia que queria fazer, eu fazia. Talvez isso tenha a ver, pelo menos em parte, com essa minha impetuosidade, e justamente por isso talvez eu tenha feito a caminhada de 60km mesmo a um custo tão alto. Não foi uma estupidez: foi um desafio.

Eu sempre tentei caminhar um pouco mais, além das etapas convencionais, como forma de alcançar uma vantagem estratégica para, na eventualidade de vir a ter um problema adiante, ter folga para me recuperar. Eu terei férias prolongadas – negociei 40 dias com o meu diretor –, mas mesmo assim eu quero ter sobra para, se possível, depois do Caminho, fazer um passeio por outras cidades da Europa, além de Madrid. Eu não andava tão motivado somente por ímpeto irracional, mas por uma estratégia consciente, planejada.

Isso é mais um exemplo de como esta jornada reflete a vida pessoal numa escala menor. Na minha vida inteira, sempre agi assim: conquistando uma reserva estratégica de segurança, que eu mantenho para eventualidades futuras – não só no que se refere a reservas financeiras, mas em tudo. Minhas filhas sempre me criticam e acham graça por eu manter pelo menos um item de comida reserva no armário, assim como de coisas de higiene no banheiro; por eu ter um terno novo intacto no guarda-roupas. Ficam a caçoar, dizendo que se eu morrer o "Ricardão" vai estrear as minhas coisas. Mas vai que surge um velório ou um casamento às pressas!

Também na relação com as pessoas por aqui, é incrível como as nossas ações e o nosso comportamento refletem o cotidiano de nossa própria vida. Aqui também pessoas passam por nós todos os dias. Umas agradam; outras não agradam. Umas vão adiante e a gente fica; outras a gente deixa para trás e segue acelerado, para não ter de se juntar de novo. Já outras a gente faz questão de manter o contato, combinar de topar lá na frente. Há dias em que a gente se sente o maioral, forte, destemido; em outros, já levanta se sentindo humilhado, incompetente, pra baixo... Essas oscilações de humor, de disposição e de astral vão acontecendo do mesmo jeito como acontecem na vida.

São 8h9. Finalmente estou entrando em Arzúa. Embora ainda haja muita neblina, dá pra ver que é uma cidade grande. Vejo alguns edifícios comerciais de escritório, lojas de comércio, mas quase tudo fechado, talvez por causa do horário. E apesar de alguns carros passando, quase não há gente na rua. Uma placa indica que o albergue está próximo. Vou passar lá apenas para descarregar o lixo da sacola, ver o livro de visitas, deixar uma mensagem e, quem sabe, encontrar algum conhecido.

Saindo da cidade, logo depois de um posto de gasolina, pego a trilha que segue por um bosque de pinheiros, ainda com muita neblina e baixa visibilidade. Os corvos começaram de novo a me seguir e gritar na copa das árvores. Que bichos feios! Passam voando baixo, gritam e voltam ao topo das árvores, e ficam lá, me olhando, bisbilhotando e gritando, com esses sons horrorosos. Parece a voz de gente sendo esgotada. Segundo a lenda, esses bicos são a encarnação de padres e freiras que foram enforcados pela Inquisição. Deus me livre! Se o pio de coruja pode atrair mau agouro como dizem, então isto aqui é o próprio mau agouro.

Quando pensei em entrar na lanchonete do posto, lá atrás, me veio uma musiquinha popular à cabeça:

♪ *Madalena, Madalena!*
Você é meu bem querer.
Eu vou falar pra todo mundo
Vou falar pra todo mundo
Que eu só quero é você...

Esse pequeno bolo em forma de empadinha que eles chamam de "madalena" tem sido a base da minha alimentação. É gostoso e, por sorte, bastante nutritivo: tem o carboidrato da farinha e do açúcar, tem a proteína do ovo e do leite. Além disso, eu sempre o peço acompanhado de um copo grande – ou até dois – de chocolate quente engrossado, que é muito comum por aqui. Toda lanchonete ou boteco de beira de estrada tem a máquina automática de fazer esse chocolate, com um achocolatado em pó chamado "Cola-Cau", que já vem com amido de milho, ao que parece. É uma delícia.

Basta ver placas de lanchonete que penso no bolinho, e automaticamente a música me vem à cabeça. Mas agora, comentando isso, lembrei-me do resto da música:

♪ *Eu fui lá pra Vila Velha,*
Direto do Grajaú,
Só pra ver a Madalena
E ouvir Tambor de Congo
Lá na Barra do Jucu...

Essa parte me fez lembrar de quando íamos de férias para Guarapari, saindo justamente do nosso bairro, Grajaú, em Belo Horizonte, passando pela barra do Rio Jucu, na chegada do litoral do Espírito Santo. Ia sempre uma turma fantástica, inesquecível, que a gente chamava de "Turma da Campuã" – isto porque morávamos todos no mesmo prédio, na rua Campuã, 530. Eram o Tadeu e a Beth, com seu filho Marquinho; o Lúcia Fonseca, com os filhos Karinna, Juliana e Jair; e o Sérgio Mota, com a esposa e as filhas. Era bom demais! Quantas farras! Tenho saudades.

Quando me lembro de que hoje é o meu último dia, surgem uns calafrios e me passam mil coisas pela cabeça, uma reprise acelerada de tudo o que se passou, de tudo o que fiz e conheci por esses quase 800km de caminhada. Lembro-me da insegurança e do medo de quando comecei – aliás, desde quando saí do Brasil só com uma mochila nas costas pra viajar a um outro continente totalmente desconhecido. As incertezas, na verdade, acompanharam-me ao longo de todo o Caminho e permanecem até agora; são parte integrante da jornada e, com a proximidade da chegada, intensificam-se.

A Galícia, conhecida como a região das chuvas eternas... Entretanto, acredito que eu deva atravessar todo o território sem tomar chuva. Aliás, ao longo de todo o Caminho, só fui contemplado dramaticamente com o toró que tomei na chegada de Hornillos del Camino.

Fazendo um balanço geral, tenho de admitir que muitas coisas positivas colhi, como experiências e aprendizados. Algumas, muito importantes, seguramente levarei para a vida toda; outras, menos importantes, no fundo vão-me valer – até mesmo o fato de eu me ter familiarizado com o idioma espanhol e conhecido de perto tantas cidades e monumentos que fazem parte da existência deste país. Tudo isso conta. Tive também oportunidade de praticar bastante o inglês. Além dessas coisas de ordem prática, posso dizer que na seara metafórica e no campo do aprendizado filosófico e espiritual com certeza eu terei assimilado coisas importantes. Eu não vim aqui para isso. Indo pelo acostamento da rodovia, passaram por mim aqueles quatro que vi na saída de Ponferrada fazendo o Caminho a cavalo. Eu estava seguindo pelo lado direito da pista e eles me chamaram dizendo que havia uma seta indicando a saída pela esquerda. Voltei um pouco e segui a mesma rota que eles, pois estavam a passo muito lento com seus animais. Ao alcançar um trecho da trilha cujo piso é de terra, sem cascalho, eles aceleraram o passo e sumiram na curva adiante.

O trecho por onde sigo é muito bonito, pelo meio do bosque, embora o tempo fechado pela neblina não tenha permitido ao dia clarear totalmente. Apesar de já ser quase nove horas da manhã, é como se fossem cinco e meia da madrugada, com o dia ainda começando a amanhecer. Há muita umidade no ar e cerração intensa sob as árvores. Quando as copas das árvores se fecham por sobre a estrada, fica escuro e goteja muito, tamanha a intensidade da neblina.

Eu já aqueci os músculos e mantenho um ritmo bom, o ritmo da aranha. Já dá para cantar seguindo o compasso das minhas pisadas e do batido do cajado no chão:

♪*A aranha subia na parede*
Veio a chuva forte e a derrubou
Já passou a chuva
O Sol já vem surgindo
E a aranha continua a subir...

Espero que essa aranha não evolua para o ritmo "Tataco do Lazinho" e depois para o ritmo "Miro dos Pimentas", senão eu posso acabar estropiado que nem aconteceu ontem. Se bem que eu creio que o meu problema ontem teve a ver com o ritmo. Na verdade, decorreu do fato de eu estar fragilizado por não ter dormido nem me alimentado bem, além de ter feito uma etapa muito longa, que vale por duas ou três. Só me arrisquei a isso porque é reta final e avaliei minhas condições. Caso houvesse qualquer contratempo, eu estaria a apenas um dia de Santiago. E de fato me falta pouco. Ainda no asfalto, vi a placa "Santiago 36km", mas estou seguindo a rota de peregrinos, que me parece ser mais curta.

Ontem, enquanto eu fazia aquele lanche providencial que me salvou depois da chegada em Ribadiso, muitas pessoas passaram por lá, algumas sentavam e conversavam, a maioria querendo confirmar se, de fato, eu tinha saído de Portomarín. Achei muito engraçado quando se aproximou um rapaz, acompanhado de um casal, todos bem jovens, aparentemente estudantes, apontou pra mim e disse: "É este!". Eu perguntei: "O que se passa comigo?". E ele, rindo, disse: "Es el caminante!".

Durante um bom tempo, um gordinho, muito parecido com o Phil Collins ficou sentado na grama ali ao lado, sem falar nada, só observando. Quando eu contava aos casais do México e de Barcelona sobre detalhes da minha caminhada, ele só me olhava, com cara de descrédito. Chegava inclusive a fazer expressões de ironia, para mostrar que não acreditava. Devia estar pensando: "Esse brasileiro barbudo só conta mentira!". Nesse momento, chegou o casal de ciclistas, com um outro rapaz, contando animados: "Bebemos muito vinho e muita cerveja ontem em Portomarín, até as duas horas da madrugada, e este brasileiro louco ainda veio caminhando até aqui". O sósia do Phil Collins, lá na grama, soltou um ruidoso: "Pelo amor de Deus, é verdade?!".

São 9 horas e acabei de passar por outro pequeno povoado, ainda sob neblina, embora esta esteja se dispersando. À minha frente, vão dois grupos de peregrinos. Continuo me sentindo bem, pelo menos sem as dores mais fortes. Durante a noite, tive dores e pontadas fortíssimas em quase todo o corpo. Houve uma hora em que meu pé esquerdo ficou totalmente dormente, com um formigamento intenso nos três dedos menores, mas agora a sensibilidade está normal. Creio que tive algum alívio depois que tomei um analgésico, mas nem por isso tive um sono contínuo. Acordei várias vezes com a dor. Uma certa hora, tive sede e procurei o cantil com a lanterninha, mas ele estava vazio, então me levantei e fui buscar água. Ainda havia peregrinos conversando lá embaixo.

De manhã, calcei dois pares de meias finas – dizem que é bom para favorecer a circulação e evitar bolhas nos pés. Agora estou andando tranquilo, sem pressa, e creio que chegarei a Santiago ainda num horário bom; afinal, não tenho nenhum compromisso com hora marcada. A missa para recepção de peregrinos é a uma hora da tarde, então só irei amanhã. Algumas pessoas fazem questão de chegar pela manhã para irem direto à missa, mas acho melhor descansar. Quero também lavar a minha roupa, que está toda suja, e ver se consigo lavar a mochila e as botas, que nunca tomaram um banho na vida. A parte da mochila que fica em contato com as minhas costas e as cintas já está tão empoeirada que suja a camisa logo que a visto. Eu tenho uma calça reserva estratégica que só usei algumas vezes nos albergues, à noite, depois de tomar banho. Ela está bem limpa; além disso, tenho também uma jaqueta que quase nem usei.

Enquanto eu estava parado, trocando a fita do gravador, passou por mim novamente o ciclista Sebastian, o improvisador que cantava versos engraçado anteontem, em Portomarín. Conversamos um pouco e ele me disse que está fazendo uma rota diferente, que soma mais de mil quilômetros. Eu achava que ele era amigo do rapaz de Madrid que estava tocando *blues* naquela praça, mas eles não se conheciam até então. Ele se hospedou em Arzúa, no albergue principal, saiu um pouco mais tarde e acabou de seguir adiante. Deve chegar em poucas horas.

Lembrei que lá em Portomarín, quando toquei a música "Detalhes", de Roberto Carlos, um rapaz – que depois soube se chamar Daniel – cantava junto alguns versos, em espanhol. Quando acabei, ele disse que Roberto Carlos era um fenômeno conhecido no mundo inteiro, principalmente nos países latino-americanos, o que foi confirmado por pessoas inclusive de outros países que já tinham ouvido falar do cantor brasileiro. Em seguida, o rapaz pediu: "Canta esta...", e solfejou um trecho de "L'ultima cosa", música com a qual Roberto ganhou o Festival de San Remo. Eu até tentei acompanhá-lo, mas não soube a sequência. No início, a gente fica inibido de cantar no idioma deles, por saber que estamos pronunciando mal ou falando palavras erradas, mas depois que vi alguns cantando em português, descontraí, pois pronunciam cada coisa...

Eu tenho uma coleção de mais de 150 músicas do Roberto Carlos; por coincidência, "L'ultima cosa", que eu acho linda, ainda não tenho. Há muito tempo venho procurando quem tenha o disco em que foi gravada essa música, pois ele não é mais vendido, ou mesmo alguma cópia que possa ser reproduzida, mas essa canção ainda me falta. Ela saiu num compacto de 1968, acho que juntamente com "Canzone per te". Aliás, estou na dúvida sobre qual delas foi a vencedora de San Remo.

Acabei de receber nas costas os primeiros raios de sol de hoje, pois a neblina está se dispersando. Aqui a trilha começa uma longa descida, ainda debaixo do bosque de eucaliptos. À medida que desço, a neblina se intensifica e começa a fazer frio. Quando sopra alguma brisa, caem muitos respingos das folhas, como se fosse uma chuvinha.

Eu estava ouvindo um falatório à minha frente e achava que fosse alcançar um grande grupo de peregrinos, mas agora está absolutamente silencioso. As pessoas devem ter tomado outro rumo. Em lugar dos murmúrios de vozes, vieram os corvos outra vez, com seus gritos. Cada vez que um corvo grita ou vejo algum deles no alto das árvores olhando pra mim, sinto calafrios, um arrepio. Aqui são muitos pra tudo quanto é lado, e vão me acompanhando pelas copas das árvores como se estivessem me seguindo. Tem tanto peregrino a andar por aí... Por que de novo eu? Às vezes eles dão uma trégua e se escondem. Nesse intervalo, a gente escuta vários passarinhos... Eles devem ter medo dos corvos também.

Estava me lembrando aqui daquele senhor que encontrei fazendo caminhada ontem à tarde, antes de chegar a Ribadiso. No início da conversa, ele estava bastante encabulado e falava sempre ressabiado. Ele é uma pessoa bastante simples, mas tem um jeito bem engraçado. Quando contei que havia caminhado uns setecentos quilômetros, saindo lá da França, ele fez uma expressão de espanto engraçada e exclamou: "Carái!". Eu pensei: "Será que ele está mesmo falando o que eu ouvi? Será que é a mesma gíria usada no Brasil? Teria o mesmo significado? E o pior é que ele falava de um jeito muito enfático e engraçado, tipo "CaaarÁi!", com a primeira sílaba alongada e enfatizando o "ái". Fiz questão de levar o assunto adiante, sempre provocando e explorando as reações dele, de espanto ou admiração. E ele sempre repetia: "CaaarÁi!". Eu até tentei gravar, mas não sei se deu tempo. Ele me perguntou de onde eu havia saído hoje, e quando eu disse que vinha de Portomarín, ele de novo exclamou: "CaaarÁi"! Quando encontrar um galego, vou perguntar o significado dessa palavra.

Passei pelo marco do Km 33 e logo em seguida encontrei um grande grupo de peregrinos alemães, todos claros e altos, parados numa área de grama alta – cerca de uns dez centímetros –, uns deitados, outros lanchando e conversando. Logo pensei: "Se o dono dessa pastagem chegar aqui, vai dar uma bronca nesse pessoal por estarem pisando no pasto dele".

Um grupo grande assim costuma andar muito menos, pois é muita gente sentindo dor, indo ao banheiro e comendo, cada qual no seu horário e uns esperando os outros. Reparei que todos têm as mochilas relativamente limpas, sinal de que não saíram de longe, no máximo há dois dias – mochilas muito coloridas, bacanas, algumas enormes, impossível de serem carregadas por muitos dias.

Andei um longo trecho no qual a trilha segue por debaixo de uma mata ciliar, acompanhando o curso de um pequeno córrego. Pouco mais afastado do córrego, de ambos os lados, há uma plantação de milho. Cada vez que me lembro de que faltam trinta quilômetros, vem-me um frio no estômago. Ao contrário do que eu pensava, a chegada não tem aquele monte de peregrinos pela estrada. Tenho passado por alguns – depois do grupo de alemães, ultrapassei uma família (pai, mãe, filho e filha adolescentes) –, e logo adiante vejo um casal. Mas é muito pouca gente. Como comentei ontem no albergue, a imensa maioria faz apenas esses últimos trechos, como forma de turismo: tranquilos, bem devagar, caminhando apenas em horários convenientes, desfrutando das paisagens da região da Galícia, com todo esse verde.

Esta região me lembra aquela entre a Mata do Salgado, a serra do Barreiro e Quintinos, lá em Minas Gerais. Há trechos aqui que têm o mesmo tipo de topografia, com a vegetação muito parecida – e o clima também. Muito embora boa parte dos bosques daqui não sejam nativos, tudo lembra aquela região, a fazendo Barreiro, onde vivi minha infância e adolescência. Na época das chuvas, havia água brotando pelos barrancos das estradas, muitas florestas verdes e clima úmido, chuvoso, córregos escondidos por matas ciliares e capoeiras fechadas, com o diferencial de que lá na minha região, embora houvesse muitas pastagens, as matas são todas nativas, naturais.

A trilha passa agora por debaixo de um bosque de eucaliptos muito altos, de troncos retos, quase sem galhos. É claramente uma plantação para uso industrial, mas a altura e a retidão dos troncos impressionam. Eu imaginei que à medida que fosse me aproximando de Santiago, houvesse vários postos de apoio aos peregrinos, como na peregrinação a Romaria, em Minas Gerais. A realidade aqui, porém, é completamente diferente: eles fazem questão de preservar a natureza, ainda que sejam árvores plantadas em algumas partes. Aqui a gente anda o tempo todo na floresta, e quase sem ver ninguém, à exceção de um ou outro peregrino. Além disso, pelos vários povoados por onde passei nos últimos dias, praticamente não há comércio aberto. Só restam os albergues, que são muitos, mas insuficientes nesta época do ano.

A propósito, quando me referi a "peregrinos" de Romaria, não usei o termo certo. Peregrino é um termo que se refere especificamente às pessoas que vão a Santiago de Compostela. As pessoas que vão a Romaria, em Minas, são chamadas de "romeiros". Este termo tem origem nas antigas peregrinações a Roma. Na Idade Média, muitas pessoas saíam de todas as partes da Europa, inclusive daqui da Península Ibérica, fazendo o caminho inverso, em direção a Roma, na Itália; por isso eram chamadas de "romeiros". Além disso, havia os que faziam suas jornadas de penitência rumo a Jerusalém – estes eram chamados de "cruzados", pois essa tradição teve início com as Cruzadas da Igreja Católica, destinadas a tomar Jerusalém dos muçulmanos.

Portanto, os maiores centros de peregrinação do cristianismo são estes: Santiago de Compostela, Roma e Jerusalém, muito embora atualmente Santiago seja o mais frequentado. Os outros vários centros espalhados pelo mundo, como tantos no Brasil – Aparecida do Norte, em São Paulo; Romaria, em Minas; Trindade, em Goiás, Círio de Nazaré, em Belém do Para etc. –, cada um tem denominação própria, embora eu acredite que praticamente todos no Brasil sejam chamados de "romeiros". Aliás, a cidade de Romaria, em Minas, se chamava originalmente "Água Suja", e só passou a ter esse nome justamente por causa das levas de caminhantes que se dirigiam para lá todos os anos, e que eram chamados de "romeiros".

Há muitos outros centros de peregrinação famosos, como Fátima, em Portugal, por exemplo, mas que têm origem mais recente. Os três maiores que mencionei datam da Idade Média ou antes, e têm como motivação acontecimentos ancestrais, até mesmo do início da Era Cristã. Aqui em Santiago, o que motivou o início das peregrinações foi a constatação de que o apóstolo Tiago teria vivido aqui e, depois, fora sepultado onde hoje está a catedral. Após terem sido localizados os seus restos mortais, começou a peregrinação, que dura até hoje.

Parece-me que Tiago teria sido um dos primeiros apóstolos martirizados. Como ele havia vivido por alguns anos na Galícia, pregando o cristianismo, e depois retornou a Roma, onde foi morto, os amigos trouxeram o corpo dele para sepultá-lo aqui.

São 10h45. Acabo de sair de uma pequena lanchonete chamada Pilar, que é o nome da dona do estabelecimento, onde comi uma empanada de atum. O bom é que agora falo com as pessoas em português normalmente, pois todos são galegos. A atendente, muito simpática, impressionou-se por eu ter dito que pretendia ir até Santiago ainda hoje, e comentou que todos fazem esse trecho em dois dias. Ao contar que havia caminhado ontem sessenta quilômetros de Portomarín até quase chegar a Arzúa, ela fez cara de quem não acreditou. Quando o marido dela entrou, ela disse: "Vem cá, vem conhecer um 'chico' brasileiro que quer ir direto para Santiago e disse que ontem andou sessenta quilômetros". Ele, admirado, exclamou: "Sessenta?! É muito, é muito... Mas tá, vamos lá devagarinho. Todavia, tens um bom tempo".

Mas eu não vou forçar. Não vou me comprometer com nenhum plano e vou andando devagar. Se for necessário, eu paro (antes de chegar à lanchonete, a dor havia começado a me importunar). Se não, posso chegar à noite, não tem problema.

Pouco adiante, numa curva, dei de cara com dois brasileiros que estavam voltando de Santiago: Ricardo, de São Paulo, e Esdras, de Porto Velho, Rondônia. Os dois moram em São Paulo e estão se aventurando como mochileiros pela Europa há quase dois meses. Disseram que já não têm mais nada do dinheiro que trouxeram, mas continuam rodando por aí, gastando quase nada, dormindo nos albergues públicos. Fizeram uma longa caminhada, parte a pé e parte de camelo, por um deserto no Oriente Médio – não me lembro exatamente onde –, depois fizeram o Caminho de Santiago a partir de Estella, indo até Finisterre, no litoral, e agora estão indo de volta a pé, já que não têm dinheiro pra passagem. É uma aventura muito louca, mas deve ser interessante. Estavam os dois muito alegres, dispostos e sem sinal de cansaço, mas muito queimados de sol; um deles, bem magrelo. Se forem seguir na velocidade em que estão, vão levar mais dois meses até Estella. Estão passo a passo.

Recomendaram-me ir até Finisterre – o "Fim do Mundo" –, ponto mais oriental do continente europeu. Pelo ritmo que venho fazendo, seriam mais dois ou três dias a partir de Santiago. Eu poderia pensar em fazer isso em dois dias, deixando a mochila em Santiago, para ficar mais fácil. Quem chega até lá recebe um diploma e um distintivo de "Peregrino Maravilhoso". Depois a volta é de ônibus até Santiago. Mas não vou pensar nisso agora.

Comentei que passei um dia praticamente sem ter o que comer e eles contaram como faziam para roubar frutas e milho nas plantações, pois não tinham dinheiro para lanchar. Comem quase sempre nos albergues públicos que oferecem lanche e café da manhã. No mais, vão pedindo. Que loucura! E são rapazes de boa educação – pelo jeito, pelo modo de falar, devem fazer curso universitário e serem filhos de famílias de classe média.

Quando eles apontaram na curva, a uma certa distância, antes de falarmos qualquer coisa, um deles viu a minha bandeira da sacola e gritou: "Opa, brasileiro no trecho!".

O paulistano é muito falante, com sotaque típico da capital. O de Rondônia é mais calado. Contaram-me que indo para Santiago andaram vários dias com um grande grupo de peregrinos de Madrid, no qual havia um cantor de ópera e um outro que cantava música folclórica espanhola. Era o tempo todo aquela cantoria pelo Caminho, ora um, ora outro soltando aquele vozeirão pelo meio da mata. Num certo ponto, até um casal de espanhóis que fazia parte do grupo ficou de saco cheio e se separou do grupo por alguns dias – depois voltou.

Por fim, até eles já estavam cantando ópera: o Ricardo fez uma demonstração e o outro lascou-lhe um tapa nas costas e disse: "Pelo amor de Deus!". Contudo, no dia em que se despediram, foi uma choradeira danada, pois haviam se identificado com todo mundo e todos gostaram muito dos dois.

São 13h7. Venho caminhando por uma calçada de pedras que acompanha a estrada de asfalto. Os pés começaram a doer e tive de fazer uma paradinha onde havia uma fonte e alguns outros peregrinos deitados na grama. Tirei a bota, deitei-me sobre a mochila e acabei dando um cochilo de alguns minutos. Acordei quando o sol me atingiu. Creio ter ficado algum tempo dormindo sob o sol, pois acordei encharcado de suor e com um calor terrível.

Parei novamente numa lanchonete, onde comi uma madalena com leite e chocolate. Nesse tempo, chegou um grupo de peregrinos ciclistas muito animados e começaram a tomar chope. Fiquei cerca de uma meia hora conversando com eles e tomando o meu leitinho com chocolate.

Tive contato ainda com um casal de argentinos, também ciclistas, distintos e simpáticos – ele com mais de cinquenta anos, talvez quase sessenta, e ela um pouco mais nova –, ambos atléticos, o que indicava serem esportistas há muitos anos. São os primeiros argentinos que eu conheci no Caminho. Fiquei observando como o sotaque deles é diferente do sotaque dos espanhóis; a entonação da fala é mais familiar.

O senhor argentino, vendo a minha bandeira, comentou que acha bacana o orgulho que os brasileiros têm do próprio país e da bandeira; que todos os brasileiros que viu pelo Caminho sempre têm uma bandeira, seja no boné, seja na roupa ou na mochila, mas que achou a minha "estupenda". Muito bonita. Disseram-me que têm três filhos. O mais novo, faltam a ele dois anos pra se formar na universidade. Rindo, disse que depois disso não terá mais despesas com universidade. Antes de começarem o Caminho, visitaram Madrid, além de outros centros turísticos da Espanha. Estão fazendo esse tipo de viagem juntos, só os dois, pela primeira vez.

Em seguida, saíram rapidamente e pegaram a rota errada. Eu gritei, tentei avisar, mas parece que o capacete os impediu de ouvir. Subiram pela mata de eucaliptos em outra direção, mas creio que logo irão perceber e voltarão.

Estou falando baixo aqui porque bem ao lado da trilha, à sombra de uma árvore de copa baixa, há um peregrino a dormir com uma blusa de malha na cabeça que cobre todo o rosto, com jeito de quem está ali há bastante tempo. Cheguei a me aproximar para observar se ele estava bem, mas deu para ouvi-lo dormir pesado.

São quase duas horas da tarde. Ainda faltam 21km, cinco horas de caminhada, o que indica que devo chegar lá pelas seis da tarde. Não sei se vai dar, sobretudo porque meus pés não estão bem. Doem muito. A última paradinha, porém, proporcionou-me uma boa recuperada. As risadas da conversa com os ciclistas na lanchonete me fizeram bem. Além do meu lanche, tomei um café duplo. Com isso, até mesmo a dor diminuiu e estou descendo num ritmo bom, agora pelo meio da mata fechada de eucaliptos. A trilha vai sempre próxima à estrada de asfalto, às vezes atravessa a pista e continua pelo bosque, depois volta a se aproximar.

Vi ao lado de um albergue uma cobertura de madeira parecida com uma parada de ônibus, só que bem grande e virada para trás, de costas para a estrada. Ao lado, havia banquinhos confortáveis dispostos na área gramada, uma fonte de água muito boa na frente e churrasqueira. Uma estrutura perfeita para um piquenique ou uma longa parada de descanso.

Entrei no albergue para ver se havia o nome de algum conhecido no livro de visitas, mas não havia. De uns seis dias pra cá, não vejo mais nenhum dos amigos que conheci nos primeiros dias, especialmente o Jader e o Elies, com os quais eu havia combinado de arrematar a viagem com uma comemoração em Santiago.

Por onde passo, sempre tenho deixado mensagens nos livros; a partir de ontem, estou inclusive deixando registrado que tenho planos de chegar ao albergue do Monte do Gozo. Agora passei pelo Km 15 e acabei de ouvir o ruído de um avião a decolar relativamente próximo daqui. Creio que estou passando pelas proximidades do aeroporto de Santiago de Compostela. Pelo menos a dor nos pés está suportável, por enquanto, embora as pontadas na sola dos pés e na parte posterior da perna já estejam me ameaçando. Se Deus quiser, porém, vai dar certo chegar ao albergue, carimbar minha credencial e ficar pronto para ir à missa amanhã e concluir minha jornada.

A minha jornada definitiva, contudo, não vai ser concluída aqui em Santiago. Vou fazer daqui, da Catedral de Santiago, apenas uma escala, onde vou receber minhas credenciais e meu diploma de peregrino. Depois vou fazer a entrega final lá na minha cidade natal, Carmo do Paranaíba, em Minas Gerais. Vou encomendar a celebração de uma missa e, se possível, fazer uma comemoração com minha família, pra poder contar sobre esta aventura fabulosa. Como sempre tenho dito: "O Caminho de Santiago não acaba aqui!". Não quero dizer, porém, que se acaba no Carmo, quando eu chegar lá.

São 15h15. Atravessei uma autopista por uma passarela; a trilha agora segue por um túnel fechado debaixo da floresta, com barrancos de ambos os lados. Ainda que haja indícios de que entrei em área metropolitana, estou no meio da floresta; os barrancos nas laterais da trilha chegam a quatro ou cinco metros de altura, com as árvores lá em cima. Os sinais de urbanização da cidade de Santiago me tocam emocionalmente. Estou chegando! Estou apreensivo, pois foi muito tempo de caminhada, muito chão, muita estrada...

São 15h30. Acabo de passar pelo Km 13. Continuo surpreso por não ver quase ninguém; praticamente não há peregrinos aqui. Se todos aqueles que vi aí para trás estivessem chegando hoje, seríamos uma multidão. Mas cadê todo mundo? À exceção de poucas pessoas isoladas, caminhei só todo esse tempo, vindo pela mata de eucaliptos com a sensação de que vou chegar sozinho. Apesar de estar sob a sombra, faz muito calor e sinto um certo cansaço, mas é um cansaço normal, e estou encharcado de suor, tanto que tive de abrir o colete para não ensopar a máquina fotográfica e o gravador. Aqui a trilha segue reta, com piso de areia grossa por debaixo do bosque de eucaliptos; agora afastado da autoestrada, não ouço mais o ruído de carros e caminhões.

Depois de atravessar um trevo com um grande complexo viário, no cruzamento de duas autoestradas, alcancei um monumento de pedra que traz esculpida na parte superior dele a palavra "Santiago", e abaixo, a concha de Santiago e o cajado com as cabaças.

Avistei o paredão da cabeceira da pista do Aeroporto de Santiago, com o grande mosaico de quadros vermelhos e brancos, que indicam a cabeceira da pista. Entrei em um trecho no qual o caminho é uma trilha de uns trinta centímetros de largura, bem rústica, mato adentro, que segue ao lado da estrada de asfalto, porém sem movimento de veículos. À frente, vejo galpões do outro lado da estrada, que podem ser os hangares do aeroporto, que deve estar ali ao lado, embora eu não o veja. A cidade deve estar bem mais adiante, nessa direção, mas não dá para enxergá-la, por causa da neblina.

O tempo úmido e abafado continua quente. Estou encharcado de suor, subindo novamente um longo aclive pela trilha de areia grossa. Os marcos da distância restante agora são feitos de uma chapa de bronze fixada numa base de concreto; ao invés de quilômetros, passam a marcar metros. Acabei de passar pelo marco de 14.440 metros, a indicar provavelmente a distância exata até a catedral.

São 16h45. Com todo esse calor, volto a me sentir muito cansado e com dores novamente. Aqui não vejo mais sinal de urbanização; o aeroporto deve ter ficado bem para trás e não vejo casas ou sinais da cidade. Estou com muita sede e não encontro lanchonete há um bom tempo.

Entrei num trecho urbanizado que aparenta ser uma área residencial de alto nível, com casas modernas e sofisticadas, em lotes bem grandes, com jardins gramados na frente e ruas de asfalto, mas também aqui não se vê gente, com exceção de uma casa em construção onde há operários trabalhando.

Vi enfim um ginásio de esportes com bastante pessoas – eu tinha me esquecido de que é domingo –, por isso pelo menos aqui há movimento; mas adiante continua tudo igual: muita área verde, arborizada, e casas dispersas. Meu pé voltou a doer bastante e vou ter de parar.

Avistei uma placa em que está escrito "Café". Vou até lá. Parece uma praça com um coreto central. Com certeza, deve ter lanchonete.

Já são 16h30. Acabei de passar pelo marco de 11.700 metros. Num boteco da praça, só encontrei biscoitos madalena e leite com chocolate, e nada mais que me apetecesse. Comi e segui adiante, para não esfriar os músculos. Logo à saída, há um outro povoado. Tudo indica que já estou na área urbana de Santiago. Acho que vou ter mesmo de parar um pouco, pois as pontadas nos pés estão se refletindo em outras partes do corpo, bem fortes.

Achei uma graminha à sombra, tirei as botas e encostei na mochila, para relaxar. A dor está bastante forte. Para caminhar uns 300 metros da lanchonete até aqui, tive muita dificuldade. Vou ter de avaliar se dá para chegar à cidade. Se por um acaso eu encontrar alternativa, qualquer que seja, de ficar por aqui, durmo. E amanhã levanto cedo e vou direto para a catedral. Além da dor terrível, aquele sono incontrolável está me ameaçando de novo. Não estou conseguindo me controlar.

Deitado aqui, vi dois peregrinos a subir do outro lado; agora vêm passando mais dois casais, animados. Será que só eu não vou? Ao lado de onde estou deitado, há uma parede enorme, aparentemente de um galpão ou armazém. Adiante, por onde eu terei de seguir, vejo uma subida bem longa por uma estradinha de terra. Fico desanimado só de olhar, mas vou ter de prosseguir e enfrentar.

Avaliando a minha condição física agora, percebo que ela é equivalente àquela em que eu me encontrava quando saí de Melide. E faltavam justamente os mesmos doze quilômetros para chegar, assim como hoje. Ontem, eu estava em condição menos vantajosa, pois não tinha dormido nem comido direito. Hoje dormi melhor do que ontem e comi melhor. Se ontem consegui chegar e sobrevivi, hoje também acredito que consigo. Vou prosseguir devagar. Mesmo que chegue bem mais tarde, vou tentar. Acho que é possível, mas não vou fazer compromisso. Se não for possível, jogo a toalha. Vou levantar agora e começar a andar.

São 17h30. Estou numa estradinha de asfalto bem estreita, que atravessou todo um outro grande bosque de eucaliptos, e agora passo por uma fazenda de gado de leite. É uma fazenda pequena, porém com muitas vacas leiteiras, aparentemente em confinamento, com currais grandes bem distribuídos. Os sinais de urbanização sumiram todos. Parece que estou em uma área essencialmente rural, apesar de ter me aproximado mais da cidade. Sinto a respiração pesada e fraqueza nos músculos, mas a dor aliviou.

Passei por um furgão da Defesa Civil da cidade de Santiago. Desceram do carro um rapaz e uma moça muito gentis. O rapaz me serviu água num copo descartável enquanto a moça pegou o meu cantil e foi à traseira do carro para enchê-lo. Perguntaram se estava tudo bem e se eu precisava de alguma ajuda extra, mas agradeci. Perguntaram-me se eu pretendia chegar ainda hoje à catedral, mas eu disse que não tinha esse compromisso, que iria até onde fosse possível. Então me ofereceram um mapa das rotas e bases de apoio na chegada e na cidade, sugerindo-me ir até o albergue do Monte do Gozo, que tem muito boa infraestrutura e quase sempre tem vagas – e está a apenas quatro quilômetros da catedral, onde eu poderia chegar bem cedo amanhã. Contudo, se eu quisesse chegar à catedral hoje, melhor seria passar no albergue, reservar um lugar, deixar lá as coisas pesadas da mochila, cumprir minha meta e voltar para descansar. Achei uma boa ideia, a depender de como irei chegar nesse albergue.

Vou avaliar, não sei... Amanhã poderei descer à cidade com a mochila e depois me hospedar num hostal, no Centro. O albergue é gratuito, mas só hospeda por um pernoite. Então posso ficar neste hoje e amanhã desço com a mochila, assisto à missa e penso na possibilidade de ir a Finisterre. O guarda me disse que todas as lojas de turismo têm passagem para Finisterre. E se por acaso eu preferir antecipar minha volta para Madrid, há várias lojas na cidade, inclusive da própria Ibéria Airlines, tudo bem próximo à catedral.

Assim que comentei que estava fazendo o Caminho completo, o rapaz me perguntou se eu não me importava de participar de uma filmagem para documentação. Eu concordei. Ele então chamou um outro rapaz de dentro do furgão, que com uma filmadora digital passou a nos filmar enquanto ele me perguntava de onde eu era, onde havia começado o Caminho, se estava gostando, o que fora o mais difícil etc. O cinegrafista ora dava um close no rapaz, ora em mim. Depois deu a volta, filmou minha mochila e fez um plano demorado da bandeira; afastou-se e fez uma tomada lá de longe, do cenário, e assim registrou toda a conversa.

São 18h15. Caminho mais um longo trecho na floresta sem ter visto ninguém.

Acabei de alcançar um local a partir de onde se descortina o horizonte com um vale bem abaixo; apesar da névoa, creio que seja ali a cidade de Santiago. Uma placa indica que o albergue está a quatro quilômetros.

São 18h33. Agora sim consigo visualizar o albergue Monte do Gozo, a menos de um quilômetro. Ao lado dele, está um enorme monumento feito em homenagem à visita do Papa João Paulo II a Santiago. Vou chegar e me acomodar, se tiver espaço, pois isso é o mais valioso para mim agora; depois penso no que fazer. Estou sem condição física e psicológica para decidir qualquer coisa antes de saber o que vai sobrar de mim quando eu tirar estas botas.

Monumento a Santiago de Compostela (León/Espanha)

Santiago de Compostela: a bênção da chegada, no Pórtico da Glória

Entrando em Santiago

São 6h32 da manhã, dia 27 de agosto de 2001. Estou na entrada da cidade de Santiago de Compostela, no albergue Monte do Gozo. Ainda é madrugada, escura e com bastante neblina. Estou saindo do albergue para concluir minha chegada à catedral, que está a menos de quatro quilômetros. É muito cedo e não há movimento nas ruas.

Ontem, depois que cheguei, tomei a decisão mais correta: resolvi descansar para só hoje concluir minha jornada, bem cedo, uma vez que não seria possível realizar ontem as duas ações mais importantes: assistir à missa de consagração e bênção dos peregrinos, que só vai acontecer ao meio-dia; e receber meu diploma e minha credencial de peregrino, pois o escritório já estava fechado.

O albergue Monte do Gozo, na entrada da cidade, é muito amplo e com ótima infraestrutura. Está localizado num espaço onde funcionam várias atividades, à semelhança de uma rua fechada. O centro do local é uma praça enorme, arborizada e com espaço para estacionamento. À direita, um restaurante *self-service*; mais adiante, uma grande "cafeteria", na verdade um bar, com várias mesas de sinuca, onde estava acontecendo um campeonato. Por isso, o bar estava cheio, com muitas disputas nas mesas e muita gente torcendo e aplaudindo. Do lado esquerdo da rua, comércios de *souvenirs* e artesanato; e ao fundo, uma grande lavanderia, com lavadoras e secadoras automáticas.

Antes mesmo de me acomodar no quarto, tratei de tirar a roupa da mochila, levei à lavanderia e a deixei lá, enquanto fui cuidar das outras coisas: me registrar, fazer *check-in* e comer alguma coisa no bar ao lado. Para minha tristeza, só havia bocadillo, além de uma espécie de pizza pré-fabricada – para minha sorte, essa estava boa.

O primeiro conhecido que encontrei ainda na lavandeira foi justamente o repentista engraçado, o Sebastian, meu parceiro de farra em Portomarín, que na verdade se chama Antonio Sebastian. Conversamos um pouco e dividimos a secadora. Enquanto a roupa secava, chegou o outro rapaz de Madrid, aquele que toca *blues*, e ficamos a conversar um pouco. Depois conheci uma professora de inglês da Nova Zelândia que não era peregrina e estava em Santiago apenas fazendo turismo, aproveitando a hospedagem econômica de um outro albergue localizado na ala direita.

Ontem não vi nenhum peregrino pedestre conhecido, só ciclistas, mas acredito ter andado demais, deixando todo mundo para trás. Depois de comer, subi ao quarto, tomei banho, vesti roupa limpa e fui telefonar para o meu povo.

Da rua em frente ao albergue se avistaria a cidade de Santiago, pois o Centro está a menos de quatro quilômetros, mas ontem, no fim da tarde, havia uma névoa muito densa e não foi possível ver. À noitinha, caiu uma chuva forte, mas para minha sorte, por um ato de bondade da natureza, só choveu depois que eu havia acabado de fazer tudo o que devia fazer. Depois que liguei para as minhas filhas, contei e ouvi tudo o que queria: notícias de tudo e de todos, liguei também para os companheiros peregrinos Elies e Jader. Ambos já estavam em Santiago, tendo chegado ontem, a tempo da missa. Já tinham feito o que tinham de fazer e estavam em um bar, muito alegres por terem chegado bem e por termos feito contato, demonstrando um pesar muito grande, como eu também senti, por não termos nos encontrado neste final, aqui. O Elies ontem mesmo ia pegar um trem para Valência; e o Jader hoje de manhã pegaria o avião para Londres, onde vai se encontrar com a noiva.

Enfim, eu que pensava estar vindo mais rápido que todo mundo acabei ficando para trás e nos desencontramos por questão de horas. Eles insistiram para eu descer até o Centro da cidade, mas eu não tinha condição, infelizmente, e a esta hora já se preparava para cair um toró. Fiquei pesaroso. Foram dois caras com os quais me identifiquei, bons companheiros, bons amigos, boa gente; amigos desses que a gente encontra no Caminho e, do nada, falamos a mesma linguagem, mesmo em idiomas diferentes. Com o Jader, certamente eu devo encontrar. Ele inclusive fez questão de reforçar a promessa de ir a Brasília o mais breve possível, e deve levar o pai para visitar alguns amigos. O Elies, porém, se um dia for ao Brasil, com certeza a gente se encontra. Se eu voltar à Europa, como ele mesmo disse, terei "a casa de um irmão, aqui na Espanha, em Valência!". Disse-me ele que vai passar fotos do povoado onde vive, próximo à Valência, e vamos trocar informações. Não vamos perder contato.

Depois que fui pra cama, tive um momento de reflexão, lembrando-me dos momentos da viagem. Já comecei a sentir saudades de muitas coisas, de lugares por onde passei, de momentos que vivi, até de árvores sob as quais eu me acomodei para descansar. Lembrei-me de tantas pessoas, muitas das quais certamente eu nunca mais verei; enfim, de tudo o que passei nesses vinte e pouco dias de caminhada: do sofrimento, das dores que senti, do cansaço, e obviamente dos tantos momentos de alegria intensa que, por incrível que pareça, experimentei também.

Passaram pela minha memória momentos, pedacinhos da estrada, pequenos instantes solitários, até as vozes dos bichos e das pessoas me vinham tão nitidamente à memória, como se estivesse revivendo tudo naquele momento. Muito rapidamente, lembrei-me de praticamente todos com quem conversei, que conheci, especialmente os que me ajudaram, os que me divertiram – como Cristal, que me curou a tendinite em Navarrete, engessando-me com argila; o garoto Matt, com sua alegria peculiar, me fazendo rir tanto nas madrugadas, levando-me a gargalhadas, mesmo morrendo de dor; os brasileiros Eduardo e André, seu primo gordo, que foram os primeiros, lá pelo segundo dia, a me fazerem dar risadas e esquecer as dificuldades e as incertezas do começo. Lembrei-me da portuguesa Jeni, com quem cruzei pelo Caminho, ao longo de vários dias, e embora tenha evitado andar com ela, pelo seu mau humor, hoje reconheço que foi uma personagem importante, pois me fez ver que eu estava bem, apesar das dores da tendinite. Ela foi uma companheira leal, mesmo quando dividimos o espaço debaixo de uma mesa para dormir. Enfim, passou-me uma reprise completa de toda a viagem. "Pronto, acabou-se; a partir de amanhã, volto à rotina!".

Veio-me então um vazio profundo, um sentimento depressivo, enquanto eu focava nas lembranças daqueles momentos, que se convertiam em forte sensação de prazer, de contentamento por completar uma jornada tão marcante. Era uma mistura inusitada de saudade e nostalgia profundas, com a sensação de realização, de conquista, de vitória, de missão cumprida... E não pude conter as lágrimas.

Enquanto eu estava sentado na escadaria, gravando as memórias de ontem à noite, saiu o grupo com os quais dividi o quarto esta noite, no albergue. Seguem para concluir a caminhada até a catedral. São três moças e dois rapazes espanhóis, todos na faixa de vinte ou vinte e poucos anos. Saí juntamente com eles e descemos juntos pela rua.

*

O albergue é enorme, com várias dezenas de quarto; não vi toda a ala, mas há quarto com dois ou quatro beliches, como este em que dormi com essa turma. É tudo muito bem organizado, com uma infraestrutura de apoio completa. Acompanho-os neste momento, mas não sei se estão no caminho certo, pois estão seguindo na direção de um setor moderno, com vários edifícios comerciais e bancários, o que não me parece ser a região onde ficaria a catedral, que é na parte histórica da cidade.

Ontem, depois daquelas reflexões, apaguei e tive um sono instantâneo. Poucas vezes tive um sono tão pesado nesses dias todos, e tão reparador. Acordei às cinco da manhã na mesma posição em que dormi. Lembro-me de que virei de lado, para a parede, puxei a toalha de rosto pra cima dos olhos, como faço sempre pra dormir, e hoje de manhã acordei nessa exata posição, no meio de um sonho muito bom.

Sonhei com várias cenas intercaladas, em especial algumas nas quais aparecia muito bem, alegre, sentindo-me feliz (ainda me lembro da maioria delas). Muitas dessas cenas se passavam em lugares onde havia construções de prédios com os quais eu tinha algum envolvimento, de alguma forma – não sei bem se eu era o dono das construções ou se atuava como engenheiro, como administrador, sei lá... Só sei que era prazeroso. As pessoas todas por ali também estavam alegres, satisfeitas, e eu interagia com a maioria delas. Eram pessoas de meu relacionamento, pelas quais eu tinha estima; dentre elas, amigos ou familiares de que gosto. Lembro-me de quase todos os meus irmãos: a Camila, a Cíntia, todo mundo muito bem, muito alegre.

Num determinado momento, uma pessoa de quem não lembro quis conversar comigo sobre um assunto que me interessava muito, que eu achava divertido (também não lembro qual era exatamente o assunto, mas sei que era alguma coisa que eu queria saber, queria ouvir, e que era muito boa. Entretanto, a Dalca, minha irmã, chegou antes dessa pessoa, e o simples fato de ela chegar e se dirigir a mim fez com que tivéssemos tomado conhecimento do que a outra pessoa queria contar – e todos começamos a rir muito, nos divertindo, satisfeitos, como se o cara já tivesse contado o que queria contar.

Acordei no instante dessas risadas, desse momento de felicidade virtual. Mas aquela alegria perdurou na vida real e me levantei com um espírito leve, sentindo-me feliz.

Estamos descendo rumo à catedral sob neblina intensa, com as ruas ainda muito molhadas pela chuva de ontem. Entramos por uma espécie de atalho que pega uma calçada de pedra em estilo romano, próximo de uma autoestrada à entrada da cidade, já bastante movimentada, apesar da hora, de ainda estar escuro (não dá para enxergar os automóveis, por causa da neblina, apenas notamos os faróis e ouvimos o ruído do trânsito intenso).

Muito ansioso agora, ao me aproximar da área da catedral, vêm-me memórias intensas, com muita nostalgia de tudo o que vivi. Está acabando! Como eu disse algumas vezes atrás, sei que levarei comigo pesar por não ter desfrutado mais de cada lugar, de cada detalhe de tudo o que conheci nesta jornada. Entre tantas coisas, tantos lugares que não apreciei com tempo, lamento também o fato de não ter arrematado o Caminho com a tão esperada celebração com os amigos Elies e Jader. Infelizmente, não era para ser. Os dois foram muito valentes – enquanto eu achava que todo mundo tinha ficado para trás, eles estavam à frente.

Há que se considerar que, ao contrário de mim, os dois tinham compromissos que os motivavam a acelerar, e sendo ambos bem mais jovens, não houve impedimentos. Ontem, por telefone, ambos lamentaram muito também; disseram que procuravam por mim em todos os albergues e livros de visitas, acreditando que eu estivesse adiante; deixaram mensagens em alguns desses livros, mas infelizmente eu não as vi.

O Jader pernoitou em O Cebreiro. Quando saía de lá, soube que havia passado um brasileiro com uma bandeira na sacola, mas a partir daí ele pisou quente, pensando em me alcançar, acreditando sempre que eu estivesse adiante. Só que depois de uma certa altura do Caminho, ele já não teve mais informações minhas. Ou seja, havia me ultrapassado e nos desencontramos. Ao longo de todos esses dois ou três últimos dias, os dois andaram juntos, desencontrando-se e encontrando-se outras vezes, sempre procurando por mim.

*

São 16h53. Estou no ônibus rumo a Finisterre, observando a paisagem pela janela. É bastante parecida com a região por onde caminhei nos últimos dias. Ainda abalado pelas emoções pelas quais passei, especialmente de ontem para cá, tentando assimilar e digerir tudo.

Hoje de manhã, quando chegamos à praça da catedral ainda era cedo e o dia não havia amanhecido. Eu parei um pouco, embasbacado diante daquela obra suntuosa, e depois segui para o escritório da Associação dos Amigos do Caminho de Santiago para receber minha Compostelana e meu diploma de peregrino, pois me alertaram que poderia se formar uma fila muito grande. Só após a merecida condecoração com o lindo diploma e as credenciais de peregrino é que fui tomar o café da manhã e caminhar um pouco pelas ruas da região, até chegar o horário da missa.

Acabei me demorando pelas ruas e quando cheguei à igreja tive de me sentar no chão, acomodando-me bem lá na frente, próximo ao altar. Foi uma celebração muito bacana, com vários padres atuando naquele altar enorme, que mais parece um palco gigante. Logo no início, o celebrante lê o nome dos peregrinos recém-chegados, dizendo o país a que pertencem – apenas os que fizeram o Caminho completo. Do Brasil, só mencionou o meu nome e o de um certo Francisco, que eu não conheci. Mais uma vez, no momento em que acenei respondendo ao chamado do meu nome, não foi possível conter as lágrimas, agora sem nenhum pudor, mesmo sendo observado pelas centenas de pessoas que lotavam a catedral. O ponto alto da celebração é o momento de incensar a igreja, ao se balançar o maior turíbulo do mundo, confeccionado em prata e ouro, que vai de um lado a outro da catedral, espalhando aquela fumacinha perfumada. O tamanho do turíbulo, assim como a distância que ele alcança ao balançar, impressionam.

Terminada a missa, fui até a saída principal da catedral, onde tradicionalmente os peregrinos que chegam colocam na chamada "Coluna da Bênção" uma das mãos e pedem a benção de Santiago. Fiz ali o meu ritual, tirei uma foto e fui ver as urnas onde ficam os restos mortais do apóstolo Tiago, subindo por uma escada estreita que há por detrás do altar da igreja.

Em seguida, desci novamente para conhecer outras partes do Centro da cidade, ver as lojas da área comercial e comprar lembrancinhas para minhas filhas. Depois de ter comprado miniaturas da concha de Santiago em ouro, voltei novamente à catedral para repetir o ritual, desta vez colocando a mão juntamente com as pequenas joias que eu havia comprado, encostando-as na Coluna da Bênção.

Encontrei pelas ruas alguns peregrinos que conheci pelo caminho e sempre era aquela festa, como se tivessem encontrando ali irmãos que não se viam há anos. Daqueles que conheci nas primeiras semanas, com os quais interagi por mais tempo ou que encontrei mais vezes, nenhum ainda está por aqui. Creio que ficaram todos para trás, à exceção de Jader e Elies.

Enquanto eu escolhia as relíquias para minhas filhas numa joalheria, duas brasileiras que passavam na rua me identificaram pela bandeira e entraram para conversar e pediram pra tirar foto comigo, e continuamos conversando. Elas vieram apenas para visitar a cidade de Santiago e se conheceram aqui. Uma delas morou em Brasília quase a vida toda (os pais ainda moram lá), mas agora vive em La Coruña, perto daqui de Santiago; a outra vive na França. Ambas têm muita curiosidade sobre o Caminho de Santiago e me perguntaram um milhão de coisas, enquanto tomávamos um café que elas insistiram em pagar, creio que para dar mais tempo de conversar. A que vive em A Coruña é professora de expressão corporal e artes cênicas e a outra, da França, parece que é estudante. Ambas já tinham muita curiosidade sobre a peregrinação a Santiago, mas depois das coisas que contei, dos meus comentários, ficaram fascinadas, dizendo que iriam fazer um dia, nem que fosse apenas uma parte. Tiramos várias fotos, trocamos *e-mails* e nos despedimos.

Quando eu voltava à catedral, outro grupo de brasileiros, formado por duas famílias em férias pelas Espanha, que estavam sentados numa lanchonete, também me identificaram pela bandeira e me pediram para tirar fotos e me encheram de perguntas e curiosidades sobre a peregrinação.

Por todos os lugares por onde andei pela cidade, especialmente na área do calçadão, nas proximidades da catedral, onde 90% dos que circulam são estrangeiros conhecendo a cidade, várias pessoas perguntaram se podiam tirar fotos comigo, para levar como lembrança; outros pediam para filmar, a exemplo de um casal inglês, de Londres, muito simpático, que pediu para tirar fotos e fazer um trecho de vídeo conversando comigo.

Creio que muita gente me procurou pelo fato de que a maioria dos peregrinos que ali chega é de aventureiros de duas, três ou quatro caminhadas, e quando me viam totalmente queimado de sol, com o cajado tradicional na mão, uma mochila encardida nas costas, barbudo e usando roupa totalmente desbotada, achavam-me o típico peregrino, o mais autêntico.

Foi o caso de uma família que caminhava devagar pela rua estreita do calçadão, que passou a me acompanhar e filmar: o marido andava um pouco, parava, filmava outras coisas, mas logo voltava a focar em mim. Tudo isso – o fato de me sentir uma atração – acabou sendo gratificante e me fez sentir recepcionado com as honrarias daquele ambiente, que a partir de agora faz parte de mim.

Apesar de estar na situação de um quase maltrapilho, por onde andei na cidade fui tratado com uma cordialidade incomum, ora sendo assediado educadamente pelos turistas, ora sendo recebido com impressionante cortesia pelos gerentes de lojas, joalherias sofisticadas e agências bancárias. O peregrino aqui é muito respeitado. Na hora de pagar a conta da joalheria, a atendente viu a minha foto do passaporte, sem barba e com o rosto bem mais arredondado (eu cheguei a Santiago com doze quilos a menos), achou engraçado e chegou a chamar uma colega para me comparar com a foto. Rimos juntos.

No final da tarde, quando eu já estava a caminho da rodoviária para embarcar para Finisterre, os turistas na região da catedral já haviam se dispersado e o calçadão estava bem mais vazio; parece que preferem visitar o local no horário da missa dos peregrinos.

Agora, descendo rumo ao litoral, sentado confortavelmente numa poltrona macia de ônibus, sinto-me diferente, como se estivesse numa espécie de transe, como que fazendo uma transição entre o sonho e a realidade, ainda com aquele mesmo turbilhão de lembranças passando pela minha cabeça. Coisas que me aconteceram ontem ou há poucos dias parecem ter ficado em um universo distante no tempo e no espaço, em outra dimensão que não faz parte do mundo real em que estou agora. As lembranças não parecem ser de fatos reais: são muito mais próprias de um sonho do qual acabei de acordar. Algumas vezes, tenho de virar o rosto para o vidro da janela para disfarçar as lágrimas que insistem em escorrer pelo meu rosto.

Tenho de confessar que não consegui ainda voltar à realidade. Por isso, não consegui gravar nenhuma narrativa de manhã. Depois de chegar à catedral, fiquei a andar perdido pelas ruas, meio zonzo, com a mente dispersa.

Ainda não estou entendendo o que se passa comigo, mas estou transbordando de gratidão, pois fui feliz em tudo. Venci todas as dores, não tive contratempos que me impedissem de nada; nem as chuvas torrenciais da região da Galícia, que historicamente causam sofrimento aos peregrinos por dias a fio, nem isso tive de vivenciar – à exceção da fatídica chegada a Hornillos del Camino! E que aperto me dá no peito agora só de lembrar daqueles momentos, mesmo tendo sido tão sofridos.

Depois de uma aventura dessa magnitude, que provocou mudanças em mim que eu ainda não consegui dimensionar, estar seguindo para o "Fim do Mundo", para entregar o meu sacrifício diante do sol poente, no ponto mais extremo, no limite ocidental do Velho Continente, me faz sentir um orgulho enorme, especialmente por saber que agora passo a merecer o título de peregrino.

Por mais árduo que tenha sido, tenho a certeza de que vou levar comigo, para sempre, lembranças inesquecíveis de tudo, memórias de todos os momentos, recordações de todos os detalhes e muitas saudades de todos os meus passos no Caminho de Santiago.

O Autor

Márcio Almeida é engenheiro mecânico e administrador de empresas, com especialização em Gestão de Políticas Públicas e Ciência Política. Trabalhou por 14 anos em indústrias metalúrgicas de Belo Horizonte e há mais de 30 anos exerce cargo efetivo de carreira na Administração Pública Federal, em Brasília.

Nasceu em uma fazenda no município de Carmo do Paranaíba (MG), onde viveu até os oito anos de idade, e desde muito cedo cultivou inclinação especial por aventuras e esportes inusitados, assim como pelas letras, tendo publicado a sua primeira poesia em um jornal local quando tinha apenas nove anos.

É o décimo primeiro filho de uma tradicional família mineira de 17 irmãos, da qual herdou o gosto pela boa música e a cultura da convivência solidária, do amor e da dedicação sobretudo à família e aos amigos, valores estes que transmitiu fielmente a seus cinco filhos.

A edição deste livro foi concluída em maio de 2022 nos escritórios da ANNABEL LEE PRODUÇOES CULTURAIS na cidade do Natal, no Rio Grande do Norte, em tipologia Garamond, tamanho 12. Ilustrado com fotos do Autor.

Made in the USA
Columbia, SC
10 June 2022